本成果受2013年北京高等学校青年英才计划项目
（Beijing Higher Education Young Elite Teacher Project）资助

METHODOLOGY OF LAW

法学方法论丛书

舒国滢　主编

法律体系、法律方法与法治

LEGAL SYSTEM, LEGAL METHODS AND THE RULE OF LAW

雷磊　著

 中国政法大学出版社

2016·北京

图书在版编目（ＣＩＰ）数据

法律体系、法律方法与法治/雷磊著. —北京：中国政法大学出版社，2016.3
ISBN 978-7-5620-6537-1

Ⅰ.①法…　Ⅱ.①雷…　Ⅲ.①社会主义法制—研究—中国　Ⅳ.①D920.0

中国版本图书馆CIP数据核字(2016)第041107号

出 版 者	中国政法大学出版社
地　　址	北京市海淀区西土城路 25 号
邮寄地址	北京 100088 信箱 8034 分箱　邮编 100088
网　　址	http://www.cuplpress.com（网络实名：中国政法大学出版社）
电　　话	010-58908289（编辑部）　58908334（邮购部）
承　　印	固安华明印业有限公司
开　　本	880mm×1230mm　1/32
印　　张	12.25
字　　数	300 千字
版　　次	2016 年 3 月第 1 版
印　　次	2016 年 3 月第 1 次印刷
定　　价	42.00 元

丛书总序

　　无论我们怎样"重新发现了人的心灵"，我们也无疑早已进入了"分析的时代"。这个时代的学者被迫在各种话语、多重立场和意见杂陈的喧嚣中找到冷静、客观、理性辩论的基点，为"心的概念"、可以接受的表达、正确的理解和沟通、可靠的知识建立起一个商谈的平台。

　　这样一种精神气质亦渐渐蔓延至法学研究者的日常作业之中，我们在哈特、德沃金、拉兹、麦考密克和阿列克西的作品中已经感受到法学分析和论辩本身所透现的"精致的风格"，而这种风格恰恰是法学这样一门学问自始不可或缺的。

　　现代的法律已经逐渐脱离原始法的直观、感性的想象，变得愈来愈抽象和晦暗不明，与工商时代的多种语境、关系和变数扭结在一起，形成了一个被多重意义、多种系统环境包裹着的系统。生活在当下的每一个人，哪怕是创造法律身形的立法者和专事研究的法学者亦难以窥览其复杂交织的全貌。不可否认，最优秀的法学者也会在这个利维坦面前显得局促和惶惑。我们似乎普遍具有前所未有的无力感。

　　其实，这也是一种挑战，一种像埃德加·莫兰（Edgar Morin）所称的"复杂性的挑战"。复杂而混沌的法律问题要求我们的法学者学会"与不确定性一起工作"，在无序的、非常规的社会事件、法律案件以及语义模糊的法律条文所构成的"意义漂移的世界"中寻找到一种确定无疑的知识圭臬、商谈的规则和求解的答案。无论如何，在这个过程中我们一刻也离不开法学方法。尽管我们并非倡导"方法至上"（约翰·杜威语），但我们也唯有依靠方法才能使自己的信念逐渐通过证成转化为知识。

我们收录于本套丛书的作品并非是一眼即寻求到"法的目的地"的理论体系，它们大多只是尝试从某种方法、视域或立场出发探寻某个特殊法律问题的理论努力，它们所提供的或许只是一个可能的出发点、一种认识的可能性或者在众多理解中的一种理解。但我们希望有一份真诚的心情对待学术，并在法学方法论领域始终保守这一谨慎的态度。

舒国滢

2006 年 9 月 25 日于北京

目 录

下　编　从法律方法到法治

引　言　法的理念与法治

　　在现代社会的政治理想中，恐怕没有哪一个能像"法治"（rule of law)[1] 这般吸引起如此众多的目光，激起如此丰富的想象力，同时也引发如此激烈的争论。尽管"法治"这一表述通常与英国 19 世纪著名宪法学者戴雪（A. V. Dicey）的名字联系在一起,[2] 但就像他的晚辈、被认为是二战后最伟大的英国法官的宾汉姆爵士（Lord Bingham）所评论的，"即便他首创了这个表述，但他也没能创造出它背后的理念"[3]。

　　实际上，与戴雪同时代的德国公法学者鲁道夫·格耐斯特（Rudolf Gneist）在其名著《法治国》中早就指出："在历史和哲学的意义上，法治国在一个漫长而艰辛的形成过程中、在与社会主流倾向的不断争论中成长，即使在当代它也只能在这种争论中存续和重生。"[4] 有争论的不仅是法治的历史和哲学意义，还有政治和社会意义。古典自由理论的拥护者，从洛克

---

　　[1]　或者德语中的"法治国"（Rechtsstaat）。总的来说，"法治国"要比"法治"更加偏重形式的层面。但前者同样在经历了不同历史时期的发展后呈现出越来越丰富的含义，所以不应太过强调两者的差别。

　　[2]　A. V. Dicey, *Introduction to the Study of the Law of the Constitution* (1885), London 1959.

　　[3]　Tom Bingham, *The Rule of Law*, London 2011, p. 1.

　　[4]　Rudolf Gneist, *Der Rechtsstaat*, Berlin 1872, S. 6.

(Locke) 到韦伯 (Weber)，都认为资本主义与法治之间有着
"选择性的亲和关系" (elective affinity)，因为两者都代表着自
由主义的核心要素。[1] 这无疑是在一种形式主义法治的意义上
而言的。后来哈耶克 (Hayek) 用形式主义法治模型为自由市场
资本主义辩护的做法也大体没有超脱这一进路。[2] 当然，这也
仅仅是一种观点而已。在法治的光谱带上，从哈耶克式的自由
主义到罗尔斯 (Rawls) 的社会福利自由主义，直至李光耀的威
权主义以及当代中国由国家主导的社会主义法治，几乎涵盖现
代社会的大部分治理类型，显现出"多样化的法治" (varieties
of rule of law)。[3] 与理论多样化相应的是实践的多样化。"世界
正义工程法治指数" (WJP Rule of Law Index) 在 2011 年曾采用
一个包含九要素的广泛框架来对世界上 66 个国家和地区的法治
状况进行估分：有限的政府权力、消除腐败、秩序和安全、基
本权利、统治的开放性、有效的规制措施、民事司法的可及性、
有效的刑事司法以及形式正义。尽管如此，它也坦承，这一框
架的基本观念在于，"法律对政府及私人利益集团之权力的行使
施加限制"[4]。而对于法治的基本观念是什么，也并不是没有
异议的。

　　本书无意涉入上述这些复杂而又充满风险的方面，尽管这
样做的理论诱惑力是巨大的。它仅仅是一种法哲学 (Rechtsphi-
losophie, legal philosophy) 层面的研究，其核心主旨在于这样一

---

〔1〕　Willam E. Scheuerman, Globalization and the Fate of Law, in: David Dyzen-
haus (ed.), *Recrafting the Rule of Law*, Oxford 1999, p. 243.

〔2〕　Friedrich A. Hayek, *The Road to Serfdom*, Chicago 1944.

〔3〕　See Randall Peerenboom, Varieties of Rule of Law: An Introduction and Provi-
sional Conclusion, in: Peerenboom (ed.), *Asian Discourses of Rule of Law*, London and
New York 2004, p. 1.

〔4〕　See Juan C. Botero and Alejandro Ponce, *Measuring the Rule of Law*, Washing-
ton, D. C.: The World Justice Project 2011, p. 1.

种主张：在法的理念（Rechtsideen）与法治之间存在着密切联系。一方面，法治作为"法的统治"意味着尽可能地去实现法的理念；而另一方面，法治在实践中也能够以不同的程度去实现这些理念。问题在于，法的理念是什么呢？瑞典法学家弗兰登贝格（Frändberg）在新近出版的专著中将与法治相关的法的理念归纳为：合法性和守法、法律上的平等、法的安定性（确定性）、法的可及性和法的安全性。[1] 但这些表述的提炼度并不够。相较于此，作者采取的是一种化繁为简的办法，即将法的理念还原为最为根本性的两个：法的安定性（Rechtssicherheit）和正确性（Richtigkeit）。这样做的好处，一是在于这两个高度凝练的表述（尤其是正确性）含义极为丰富，可以推导出一系列我们所熟知的其他理念；二是出于一种实用主义的考虑，因为本书的这些章节并不打算去深入阐释这两个表述的具体内涵，它要做的只是想去探讨，这种二维度的法的理念如何展现在法律体系和法律方法的不同层面，它们之间又是如何平衡的。

　　这种二维度的法的理念可以追溯到德国法哲学家拉德布鲁赫（Radbruch）。在1937年发表的论文《法的目的》中，拉氏将法的理念或者说法的目的（他在同一意义上使用这两个称呼）概括为三个，即法的安定性、正义（Gerechtigkeit）与公共福祉（Gemeinwohl）。[2] 对于最后一个理念，他偶尔也使用另一种称呼，即"合目的性"（Zweckmäßigkeit）。[3] 二维度的法的理念

---

〔1〕　See Åke Frändberg, *From Rechtsstaat to Universal Law – State*, Heidelberg〔u. a.〕2014.

〔2〕　Vgl. Gustav Radbruch, Der Zweck des Rechts (1937), in: ders., *Rechtsphilosophie* III, bearbeitet v. Winfried Hassemer, Heidelberg 1990, S. 39ff.

〔3〕　Vgl. Gustav Radbruch, Der Zweck des Rechts, S. 49. 在后来的文献中，拉氏更频繁地使用了合目的性这一称呼，而不是公共福祉〔例如参见 Gustav Radbruch, Gesetzliches Unrecht und übergesetzliches Recht (1946), in: ders., *Rechtsphilosophie* III, bearbeitet v. Winfried Hassemer, Heidelberg 1990, S. 88〕。

保留了法的安定性，但将正义与公共福祉共同纳入正确性的表述之中。这里的考虑在于：首先，拉氏所谓的正义有其特定所指，并不完全吻合对于正义的一般理解。从"法是基于一般规范来解决冲突的办法"这一定义，他推导出了正义的两个相互联系的内涵，即平等（Gleichheit）与一般性（Allgemeinheit）[1]这无疑对正义作了一种形式化的理解。正因为如此，他才认为正义具有相对性，它需要与公共福祉结合在一起才能提出实际的解决办法[2] 这种将正义原有的实质内涵完全交付于公共福祉的理解未免以偏概全。即使在战后发表的名篇《五分钟法哲学》中，他将人权（Menschenrechte）明确放入了正义的范畴，[3]这样的扩充依然不够充分。其实拉氏自己的一段话就已揭示了这一点："我们所考虑的并不是那种人们将法的整体要求均囊括进去的正义概念，也就是与一般意义上的法的正确性相重合，而是正义的特殊概念，它与其他（概念）并列为法的要求。"[4]但为了与其他表述并列，并不一定要对正义作如此严格的限定。其次，拉氏将正义视为具有个人主义色彩的表述，与具有超个人主义色彩的公共福祉相对[5] 但既然正义涉及社会制度的安排，就没有必要从概念上将它限定于某个特定的政治伦理学立场，古典自由主义/个人主义与社会福利主义/社群主义都可以站在正义的竞技场上，而不是事先被取消掉参赛的资格。对于正义内涵的多样性，桑德尔（Sandel）在其著名的哈佛大学公开课及同名著作中已经充分向我们展现了这一点[6] 最后，即便

---

〔1〕 Vgl. Gustav Radbruch, Der Zweck des Rechts, S. 44.

〔2〕 Vgl. Gustav Radbruch, Der Zweck des Rechts, S. 42.

〔3〕 Vgl. Gustav Radbruch, Fünf Minuten Rechtsphilosophie（1945），in: ders. , *Rechtsphilosophie* III, bearbeitet v. Winfried Hassemer, Heidelberg 1990, S. 79.

〔4〕 Gustav Radbruch, Der Zweck des Rechts, S. 40.

〔5〕 Vgl. Gustav Radbruch, Der Zweck des Rechts, S. 44, 50.

〔6〕 ［美］迈克尔·桑德尔：《公正》，朱慧玲译，中信出版社 2012 年版。

将拉德布鲁赫所理解的正义与公共福祉都纳入正确性这一表述之中，依然无法穷尽正确性的内涵。作者之所以选用正确性这一表述，也是为了表达出这样一种意思：法律中的正确性除了指涉传统的道德伦理意义外，同样还可以指涉实用主义的考量（工具理性意义上的"有用性"）。于此，不仅道义论（规则主义）可能为正确性提供标准，而且功利主义（结果主义）亦然。

简言之，作者在法的理念问题上采取了一种更为简洁直观的二分法：法的安定性涉及实证性（Positivität），实在法的存在本身在某种意义上就意味着法的安定性；[1] 而在实证性和实在法之外，都属于正确性的范畴。这同时也说明了法的安定性的独特之处：它不仅是一种法的理念（属于理想的维度），也是一种法的现实（属于现实的维度）。只要存在实在法，就具备了实现这种理念的最低限度可能。

主张法的理念与法治之间的联系，并不意味着必然持一种非实证主义的法概念立场。因为法概念与法理念是可分离的，换言之，"法是什么"与"什么样的法是善的"在逻辑上是两个不同的问题。围绕这两个不同的问题，也形成了法哲学的两个不同领域：法理论（Rechtstheorie）与法伦理学（Rechtsethik）。法理论的任务在于分析和描述法的基本结构，而法伦理学考量的是法与目标和价值之间的关系，对法进行辩护和批评。在德国传统中，后者即是对正确法（richtiges Recht）问题的追问。[2] 类似地，美国学者里昂斯（Lyons）分别称之为"分析性的法理学"（analytical jurisprudence）与"规范性的法理学"

---

〔1〕 这也是拉德布鲁赫的观点，参见 Gustav Radbruch, Der Zweck des Rechts, S. 49–50.

〔2〕 Vgl. Dietmar von der Pfordten, *Rechtsphilosophie: Eine Einführung*, München 2013, S. 14.

（normative jurisprudence）。[1] 所以，在回答"法律是什么"时并不一定要考虑"善"的问题。当然，如果站在一种非实证主义的立场上，情景就完全不同了：对于非实证主义者而言，法的定义中内在地包含着"正确性"这一要素，"法是什么"与"正确法是什么"彼此交织在一起，法理论与法伦理学也无法一清二楚地区分开来。持这种立场的，除了拉德布鲁赫外，在当代德国学界最著名的当属公法与法哲学家罗伯特·阿列克西（Robert Alexy）了。阿氏旗帜鲜明地主张法具有双重本质，即现实维度上的法的安定性与理想维度上的正确性。在他看来，法要实现的是平衡这两者的二阶正确性。[2] 由于任何定义都要反映本质，所以这两个要素同时也是法概念的组成部分。这里显然不是深入到法概念之争中的合适之处。但正如刚才说及的，法概念与法理念的重合并不是逻辑上的必然，它只是特定的法概念论立场的结果。所以，作者虽然赞同二阶正确性的基本想法，但却认为它只是一种法理念和法治层面的追求，而不必然要放置到法概念的层面上。当然，这并不否认法概念与法的理念，进而与法治也具有一定程度的勾连，特别是考虑到法的安定性兼具理想和现实的维度。

法的安定性与正确性之间的关系或明或暗地构成了本书的内在线索，它在两个层面上得以展开：一个是宏观的法律体系的层面；另一个是微观的法律适用或者说法律方法的层面。在法律体系的层面上，它体现为刚性制度（法的安定性）与柔性价值（正确性）的结合。而在法律方法的层面上，它体现为依法裁判（法的安定性）与正当裁判（正确性）的二元诉求。当然，宏观层面与微观层面的区分是相对的，法律体系与法律方

---

〔1〕 See David Lyons, *Ethics and the Rule of Law*, Cambridge 1984, p. 1.

〔2〕 Vgl. Robert Alexy, The Dual Nature of Law, *Ratio Juris* 23 (2010), p. 174.

法之间的关联性远比我们打眼看上去来得要大，这一点在阅读本书各章后自可明了。在这一线索的基础上，法治就可以被认为是规则之治与理由之治的结合。但由于它并没有对何谓"正确性"加以特别限定，所以它并不会导向突出某种或某些特定价值的实质法治观，但它也没有停留于纯粹的形式法治观，而应当属于一种中间状态。

本书分为上下两编。上编"从法律体系到法治"包括四章。第一章"法律体系的模式与法治"试图从规范理论的传统出发，提供一种符合实践理性最大化和法治模型最优化的法律体系模式。在比较了法律体系的两种不同模式，即以规则为基础的阶层构造模式和规则－原则模式之后，作者认为后者更具有说服力，并且在后者的基础上补充了双重构造的结构模式。融贯性既是对法律体系的道德要求，也是法治的目标之一。第二章"法律体系的融贯性建构"在分析这一概念的含义与层次的基础上，认为融贯的法律体系主要是裁判者的诠释活动和解释方法建构出的产物。而当代中国法律体系的融贯化需要从制度体系、背景体系与方法体系三个方面进行努力。法律程序与实体法一样构成了法律体系的组成部分。第三章"法律程序的价值与法治"从"法律程序为什么是重要的或必不可少的"这一提问出发，从构成性内在价值的角度出发来探讨程序与法治的关系。由于能为有效的社会整合提供正确的公共行动标准，程序构成了法治乃至有效社会整合的构成性要素。从这个角度而言，在法律体系中程序相比于实体可能更加重要。在第二章中曾指出，在当代中国，案例指导制度应当成为法律体系融贯化的制度之一。第四章"指导性案例的法源地位"就讨论了这一制度。正如标题所表明的，它的重点在于将指导性案例放在当代中国法律体系中进行定位。在构筑法源双层构造论和对美德两国判例之地位进行比较法观察的基础上，它指出指导性案例已具备

"准法源"的地位。这里的探讨似乎对主线有所偏离，但是考虑到司法裁判可以基于实质理由（正确性论证）偏离指导性案例，法的安定性（权威）与正确性的主线依然隐藏在这一章节之中，尽管不是那么明确。

下编"从法律方法到法治"同样包括四章。第五章"法律论证中的权威与正确性"接续上编最后关于法源问题的讨论。法律论证要同时运用权威理由与实质理由，虽然法律渊源是最重要的权威理由，但很多时候也需要对法律命题的正确性进行证立。法律论证旨在于平衡权威与正确性，其中权威论证具有初步的优先性但并非不可推翻。这一观点也构成了余下几章的基调。对法律方法的主要挑战之一在于它会破坏作为法治核心的法的安定性。第六章"法律方法、法的安定性与法治"回应了这一观点，通过区分法律解释与法律续造这两种不同情形，我认为论者在很大程度上虚构和夸大了"不确定性的幻想"，通过恰当运用法律方法有满足"法的最大化安定性"的可能，法治也有实现的可能。对法律续造的挑战不仅在于认为它会破坏法的安定性，也在于认为它会破坏权力分立，侵害立法的权威。第七章"法律续造、权力分立与法治"从规范论和理由论出发，在分析法律规则和法律原则的区别之后探讨了原则为规则创制例外的条件及其限度。由此主张，立法与司法的关系处于一种动态平衡之中，立法在这种关系中更具相对优势，因而法律续造并未对立法的尊严造成过度侵害。"制定法的不法"现象是挑战法治的极端情形，它涉及对法的效力的追问，往往出现于国家转型时期对过往不法行为的裁判之中。第八章"法的效力与法治"通过著名的拉德布鲁赫公式来例证这一问题。通过规范－分析的层面上的区分和分析该公式的两个部分，作者阐明了司法适用中法概念与法效力（法律论证）的关系，关键还在于法理念之间的辩证关系。

　　书中有时会用"权威"（authority）这一术语来替代"法的安定性"的说法，而第三章中则相应运用了"合法性"（legality）的称呼。这只是出于语境和各该理论脉络用语的考虑。虽然法的权威及合法性与法的安定性在一般意义上并不完全等同，但只要抓住了"实证性"这一法的安定性理念在现实维度的立足点，当可以明了前两者与后者之间的密切联系，因为实在法的存在本身就是一种权威，尊重这种权威也即满足了合法性的价值。至于书中有时用"正义"（不限于前述拉德布鲁赫的理解）来替代"正确性"的做法当不足为怪。至少在德国的传统中，它原本就可以与"正确法"相互替换。

　　由于全书各章完成于不同时间，论述的主题和出发点各有侧重，某些地方也有所重复，故而本书并不是一部严格意义上的体系性专著。事实上，完成一部关于法治的体系性专著也远远超出了作者的能力之外。然而作者个人的一点初念在于：当面对"法治"这一"普罗透斯之脸"式的复杂现象时，通过抓住某个核心线索来展现法治在各个"点"和"面"上的蕴意，也不失为一种"片面的深刻"。如此想来，虽有缺憾但也稍可聊以自慰了。至于成功与否，只能留待读者评判（批评）。

　　最后要说明的是，本书是法哲学层面的研究，但书中不时会有点"中国关怀"。任何研究都摆脱不了现实情境，这一点当不难理解。然而，这不等于说法哲学本身有国别之分，或者有普遍性与特殊性之别。我们有时会听到如"德国法哲学"这样的称呼，但这只不过指某些法哲学思想（思想家）起源于德国，并不是说这些思想只"适用于德国"，只能具有"德国效力"。任何理论，包括法哲学理论，在性质上都具有普遍性的诉求。也正因为如此，才有不同理论在学术市场中相互竞争的问题。理论是普遍的，特殊的只是对这些理论加以运用的具体实践（制度建构）。从这个意义上说，不能用"中国关怀"来否定本书思考的普遍意义。唯有第四章关于指导性案例之法源地位的思考是个例外，不仅因为案例指导制度本身是有中国特色的特殊制度，更因为法律渊源本就属于具体教义学的研究对象。当然，该章中关于"法源"概念的阐释依然属于法哲学的层面。所以准确地说，对于本书而言，它至多构成了半个例外。

上　编

从法律体系到法治

第一章　法律体系的模式与法治

至少从近代以来，体系化在法律科学中就占据着核心的位置。在最一般的意义上，法律体系不外乎是由法律要素以一定的结构联结而成的整体。因而学者们对于法律体系的讨论集中于两个方面：一是法律体系的基本构成单位，即要素问题；二是这些要素以何种方式相互联结为一个整体，即结构问题。当然，这两个问题在很大程度上是彼此关联的，要素的划分构成了讨论其联结方式（结构）的前提，而特定的体系结构又往往决定了这一结构下的要素如何划分。特定要素与结构的不同组合构成了法律体系的不同模式。

尽管不同学者对于法律体系的具体认识大相径庭，但我们还是可以将从近代以来的观点大体上归纳为三种模式，即公理化－演绎性模式（简称"公理模式"）、价值论－目的论模式（简称"价值论模式"）和规范论－道义论模式（简称"规范论模式"）。[1] 公理模式以特定的公理为法律体系的要素，而以演绎为其基本结构。从近代自然法学到概念法学和制定法实证主义基本上都可归为公理模式的代表。自然法学关于法律体系之设想的基本要点有两个：其一，体系的出发点在于某些不证自

---

〔1〕　这一划分参考了冯威："法律体系如何可能？——从公理学、价值秩序到原则模式"，载《苏州大学学报》（法学版）2014 年第 1 期。

明的自然法原则（公理）；其二，体系是这些自然法原则演绎发展的结果。概念法学与制定法实证主义都保留了演绎结构，而只是拒绝了作为出发点的自然法原则并代之以特定的概念［如普赫塔（Puchta）的"权利"］或立法者制定的产物（制定法）来充当公理而已。[1] 价值论模式则以"价值"或"目的"作为体系的基本构成要素，并要求法秩序在评价上的一致性和内在的统一性。这种体系观以黑克（Heck）所作的外部体系与内部体系的划分为基础，将体系的重心转向了内部体系，[2] 同时在结构上也竭力将评价导向的过程与形式演绎区分开来。利益法学与评价法学可归为此类型，卡纳里斯（Canaris）是其典型代表。[3]

在当今学界占主流的讨论则是围绕规范论模式来展开的。这一模式以法律规范为法律体系的基本要素，并基于规范的类型和特性来构筑体系的结构。在这一模式内部，影响最为深远是默克尔－凯尔森（Merkl－Kelsen）的阶层构造论（Stufenbautheorie）。但一些学者敏锐地看到，这一以规范为要素的体系学说并没有给予法律原则足够的重视，规则与原则并立的模式最终在当代学者阿列克西那里得到了集大成的阐释。但遗憾的是，

---

〔1〕 Cf. Carlos E. Alchourrón and Eugenio Bulygin, *Normative Systems*, Wien/New York 1971, p. 51.

〔2〕 Vgl. Philipp Heck, *Begriffsbildung und Interessenjurisprudenz*, Tübingen 1932, S. 139ff.

〔3〕 尽管卡纳里斯除了使用"价值"和"目的"这些称呼外，还使用了"一般法律原则"（allgemeine Rechtsprinzipien）的称呼——他将法律体系定义为一般法律原则之价值论或目的论秩序——并指出一般法律原则位于概念与价值之间，与两者均不同，但他也同样认为，价值向原则的过渡完全是流动的，原则只是比价值稍微具体些（参见 Claus－Wilhelm Canaris, *Systemdenken und Systembegriff in der Jurisprudenz*, 2. Aufl., Berlin 1983, S. 47, 51, 52）。所以他所说的"一般法律原则"并非与规范论中规则－原则相区分之意义上的原则完全等同，或许用"（allgemeine）Grundsätze"来表示更好。

规则－原则模式只是修正了前一种体系的要素，却没有清晰地提出相应的结构模式。本章的线索在于：①阐释法律体系之阶层构造论的主要思想和内容；②叙明法律体系之规则－原则模式的基本要点；③从实践理性和法治模型的角度来阐明这两种模式的不同，以及规则－原则模式的优势；④最后，在阶层构造学说的基础上，为规则－原则模式提供一种相对完整的结构理论。

一、视角限定

在进行正式的叙述之前，有必要首先来对法律体系的研究视角进行限定。卡纳里斯曾区分出体系的两种类型或者说层面：一种是认知的体系（System der Erkenntnisse），也被称为"科学的"体系；另一种是认知之对象的体系（System der Gegenstände），也被称为"客观的"或"现实的"体系。[1] 从视角区分的角度而言，所谓客观的体系即是从实在法的视角对法律体系的界定，于此，法律体系被认为是一套客观存在的、具有一致性和统一性的法律现象的整体。这恐怕也是大多数人所理解的"法律体系"。但是对法律体系还可以从另一个视角即法学（法律科学，Rechtswissenschaft）的视角来界定，于此，法律体系被认为是对法律现象进行学术化的建构性诠释或者说描述的产物。

进而，以在认可认知的体系的同时是否也认可对象的体系为标准，我们可以区分出激进的认知体系观与温和的认知体系观。激进的认知体系观只承认法律体系是科学认知的产物，而不承认存在什么固有意义（本体论意义）上的法律体系。凯尔森的纯粹法学（reine Rechtslehre）秉持的正是这一立场。从新康德主义的认识论出发，他认为法律现象只是一堆有待处理的

---

〔1〕　Vgl. Claus－Wilhelm Canaris, *Systemdenken und Systembegriff in der Jurisprudenz*, S. 13.

经验材料，而只有借助于特定的认识论工具才能使得这堆经验材料具有"法律"的意义。而这个工具，就是规范。法律现象的复杂性又决定了规范间必须以一定的方式相联系，这就形成了体系。[1] 归根到底，纯粹法学所认可的法律体系是一种认识论的概念工具，属于法学的范畴。与此不同，也有的学者同时承认认知的体系与对象的体系。在他们看来，这两者之间存在着紧密的关联，认知的体系必须尽可能地忠实于对象的体系。只有当法学的体系构造能一般性地展示出其客体即对象体系（法）时，它才是有意义的。任何对法学中体系概念的详细讨论都以澄清此一问题为前提：法是否以及在多大程度上具有作为体系基础所必不可少的秩序与统一性。[2] 这可被视为温和的认知体系观。阿列克西的原则理论虽然并没有在这一点上明言，但大体可归属于这一观念。他一方面认为规则 – 原则的区分能更加恰当地反映出实在法（尤其是宪法）的规范构造；另一方面则认为一个规范究竟属于规则还是原则需要通过论证来鉴别，而论证无疑属于法学的活动。

无论如何，我们都可以认为，规范论模式下的法律体系主要是法学建构的产物。无论是否承认在法学活动之外尚存在不依赖于认知而存在的对象体系，可以肯定的是，正因为借助于法学的理论认知，才在很大程度上使得经验性的复杂法律现象成为有序而统一的整体。也正因为如此，对于法律体系的研究并不限于具体的实在法（如"中国的"法律体系），而具有了在法理论层面上进行抽象化的可能（法律体系的模式）。因而本章的研究主要是从法学视角出发的认知体系的研究。

---

〔1〕 在康德看来，体系就是"同一种理念之下多样化认知的统一性"（Immanuel Kant, *Kritik der reinen Vernunft*, 2. Aufl., Riga 1787, S. 860）。

〔2〕 除了卡纳里斯外，还可参见 Rudolf Eisler, *Wörterbuch der philosophischen Begriffe* (Band III), 4. Aufl., Stichwort "System", Berlin 1930, S. 228.

二、法律体系的阶层构造模式

法律体系（Rechtssystem）或法律秩序（Rechtsordnung）[1]的阶层构造理论虽然因为维也纳学派的领袖汉斯·凯尔森（Hans Kelsen）而声名大噪，但其实际的创始人却是阿道夫·默克尔（Adolf Merkl）。有不少学者甚至认为，阶层构造理论构成了纯粹法学最根本的组成部分，[2]是维也纳学派最重要的理论贡献。[3]实际上，在这一方面凯尔森本人并无多大原创性的主张，而是有选择地将默克尔的学说吸纳进了他的所谓法律动态学（Rechtsdynamik）之中。正因为如此，凯尔森不得不将默克尔称为纯粹法学的共同创立者。[4]而本章的相关论述也将以整理默克尔的学说为主，并辅之以凯尔森的见解。

（一）阶层构造的出发点：法律规范

阶层构造论是一种关于法的结构学说。它是对法进行结构分析的产物，其目标主要在于指明被称作法的现象的结构和体系性关联。但前面述及，结构问题与要素问题是紧密相关的，所以，要对法律体系进行结构分析，首先要明确的是法律体系的构成要素，它构成了阶层构造的出发点。这个要素就是法律

---

〔1〕　这两个概念在默克尔和凯尔森的文献中被不加区分地使用，但他们更多使用"法律秩序"这一称呼。要注意的是，尽管他们并没有像卡纳里斯那样明确区分出"秩序"和"统一性"这两个要素，但其所谓的"法律秩序"已然包含"统一性"的要素在内。在后文中，出于表述的方便，我们用"法律体系"来称呼两者使用"法律秩序"之处而不改变其意义。

〔2〕　Vgl. Bettina Stoitzner, Die Lehre vom Stufenbau der Rechtsordnung, in: Stanley L. Paulson und Robert Walte (Hrsg.), *Untersuchungen zur Reinen Rechtslehre*, Wien 1986, S. 51.

〔3〕　Vgl. Peter Koller, Zur Theorie der rechtlichen Stufenbaues, in: Stanley L. Paulson und Michael Stolleis (Hrsg.), *Hans Kelsen – Staatsrechtslehrer und Rechtstheoretiker des 20. Jahrhunderts*, Tübingen 2005, S. 106.

〔4〕　Vgl. Hans Kelsen, Adolf Merkl zu seinem siebzigsten Geburtstag, *Österreichische Zeitschrift für öffentliches Recht* 10 (1960), S. 313.

规范（Rechtsnormen）。在默克尔看来，法律体系由其所包含的法律规范之集合构成，单个法律规范应被视为法律整体的最小组成单位。[1] 凯尔森同样认为，法律体系是调整人类行为之一般规范与个别规范的全体。[2] 尽管如此，这个概念及其与法律体系的关系并不像打眼看上去那么简单。为了更加深入地理解，有必要用相当的篇幅来澄清一些必要的概念区分。

1. 法律规范与实施行为

尽管单个法律规范是法律体系的最小组成单位，但是纯粹法学并不认为法律体系仅仅由法律规范组成。规范调整人类行为。它调整人类行为的方式是规定，某事应当如此或应当发生，尤其是规定某人应当以特定的方式行为。[3] 规范同时又是一种说明图式（Deutungsschema）。[4] 它是对特定时空条件下的人类行为特殊的规范性说明。反过来说，只有当人类行为符合规范时，这种行为才拥有客观意义。进而，只有当人类行为符合法律规范时，它才属于法律行为。从这个角度说，法律行为与法律规范是一体两面的事。一方面，法律行为可以视为对某个法律规范的适用（比如司法裁判行为适用某个制定法规范）。另一方面，法律行为本身又创设了一个更加具体的法律规范（比如司法裁判创设了一个司法判决或者说个别规范），这个更加具体的法律规范可以看作是相应法律行为所适用之法律规范的下位规范。这一过程不断以阶层化方式延续下去，就会形成规范的体系。但是当这一过程推展到逻辑终点时，却存在一个无法创设任何法律规范的法律行为（比如对司法判决的执行）。这个行

---

〔1〕 Vgl. Adolf Merkl, *Die Lehre von der Rechtskraft*, Leipzig/ Wien 1923, S. 202.

〔2〕 Vgl. Hans Kelsen, Der Begriff der Rechtsordnung, *Logique Et Analyse* 3 (1958), S. 150.

〔3〕 Vgl. Hans Kelsen, *Reine Rechtslehre*, 2. Aufl., Wien 1960, S. 4.

〔4〕 Vgl. Hans Kelsen, *Reine Rechtslehre*, S. 3.

为只是对上位规范的纯粹适用，否则这个过程就将继续下去，直到出现这样一个行为为止。这个行为被称为"实施行为"（Vollzugsakt），它只是对某个法律规范的纯粹适用。换言之，它本身不能再构成另一个法律行为的条件了。而按照默克尔的定义，只有当某个法律行为能成为其他法律行为的形成条件或效力条件时，它才有资格构成法律规范。[1] 所以法律行为不仅包括构成法律规范的法律行为，也包括处于链条终端的实施行为。但默克尔明确将这终端的实施行为包括进了法律体系的关联之中。因为虽然与法律规范不同，实施行为并不规范其他法律行为，但由于将法律体系的强制性视为法概念的必要特征（因为法律规范必须要考虑到不被服从的可能，并且必须在法律程序中规定一个运用强制的阶段[2]），所以在他看来，实施行为也是法律体系的组成部分。[3] 为了囊括法律规范与实施行为这两个概念，默克尔运用了一个上位概念——法律现象（Rechtserscheinung）。所以归纳起来说，法律体系的概念要被定义为有关联的法律现象的集合。[4]

2. 一般规范与个别规范

在纯粹法学看来，法律体系中的法律规范不仅包括一般规范，也包括个别规范。正如刚刚所说的，法律行为既可能创设一

---

〔1〕 Vgl. Adolf Merkl, *Die Lehre von der Rechtskraft*, S. 218 – 219.

〔2〕 Vgl. Adolf Merkl, Prolegomena einer Theorie des rechtlichen Stufenbaues, in: Alfred Verdross（hrsg.）, *Gesellschaft*, *Staat und Recht – Untersuchungen zur Reinen Rechtslehre*, Wien 1931, S. 261 – 262.

〔3〕 Vgl. Adolf Merkl, *Die Lehre von der Rechtskraft*, S. 218 – 219. 有时候实施行为也被称为"纯粹的事实行为"，但这种称呼具有误导性。因为这种称呼会让人产生与法律毫无关系的印象，但实施行为指的只是它不再能规范其他行为而已，本身却是对法律规范的适用，因而具有法律的关联性。

〔4〕 彼得·科勒甚至将创设和适用法律规范的法律主体或机关也视为法律体系之阶层构造的组成部分（Vgl. Peter Koller, Zur Theorie der rechtlichen Stufenbaues, S. 114f.），但这就走得太远了。

般规范，也可能适用一般规范去创设个别规范。后者例如司法裁判（Rechtsprechung）、民法上的法律行为（Rechtsgeschäft）、行政（Verwaltung）等，它们都可能因将一般规范适用于个别对象而创设个别规范。在默克尔和凯尔森看来，这些个别规范在规范性上与一般规范并无区别，两者同属于规范性链条即法律体系中的环节，都是法律体系的组成部分。这种观点与先前的主流学说有很大的不同。如果说依据先前的主流学说，法律体系仅仅由或多或少同质性的、为国家机构所颁布或采纳的一般性制定法条款组成的话，那么阶层构造论则将法律体系展示为一种以功能性区分为基础的、各种类型之法律规范和法律行为协力作用的恒常运动。[1] 所以，作为法律体系之要素的法律规范同时包括了一般和个别的规范。这种理解不仅使得法律体系的内容得到了大大的扩充，而且具有法政治学上的意义。按照以前对于议会法治国家权力的理解，立法与司法、行政之间主要是一种横向的功能划分，立法司职法的创设，而司法和行政只是实施行为。但阶层构造论使得这种尖锐的对立得以相对化，因为无论是立法还是司法、行政，都在创设（和适用）规范，它们的功能区分毋宁说是一种纵向的、阶层式的相对区分，它们之间形成的是一种"国家功能的阶层构造"（Stufenbau der Staatsfunktionen）。[2]

3. 动态法律规范与静态法律规范

纯粹法学在使用"法律规范"一词时并不连贯。在此可以区分出两种意义上的法律规范：一种是动态意义上的；另一种是静态意义上的。[3] 如果将法律规范理解为一种规定强制的规

---

[1] Peter Koller, Zur Theorie der rechtlichen Stufenbaues, S. 106.

[2] Vgl. Theo Öhlinger, *Der Stufenbau der Rechtsordnung*, Wien 1975, S. 28, 30.

[3] Vgl. Robert Walte, *Der Aufbau der Rechtsordnung*, Graz 1964, S. 17 – 19.

范的话,〔1〕 那么一个重要的问题在于，强制应当在何种条件下被施加。如果将强制的所有条件都包含进来，就可以获得一种将法律具体化的所有阶段都包括于其中的法律规范，即动态意义上的法律规范。例如，刑法典中针对特定犯罪行为施加特定刑罚的规定并不构成这一意义上的规范。必须要考虑到，刑罚这种强制措施的实施条件不仅包括犯罪行为，也包括起诉和审判；但起诉和审判的条件在于指派起诉人和法官，为起诉和审判引入的程序通常得以被遵守。因而在刑事实体法条款之外，还要加上刑事程序法和组织法。但这还不够，因为强制行为有时需要被具体化才能适用，这就涉及实施法。因此，一个动态意义上的刑法规范（暂时）看起来是这样的：如果某人盗窃财物，如果依据特定条款指派的特定国家机关以特定的方式提起诉讼，如果依照特定条款指派的国家机关在特定程序中宣判了某个窃贼有期徒刑，那么这个窃贼就应以特定的方式方法被剥夺规定期限的自由。〔2〕 但这并不算完。宪法也必须作为所有法律规范的组成部分被包含进来，它是所有依照其创设之条款（也包括强制行为）的前提。〔3〕 可见，动态意义上的法律规范最终要将强制行为的所有可能条件都包含进来作为构成要件。相反，静态意义上的法律规范是"在法律程序的连续进展过程中稍作停留，突出强调某一部分行为，并将在它之前的所有程序要件转换为这一部分行为同位序的必要条件"〔4〕。如果说动态法律规范的概念反映了法的创设的话，那么静态法律规范的概念则将创设其他规范的规范与被创设的规范区分开来，并对

---

〔1〕　凯尔森认为这是法律规范区别于其他规范的根本点所在，参见 Hans Kelsen, *Reine Rechtslehre*, S. 34f. , 55ff. , 114.

〔2〕　Hans Kelsen, *Reine Rechtslehre*, S. 237.

〔3〕　Vgl. Hans Kelsen, *Reine Rechtslehre*, S. 55.

〔4〕　Vgl. Adolf Merkl, Prolegomena einer Theorie des rechtlichen Stufenbaues, S. 274.

后者作孤立的观察。法的哪一部分以此方式被突出强调，取决于实在法的构造。从这个角度看，静态法律规范其实是动态法律规范的一部分，相对于后者来说是"不完整的法律规范"（unvollständige Rechtsnorm）。但这个概念还被纯粹法学单独用来指比静态法律规范更小的单位，例如只规定了构成要件之一部分或强制行为（法律后果）的法律材料，其实相当于法律规范的构成部分（Rechtsnormteil）。[1]

事实上，动态法律规范想做的，是将法的创设过程内化于一条规范之中，并将整个法律体系化约为数量有限的法律规范。这些法律规范具有同构性，且彼此孤立，不需要借助于其他规范（相互补充、限定等）就能单独发挥调整行为的功能。相反，静态法律规范则使得每个法律规范都保持了一定的"不完整性"，它并不将法律规范间的关系内化于一个更完整的法律规范中，而是将其保留在规范之外。在这种理解下，不同法律规范，如制定法的规范与法规的规范，既各有特征，又有共同点，且它们之间的创设关系一目了然。在此意义上，动态法律规范更加静态，而静态法律规范反而更加动态。前者将法律视为定型了的产品（product），反映了一种事后（ex post）的法律观；而后者立足于法律规范颁布之前，强调法的创设（process）过程，反映了一种事前（ex ante）的法律观。[2] 对于区分要素与结构的法律体系理论而言，将这种动态的创设过程归入体系的结构

---

〔1〕 事实上，哪些法律规范的构成部分（或者说，哪些法条的内容）能组成一条（静态的）法律规范，并不完全属于概念论的问题，而是一个恰当性的问题。对此可参见拉兹关于法律个别化及其四个要求的表述，Joseph Raz, *The Concept of a Legal System*, 2nd ed., Oxford 1980, pp. 143 – 147. 为了避免使人产生凡规范必内在一致的印象，瓦尔特使用了"法律条款"（Rechtsvorschriften）的称呼（Vgl. Robert Walte, *Der Aufbau der Rechtsordnung*, S. 46f.），但似乎并无太大必要。对此不再展开。

〔2〕 这一区分参见 Stanley L. Paulson, How Merkls' Stufenbaulehre Informs Kelsen's Concept of Law, *Revus* 21（2013），p. 30.

而非体系的要素无疑更合乎目的。因为如果将它归入法律规范即法律体系的要素之中，那么法律体系的结构问题就将几乎消失，而阶层构造论也将在很大程度上失去意义[1] 因此，对于法律体系理论而言，采纳静态的法律规范更加合适。凡后文指称"法律规范"之处，皆在此意义上使用。

4. 法的内容与法的形式

法的内容与形式的区分是阶层构造论的另一个重要前提。在默克尔看来，法不仅是纯粹的内容，而且也是形式上有所区分的法律规范的集合[2] 与不可穷尽的法的内容相应的却是数量上要少得多的法的形式[3] 与此同时，从法概念的角度而言，法律规范的形式与其内容没有任何关系。相反，具体法律规范的形式可用于任何法的内容，而不同形式之法律规范的差异也仅限于形式的差异[4] 要注意的是，这里关于内容与形式的区分并非后来通说所认为的那样指法律规范本身（规范命题）与法条（规范语句）之间的区分[5] 默克尔不加区分地使用法律规范与法条[6] 凯尔森虽然区分两者，但他将法律规范视为一

─────────

〔1〕 另一个原因在于，"完整地"描述出一条动态法律规范只具有理论上的可能性，而在现实中，法官或法学者要用到的，都只需这个理论上完整的法律规范之一部分就足矣，而法律科学也只能以满足后者作为任务。即便如凯尔森也从来没有给出过一条完整的法律规范，而总是只进行粗略的勾勒（Vgl. Hans Kelsen, *Reine Rechtslehre*, S. 237）。

〔2〕 Vgl. Adolf Merkl, *Die Lehre von der Rechtskraft*, S. 207.

〔3〕 Vgl. Adolf Merkl, Prolegomena einer Theorie des rechtlichen Stufenbaues, S. 252.

〔4〕 Vgl. Adolf Merkl, Prolegomena einer Theorie des rechtlichen Stufenbaues, S. 254.

〔5〕 这一区分参见 Georg Henrik von Wright, *Norm and Action*: *A Logical Enquiry*, London 1963, p. 93.

〔6〕 为了统一起见，下文引述默克尔的观点时，凡出现"法条"之处，均用"法律规范"来替代。

种规定，而将法条视为法律科学对其进行描述的产物，[1] 自与通说不同。在本章语境中，前已述及，完全是从法律科学的视角来审视法律体系和法律规范的，作此区别并无意义。事实上，纯粹法学所谓法的形式，指的是法的来源即法源（Rechtsquellen）。[2] 如来自立法者的法律规范具有制定法形式，来自行政机关的法律规范具有法规形式，等等。而一个国家的法源有哪些，受到该国之历史传统的影响。正因为如此，默克尔认为法律规范的形式区分不是一种法律本质，而属于历史偶然的现象，是各个实在法律体系决定了它们拥有何种类型和数量的不同法的形式。阶层构造论的任务在于确定具体区分之法律现象（法律规范与实施行为）间的逻辑关系。[3] 鉴于法的内容不可穷尽，而法的形式数量有限，阶层构造论只意在于获得不同法的形式之法律结构认识，它的问题意识来自于法的现实中存在的形式多元主义。[4] 纯粹法学完全是从形式的角度来观察法的，所以当他们说法律规范的阶层构造时，指的是具有不同来源形式之法律规范的阶层构造。[5] 因而在本部分中使用"法律规范"一词时，均是在形式意义上而言的。

---

[1] Vgl. Hans Kelsen, *Reine Rechtslehre*, S. 72f.

[2] 也有学者反对将阶层构造论与法源理论混为一谈，认为前者是一种哲学上的选择原则，后者则是法律人的论据 [See Stanley L. Paulson, Book Review: Untersuchungen zur Adolf Merkls und Hans Kelsens. By Jürgen Behrend, *The American Journal of Jurisprudence* 27（1982），p. 163]。

[3] Vgl. Adolf Merkl, *Die Lehre von der Rechtskraft*, S. 214.

[4] Vgl. Adolf Merkl, Prolegomena einer Theorie des rechtlichen Stufenbaues, S. 255; Vgl. Robert Walte, *Der Aufbau der Rechtsordnung*, S. 53; Theo Öhlinger, *Der Stufenbau der Rechtsordnung*, S. 11.

[5] 凯尔森甚至认为，在实在法的意义上法源的概念是多余的，因为它就是法（参见 Hans Kelsen, *Reine Rechtslehre*, S. 239）。

（二）法律体系的理想结构

1. 二组区分

阶层构造论可以指向不同的对象。人们可以追问，所有法律体系是否以及多大程度上必然显现出不同的规范阶层；也可以追问，特定类型之法律体系是否以及多大程度上包含着必要的规范阶层；还可以追问某个具体的法律体系之阶层构造。[1]我们可以将第一个问题称为法律体系的理想结构，将第二和第三个问题称为法律体系的现实结构。具体法律体系（如奥地利法律体系）的阶层构造并非法理论研究首要关注之事，所以阶层构造论的注意力主要放在前两个问题上。其中，特定类型之法律体系主要指的是现代社会中很典型的"议会法治国"（parlamentarischer Rechtsstaat）模式，因而本章所谓法律体系的现实结构指的即是这一类型的阶层构造。合先叙明，这两种结构并非截然对立，它们在概念上处于两个同心圆的关系之中。[2]现实结构只是更加复杂一些的理想结构。

此外，在阶层区分的形式标准方面，默克尔还区分了法律规范之间的条件关系（Bedingungszusammenhang）与毁损关系（Derogationszusammenhang）这两种结构，但将主要精力放在了前一种结构上。毁损关系是他在晚期才发展出来的理论，且由于是否及如何毁损完全取决于具体的实在法，[3]因而并不属于法本质性的结构，所以我们只会在法律体系的现实结构部分的末尾作一点介绍。

---

〔1〕 Vgl. Martin Borowski, Die Lehre vom Stufenbau des Rechts nach Adolf Julius Merkl, in: Stanley L. Paulson und Michael Stolleis（Hrsg.）, *Hans Kelsen - Staatsrechtslehrer und Rechtstheoretiker des 20. Jahrhunderts*, Tübingen 2005, S. 123.

〔2〕 Jürgen Behrend, *Untersuchungen zur Stufenbaulehre Adolf Merkls und Hans Kelsens*, Berlin 1977, S. 19 - 20.

〔3〕 Vgl. Adolf Merkl, Prolegomena einer Theorie des rechtlichen Stufenbaues, S. 284.

2. 法的必要分层及其理想结构

默克尔在早期的学说中明确区分了法的必要分层与可能分层,[1] 他的理论出发点在于必要分层。在他看来,法律体系是一个由属于同一整体的法律现象所组成的体系。[2] 虽然他认为法律体系的形式区分仅是受各自实在法形式影响的偶然之事,但他同样认为,任何法律体系都必须具有最低限度的法的形式,或者说"最低限度之本质性的法的形式……缺少它的法律体系是不可想象的"。[3] 也就是说,尽管没有最高限度的法律现象的分层,但却有最低限度的法律现象的分层,默克尔称其为法律体系的理想结构,与法律体系的现实结构相对。那么每个法律体系都必然包含的分层或基本结构是什么样的? 这就涉及每个具有多元法形式的法律体系可以回溯到的形式二元论(Formendualismus)。"即使是最简单的、回溯到不可避免之不成部分的法的形式体系也是二分的,同时也是二阶层的。"[4]

也就是说,"法律体系中行为关系的原始类型"由两个阶层构成。起源规范(Ursprungsnorm)构成了第一个阶层,也是最高阶层。它也被称为"法律逻辑意义上的宪法"[5],承担着凯尔森理论中"基础规范"(Grundnorm)的功能,即主要在于赋予创设法律的权能,"为法律创设的权威加冕"[6]。混乱无章的法律形态要被理解为同属一个整体的现象集合即法律体系,就必须要被认为是某个共同之起源规范的结果。[7] 与此相对的是

---

〔1〕 Vgl. Adolf Merkl, Gesetzesrecht und Richterrecht, *Prager Juristische Zeitschrift* 2 (1922), S. 339.

〔2〕 Vgl. Adolf Merkl, *Die Lehre von der Rechtskraft*, S. 218.

〔3〕 Vgl. Adolf Merkl, *Die Lehre von der Rechtskraft*, S. 208.

〔4〕 Vgl. Adolf Merkl, *Die Lehre von der Rechtskraft*, S. 210.

〔5〕 Vgl. Adolf Merkl, *Die Lehre von der Rechtskraft*, Anm. 1.

〔6〕 Adolf Merkl, Gesetzesrecht und Richterrecht, S. 339.

〔7〕 Vgl. Adolf Merkl, *Die Lehre von der Rechtskraft*, S. 210.

理想结构的第二个阶层，也是作为最低阶层的实施行为。前已述及，在默克尔看来，实施行为本身并不能再创设法律规范，但仍具有法律意义，也是法律体系的组成部分。这两个必要阶层之间的关系就是条件（限定）。"在不同历史时期实现的法律规范形式必然具有一种共同的起源法律规范形式，以及在决定不同法律规范形式的行为之间必然存在一种限定（bedingend）和被限定（bedingt）的关系。"[1] 一个法律现象构成了另一个法律现象的条件（限定后者），就意味着它构成了后者"形成和效力的前提，即起源"[2]。它既是一种"创设规则"（Erzeugungsregel），也是一种"权能规范"（Kompetenznorm）。[3] 因而在理想的法的结构中，条件关系体现在：一方面存在一个纯粹限定性的规范即起源规范；另一方面有多个纯粹被限定的实施行为。这两个法律阶层中，起源规范纯粹构成了实施行为的生产条件（而没有相反情形），而实施行为纯粹以起源规范为条件（而没有相反情形），所以构成了"法律世界的两极"[4]：一则是绝对的法律创设；另一则是绝对的法律适用。

　　但这幅看上去简单明了的图景其实是有缺陷的。[5] 一方面，默克尔区分了通过起源规范的绝对法律创设和通过实施行为的绝对法律适用。但在有的地方，他却认为理想结构是由两种法律形式构成的，一种是起源规范，另一种是"彼此形式一致、

---

　　〔1〕　Vgl. Adolf Merkl, Prolegomena einer Theorie des rechtlichen Stufenbaues, in: Hans Klecatsky, René Marci und Herbert Schambeck（Hrsg.）, *Die Wiener Rechtstheoretische Schule*, Wien［u. a.］1968, S. 1336.

　　〔2〕　Vgl. Adolf Merkl, *Die Lehre von der Rechtskraft*, S. 216.

　　〔3〕　Adolf Merkl, Prolegomena einer Theorie des rechtlichen Stufenbaues, S. 280, 281.

　　〔4〕　Vgl. Adolf Merkl, *Die Lehre von der Rechtskraft*, S. 215.

　　〔5〕　Vgl. Martin Borowski, Die Lehre vom Stufenbau des Rechts nach Adolf Julius Merkl, S. 137 – 138；Jürgen Behrend, *Untersuchungen zur Stufenbaulehre Adolf Merkls und Hans Kelsens*, S. 26ff.

从起源规范推导出的规范"[1]。但很明显，实施行为本身属于
（具有法律意义的）事实领域，它并不同于被推导出的规范。如
果要将实施行为视为法律体系的一部分，那么它也只是法的终
端现象，而非在具体行为中充分具体化和个别化了的法律规范。
所以默克尔在法的必要形式方面并没有足够连贯地去区分出具
体的个别规范与适用这些个别规范的实施行为，而这些个别规
范在起源规范和实施行为之外将展示出另一种必要的法的形式。
另一方面，将起源规范理解为直接构成实施行为之条件的规范
也是不可取的。默克尔明确区分了权能规范（授权规范）与行
为规范（命令规范和禁止规范）。起源规范只是一条规范。作为
权能规范，它无法直接命令和禁止任何人类行为，而只能授权
某些机关去创设规范。被创设的规范本身可能也是权能规范，
但多数情况下是能直接调整人类行为的行为规范。简单地说，
权能规范只能构成其他规范的条件，而非直接构成实施行为的
前提。相反，实施行为则是适用行为规范的结果。所以，将理
想体系设想为仅由内容空洞的最高权能规范与事实上的实施行
为组成，在概念上是不可能的，也是没有意义的。一个中间性
的法律阶层不可或缺，它位于起源规范与实施行为之间，是受
起源规范限定且限定实施行为的行为规范（也可能包括权能规
范），是绝对的法律创设与绝对的法律适用之间起媒介作用的法
的形式。[2] 所以，依照默克尔的理论脉络，理想的法律体系在
概念上至少由三个而非两个阶层组成，即起源规范、被推导出

---

〔1〕 Adolf Merkl, Das doppelte Rechtsantlitz, *Juristischer Bläter* 1918, S. 427;
ders. , *Die Lehre von der Rechtskraft*, S. 218.

〔2〕 更具体的论证参见 Martin Borowski, Concretized Norm and Sanction qua Fact
in the Vienna School's Stufenbaulehre, *Ratio Juris* 27 (2014), pp. 87ff. 博罗夫斯基认为，
即使在一个比最低限度的法的形式区更丰富的法律体系中，在作为事实的实施行
为与个别规范（如司法裁判）之间仍存在一个阶层，他称其为"充分具体化的规
范"（fully concretized norms）。

的具体规范以及实施行为。

（三）法律体系的现实结构

如果说在法律体系之理想结构中规则阶层之间限于条件关系的话，那么在法律体系之现实结构中规则阶层的形式标准则既包括条件关系，也包括毁损关系，但默克尔论述的重点还在于前者。

1. 条件关系

法律体系的现实结构比之理想结构的区别在于法的阶层更多，即在必要法的形式之外尚有可能的阶层。形象地说，处于不同阶层中且具有创设与被创设关系的规范具有上位阶与下位阶的空间关系，由此就出现了法律体系的阶层构造。或者更形象地说，呈现出"阶梯式人工瀑布"（stufenförmige Kaskaden)[1] 的图景。在现实法律体系中，除了上述三个必要的阶层外还有多少可能的阶层，是偶然的，因为这取决于法律创设过程中的分工。[2] 默克尔自己选取了"议会法治国"之法律体系的阶层构造进行分析。这类国家的特点，一是在于立法与司法、执法的功能区分，以及立法相对于后二者的优势；二是在于有一部拥有最高地位的宪法（在此不考虑英国）。由于这种国体在现代社会的普遍性，也可以说它构成了法律体系现实结构的一种典型模式。在默克尔看来，作为"议会法治国"法律体系之法律规范形式的有宪法、制定法以及作为个别法律规范形式的（民事）法律行为、行政行为和司法裁判。[3] 作为"不那么有规律地经常出现之中间形式的"尚有法规（Rechtsverord-

---

〔1〕 Theo Öhlinger, *Der Stufenbau der Rechtsordnung*, S. 10.

〔2〕 Adolf Merkl, *Das doppelte Rechtsantlitz*, S. 427.

〔3〕 Vgl. Adolf Merkl, *Prolegomena einer Theorie des rechtlichen Stufenbaues*, S. 259ff. 尽管纯粹法学并不否认习惯法可以作为法律体系的一部分，但出于化约论述复杂性的考虑，本章并不涉及习惯法，在论述规则－原则模式时同样如此。

nung)。[1] 可以从下面的五个方面，来对这一法的形式序列加以描绘：

（1）条件关系与授权关系。条件关系同样适用于"议会法治国"的诸法律规范形式之间。条件关系具有传递性。[2] 这意味着，如果规范 A 是规范 B 的条件，而规范 B 是规范 C 的条件，那么 A 就必然也是 C 的条件。反之亦然，当 C 受到 B 的限定，而 B 受到 A 的限定时，C 就必然受到 A 的限定。由此可以区分直接的条件关系和间接的条件关系。如果一个规范和受其限定的规范之间不存在任何其他限定性和受限定的规范，它们之间就存在直接的条件关系；如果存在中间规范，就存在间接条件关系。在此基础上，可以区分条件关系与授权关系（Delegation）。如果说条件关系导向的是"创设性关联"（Erzeugungszusammenhang），那么授权关系就设立了一种"指涉性关联"（Verweisungszusammenhang）。[3] 例如，在宪法已然规定其实施法规，但仍需一部授权性的议会制定法来颁布它的情况下，我们可以说宪法与这部实施法规间存在间接条件关系，而授权性的制定法与它之间存在直接的条件关系，但授权的基础仅在于宪法而已。授权是合乎资格的条件性（qualifizierte Bedingtheit）。只有当限定性行为已然指涉被限定行为，后者出现的条件已经被规定在前者之中时，它才可以说是合乎资格的。按照默克尔的观点，从条件关系中可以额外产生一种授权性关联。

（2）从属关系与协调关系。由于具有同一形式的法律规范在数量上不可能只有一个（除了起源规范或基础规范外），所以条件关系不仅在垂直的方向上将法律规范规整为一种从属关系

---

[1] Vgl. Adolf Merkl, Prolegomena einer Theorie des rechtlichen Stufenbaues, S. 262.

[2] Vgl. Ulrich Klug, *Juristische Logik*, 4. Aufl., Berlin [u. a.] 1982, S. 80.

[3] Adolf Merkl, Prolegomena einer Theorie des rechtlichen Stufenbaues, S. 280.

（Subordniationsverhältnis），而且在水平的方向上将法律规范规整为一种协调关系（Koordinationsverhältnis）。也就是说，从静态的角度看，法律体系不仅由多阶层的上位与下位法律规范序列构成，而且也由多个同位序彼此并列的法律规范序列构成。[1]从属关系来自于条件关系，如果某个法律现象的出现受到另一个既存之法律现象的限定，那么前者就从属于后者，例如制定法之于宪法。协调关系则指的是当两个法律规范同时受到另一类型之法律规范限定的情形。[2]但是问题在于，这两种关系对于法律体系来说是相互对立和穷尽式的吗？这又涉及协调关系究竟是以直接的条件关系为前提，还是也可以包括间接的条件关系。如果是后者，则会有难以克服的难题。在前面所举的那个例子中，授权性的制定法直接受到宪法的限定，而实施法规则通过制定法间接受到宪法的限定。如果将宪法作为条件关系的基础，那么就可以将这部制定法和实施法规视为协调关系了。这无疑是不正确的。但同时，即使以直接的条件关系为前提，有时也难说存在协调关系。例如，当基于一部制定法产生了一个实施行为且同时产生了一部法规时，能说这个实施行为和那部法规间存在协调关系吗？所以，从属关系与协调关系并不是非此即彼的，也没有穷尽法律体系中的所有关系。对于阶层构造学说的条件关系而言，主要的关注点在于前者，而不是后者。

（3）法的两面性（法律创设与法律适用）。在"议会法治国"的法律体系中，除了与理想结构中共同的起源规范与实施行为外，属于中间阶层的尚有宪法、制定法、法规、个别法律规范。这些法的形式与起源规范或实施行为的不同之处在于，它们既是限定性的，同时也是受限定的。也就是说，与作为纯

---

〔1〕　Vgl. Adolf Merkl, *Die Lehre von der Rechtskraft*, S. 210.

〔2〕　Vgl. Adolf Merkl, *Die Lehre von der Rechtskraft*, S. 215.

粹法律创设的起源规范与作为纯粹法律适用的实施行为不同，它们同时呈现出法律创设与法律适用的面向，这即是默克尔所谓的"法的两面性"（doppeltes Antlitz des Rechts）[1] 或者说"雅努斯之脸式的双重性"（januskopfartige Doppelnatur）[2]。在这些法律体系中间层级中的任何一个规范，都既是另一种形式之法律现象的限定条件（因而相对于它呈现出法律创设的一面），又受到另一种不同形式之法律规范的限定（因而相对于它呈现出法律适用的一面）。例如，我们在区分法律规范与实施行为这两个概念时已经举过的例子：司法裁判既是对诸如制定法的适用，也是对实施司法裁判之行为的创设。同理，制定法既是对宪法的适用，也是对司法裁判或法规的创设。宪法既是对起源规范的适用，也是对制定法和（宪法法院之）司法裁判的适用，等等。在这一整体上的法律创设和适用的过程中，立法与司法之间的功能区分就被相对化了，它们之间的区分就只成了对同一现象之不同观察的不同。[3]

　　阶层式的法律创设和适用的过程，也就是法的个别化和具体化的过程。个别化是针对对象而言的，而具体化是针对不同阶层之规范的抽象度或具体度而言的。一方面，较高阶层的法律规范具有一般性的结构，而较低阶层的法律规范显现出个别化的结构。层层递进的过程也就是从一般到不那么一般，最终达至不可再个殊化之法律阶层的过程，所以这种法律创设的过程可被称为法的个别化。另一方面，由于从一般到特殊之法律规范的过程同时也是从抽象到具体之构造物的逐步过渡，所以

---

〔1〕　Adolf Merkl, Das doppelte Rechtsantlitz, S. 427.

〔2〕　Adolf Merkl, *Die Lehre von der Rechtskraft*, S. 216.

〔3〕　Vgl. Adolf Merkl, Das Recht im Lichte seiner Anwendung, in: Hans Klecatsky, René Marcić und Herbert Schambeck（Hrsg.）, *Die Wiener Rechtstheoretische Schule*, Wien [u. a.] 1968, S. 1185.

法律创设过程同样可称为具体化过程[1]。但要注意的是，个别化和具体化的过程并不是一一对应的。一般规范可以是抽象的也可以是具体的，个别规范也可以是抽象的或具体的。阶层构造论本身所蕴含的只是，阶层越低规范就越具体，每一个下位规范都比上位规范更加具体，至于下位规范是否比之于上位规范更加个别化则并不一定[2]。例如，一个法规中的规范比上位阶的制定法中的规范更加具体，但可能比后者更加个别化，但也可能具有同样的一般性（指涉同一组对象）。当然，在法律阶层构造中下层的个别法律规范（以及"充分具体化的规范"）无疑将比上面所有阶层的法律规范更加个别化。

（4）法的自我创设。将法律现象间的条件关系刻画为在一个个别化与具体化进程中进行连续不断之法律创设和适用的阶层式构造，不仅描绘出了单个法律阶层之间的静态关系，更是展现出了等级式的法律创设的动态过程。这种动态性尤其体现在，限定性法律现象相对于被限定的法律现象不只拥有时间上的优先性，更拥有逻辑上的优先性。被限定的行为不仅只有依照限定性行为才能作出，而且也只能来自于限定性行为[3]。前者是基于后者的存在而出现的。如此，我们同样可以认为它们之间存在一种"发生学关联"（genetischer Zusammenhang）[4]。在默克尔看来，法律体系不仅包括调整人类行为的规范，也包括那些决定创设这些行为规范之类型和方式的规范。一个实在

〔1〕　Vgl. Adolf Merkl, *Die Lehre von der Rechtskraft*, S. 221.

〔2〕　András Jakab, Problems of the Stufenbaulehre: Kelsen's Failure to Drive the Validity of a Norm from Another Norm, *Canadian Journal of Law and Jurisprudence* 35 (2007), p. 46.

〔3〕　Vgl. Adolf Merkl, Prolegomena einer Theorie des rechtlichen Stufenbaues, S. 273, 275.

〔4〕　Adolf Merkl, *Die Lehre von der Rechtskraft*, S. 217; Hans Kelsen, *Hauptprobleme der Staatsrechtslehre*, 2. Aufl., Tübingen 1923, S. XV.

法的规范既可能包括行为规范的内容，也可能包括创设下位规范之规则的内容。所有法律体系都要求，既存法律体系只按照自身固有的法律规范来进行改造和发展，缺乏这种法律创设的要素，既定的法律体系就将是绝对静止的了。当然，这并不否认法律创设也需要有创设法律的机关，但什么机关在什么条件下有权进行法律创设本身也由法律体系自身来确定。[1] 所以，规范的形成与效力的基础在于同属一个体系的其他规范，而不在于法外要素。[2] 这便是所谓法的自我创设（Selbsterzeugung）现象。

（5）主观因素与客观因素。法的自我创设现象不能被理解为法律创设是一个纯粹逻辑推演意义上的机械的自动化过程。[3] 纯粹的逻辑推演意味着，更为具体的下位规范是对更加一般的上位规范之内容进行演绎的结果，前者可以被涵摄于后者之下。这种类型的体系是一个内容性的逻辑运算的静态体系，道德体系（也包括自然法体系）是其典型代表。相反，动态体系包含的主要是创设规则的构成要件，它授权某个创设规范的权威或规定一个规则，确定基于同一个基础规范（起源规范）的体系中的一般规范和个别规范应当如何产生。[4] 在纯粹法学看来，法律创设就是这么一个动态的过程，其中既有客观因素，也有主观因素。一旦上位规范确定了某些内容（这些内容既包括对

---

〔1〕 Vgl. Martin Borowski, Die Lehre vom Stufenbau des Rechts nach Adolf Julius Merkl, S. 149.

〔2〕 最终的哲学原理来自于凯尔森所坚守的"应当"与"是"的分离命题。具体论证参见 Jürgen Behrend, *Untersuchungen zur Stufenbaulehre Adolf Merkls und Hans Kelsens*, S. 59 – 63.

〔3〕 Vgl. Adolf Merkl, Prolegomena einer Theorie des rechtlichen Stufenbaues, S. 1347.

〔4〕 这便是凯尔森所说的静态原则与动态原则（Vgl. Hans Kelsen, *Reine Rechtslehre*, S. 198 – 199）。

适用者的授权，也可能同时包括部分行为的内容），这相对于特定规范的适用者而言就具有拘束力。它可以为法的适用者所认识到，它的存在与个人的主观因素无关，因而在此意义上是客观的。但有待适用的规范或位于它之上的规范也有没能确定的内容，在这个范围内，适用者自身不可能作出客观的认知，而取决于他的自由裁量（freies Ermessen）。自由裁量不是认知性的，而是一种主观意志性的活动。如果说进入法律创设和适用活动中具有拘束力的先前形成的上位法是适用者的他治决定因素（heteronome Determinante）的话，那么自由裁量就是自治决定因素（autonome Determinante）了。[1] 放在法律解释的语境中，前者属于"智识解释"（intellektuelle Interpretation），而后者则属于"真意解释"（authentische Interpretation）。[2]

归根到底，纯粹法学将法律规范视为一个框架（Rahmen），这个框架或窄或宽。[3] 如果上位规范只包含创设下位规范的授权而不预先规定任何内容，那么它就是最宽泛的；而如果它同时包含两者，它就相对比较窄：预先规定的内容越多，适用者的自由裁量权就越小，规范框架就越窄。从"议会法治国"的法律体系来看，最宽泛的规范框架无疑是基础规范（起源规范），它是以之为条件的法律阶层的动态效力基础，为它下位的宪法规范保留了几乎完全自由决定的空间。而越往下，适用者的自由裁量权就越小，规范框架也就越窄。例如，宪法为创设制定法规范保留的自由裁量权较大，而制定法为法规、个别规范保留的自由裁量权就较小，从个别规范到实施行为的自由裁

---

〔1〕 Vgl. Adolf Merkl, *Allgemeines Verwaltungsrecht*, Wien: Verlag Österreich 1927, S. 142.

〔2〕 Vgl. Adolf Merkl, Das Recht im Spiegel seiner Auslegung, *Deutsche Richterzeitung* 1917, Sp. 175.

〔3〕 Vgl. Hans Kelsen, *Reine Rechtslehre*, S. 250.

量权就非常小了。[1] 因为在某个阶层上,适用者的主观因素将附加到客观因素之上,而这两者合起来会作为下一阶层的客观因素出现。只有在这一阶层的客观框架为适用者的决定留有空间时,才会发生真意解释和主观因素。在下一阶层,重复着上一阶层之主观要素的客观化,如此不断。但无论如何,从基础规范到个别规范,尽管规范框架由宽变窄,主观因素越趋减少,但适用者自由裁量的空间始终存在。而"裁量就像法律大厦的入口,通过它法外因素能挤进来"[2],所以裁量的存在就意味着法外因素进入法律体系的可能。由于法外的决定因素的多少与法律规范框架的宽窄成反比,所以如果将法律体系想象为一个上窄下宽的规范金字塔的话,那么相应地,法外因素的体系就像一个倒立的金字塔,越是上面越宽,随着具体化进程的增加则越来越窄。[3]

综上所述,"议会法治国"的法律体系呈现为一种条件关系的阶层构造。在这一构造中,除了最高的基础规范(起源规范)与最低的实施行为之外,中间尚包括宪法、制定法、法规、个别法律规范等。其中,不同阶层的法律现象之间既可能存在直接的也可能存在间接的条件关系,但最终都可以回溯到同一个基础规范(起源规范)。就它们的上下位关系而言,它们表现为从属关系;就上位法律规范作为下位法律现象存在的基础而言,它们表现为发生学关联。就法律规范仅由同属一个体系的上位法律规范决定而言,这导致了法的自我创设现象。法律创设的过程同时也是法律适用的过程,其中既有起拘束作用的规范框

---

〔1〕 如果我们赞同博罗夫斯基的观点,认为从个别规范到实施行为之间尚有充分具体化之规范这一阶层的话,那么可以说充分具体化之规范到实施行为就几乎没有自由裁量的余地了。

〔2〕 Vgl. Adolf Merkl, *Allgemeines Verwaltungsrecht*, S. 152.

〔3〕 Vgl. Norbert Achterberg, Hans Kelsens Bedeutung in der gegenwärtigen deutschen Staatslehre, *Die Öffentliche Verwaltung* 1974, S. 454.

架（客观因素），也有由适用者发挥自由裁量的余地（主观因素）。

2. 毁损关系

与条件关系相对的是毁损关系。毁损指的是变更或废止。默克尔将既有法在原则上不可变更视作一项一般规范逻辑原则。在他看来，只有当具体的实在法体系明确含有变更既有法律规范的内容时，变更才是可能的。[1] 所以，毁损这种结构性现象并不属于法本质性的基本前提，而是只取决于现实法律体系的实在构造而已。但毁损关系一旦存在，同样构成一种阶层构造。如果一个法律规范相对于另一个法律规范具有毁损力，而这另一个规范相对于它没有毁损力，那么出于这一原因，它就是层级较高的毁损性规范，而另一个规范就是层级较低的可毁损规范。相反，如果两个规范彼此都具有毁损力，那么它们就位于同一等级。[2]

在默克尔看来，条件关系与毁损关系并不等同。一个限定性的、在某种意义上构成某个被限定行为之上位的行为可能同时在另一种意义上位于那个被限定行为之下，如果那个被限定的行为相对于它具有毁损力，而这个限定性行为相对于前者不具有毁损力的话。[3] 故而，甚至在同一个国家法秩序之内也可以建立多个具有不同阶层构造的法律体系。[4] 一个例子是，德

---

〔1〕　Vgl. Adolf Merkl, Die Unveränderlichkeit von Gesetzen, in: Hans Klecatsky, René Marcić und Herbert Schambeck（Hrsg.）, *Die Wiener Rechtstheoretische Schule*, Wien〔u. a.〕1968, S. 1088.

〔2〕　Vgl. Adolf Merkl, Prolegomena einer Theorie des rechtlichen Stufenbaues, S. 276.

〔3〕　Vgl. Adolf Merkl, Prolegomena einer Theorie des rechtlichen Stufenbaues, S. 1342.

〔4〕　Vgl. Adolf Merkl, Prolegomena einer Theorie des rechtlichen Stufenbaues, S. 1350.

国基本法第 79 条第 1 款规定了如何通过制定法来变更基本法。它构成了变更基本法之制定法的条件，在条件关系的意义上构成了后者的上位阶规范。但由于变更基本法的制定法可能会变更这个条款本身，所以在毁损关系的意义上反而是这个制定法构成了基本法条款的上位阶规范。另一个例子是制定法规范与宪法法院判决之间的关系。[1] 德国联邦宪法法院法包含规定宪法法院如何形成判决的条款，它在条件关系的意义上构成了宪法法院判决的上位规则；但宪法法院判决反过来可以通过宣布前者不合宪而废止前者，又在毁损关系的意义上构成了前者的上位规则。

（四）小结：究竟是什么关系？

在规则的阶层构造模式中，法律体系在理想结构下呈现为三阶层的条件关系，在以"议会法治国"为代表的现实结构下则既可呈现为多阶层的条件关系，也可呈现为多阶层的毁损关系。但条件关系和毁损关系的称呼与界定都有商榷的余地。

条件关系的称呼太过宽泛。凯尔森虽然几乎照搬了默克尔的理论，但并没有使用条件关系这样的术语，而是使用了授权（Ermächtigung）和效力（Geltung）这两个我们今天更为熟悉的术语。[2] 这一点殊值赞同。授权关系很好地抓住了不同位阶之法律规范间关联的核心意旨，而如果站在纯粹法学秉持的实证主义立场，将授权视为规范效力的唯一来源的话，那么授权关系与效力关系就并无二致。但基于这一理由，笔者认为效力关系比授权关系的说法更好：因为纯粹法学并不否认上位规范除了是对下位规范的授权外，也可能在内容上进行部分确定。只有当下位规范既满足了上位规范授权的要求，又不违背上位规

---

〔1〕 Vgl. Norbert Achterberg, Hans Kelsens Bedeutung in der gegenwärtigen deutschen Staatslehre, S. 453.

〔2〕 Vgl. Hans Kelsen, *Reine Rechtslehre*, S. 197 und *passim*.

范的内容时，它才是有效的。因此，效力在某种意义上可以被视为规范的条件。但反过来，并非所有的条件（在这一术语最一般的意义上）对于规范的形成而言都属于效力的一部分。规范的创设原则上依赖于所有类型的条件，而不仅仅是效力条件。例如，行使授权需要有人及其行为，还需要创设特定规范的意识与意志。[1] 这些都属于特定规范形成的条件，但它们属于事实条件而非规范条件。默克尔本人混淆了这两者。这体现在，他在对比条件关系与毁损关系时，曾举程序法上的例子，认为事实审构成了法律审的条件，而法律审对事实审拥有毁损力。[2] 但很明显，事实审虽然构成了法律审的事实条件（在现实中，没有前者就不会出现后者），却不是它的规范条件，因为事实审绝没有包含法律审的形成和效力条件，两者之间不存在规范性的条件关系，也不能形成法律上的上下位关系。法律审的形成和效力条件包含在规定法律审的特定规范之中。两者在阶层构造中是同位阶的，都以另一法律阶层，即程序法为条件。[3] 另外，即使是同位阶的法律规范之间，也多有相互限制、补充的情况，这也可以说它们彼此构成了对方的规范条件，但却难以说存在效力关系。所以，效力只是部分规范性的条件关系。

条件关系的另一种说法——发生学关联（或创设性关联），也会令人发生误解。发生涉及时间，但时间上的先后关系（默克尔不否认上下阶层的规范存在这种关系）与效力并无关联。因为效力可能是追认的效力。一部民法典可能在时间上先于宪法出现，但一旦宪法出现，它就构成了民法典的上位法。民法

---

[1] Vgl. Martin Borowski, Die Lehre vom Stufenbau des Rechts nach Adolf Julius Merkl, S. 155.

[2] Vgl. Adolf Merkl, Prolegomena einer Theorie des rechtlichen Stufenbaues, S. 1343.

[3] Vgl. Jürgen Behrend, *Untersuchungen zur Stufenbaulehre Adolf Merkls und Hans Kelsens*, S. 40.

典中的规范只有符合宪法规范才是有效的。与其说法律体系自我创设，不如说只是规制自身的创设，[1] 即自我授权和自我赋予效力更为合适。

毁损关系则并不可取。这不仅是因为那种笼统的定位，即毁损关系取决于具体的实在法，因为本就不属于纯粹法学这般以法的形式为研究对象之法理论应该关注的对象（或许正因为如此，凯尔森继受默克尔的理论时压根就没有提到它），而且可以举出如下理由：其一，毁损关系在一定意义上依赖于效力关系。这体现在毁损性规范本身的效力上。即使是能变更或废止迄今为止法律状态的新法律规范也完全依赖于法律体系将其识别为一员的条件，因为这些条件对于毁损性规范的形成与效力起决定作用。[2] 其二，至少有部分毁损关系与效力关系是重合的。"议会法治国"的国体要得以维系，就必然需要承认宪法相对于其他法的优先性，也要承认制定法、法规对于个别规范的优先性。因此，从宪法到一般规范再到个别规范的等级关系是必不可少的。[3] 这一等级关系一方面反映了效力关系，另一方面也显现为毁损关系：如果下位的规范没有满足上位规范的效力条件，则要变更或废止。[4] 例如，在前面所举的例子中，德国基本法第 79 条第 1 款对于不符合其规定的修正基本法之制定法的毁损，或者联邦宪法法院法对于不符合其程序作出的宪法

---

〔1〕 Vgl. Rainer Lippold, *Recht und Ordnung*, Wien 2000, S. 421.

〔2〕 Vgl. Jürgen Behrend, *Untersuchungen zur Stufenbaulehre Adolf Merkls und Hans Kelsens*, S. 37.

〔3〕 Vgl. Martin Borowski, Die Lehre vom Stufenbau des Rechts nach Adolf Julius Merkl, S. 153.

〔4〕 亚卡布曾仔细区分了毁损力的两种表现，即废止某个法律规范（终止存在）和限制某个法律规范的效力（终止适用）（András Jakab, Problems of the Stufenbaulehre: Kelsen's Failure to Drive the Validity of a Norm from Another Norm, p. 57）。斯托尔茨内尔则依据毁损的程度区分了完全失效、有限消除和缺乏毁损力（Vgl. Bettina Stoitzner, Die Lehre vom Stufenbau der Rechtsordnung, S. 64）。对此本章不深究。

法院判决的毁损。在此，效力关系构成了毁损关系的依据。假如如此，提出后者就是多余的，此时的毁损关系取决于法的形式的阶层。相反，如果毁损关系是来自于具体实在法本身，那么这就不属于一般法理论的研究对象，甚至不属于理论研究的范围了。其三，来自于具体实在法本身的毁损关系是否必须依凭一种等级或阶层构造也值得商榷。有学者就已经在尝试用一种"无等级的优先性"思路来重构毁损规范。[1] 假如如此，那么毁损关系就将与阶层构造没有必然的联系，阶层构造论完全可以不考虑它。

综上所述，法律体系之阶层构造的核心，是通过等级式的分层所显现出的法律规则之间的授权或效力关系。这一点也构成了与规则－原则模式相互对接的基础。

三、法律体系的规则－原则模式

法律体系的阶层构造将法律规范（法律现象）作为法律体系的要素，而规则－原则模式则意图将法律规范区分为法律规则与法律原则，并基于这一区分来证明，阶层构造模式并不适合来说明整个法律体系。这一想法可以追溯到奥地利学者沃尔特·威尔伯格（Walter Wiburg）在20世纪40年代提出的灵活体系（das bewegliche System）理论。其基本特征在于，法律体系包含着一些反映"支配性基本思想"的原则，它们在根本上具有相同的位阶，可以彼此兼容，同时放弃了封闭的构成要件构造。[2] 随后，德国学者约瑟夫·埃塞尔（Josef Esser）详尽探讨了规则和原则的区分，尽管他使用的术语略有差异。[3] 稍晚一

---

〔1〕 Vgl. Heiko Sauer, Vorrang ohne Hierarchie, *Rechtstheorie* 44（2013），S. 503 – 539.

〔2〕 Vgl. Walter Wiburg, *Entwicklung eines beweglichen Systems im Bürgerlichen Recht*，Graz 1951，S. 17.

〔3〕 Vgl. Josef Esser, *Grundsatz und Norm in der richterlichen Fortbildung des Privatrechts*，3. Aufl. ，Tübingen 1974，S. 50ff.

些时候，美国学者罗纳德·德沃金（Ronald Dworkin）基于这一区分对实证主义的批评，使得它引起了广泛的关注。[1] 而使得这一学说具备较完整之理论体系的则是以德国当代学者罗伯特·阿列克西为代表的"（新）基尔学派"。本部分将以铺陈阿列克西的理论为主。

（一）比较的基础：要素修正

即便是在要素论上，规则－原则模式与阶层构造模式也不是完全对应的。为了能更有效地对两者加以比较，有必要在具体展开相关理论之前对双方的要素作一定限定和修正。

1. 对阶层构造论的要素修正

在阶层构造论中，法律体系的要素不仅包括法律规范，也包括处于阶层底层的实施行为。将后者包括进来的主要理由在于它是阶层体系的一部分，且与法律规范共享着强制性这一法的必要特征。但是问题在于，具有体系关联性的事物就必须要归属于同一个概念之中吗？即使我们承认强制性构成了法（法律体系）的必要特征，也不等于说所有具有强制性且相互关联的事物都属于法律体系。从逻辑的角度看，从强制性推导出法律体系之外延的做法是错将必要条件当成了充分条件。博罗夫斯基（Borowski）曾正确地指出，概念构造首先是个合目的性的问题，将法律体系的要素限于法律规范概念上并不被禁止。但他却又进一步认为，法的一个根本方面在于区分合乎规范的实然（行为）与不合乎规范的实然（行为），而只有当实施行为被视为法律体系的要素时，这一区分才能实现。所以将实施行为构造为法律体系的要素是合乎目的的。[2] 很明显，法的这个

---

〔1〕 其发端参见 Ronald Dworkin, The Model of Rules, *University of Chicago Law Review* 35 (1967), pp. 14–46.

〔2〕 Vgl. Martin Borowski, Die Lehre vom Stufenbau des Rechts nach Adolf Julius Merkl, S. 136.

"重要方面"其实是法的功能，但问题是法的功能并不等同于法的要素，法律体系完全可以在不将实施行为包括进来的前提下将合乎规范的行为与不合乎规范的行为区分开来。故而将法律体系定义为仅仅包括规范，即法律规范的体系，并没有什么不妥之处。[1] 相反，这么做能在概念的层面上更加严格地贯彻作为纯粹法学之哲学基础的"应当"与"是"的区分。同时，为了在后文中能与法律体系的规则－原则模式在同一层面上相比较，这种限定也是合乎目的的。

此外，阶层构造论不仅将一般规范，也将个别法律规范作为法律体系的组成部分。这固然是维也纳学派相对于传统理论的创新，在概念上也同样是行得通的。但出于合目的性的考量，我们在讨论和比较两种体系模式时，最好将对象限定于一般规范。尽管即使是基尔学派，也并未明确否认过个别规则作为法律体系之组成部分的可能，但原则本身因其性质就不是个别化的规范。为了能使得规则（规范）与原则成为相对称的概念，作这一点限缩是可行的。要附带说明的是，不考虑个别规则不等于否认创制个别规则的机关可能创设一般规则，而这些一般规则无疑是法律体系的组成部分。最典型者如司法裁判，尽管司法裁判因其审判活动以创设个别规范（裁判）为主，但它同样可以创设一般性规范。这种一般性规范以判例的形式出现。无论是凯尔森[2]还是阿列克西[3]都认可其作为法律体系之成员的资格。

---

〔1〕　相同的观点参见 András Jakab, Problems of the Stufenbaulehre: Kelsen's Failure to Drive the Validity of a Norm from Another Norm, p. 38.

〔2〕　Vgl. Hans Kelsen, *Reine Rechtlehre*, S. 255.

〔3〕　阿列克西将判例与制定法、法教义学一起视为现行有效法律体系的组成部分（Vgl. Robert Alexy, Die Idee einer prozeduralen Theorie der juristischen Argumentation, in: ders., *Recht*, *Vernunft*, *Diskurs*, Frankfurt a. M. 1995, S. 106）。

2. 对阿列克西体系要素论的修正

事实上，在早年的一篇论文中，阿列克西所设想的法律体系的完整图像并非规则－原则的二元模式，而是规则－原则－程序式的三元模式。因为在他看来，原则与规则并不能规定自身的适用，它们只是阐明了法律体系的消极面向。假如人们要获得完整的模式，就要为消极的面向添加一种与规则和原则的适用相关的积极面向，这个积极面向只可能是一种受到理性确保的程序。[1] 但问题在于，法律适用依然是一种规则导向的活动，也只有符合程序规则的活动才是理性和能产生有效结果的活动。如果程序为法律体系本身所规定（程序法），那么它对法律适用即具有法律上的拘束力，规则－原则的模式就已经将其容纳进去了。而如果程序并未经制度化，[2] 换言之，它指涉的是一种理想商谈程序（普遍实践商谈程序），那么法律适用尽管也要受其拘束，[3] 但这种程序的规则本身并不属于法律体系。所以无论如何，程序都不是与规则－原则相对称的概念，也不能成为与后二者相并列的法律体系的要素。

3. 小结

经过上述修正，我们现在可以将两种体系的要素模式作一对比了：在阶层构造模式看来，法律体系由单一类型的法律规范组成；而在规则－原则模式看来，法律体系由两类不同的法律规范，即法律规则与法律原则组成。出于合目的性的考虑（而非概念上的必然！），这里的规范（规则）与原则通常都指一般规范。

---

〔1〕 Vgl. Robert Alexy, Rechtssystem und praktische Vernunft, in: ders., *Recht*, *Vernunft*, *Diskurs*, Frankfurt a. M. 1995, S. 228.

〔2〕 阿列克西主要指的是这类程序（Robert Alexy, Rechtssystem und praktische Vernunft, S. 228）。

〔3〕 认可这一点的前提乃是认可阿列克西的"特殊情形命题"（Sonderfall-these），参见 Robert Alexy, The Special Case Thesis, *Ratio Juris* 12 (1999), pp. 374 ff.

（二）规则与原则的区分

要证立法律体系的规则－原则模式，就必须要回应两个方面的反对意见：一个反对意见是，规则与原则并无质的差别；另一个反对意见则是，规则与原则虽然有质的差别，但原则并不属于法律体系。我们先来处理前者。

最为常见的反对意见认为，规则与原则只是抽象性程度不同的规范而已。[1] 按照这种意见，原则不外乎是比较抽象的规范，规则不外乎是比较具体的规范而已，它们之间的差别是相对的、程度上的。假如如此，那么原则就同样可以被容纳进法律体系的阶层构造中，因为阶层构造原本就是一个从抽象规范向不断具体化的规范进展的过程。所以，规则－原则模式必须证明两者之间具有质的差别。当然，要作出这一判断就必须首先对"原则"的语词使用作一限定。在法学研究中，原则的概念至少有两种理解方式，它们经常被混淆在一起。[2] 第一种理解的方式是以规范在法律体系中的根本地位及重要性来界定原则，相当于德语中的"Grundsatz"。这种理解方式强调法律原则表达了法律体系的内在价值，构成了法律秩序内在统一性与评价一贯性的基础。[3] 作此理解的原则与规则的确只有程度上的差别，因为重要性原本就是程度性的判断。第二种理解的方式是以规范的特征与适用方式来界定原则，可以称之为"规范理论的原则概念"，相当于德语中的"Prinzip"。基尔学派正是在后一种理解方式中来为规则和原则具有质的差别辩护的。具体

---

〔1〕 例如参见 Joseph Raz, Legal Principles and The Limits of Law, *Yale Law Journal* 81（1972）, pp. 832ff.

〔2〕 对于这两种原则概念的区分，参见 H. - J. Koch, Rechtsprinzipien in Bauplanungsrecht, in: Schlichter, Koller und Funk（Hrsg.）, *Regel, Prinzipien und Elemente im System des Rechts*, Wien 2000, S. 245.

〔3〕 Vgl. Claus - Wilhelm Canaris, *Systemdenken und Systembegriff in der Jurisprudenz*, S. 301ff.

说来，这种辩护可以概括为三个方面，我们可以分别称之为语义学差别、性质论差别及结构论差别。

1. 语义学差别

阿列克西独创性地从语义学的角度对于规则和原则进行了区分，将规则定义为一种（通常情形下的）确定性命令（definitive Gebote），而将原则定义为一种最佳化命令（Optimierungsgebote），认为法律体系是由两者共同组成的。[1]

作为"确定性命令"，规则是以一种"全有或全无"的方式被适用的。对于某个规则而言，如果案件属于它的调整范围，它的法律后果就百分之百地发生（此时必须接受该规则所提供的解决办法）；如果案件不属于它的调整范围，它的法律后果就百分之百地不发生（此时规则对裁判不起任何作用）。也就是说，规则是一种要么被适用，要么不被适用的规范。一旦规则被适用到某个案件之上，那么它的法律后果就确定地发生，而没有斟酌的余地。因此，规则的典型适用方式是涵摄。当然，规则可能存在例外。例外一旦出现，就排除了规则的适用，从而无法推导出规则的法律效果。反过来说，规则的例外本身也是一个确定性的"规则"，同样也具有全有或全无的适用特性。因此规则带有例外并不会影响到规则适用的确定性。

与此不同，作为最佳化命令，原则要求某事（通常是某种要追求的价值或目的）在相对于法律上与事实上可能的范围内尽最大可能被实现，并能以不同的程度被实现。作为最佳化命令，原则的特征在于具有"分量"的向度。也就是说，它能够在不同的情形中以不同的程度被实现，其所要求的实现程度既系诸事实上的可能性，也取决于法律上的可能性。如果某个原

---

[1] Vgl. Robert Alexy, Zum Begriff des Rechtsprinzips, in: ders., *Recht*, *Vernunft*, *Diskurs*, Frankfurt a. M. 1995, S. 203; ders., *Theorie der Grundrechte*, Frankfurt a. M. 1985, S. 75－77.

则完全不受任何限制，从而百分之百地实现，这当然是最理想的状态。但原则在法律体系中从来就不是孤立地被适用的，在决定考虑实现某个原则时，不可避免地要考虑到其他相对立之原则的存在和影响。[1] 相冲突的原则之间彼此相互牵制，如果要百分之百地实现其中一个，就必然要牺牲对另一个的保护，而如果要保护后者，就不免要对前者作出限制。换个角度来说，两者都不可能获得完全的实现，因此其中一个原则的实现程度越高，另一个原则的实现程度就会随之降低。举例来说，香烟生产商的职业自由与保护公共健康相冲突。如果对于香烟生产完全不作任何限制，等于是让香烟生产商的职业自由获得最大限度的实现，而保护公共健康的实现程度非常低（接近于零）。如果要求香烟生产商在生产香烟时必须在外包装上加上警示语，可以算是对职业自由中等程度的限制，而保护公共健康的实现程度开始上升。如果完全禁止生产香烟，则是相当高程度的限制，此时职业自由只获得非常低程度（接近于零）的实现，而保护公共健康的实现程度此时就非常高。这说明，两个原则都无法都获得百分之百的实现。此时只能作一些取舍，来决定哪一个原则在当前案件中应该优先获得实现，或者说应该获得比较高的实现程度，这种取舍就是权衡。

　　规则和原则的这一差别在原则碰撞与规则冲突的场合展现得最为明显。这两种规范矛盾的形式都会导致分别适用两条规范时会导致不相容的结果，但它们在各自冲突的解决方式上有着根本不同。两项规则间的冲突只能通过两种方式解决：或者在其中一项规则中引入一个例外条款，或者宣告其中至少一项规则无效。前者的一个例子是，某条学校规章禁止学生在铃响前离开教室，但却要求他们在火灾警报时离开教室。这一冲突

---

〔1〕　Vgl. Robert Alexy, *Theorie der Grundrechte*, S. 102 – 103.

很容易解决，即将火灾警报的情形作为例外引入禁止在铃响前离开教室的规则。假如这种解决办法不可行，剩下可能的办法就是宣告其中至少一项规则无效。这是如"上位法优于下位法"、"新法优于旧法"、"特殊法优于普通法"等这些准则适用的领域。原则碰撞的解决方式截然不同。它们间的矛盾无法通过引入例外条款或者宣布其中一条无效来解决，而只能根据案件的具体情形，确定相冲突的原则之一相对于另一个原则的条件式优先关系来解决。确立这种条件式优先关系的途径就是权衡。因而原则碰撞的解决方式与原则的适用方式并无区别，两者只是从不同角度的表述而已。重要的是，同一体系的原则间的优先关系不是绝对的，而是有条件的或相对的，最佳化的任务就在于确定正确的条件式优先关系。[1]

2. 性质论差别

与语义学差别相关的是性质论差别。从性质的角度看，规则可被称为"现实应然"（reales Sollen），相反，原则则可被称为"理想应然"（ideales Sollen）。[2] 现实应然意味着已经考虑到各种现实的可能性之后，要求直接依照它的要求去做，无论是否存在相对立的要求，因此它是一种确定的应然。而理想应然是一种抽象的、尚未涉及经验与规范世界之有限可能的应然；它只有考虑到经验可能条件以及所有其他相关的原则，才能转化为现实应然。[3] 某事没有与世界的阻力发生关系，这意味着这样来处理它，好像它代表着完整或所有的对象一样。因而理想应然同样可以被称为"仅此应然"（Pro - tanto - Sollen）。[4]

---

〔1〕 See Robert Alexy, On the Structure of Legal Principles, *Ratio Juris* 13 (2000), pp. 295 – 297.

〔2〕 Vgl. Robert Alexy, Zum Begriff des Prinzips, S. 204f.

〔3〕 Robert Alexy, Ideales Sollen, in: Laura Clérico/Jan - Reinard Sieckmann (Hrsg.), *Grundrechte*, *Prinzipien und Argumantation*, Baden - Baden 2009, S. 23.

〔4〕 Vgl. S. L. Hurley, *Natural Reasons*, New York〔u. a.〕1989, pp. 130, 261.

但每个仅此应然同时也就是一个初显应然（prima facie Sollen），它涉及这样一种应然，如果人们只将目光限定于规范冲突的一方，它就会呈现。因此，在作为原则的最佳化命令与作为原则的理想应然之间，存在一种相互蕴含关系。理想应然蕴含着最佳化命令，反之亦然。[1] 这体现在，理想应然在与现实世界接触的过程中，会导向不可接受的矛盾，因而它必须要被间断。由此被表述出来的不仅有原则的碰撞能力，还有其权衡的需要，这要求进行权衡，即最佳化。

换个说法，原则是目标或任务规范，而不是行为规范。[2] 目标规范要想转变为行为规范，既要考虑到实现目标之经验手段的问题，也要考虑到与之可能冲突的其他目标问题。所以，一方面，在现实的经验世界中，为了能实现理想应然，就必须选择恰当的手段。这中间就要符合适切性原则和必要性原则。这两个原则同样来自于原则要求在事实上可能的范围内尽最大可能被实现的义务，它们表达了帕累托最优的理念。另一方面，在现实的规范世界中，为了能最终决定该如何行动（形成行为规范），还必须要尽量考虑到与原则（目标）相对立的所有其他原则（目标），去实现原则之间的最优化，即在不完全忽视其他原则的情形下尽可能地去实现本原则。这就涉及狭义上的比例原则，它来源于原则要求在法律上可能的范围内尽最大可能被实现的义务。适切性原则、必要性原则和狭义上的比例原则合起来构成了广义上的比例原则。因而可以说，原则理论蕴含着比例原则，比例原则也蕴含着原则理论。[3] 它们指出了最佳化

---

〔1〕 Robert Alexy, Zur Struktur der Rechtsprinzipien, in: Bernd Schilcher/ Peter Koller/ Bernd – Christian Funk（Hrsg.），*Regeln, Prinzipien und Elemente im System des Rechts*, Wien 2000, S. 39.

〔2〕 两者的区分参见 Christiane Weinberger und Ota Weinberger, *Logik, Semantik, Hermeneutik*, München 1979, S. 112, 119f.

〔3〕 Vgl. Robert Alexy, *Theorie der Grundrechte*, S. 100ff.

是如何以理性的方式来进行的。

3. 结构论差别

原则作为一种最佳化命令或理想应然具有初显性。规则通常是一种确定性命令，这并不意味着它在所有情形中无条件地得以适用，它也可能因原则而被创设例外，这些规则同样具有初显性特征。但是规则与原则的初显性强度是不同的。在原则之间冲突的场合，只要权衡数个原则间的相对分量并决定哪一个具有优先性就可以了；而在规则与原则冲突的场合，原则若想在个案中被优先适用，不仅要确立此原则相对于规则背后赋予其正当性之彼原则的优先性，而且必须证明：为何此原则的重要性是如此之高，以至于可以偏离权威机关透过规则所作出的决定。[1] 这就导向了一种结构论上的差别：原则只是一种凭借自身分量（内容上的正确性）发挥规范性的理由，具有单一结构；而规则的力量不仅来自于它内容上的正确性，也因为它来源的权威性，具有复合结构。换言之，一个规则的背后同时得到两类原则的支持：一类是实质原则；另一类是形式原则。它们合起来构成了规则的证立理由，也就是为什么它"应被适用"的理由。实质原则与规则的内容相关，因规则内容的不同而不同，是规则目的的体现。相反，形式原则指向的是法的安定性，它没有实体内容，所表达的是诸如"立法者的意志应当得到遵守"、"如无重大理由不得偏离历来的实务见解"这类形式上的要求。[2] 因此，形式原则并不因规则内容的变化而变化，它对于所有的法律规则而言都是一样的。

综上，语义学差别是区分规则与原则的基础，性质论差别与结构论差别则是语义学差别的不同侧面，它们合起来说明了

---

[1] Vgl. Robert Alexy, *Theorie der Grundrechte*, S. 89.

[2] Robert Alexy, *Theorie der Grundrechte*, S. 120, 267.

规则与原则具有质的差别。

（三）原则与法律体系

质的差别似乎说明，由于阶层构造论只将规则（尽管使用了"规范"的称呼）作为体系的要素，而忽视了另一类根本不同的规范（原则），所以"阶层构造"式的体系图景至少是以偏概全的。但得出这样的结论为时尚早。事实上，当埃塞尔提出规范（规则）与原则的区分后，凯尔森对此曾作过相应的回应[1] 而在回应中，他并不否认规范（规则）与原则间具有差别，甚至是质的差别，但他却釜底抽薪式地直接否认原则是法律体系的组成部分。假如如此，那么即使说明了规则与原则间具有质的差别，依然无法撼动阶层构造论，因为原则压根就与法律体系无关。由于阿列克西证明原则之为法律体系要素的方式与埃塞尔的近似性，所以凯尔森的批评同样也适用于他。

在埃塞尔看来，法律原则在法学作业中发挥着举足轻重的作用。法律原则与法律规范（规则）之间的对立是内容与形式的对立。具体地说，原则本身不是指令（Weisung），而是指令的理由、标准和证成。[2] 它们间的差别是质的差别。原则的适用很大程度上体现在问题思维，即疑难案件之中，在这些案件中，无法作教义学上的清晰推导，而只能回溯到评价。[3] 这种评价需要借助于原则来进行，而作为原则之构成性力量或者说法律论证基础的则包括自然理性、事物的本质、衡平和实质逻

---

〔1〕 对这场争议的剖析参见 Ewald Wiederin, Regel – Prinzip – Norm: Zu einer Kontroverse zwischen Hans Kelsen und Josef Esser, in: Stanley L. Paulson und Robert Walte (Hrsg.), *Untersuchungen zur Reinen Rechtslehre*, Wien 1986, S. 137 – 156.

〔2〕 Vgl. Josef Esser, *Grundsatz und Norm in der richterlichen Fortbildung des Privatrechts*, S. 50 – 51.

〔3〕 Vgl. Josef Esser, *Grundsatz und Norm in der richterlichen Fortbildung des Privatrechts*, S. 99.

辑等。[1] 当然，埃塞尔并不反对体系和形式的重要性。在他看来，不得以随意的方式通过伦理因素来贬损或低估制度。法官的工作意味着持续不断地再建"伦理性实质价值"与"法律形式与制度价值"之间的沟通，所以实在体系的稳定性和对形式的尊重具有自身价值。原则需要被实证化，它不必然是通过单个行为来完成的，而往往是持续性的塑造行为。假如存在具有法律拘束力的塑造规则，那么它们就可以可检验的方式来型塑迄今为止尚未被实证化的原则。这种将原则拉入法律体系的方式被凯尔森称作"转化理论"（Transformationstheorie）。[2] 其基本思路为：由于在法律适用的过程中必然要运用到原则，所以原则就会成为法律体系的组成部分（成为法律原则）。阿列克西同样采取这种思路，只不过他的论证过程更为详细。概言之，他认为所有的法律体系都必然提出正确性宣称，这意味着法官在疑难案件中负有正确裁判的法律义务，正确裁判同时意味着正确权衡，而权衡意味着运用原则，所以原则必然被安置进法律体系之中。[3]

对此，凯尔森进行了猛烈批评。他并不否认在法律适用和创设的过程中，被创设的法，无论是一般规范还是个别规范，都会受到道德、伦理和政治原则的影响。司法裁判自然可以照顾到迄今为止没有以任何方式影响到法律适用的原则，而裁判也可能基于这一原则而生效。但是在这种情形中，作为裁判之效力基础的并不是这一原则，而是具有法效力的实在法制度。

---

[1] Vgl. Josef Esser, *Grundsatz und Norm in der richterlichen Fortbildung des Privatrechts*, S. 56.

[2] Vgl. Hans Kelsen, *Allgemeine Theorie der Normen*, Wien 1979, S. 92.

[3] Vgl. Robert Alexy, *Begriff und Geltung des Rechts*, 4. Aufl., Freiburg/München 2005, S. 121 ff. 对此的详细批评参见雷磊："原则理论与法概念争议"，载《法制与社会发展》2012 年第 2 期，第 107~110 页。

原则影响法律适用的事实并不意味着它被实证化了。[1] 用前面交代的框架理论来说，这意味着，原则的运用处于规范框架内必然存在的法官自由裁量权的范围。尽管通过裁判创设出个别规范后，被运用之原则的内容与上位规范一起构成了个别规范的组成部分，但个别规范的效力基础并不在于原则，而仅在于规范框架。尽管个别规范具有法律效力，但并不意味着影响它的原则也具有法律效力。进言之，是否运用原则也完全取决于法官，即使不运用特定原则，司法裁判也可能是有效的，只要它符合授权规范。由于自由裁量权通向的是法外因素，因而原则属于法外因素，司法裁判中运用原则并不会使得它成为法律体系的一部分。[2]

　　这一批评是十分有力的，它也说明转化理论在整体思路上是成问题的。想要证明原则是法律体系的必然组成部分，或许需要进行更为直接的论证。但这就可能涉及法概念论上的复杂争论了，本章显然不是处理这一问题的合适之处。作者只是想扼要地指出：凯尔森将法律体系或者法律规范仅仅理解为一个形式的或框架的文义体系未免失之过窄。当代社会对于法律的基本态度在于，法律不仅仅是概念、文义和语词的体系，更是价值、目的和意义的体系。不仅概念、文义和语词属于"实在法"的范畴，而且价值、目的和意义也可属于"实在法"的范畴。法律规则完全位于前一个层面，它们是否属于某个实在法体系只需看其来源或者效力基础即可；而法律原则涉及后一个层面，判断它们是否属于某个实在法体系更为复杂。一方面，内容正确性（价值判断）的确是所有原则有效（存在）的必要

────────────

〔1〕　Vgl. Hans Kelsen, *Allgemeine Theorie der Normen*, S. 93-94.

〔2〕　此外，凯尔森还从转化理论会潜入自然法学说的角度展开了批评（Hans Kelsen, *Allgemeine Theorie der Normen*, S. 98）。但这并非本章关注的重心，故略去不论。

条件，法律原则亦不例外。尽管区分规则与原则的出发点在于
语义学，但原则的意义并非语义学理论所能囊括。因为与语义
封闭的规则不同，原则的拘束力并不能仅作字面意义上的理解。
即使原则存在一个字面意义上的意义范围并且对此进行了明确
的表达，但由于这个意义范围具有如此明显的开放性，这种明
确的表达不但无助于其意义范围的确定，而且也不会对其实践功
能的发挥产生重要影响。[1] 它的意义只能依凭个案，借助于一
次次的具体化过程来获得，这个过程必然涉及价值判断。所以，
识别原则（究竟是什么）时必然要将价值判断包含为标准的一
部分。但另一方面，原则想要成为法律体系的组成部分，即成
为法律原则，同样需要有制度性的来源。[2] 这种制度性来源可
以是直接的，例如制定法的明文规定；也可以是间接的，例如
通过法律论证，从诸多具有关联性的法律规则中提炼或从判例
中归纳出来。这也是法律原则区分于纯粹的道德原则之处。前
者既要具备内容正确性，也要具备制度化的来源；而后者只需
具备内容正确性即可。这种双重标准导向了一种"中度的法律
体系观"：法律体系并不将所有的原则都作为法律原则包含进
来，而只是将具备制度化来源的那部分原则包含进来。[3]

（四）小结

法律体系是一个由法律规范构成的体系。规则－原则模式
并不挑战这一点，但是有别于以单一类型法律规范（规则）为

---

〔1〕 参见陈景辉：《实践理由与法律推理》，北京大学出版社 2012 年版，第
180、187 页。

〔2〕 从这个角度讲，内容正确性（道德性）是法律原则的必要而不充分条件。
参见马驰："法律原则的效力标准：基于系谱抑或内容?"，载《浙江社会科学》
2012 年第 3 期，第 53 页。

〔3〕 要强调的是，道德原则不属于法律体系，并不意味着它们不能在法律适
用的过程中被运用，甚至也不意味着法官没有（道德）义务去适用它们，只是这么
做就不再是法官的法律义务了。

基础之阶层构造模式，它认为规则与原则具有质的差别，且至少有部分原则属于法律体系的组成部分。因此，法律规则与法律规范的二元构造构成了一种新的法律体系模式。

四、两种模式的比较：实践理性与法治模型

既然法律体系在很大程度上是法律科学认知的产物，那么它的模式本身就无所谓真假。但问题在于，阶层构造模式（规则模式）和规则－原则模式，哪个更好？判断的标准来自于两个方面：一个是实践理性。法既然是一种实践理性，那么在法律活动中尽可能摒除任意的因素，追求实践理性的最大化就是一种调整性理念（regulative Idee）。另一个是法治模型。不同的模式背后反映了不同的法治理念及其模型，我们需要比较的是哪种模式更能适合并证立法治的实践，即对既有法治实践作最佳化诠释。最佳化诠释意味着某种法治理念既最符合既有的法治实践，又可以最好地推动法治实践的发展。[1] 这样的法治模型可称为最优化法治模型。

（一）实践理性

法作为一种实践理性，为人们提供行动的理由。实践理性的最大化意味着要尽可能地从法律体系中获得最大限度的理由来支持和证立人们的行动。从三个方面看，规则－原则模式都要比纯粹的规则模式更具备实现这一目标的可能性。

首先，规则模式只能实现法律体系的连贯性，而规则－原则模式能同时实现法律体系的融贯性。连贯性就是无逻辑矛盾，[2] 而融贯性则包含着两方面的含义：在消极面上，融贯性

---

〔1〕 此处参考了德沃金"建构性解释"的想法，参见 Ronald Dworkin, *Law's Empire*, Cambridge（Mass.）1986, pp. 45－78.

〔2〕 Robert Alexy, Juristische Begründung, System und Kohärenz, in: Okko Behrends/ Malte Dießelhorst/ Ralf Dreier, （Hrsg.）: *Rechtsdogmatik und praktische Vernunft. Symposium zum 80. Geburtstag von Franz Wieacker*, Göttingen 1990, S. 96.

就意味着连贯性；在积极面上，它则意味着更多的东西。故而，连贯性是融贯性之必要但非充分的条件。[1] 连贯性只是一种逻辑要求，而融贯性涉及了评价性要求。一个逻辑上无法自洽的体系无法满足形式正义的要求，因为它会使得这个体系中的个体行动者无所适从，陷入为或者不为某个行动指令的逻辑上永误的境地（从矛盾中可以推导出一切）。从这个角度讲，规则模式有其意义：阶层化的构造和不同阶层的规则之间从上到下一以贯之的效力链条确保了下位阶规则与上位阶规则的一致性，也避免了规则之间冲突的可能。[2] 尽管规则模式能保障这种形式正义的要求，但却无法要求得更多。相反，规则－原则模式一方面在规则的层面上能因等级和形式准则的存在而保证法律体系的连贯性；另一方面在原则的层面上则要求体系内部诸价值和意义之间形成相互支持、彼此证立的脉络。这种融贯性体现在两个方面：一方面，同一体系的法律原则之间形成价值的统一体，也即德国法院经常提及的"客观价值秩序"；另一方面，同一体系的法律原则也能对法律规则形成支持与证立，达至表述与价值、文义与目的统一。如此，规则－原则体系不仅追求形式正义，也追求实质正义。

其次，与此相关的是，规则体系只能提供形式化的实践理由，而规则－原则模式却能同时提供实质化的实践理由。纯粹形式化的实践理由是有缺陷的。在存在形式理由的地方，它在让行动者去服从权威的同时却也在一定程度上放弃了对理由之内涵的考量与对实践情形之特殊性的关怀，丧失了反思均衡的

---

〔1〕 Robert Alexy and Aleksander Peczenik, The Concept of Coherence and Its Significance for Diskursive Rationality, *Ratio Juris* 3 (1990), p. 130.

〔2〕 凯尔森甚至认为，"违背（上位）规范的（下位）规范"这种说法本身就是自相矛盾的，因为这样的规范根本就不存在（Vgl. Hans Kelsen, *Reine Rechtlehre*, S. 271）。当然，他所说的"存在"指的是规范世界中的存在（效力），而不是物理世界中的存在。

能力，造成规则的抽象性与个案的具体性之间相抵牾的困境。在没有形式理由的地方，更是完全放任行动者凭借自己的主观性予取予夺，放弃了实践理性的要求。相反，规则－原则模式既让行动者保持对于权威的足够尊重，也在很多情形中让行动者自身涉入到对实质价值的考量。在不存在形式理由之处，它通过实质理由和价值的权衡来决定行动的依据。这并不意味着放弃理性，相反，如果一种受理性确保的决定程序是可能的，它就确保了法律中实践理性的最大化。[1] 在这一过程中，行动者的道德自治得到了发挥，理性程序的标准和规则又对于这种道德自治施加了约束。[2]

最后，规则模式只能实现法的安定性，而规则－原则模式能同时实现正确性。法的安定性与正确性同属法的理念，也是实践理性的要素。规则模式的确能实现法的安定性这一理性假设。以司法裁判为例，在纯粹法学看来，规则（规范）具有框架性，因而必然呈现出"开放结构"。[3] 由此一个规则可以被分为两部分：一部分是含义确定的框架本身；另一部分是含义不清的开放领域。在框架部分，规则能决定案件的判决，而法律体系显示出最高限度的约束力；在开放结构部分，适用者可以合法地运用保留给他的自由裁量权去任意指涉法外因素，来形成对于规则的解释。因为在规则模式中，按照定义他只会受到规则的法律约束。因此，依照规则模式，要么适用者从事的仅仅是认知性活动，此时实现了法的安定性，也满足了实践理性；要么适用者纯粹在进行意志性的活动，此时不存在法的安

---

〔1〕 这就涉及了作为理性商谈的法律论证理论。对此参见 Robert Alexy, *Theorie der juristischen Argumentation*, 2. Aufl. , Frankfurt a. M. 1991.

〔2〕 关于道德自治与理性证立在规范领域的关系，参见 Jan Sieckmann, Autonomy and the Rational Justification of Norms, *Ratio Juris* 16 (2003) , pp. 105 – 122.

〔3〕 H. L. A. Hart, *The Concept of Law*, 2nd ed. , Oxford 1994, p. 128.

定性，也谈不上任何实践理性。法律安定性毫无疑问是实践理性对法律体系的一个中心要求，但不是唯一的要求。[1] 除此之外，正确性也是它的要求之一。在规则－原则模式看来，认知与意志的二分无法反映司法裁判活动的性质。在规则的开放领域，虽然无法进行纯粹认知性的活动，也不存在唯一正确的答案，但并不意味着必须要将它完全交由非理性的决断来处理。作为法律体系的组成部分，法律原则虽然并不能像法律规则那样起绝对的拘束力，但它也能够成为论证活动中的规范性论据（normative Argumente）[2]，起到相对的拘束作用。并且由于原则与价值的密切联系，原则论证并不仅仅是形式性的权威论证，而更是实质性的正确性论证。因此，规则－原则模式下的法律体系所能实现的，是一种平衡法的安定性与正确性之上的二阶正确性。[3] 从而，与规则体系所能实现的有限实践理性相比，它能够实现最大化的实践理性。

（二）法治模型

与不同的实践理性追求相应的是不同的法治模型。规则体系所意图实现的是一种刚性法治的模型，而规则－原则体系对应的则是一种柔性法治的模式。阿列克西曾分别称它们为法制主义与温和宪政主义。[4] 同样从三个方面看，柔性法治比刚性法治更符合也更能证立既有法治实践。

首先，纯粹规则导向的刚性法治将法治化约为一种"规则之治"，而兼容规则与原则的柔性法治则在此之外还容纳了"理由之治"。在最宽泛的意义上，规则当然也是一种理由，遵从规

---

〔1〕 Vgl. Gustav Radbruch, *Rechtsphilosophie*, 8. Aufl. , Stuttgart 1973, S. 9.

〔2〕 Jan Sieckmann, The Theory of Principles—A Framework for Autonomous Reasoning, in: M. Borowski (ed.), On the Nature of Legal Principles, *ARSP - Beiheft* 119 (2010), pp. 49ff.

〔3〕 Vgl. Robert Alexy, The Dual Nature of Law, *Ratio Juris* 23 (2010), p. 174.

〔4〕 Vgl. Robert Alexy, Rechtssystem und praktische Vernunft, S. 213, 214.

则同样是理性的。但是如前所述，规则只是一种权威性理由，而权威性理由的特征在于，当它一旦出现，就将取代其他理由而成为行动唯一的依据，也就是说，取消掉其他实质理由的效果。一旦在法律活动中只容许使用权威性理由，而权威又是连贯的（就像阶层构造模式所设想的那样），那么得到权威支持的一方（如政府）无需进一步的说理就可以单方决定结果，而没有得到权威支持的一方则将永无挑战成功的可能，因为他的说理是没有效果的。仅仅运用规则（权威）的说理最终会导致它的反面，即消灭说理本身，这无疑是一个悖论。进而，严格依据规则而治的政府未必就不是专制的政府。[1] 相反，柔性法治并不否认规则的权威性与规则之治的意义，但它将给出理由（实质理由）视为法治的一个重要部分。允许实质理由的本质在于容许争论。它依据的理念是一种"抗辩式民主"，也就是说，正确的制度设计应该为公民提供有效进行争论的机会。不论官方决定的理由是什么，只要公民愿意，他们必须能够就每一个正当性理由进行争论并提出相反论据。一个不给理由的法律体系不提供这样的机会，也与法治不一致。[2] 因此，给出理由的价值就在于阻止了公共机构的专断。更为重要的是，它能够确保个体的某些权利，因为说理和论证也从来都内在地预设着自治、平等等人权。[3]

其次，刚性法治坚持立法对于司法的优先性，而柔性法治则认为立法与司法之间处于动态平衡关系，且立法具有相对优

---

〔1〕 正是在这一意义上，拉兹说，"法律完全可以设立奴隶制而不违背法治"（Joseph Raz, The Rule of Law and Its Virtue, in his *The Authority of Law*, Oxford 1979, p. 211）。

〔2〕 参见［美］玛蒂尔德·柯恩："作为理由之治的法治"，杨贝译，载《中外法学》2010年第3期。

〔3〕 Vgl. Robert Alexy, Diskurstheorie und Menschenrechte, in: ders., *Recht, Vernunft, Diskurs*, Frankfurt a. M. 1995, S. 148ff.

势。在"议会法治国"的模式中，规则的阶层构造将立法权与司法权的关系改造为了一种纵向的功能系统。由于从宪法到制定法再到个别规范（裁判）是一个无法逆转的等级序列，那么创制这些法源的机关之间也就具有上下位阶的等级序列。只有在立法者所创设之规则框架的范围内，司法者才享有形成空间，他不能改变这个框架，否则他的行为将丧失法律效力。当然，这并不是反对法院拥有通过司法审查来废止制定法的可能。众所周知，凯尔森本人就是奥地利宪法法院之父。这里的要点在于，宪法与其他法律同样，是一种框架秩序。并且作为一种政治法，宪法的功能一方面在于划定政治决定权力的界限；另一方面通过对立法和行政之行动目标形成原则的规定，提供政治行为与决定权力的方针规定。[1] 在这种情况下，立法者的形成空间是非常大的，司法审查的任务只在于审查其有无逾越政治决定权力的界限即宪法的框架，只要在此框架内，无论立法者作出多么不合理的决定，都是合宪的。

相反，原则理论将宪法规定，尤其是基本权利的规定视为原则，将宪法视为客观价值秩序，认为立法者不仅受到宪法文义的拘束，而且也要受到这种客观价值秩序的拘束。宪法的任务不仅在于划定立法权的界限，也在于让立法承担起使得宪法价值具体化的任务，即让这些客观价值实现于整个法律体系之中。这么做并不会使得宪法法院以自己的决定去取代立法者的方案，使得民主立法过程失去重要性，从而使得"议会式的立法国"不可避免地转变为"宪法法院式的司法国"[2]；也不会

---

〔1〕 Vgl. E. – W. Böckenförde, Die Methoden der Verfassungsinterpretation – Bestandsaufnahme und Kritik, in: ders., *Staat*, *Verfassung*, *Demokratie*, Frankfurt a. M. 1991, S. 86f.

〔2〕 Vgl. E. – W. Böckenförde, Grunrechte als Grundzatznorm, in: ders., *Staat*, *Verfassung*, *Demokratie*, Frankfurt a. M. 1991, S. 196f.

使得立法成为一种纯粹的对宪法的认知的活动，进而使得整个法律体系部分沦为宪法的（演绎式的）具体化。宪法并不是"法律上的价值暴君，从中可以产生一切，从刑法典到关于如何生产体温计的法律"[1]。因为，一方面，宪法原则所要实现的，无非是对立法者施加比框架秩序多一些的拘束，但并不会也无法彻底消除立法者的形成空间；另一方面，由于形式原则的存在，尤其是经民主授权的立法者拥有决定权能这一形式原则[2]的存在，制定法相对于宪法原则拥有相对优先性。合宪性推定是一项政治原则，而违宪论证的负担、无法证成的风险则需由宪法法院来承担。同时，即使判定制定法违背宪法原则，宪法法院也不能代替立法者直接作出决定，而仍需让立法者重新制定不同的规则。就此而言，立法与司法之间处于动态平衡关系，且立法具有相对优势。

最后，刚性法治将民主视为法治最重要的内核，而柔性法治兼顾基本权利与自由。在议会法治国的模式中，刚性法治将民主视为法治最重要的内核。它认为，在法治国家中，共同体的重要决定，应尽可能地由具备民主正当性的立法者为之。我们之所以要服从制定法规则，是因为它们是经由民主的程序与机制（其中最重要的是多数决原则）产生的，因此代表了大多数人的意思。个人对于制定法规则的服从，也就表示着对于大多数人意思的服从。宪法法院要运用宪法原则对制定法规则进行修正，不可避免地要涉及价值判断，这就可能会用个人的判断去取代多数人的判断，从而造成"反多数难题"[3]。相反，

---

〔1〕　Ernst Forsthoff, *Der Staat der Industriegesellschaft*, 2. Aufl. , München 1971, S. 144.

〔2〕　Vgl. Robert Alexy, Rechtssystem und praktische Vernunft, S. 224.

〔3〕　Alexander Bickel, *The Least Dangerous Branch*: The Supreme Court at the Bar of *Politics*, Minnesota 1962, pp. 16 – 17.

柔性法治认为，法治除了要尊重民主之外，也要保障自由。而法律体系对于自由的保障最明显的莫过于规定公民基本权利的宪法原则。这些基本权利构成了一国法治的基本价值底线，无论如何都不能以任何方式去剥夺个人的这些权利，即使是以民主的名义。假如这一剥夺的决定针对的是少数人的权利，就会造成"多数人的暴政"。宪法法院于此承担起的是守护者的角色。阿列克西更是进一步指出，即使设置司法审查制度，与民主也并非不能相容。民主的要义在于代表，而代表的类型是多样化的。在人头式的代表（多数决）之外，尚有论证式的代表[1] 只要宪法是人民意志的根本体现和"人民自由的圣经"，运用宪法原则进行合宪性论证就同样代表人民的意志，甚至是更高层面的人民意志。这就是现代法治国家所践行的"商谈宪政主义"。

综上，规则模式（刚性法治）追求纯粹的规则之治，坚持立法对司法的优先性，强调民主的重要性，是一种单向度的法治理念；相反，规则－原则模式（柔性法治）追求规则之治与理由之治的统一，倡导立法与司法的动态平衡及立法的相对优势，强调民主与自由的均衡，是一种最优化的法治模型。这种最优化模型背后的考虑在于：如果不想让"法治"的概念过于单薄，而是容许它对各个领域以及每个领域的各个方面发挥影响的话，那么让"法治"成为现代社会的一种"苍穹式概念"，来统合诸多值得追求的价值与制度就是合适的。而我们的经验实际上也在支持这一点，它典型地反映在"法治社会"、"法治国家"这样的标识之中。

---

〔1〕 Vgl. Robert Alexy, Abwägung, Verfassungsgerichtbarkeit und Repräsentation, in: M. Becker und R. Zimmerling（Hrsg.）, *Politik und Recht － Politische Vierteljahresschrift*, *Sonderheft* 36 (2006), S. 256.

五、法律体系的双重构造模式

尽管基于实践理性的最大化与法治模型的最优化，规则－原则模式比之纯粹的规则模式更具备优势，但迄今为止，前者只是说明了法律体系的要素是什么，却尚未提供一个可与阶层构造模式相比较的结构模式。事实上，这样一种结构模式至少已经部分地蕴含在原则理论之内，只是没有明确揭示出来罢了。本部分将参照阶层构造论的做法，在区分理想结构与现实结构的基础上对此进行阐述。

（一）法律体系的理想结构

法律规则之间的授权/效力链条是规则的重要特征，也是规则构成一个有序引导行为之体系的依据。就此而言，它构成了一个形式－框架式的体系，不同的规则因其授权与被授权的关系形成一个上下有别、层层递进的阶层构造。这个构造是刚性的，也就是说，它在规则间确立了一种绝对的优先关系，而优先的依据就在于等级。相反，法律原则之间并无等级。原则的典型适用方式为相互权衡，这就已经说明了原则在效力方面的同位阶性。因为如果原则的效力有高低之分，那么当两个原则冲突时，高位阶的原则就一定优于低位阶的原则适用，并无权衡的余地，由此原则也就丧失了"最佳化命令"的特征。但这并不说明原则之间就必然处于杂乱无章的松散状态。具有内在秩序（一贯性）和统一性是任何体系的必要特征。[1] 法律原则之间同样可以是有序和统一的，只是与规则体系的不同之处在于，原则构成了一种价值－目的式的柔性体系。

---

〔1〕　Vgl. Claus－Wilhelm Canaris, *Systemdenken und Systembegriff in der Jurisprudenz*, S. 11－12.

1. 原则作为柔性价值体系

柔性体系首先意味着"对法律评价性关联一贯性的理性把握"[1]，也就是一种价值秩序。原则与原则之间必须是融贯的，同一组原则不能面对两个相同或相似的情形给出不一样的评价。这也意味着，一旦某个原则（价值）要成为客观价值秩序的组成部分，它的所有评价性结果都应该推到极致，即将这些结果适用于所有可比较的情形，消除它们与已设定之价值之间可能的冲突，并在创设新原则（价值）时要防止矛盾的出现。[2] 当然，这种一贯性并不仅仅指静态的一贯性，也就是在抽象的层面上发生明显的抵触（如"自由民主原则"与"全权国家原则"），它也指动态的一贯性。由于语义的开放性和适用范围的不确定，在静态意义上并不冲突的抽象原则（如自由权原则和秩序原则）却可能在具体适用的情形中发生碰撞，指向互不相容的解决方案。此时，虽然无法对相冲突的原则进行抽象的排序，但却可以在具体情形中以理性的方式来建立相对的优先关系，确立动态的一贯性。

具体说来，这一相对的优先关系由三个要素构成。[3] 第一个要素是优先条件的要素。原则具有分量的向度，而这又意味着在不同的情形中原则的具体分量是不同的。因为如果原则的分量是固定的，那么当固定分量大的原则与固定分量小的原则发生碰撞时前者就将永远优先于后者，同样也就没有权衡的余地了。相对优先性是一种条件式的优先性，确立优先条件的体系也就意味着要区分和总结不同的事实条件和情形，因为原则

---

〔1〕 Vgl. Claus – Wilhelm Canaris, *Systemdenken und Systembegriff in der Jurisprudenz*, S. 43.

〔2〕 Vgl. Claus – Wilhelm Canaris, *Systemdenken und Systembegriff in der Jurisprudenz*, S. 46.

〔3〕 Vgl. Robert Alexy, *Rechtssystem und praktische Vernunft*, S. 225 – 227.

间的优先关系就取决于这些不同的条件。例如，在美国司法史上著名的"纽约时报诉沙利文案"[1] 中，就出现了宪法层面的原则冲突，即纽约时报的新闻自由权（自由权原则）就与沙利文警监的名誉权（名誉保护原则）发生冲突。联邦最高法院的结论是，只有当公共官员能以令人信服的清晰性证明，不仅针对他们所散布的言论是扭曲的，而且被告在散布这些言论时存在扭曲的故意时，他们才会在诽谤案中胜诉。这意味着，只有当满足"公共官员"、"散布扭曲言论的行为"和"存在扭曲的故意"这些条件时，对名誉权的保护才优先于对自由权的保护。如果这些条件中的一个或几个发生改变，那么这种优先关系就有可能逆转。例如，原告不是一位公共官员而是一个普通的公民，或者被告虽然散布了针对原告的扭曲言论但却并不存在扭曲的故意。[2] 法学上经常进行的类型化作业就是建立这类优先条件体系的努力。这项工作往往由司法实例引发，而由法学进行加工和提炼。由此也从一个侧面证明，法律体系绝不仅仅是立法者的产物。

第二个要素是权衡结构的要素。原则理论与比例原则相互蕴含，意味着原则之间的权衡要符合这样一个权衡法则（Abwägungsgesetz）：一个原则的不满足程度或损害程度越高，满足另一个原则的重要性就必须越大。[3] 这一权衡法则所表述的不外乎是狭义上的比例原则。谁要将原则从法律体系中排除出去，就

---

〔1〕　376 U. S. 254（1964）.

〔2〕　但这种逆转是或然而不是必然的，例如联邦最高法院在嗣后的判决中就将"公共官员"扩大为了"公众人物"〔388 U. S. 130（1967）〕，而并没有改变结论。这说明一开始的优先条件表述得"不够精确"。

〔3〕　Vgl. Robert Alexy, *Theorie der Grundrechte*, S. 146. 在权衡法则的基础上，可以发展出对原则权衡进行演算化的重力公式〔Vgl. Robert Alexy, Die Gewichtsformel, in: Joachim Jickeli/ Peter Kreutz/ Dieter Rezter（Hg.）, *Gedächtnisschrift für Jürgen Sonnenschein*, Berlin 2003, S. 790〕。对此不再赘述。

必须同时放弃比例原则。这虽然没有提供一种为每一个案件都准确推导出一个结果的判决程序，但它阐明了一种理性的论证结构，它不能被用于纯粹的规则体系。

第三个要素是初步优先性的要素。不同原则在特定情形中的优先性取决于它们在这一情形中的分量，即具体分量。但这并不意味着原则的分量只有在具体情形中才能获得。相反，它们在未具体化之前各自拥有一种不依情境的分量，即抽象分量。虽然很多时候，大量原则的抽象分量是相等的，但有时则并非如此。在一个法律体系中，共同体会"天然地"重视某些原则，而对另一些原则则赋予相对较小的抽象分量。这样的评价偏好可能来源于普遍的价值认知，也可能来源于特定的意识形态。前一种情况，比如人们普遍会认为生命权高于其他基本权利；后一种情况，比如社会主义国家一般会认为，集体利益原则在通常情形下高于个人利益原则。再如德国联邦宪法法院在"雷巴赫案"中主张的，出于新闻报道自由对于一个严重犯罪行为的时事新闻报道相对于对犯罪行为人人格的保护具有初步优先性，[1] 以及通过一系列判例所体现出来的自由初显地优于其他价值这一普遍假设。[2] 这类偏好假定固然无法包含确定性的评价——因为如前所述，原则间的相对优先性取决于它们各自在特定情形中的具体分量，而非仅仅是抽象分量——但是它毕竟能确立一种初步的优先关系。因为在同一事实条件下，想要偏离分量较大的原则而去支持分量较小的原则，与偏离分量较小的原则而去支持分量较大的原则，两者所要承担的论证负担并不相同。所以，以设定论证负担的方式，它同样在原则领域中促成了一种特定的柔性秩序。

---

〔1〕 BerfGE 35, 202 (231).

〔2〕 BerfGE 6, 32 (42)；BerfGE 13, 97 (105)；BerfGE 17, 306 (313ff.)；BerfGE 32, 54 (72).

另一方面，柔性体系也意味着价值的统一性。统一性意味着在一个法律体系的内部存在着少数的基本价值（Grundwerte）或者说根本法律原则（fundamentale Rechtsprinzipien）。其他的价值与法律原则都可以回溯到这些基本价值或根本原则，它们构成了一个法律体系的基础。要注意的是：其一，其他原则与根本原则之间并不存在像规则那般的效力链条，它们之间的关系不如说是内容上的推导关系。也就是说，其他原则可以被视为对根本原则之内涵的个别化（演绎的结果）。例如，契约自由原则、婚姻自由原则、政府最小干预原则等，可以被看作是对作为根本原则之自由原则在契约、婚姻、市场等领域的个别化。至于这些原则究竟是不是法律原则（有没有法律效力），则还要分开来看它们各自是否具备制度性来源，并不能从内容上的推导关系推知。所以，根本原则与其他原则之间不存在效力位阶意义上的上下位关系，而是母原则和子原则的关系。其二，其他原则与根本原则之间具备相同的抽象分量。如果一个原则（如契约自由原则）能追溯到一个基本原则（自由原则），那么两者的抽象分量就是相等的。因为在权衡结构中，它们可以被视为一个原则。这是原则间的"串联现象"。由于原则的内容并不是彼此孤立的，往往有重合之处，所以有时原则间的串联并不是简单的一一串联，而可能是复杂的一对多或多对一的串联。从自由原则推导出它的上述那些子原则就是一对多的串联。基本权原则通过民法中的公序良俗原则发挥作用则构成了多对一的例子。[1] 这说明，柔性体系并不是由孤立的几个根本原则及由其衍生的其他原则合成的，而是由不同原则彼此交叉诠释、互相支持而形成的"网状"价值脉络体系。

由此我们获得了法律体系之规则－原则模式的全貌：法律规则之间根据效力关系形成了特定的阶层构造，属于法律体系的刚性部分；而法律原则之间根据内容关系形成了相互贯通的价值秩序的统一体，属于法律体系的柔性部分。我们可以将规则体系部分称为"外部体系"，而将原则体系部分称为"内部体系"。[2] 由此，这种新的模式就改变了阶层构造模式的二维构造，也就是法律体系作为平面金字塔的形象。阶层构造论只勾勒出了法律体系的高度（规则的不同阶层）和宽度（处于同一阶层的诸规则），却没有刻画出它的深度。新的模式则在这个规则的平面金字塔背后加上了一个原则体系的部分，这个部分与规则体系部分并不在一个平面上，可以说是金字塔的深度。因而新的模式是一种双重构造模式。

2. 原则与规则的联结

当然，规则层面与原则层面并不是彼此孤立的，否则就难

---

〔1〕 公序良俗原则一般被认为是基本权原则在私法中发挥作用的桥梁。一方面，基本权原则借助公序良俗原则下延到私法领域，从而使宪法基本价值成为民事行为的评价依据；另一方面，公序良俗原则又内在地上连至基本权原则，使自身的内涵得以充实化，即在民事活动中侵犯他人基本权利的，视为违反公共秩序而无效。故公序良俗又被称作"引致条款"（参见于飞：《公序良俗原则研究——以基本原则的具体化为中心》，北京大学出版社 2006 年版，第 131、135～136 页）。重要的是，借助公序良俗原则发挥作用的基本权原则并不限于特定的一个。

〔2〕 要注意它们与黑克以及拉伦茨的相关学说的区分，尽管两者都使用了这对概念。黑克将"外部体系"定义为用命令概念和秩序概念表述出法律质料之外部秩序的要素，而认为"内部体系"产生于经由利益探究找到之问题解决办法的事实关联，用利益概念来表达（Vgl. Karl Larenz, *Methodenlehre der Rechtswissenschaft*, 6. Aufl., Berlin［u. a.］1991, S. 56, 57）；拉伦茨则将"外部体系"定义为抽象－概念的体系，将"内部体系"定义为用确定功能的法律概念来表述的法律原则的集合（a. a. O, S. 437, 473ff., 481ff）。

说它们构成了同一个法律体系。一方面，两者的勾连体现在前文已经论述过的结构性关系中。任何规则的背后都存在赋予它正当性的（实质）原则。当然，更传统的说法是规则有其目的，但原则和目的在很多时候只是道义论和目的论上表述的差别而已。所以，原则与规则的关系在某种意义上就是目的和手段的关系，原则提出了法律体系要去追求的价值性目的，而规则提供了实现它们的手段。但目的和手段并不是一一对应的，一个目的可以对应多个手段，而一个手段也可以对应多个目的。所以，规则与原则并不是处于简单的一一对应关系之中，很可能一个规则在背后得到几个原则的支持，也可能一个原则支持着几个规则，由此显现出双重构造在具体细节上的复杂性。但这还没有完，因为它只是指明了两个层面间静态的联系。

另一方面，更重要的是，原则的内容可以转变为规则的组成部分。这就涉及了碰撞法则（Kollisionsgesetz）。碰撞法则表达的是原则权衡的结果，它可以表述为：假如原则 P_1 在条件 C 下优先于原则 P_2，即（P_1 **P** P_2）C，并且假如 P_1 在条件 C 下可导出法律后果 R，则会产生一条规则，这条规则由事实 C 和法律后果 R 构成，即 $C \rightarrow R$。[1] 如果这一权衡发生在司法裁判过程中，这就相当于借由司法裁判引入了一条新的规则，从法律体系的柔性部分转变成了法律体系的刚性部分。如果再次遇见情形 C 时，就无需再作同样的权衡，而直接适用规则 $C \rightarrow R$ 即可。由此也说明了原则层面向规则层面的动态流变。但如果这种流动只是单向的，那么法律体系就会变得越来越僵化和凝固。事情的另一个面向是，已经形成的规则也可能不断地出现漏洞和例外。例如，情形 C 中出现了一个新的事实特征 C′（优先条件改变），使得原本的法律后果不再合适，原则间的优先关系被逆

---

[1] Vgl. Robert Alexy, *Theorie der Grundrechte*, S. 83f.

转。此时原则就为规则创设了例外，而法律体系也发生了反向的流动，这使得它又被灵活化和柔和化。上述两个面向合在一起，构成了原则层面与规则层面双向流动的动态图景。这也说明，双重构造模式下的法律体系是一种动态的和开放的体系。

（二）法律体系的现实结构

以上复杂的论述只是摹写出了法律体系的理想结构。在现实的法律体系中，规则层面与原则层面的关系要比理想结构更加复杂，在不同法律体系中的具体勾连方式或有不同。我们尝试以制定法为主的"议会法治国"为例来略加说明，这体现在制度性联结与方法性联结两个层面。

1. 规则与原则的制度性联结

规则与原则的制度性联结表现在三个方面：

第一，宪法基本条款。在成文宪法国家，经常会以宪法条款来明确肯认和规定对于本国具有根本性意义的基本原则。从内容看又可以分为两个部分：一部分是关于公民之基本权利的条款，例如，德国基本法第1～19条，以及我国《宪法》第33～50条中的相关规定都可以视为法律原则。另一部分是关于国家之基本性质的条款，例如，德国基本法第20条第1款规定的"共和国"、"民主国"、"社会国"和"联邦国"原则。又如我国《宪法》第1条规定的"社会主义国家"原则，第2条规定的"人民主权"原则，第5条规定的"依法治国"原则等。这些原则被明文载于宪法表明，相较于其他原则（如果无法从宪法基本原则中引申出来的话），它们至少具有更大的抽象分量，在适用上拥有初步优先性。

第二，制定法总则部分的条款。法典或一些单行法总则部分的条款，虽非全部，但至少有一部分具备原则的属性。这方面的例子很多，例如我国《民法通则》第7条规定的"公序良俗"原则，我国《物权法》第3条第3款规定的"一切市场主体法律地位平等"原则，等等。这些条款可能是独立于宪法基本原则之外的原则，也可能来自于宪法基本原则的个别化，例如刚才列举的《物权法》第 3 条第 3 款就是对宪法第 33 条第 2 款"中华人民共和国公民在法律面前一律平等"（平等原则）在物权法领域的个别化。

　　第三，从宪法、制定法条款或判例中提炼归纳出原则。有时，法律条款虽未直接表述原则，但是可以从数个法律条款所反映的整体意旨中提炼出某个原则。如德国基本法虽然没有明文规定"法治国"原则，但宪法教义学通说认为，基本法第 20 条第 2 款（一切国家权力……皆经由特定的立法、执行和司法机关予以施行）和第 3 款（立法权受合宪性秩序、执行权和司法权受制定法与法的拘束）合起来表达出了"法治国"原则。因为在宪法理论上，法治国表述的是这样一种宣称，即共同体的政治与社会权力首先要依照法和正义来施行。[1] 此外，制定法国家的判例，尤其是一国最高司法机关（宪法法院、普通最高法院等）的判例，也往往成为形成原则的途径。在德国，依照联邦最高法院和学界的一般观点，只要最高法院的判例因时间的经过成为"最高法院的惯常见解"，它就具有初步的拘束力，遵从判例就成为义务。[2] 而一旦经过时间的积淀，对于同类判例（其实是判决理由）进行类型化归纳，同样可以提炼出制定法所未规定的法律原则，这样的法律原则因附着惯常见解而具有拘束力。

　　可见，前两种联结方式与第三种有明显的不同：前两者的特点在于法律规则与法律原则均具有法条的形式，被规定在同

---

　　〔1〕　Vgl. Helmut Schultze - Fielitz, Artikel 20：Rechtsstaat, in：Horst Dreier（Hrsg.）, *Grundgesetz：Kommentar*, Band II, 2. Aufl., Tübingen 2006, S. 170, 175.

　　〔2〕　Vgl. Martin Kriele, *Theorie der Rechtsgewinnung*, 2. Aufl., Berlin 1976, S. 243, 247.

一部宪法或制定法之中，这是一种直接的制度性联结；而第三种勾连方式需要借助于司法和教义学的渠道，但同时由于以制定法为主之国家的判例主体上为（针对制定法的）解释型判例，所以通过这些渠道获得的法律原则同样与制定法之间有着关联，只不过它是一种间接的制度性联结。

2. 规则与原则的方法性联结

规则层面与原则层面相联结的另一个层面在于法律方法，它至少也体现在三个方面：

（1）原则通过法律解释来填充规则框架。制定法规则既然具备框架性，则框架内语义模糊、歧义乃至评价开放的情形难以避免。在法律适用的过程中必须以一定的解释方法来有效地填补规则框架，解决上述难题。而在解释方法中，体系解释、目的解释和合宪性解释都与原则存在密切关联。体系解释促进的是连贯性和融贯性的价值，融贯性要求解释某个规则的结果要与体系性评价不冲突。而规则所在之制定法总则中的原则条款往往就是这种体系性评价的载体。所以体系解释有时表现为用总则中的原则去赋予规则特定的含义。目的解释诉诸规则背后的理性目的，换个角度看即是用支持规则的原则来解释规则的文义。合宪性解释其实是体系解释和目的解释的混合体，[1]所不同之处在于它所指向的原则是宪法基本条款中的原则。原则作为解释依据的角色最明显地体现于对一般性条款的填补。由于一般性条款的构成要件包含需填补价值的不确定法律概念，故与法治的确定性要求之间存在潜在的紧张关系。[2] 而原则为价值填补提供了依据和方向，在一定程度上能消弭这种紧张。

（2）原则通过法律续造来填补规则漏洞。这又分为两种情

---

〔1〕 类似观点参见张翔：《宪法释义学》，法律出版社 2013 年版，第 90 页。

〔2〕 Vgl. Andreas Wallkamm, Generalklauseln – Normen im Spannungsfeld von Flexibilität und Rechtsstaatswidrigkeit, *Rechtstheorie* 39（2008），S. 508.

形：一种是规范性漏洞；另一种是价值论漏洞。[1] 这都属于由规则的一般性所带来的文义与目的范围不符的问题，前者为包含不足（词不达意），而后者为过度包含（言过其意）。[2] 在前一种情形中，针对某个应当调整的情形不存在任何可适用的规则，此时可以去寻找这一情形所属之法律领域的原则，经由具体化后填补这一明显的漏洞。在后一种情形中，虽然规则据其文义已经涵盖了某种情形，但却是应当区分对待以施加不同之法律后果的（应当区分而未区分），此时可以依据该规则背后的原则对规则的文义进行目的性限缩。

（3）基于原则对规则进行法律修正。这种情形与目的性限缩的区别在于，它依据的并非是被修正之规则背后的原则，而是来自于法律体系的其他原则。这些其他原则可以来自于宪法条款，也可以来自于规则所在制定法的总则中的条款，甚至是从宪法、制定法条款或判例中提炼归纳出的原则。它与体系解释、合宪性解释所依凭者并无两样，但与它们的区别在于不限于规则的框架之内，而是已经修改了框架本身。当然，由于形式原则的存在，基于原则的法律修正要比基于原则的法律解释难度大得多。因为作为反于法律文义的裁判（Entscheidungen contra legem），它既会危及法的安定性，也可能会有违法治条件下的民主。[3] 所以，必须赋予规则初步的或推定的优先性，凡不存在充分理由时，均不得对规则进行修正。这一点也可以导致一个整体性判断，即在规则与原则发生冲突的场合，规则通

---

〔1〕　这一区分参见 Carlos E. Alchourrón and Eugenio Bulygin, *Normative Systems*, p. 107.

〔2〕　See Frederick Schauer, *Thinking Like a Lawyer*, Cambridge（Mass.）2009, pp. 26 – 27.

〔3〕　这也是形式原则或者说为什么通常情形下要依据法律规则来裁判的考量，具体参见雷磊：“论依据一般法律原则的法律修正——以台湾地区“司法院大法官会议”释字 362 号为例”，载《华东政法大学学报》2014 年第 6 期。

常优先于原则。

制度性联结与方法性联结并不是两种不同的联结方式，而是对法律体系中规则部分与原则部分如何联结这一问题的不同角度的表述。我们可以看到，比起法律体系的理想结构，在现实结构中，内部体系与外部体系的结合程度更高，密度也更大。凡是规则体系存在"缝隙"之处，即有原则以不同方式"溢入"的余地。而当规则与原则发生冲突时，通常规则优先于原则。也即是说，在法律体系的双重构造中，规则部分更具贯彻自身的优势。

六、结语

任何"法律体系"在很大程度上都是法学的产物。一国现行有效的实在法至多只是为法学提供了尚待加工的原料，需经由法学中的概念工具才能成为成品。更准确地说，与其认为存在一个法律体系，还不如认为存在多种法律体系观。不同的法律体系观没有真假（是不是）之别，但却存在比较优势的问题。在规范论的语境中，比之纯粹法学以法律规则为基础的阶层构造模式，基于基尔学派的原则理论所能衍生出的规则－原则的双重构造模式更具说服力。在这一模式中，法律体系由规则的外部体系与原则的内部体系两部分构成，其中法律规则之间根据效力关系形成了特定的阶层构造，属于法律体系的刚性部分；而法律原则之间根据内容关系形成了相互贯通的价值秩序的统一体，属于法律体系的柔性部分。在这两部分之间既有静态的联系，更有动态的双向流动，呈现出开放性。但这只是法律体系的理想结构。在以制定法为主的"议会法治国"为例的现实结构中，内部体系与外部体系由于制度性联结和方法性联结的可能，相互结合得更加紧密，但也增加了两者冲突的概率。这种情形中，法律规则通常优先于法律原则。

法律体系并不能与法治画上等号。法治不是一架能"自我运行的机器"[1]，良法也未必能导致善治。法治需要有人及其法律实践才能实现。但是，一架设计得更好的机器能更便于人去操作以实现特定的目标，更好的法律体系模型也更有通往善治的可能。在此意义上，双重构造模式由于能实现实践理性的最大化及法治模型的最优化，因而更有通往善治的可能。

---

[1]　Gordon Silverstein, Globalization and the rule of Law: "A machine that runs of itself?", *International Journal of Constitutional Law* 1 (2003), pp. 427, 428.

第二章　法律体系的融贯性建构

　　融贯性构成了法治的一个内在维度。在法律领域，所谓融贯性主要涉及两方面的问题，一是法律推理的融贯性问题，二是法律体系的融贯性问题。[1]前者涉及认识论与方法论，而后者则在概念论的层面上涉及规范间的结构与关联问题。遗憾的是，无论是国外学界抑或国内学界，相关的讨论大多集中于法律推理（论证）领域，而对法律体系的融贯性问题着墨甚少。[2]此外，

　　〔1〕　这一区分参见 Leonor Moral Soriano, A Modest Notion of Coherence in Legal Reasoning: A Model for The European Court of Justice, *Ratio Juris* 16 (2003), pp. 296 – 323.

　　〔2〕　除去下文所引文献之外，国外学界的代表性著述还可参见 Neil MacCormick, *Legal Reasoning and Legal Theory*, New York 1978; MacCormick, the Coherence of a Case and the Reasonableness of Doubt, *Liverpool Law Review* 2 (1980); J. D. Jackson, Law, Fact, and Narrative Coherence: A Deep Look at Court Adjudication, *International Journal for the Semiotics of Law* III/7 (1990); Jan M. van Dunné, Narrative Coherence end Its Function in Judicial Decision Making and Legislation, *The American Journal of Comparative Lew* 44 (1996); Aldo Schiavello, On "Coherence" and "Law": An Analysis of Different Models, *Ratio Juris* 14 (2001); Luc Wintgens, Some Critical Comments on Coherence in Law, in: Bob Brouwer et. al. (eds.), *Coherence and conflict in law: proceedings of the3rd Bernlux – Scandinavian Symposium in l. egel Theory*, Boston 1992; Jaap Hage, Law and Coherence, *Ratio Juris* 17 (2004); Joseph Raz, Relevance of Coherence, *Boston University Law Review* 72 (1992). Aleksander Peczenik, Law, Morality, Coherence and Truth, *Ratio Juris* 7 (1994); Aleksander Peczenik, A Coherence Theory of Juristic Knowledge, L http://pecezenik. ivr2003. net, 2011 年 12 月 15 日访问。唯一持不同研究路径的著名代表人物或许是德沃金，他在 1986 年出版的《法律帝国》一书中，提出并论证了他

目前国内已有成果的主要兴趣点在于对国外相关理论进行抽象层面的介绍与反省，[1]而缺少对中国语境式思考的相关推进。本章的尝试，正是起于对法律体系融贯性问题进行一般研究，进而兼及当代中国法律体系之融贯化努力这一个别旨趣。

然而须先行阐明的是，尽管上述两方面的问题有其区分的必要，但它们之间又存在紧密的联系：一方面，法律体系的融贯性为法律推理提供了必要的融贯性确保，尽管它并不构成后者的充分条件。法律推理总是在有效法律体系框架内的活动，法律体系的融贯性越强，推理的融贯性也越强。但一个融贯的法律推理除了需要规范性前提之间形成融贯关系之外，还需要规范性前提（大前提）与经验性前提（小前提）之间以及这两个前提和结论之间形成融贯关系（我们可分别名之为横向融贯性与纵向融贯性）。另一方面，如果我们肯认法律体系并非完全

称为"整全性"（integrity）的概念（作为融贯性的理想追求）对于法律体系的重要性［Ronald Dworkin, *Law's Empire*, Cambridge（Mass.）1986］。国内文献则几乎完全集中于法律推理（论证）领域，主要著述参见侯学勇：《法律论证的融贯性研究》，山东大学出版社 2009 年版；侯学勇："从法律规范的可反驳性到法律知识的不确定性——法律论证中融贯论的必要性"，载《内蒙古社会科学（汉文版）》2008 年第 1 期；侯学勇："融贯论在法律论证中的作用"，载《华东政法大学学报》2008 年第 4 期；侯学勇："什么是有效的法律规范？——法学中的融贯论"，载陈金钊、谢晖主编：《法律方法》（第 8 卷），山东人民出版社 2009 年版；侯学勇："融贯性论证的整体性面向"，载《政法论丛》2009 年第 2 期；蔡琳："法律论证中的融贯论"，载《法律逻辑与法学教育——第十五届全国法律逻辑学术讨论会论文集》2007 年 7 月；蔡琳："融贯论的可能性与限度——作为追求法官论证合理性的适当态度和方法"，载《法律科学》2008 年第 3 期；魏胜强："融贯性论证与司法裁判的和谐"，载《法学论坛》2007 年第 3 期；张冀兮："法律论证中融贯论的应用"，西南政法大学 2011 年硕士学位论文。

〔1〕　例如参见王彬："论法律解释的融贯性——评德沃金的法律真理观"，载《法制与社会发展》2007 年第 5 期；侯学勇："佩策尼克的融贯性理论研究"，载陈金钊、谢晖主编：《法律方法》（第 7 卷），山东人民出版社 2008 年版；侯学勇："麦考密克论融贯"，载《政法论丛》2008 年第 2 期。

是由立法的结果所构成之刚性的规则集合的话，那么我们看到，法官的法律推理活动的副产品，即对法律规范的诠释与具体化同样构成了法律体系的构成要素。法律体系的融贯性也同样或多或少可能是法律推理活动（所追求或实际达成）的结果。因此，尽管本章的主旨在于阐明融贯性之于法律体系的意义与要求，但是一种裁判者视野的导向同样构成了本章立论的重要部分，甚至是主要部分。而在这种视野下运用这些标准和要求来审视当代中国的法律体系无疑是富有助益的。当然，在此之前要对我们所使用的基本概念进行厘清与核定。

一、作为法律体系可欲性标准的融贯性

（一）什么是融贯性？

要弄清楚什么是融贯性，就必须将这一概念与另一个概念即连贯性（Konsistenz /consistency）加以区分。对这一对概念的关系，存在两种见解。第一种见解可被称作"连贯的融贯性"。它认为，连贯性就是无逻辑矛盾（kein logischer Widerspruch）[1]而融贯性则包含着两方面的含义：在消极面上，融贯性就意味着连贯性；在积极面上，它则意味着更多的东西。故而，连贯性是融贯性之必要但非充分的条件[2]第二种见解可被称作"不连贯的融贯性"。它认为，连贯性与融贯性是两个没有逻辑关联的概念，尽管它们通常在内容上联系在一起。关键在于区分两种类型的不连贯性概念，即"自然的不连贯性"（simultaneous inconsistency）和"接续的不连贯性"（consecutive inconsistency）。自然的不连贯性意味着，我们不能在同一个决定（即涉及

---

[1] Robert Alexy, Juristische Begründung, System und Kohärenz, in: Okko Behrends, Malte Dießelhorst, Ralf Dreier (Hrsg.), *Rechtsdogmatik und praktische Vernunft. Symposium zum 80. Geburtstag von Franz Wieacker*, Göttingen 1990, S. 96.

[2] Robert Alexy and Aleksander Peczenik, The Concept of Coherence and Its Significance for Diskursive Rationality, *Ratio Juris* 3 (1990), p. 130.

相同的人、相同的事实的决定）中同时判定应当"做 A"和"不做 A"。这种不连贯性通常导致其中一个决定无效，它与融贯性并不矛盾。接续的不连贯性发生在不同的决定之间。处于不同时间点上涉及相同事实的决定可能具有逻辑矛盾，但很多时候这类决定的共存并不影响法律实践，因为在这种时候某种融贯性理念可能优于连贯性发挥作用，因而它能证立这种跨越时间的不连贯性。[1] 连贯性与融贯性的可对立性说明了它们之间互不包容。作者并不否认存在这种矛盾现象，但是作者认为，这种矛盾并非连贯性和融贯性之间的矛盾（外部矛盾），而是融贯性内部各要求之间的矛盾，也即处于不同时间点上的决定之间保持表面一致（形式正义）和符合各自特定的情形（实质正义）的矛盾。因为融贯性毕竟是一种对价值评判的要求，而价值评判存在不同的标准。因此，这种矛盾现象不足以说明连贯性与融贯性在概念上无关联。相反，连贯性构成了融贯性的第一个概念要素。

但另一方面，融贯性又包含着比连贯性更多的东西。根据对融贯性这一积极面向理解的不同，我们又可以区分出两种观点。第一种观点可称为"规范的融贯性"（normative coherence）。麦考密克（MacCormick）主张，某些原则能支持一些法律规则，并使得后者融贯。[2] 这种理解实际上将融贯性视为规范间的支持关系。第二种观点与第一种观点有共同之处，但要求更高。德沃金认为，法律人作法律判断就像小说家续写章回体小说，他所添加的内容不仅需要符合一般性原则，而且必须符合已给定的所有材料、对他的继任者想要或能够添加的东西

---

〔1〕 See Luc J. Wintgens, Coherence of the Law, *ARSP* 79（1993）, p. 504.

〔2〕 See Neil. MacCormick, Coherence in Legal Justification, in: Alexsander Peczenik et al.（ed.）, *Theory of Legal Science*, Dortrecht 1984, pp. 235f.

的期待，以及他的实质价值判断。[1] 这种观点可被称为"整全的融贯性"（coherence as integrity）。事实上，这两种观点是可融接的。规范融贯性表明了支持一种体系融贯性所可以借助的规范渊源，而整全融贯性同时还对它所要满足的制度与价值标准进行了要求。融接两者的关键在于"支持"（support）或者说"证立"（justification）这一概念。

无论借助于何种规范性渊源，要满足何种标准，都需借助于支持和证立来进行。而支持和证立的效果在于在法律体系的各个部分（主要是规范）间建立起积极关联。这种积极关联包含着两个方面的含义：首先，它意味着规范间的相互支持关系。一个法律体系中的各个规范，必须尽可能地不相冲突且处于相互支持的状态。它的典型状态是一种相互支持的结构，例如，一方面，一条相对抽象的法律规范支持着一定数量的具体法律规范；另一方面，相对抽象的规范又可以从相对具体的规范与其他附加前提中一起逻辑地推导出来。这两种类型支持关系的叠加导致了罗尔斯所谓的"反思均衡"（reflective equilibrium）[2]。具有反思均衡结构的规范体系拥有很强的融贯性。其次，它还意味着当体系内部的规范间发生冲突时能够有序形成优先关系。也就是说，当体系中的两个规范在两者交叠的适用情形中所导致的法律后果不兼容时，必须在这两个规范之间形成优先适用关系，以决定交叠的适用情形中的法律后果，进而使得法律体系变得融贯。这种优先关系的形成一方面可以借助于法律体系本身所包含的预设性准则来进行，如"上位法优于下位法"（lex superior derogat legi inferiori）、"新法优于旧法"（lex posterior derogat legi priori）、"特别法优于普通法"（lex specialis derogat

---

〔1〕 See Ronald Dworkin, *Law's Empire*, Cambridge（Mass.）1986, pp. 225f.

〔2〕 See John Rawls, *A Theory of Justice*, Oxford 1971, p. 48. 它的一个例子参见 Robert Alexy, Juristische Begründung, System und Kohärenz, S. 103.

legi generali）等。这是一个融贯的法律体系所必须具备的准则。[1] 另一方面，某些法学方法论上的方法亦可以用以促成优先关系的形成。如权衡之于两条法律原则间在特定案件中优先关系的形成。这说明，尽管法律体系本身并不包含这些方法，但法律体系的融贯性要求却关涉着这些方法。一个"融贯的法律体系"这一表述所蕴含的东西要比法律体系本身所包含的东西来得多。

因此，融贯性的概念由两部分要素组成：在消极面上，它意味着连贯性这种无逻辑矛盾的要求；在积极面上，它又意味着体系要素间的积极关联，这种关联不仅是效力上的衍生关系，也包含着评价上的相互支持和证立。而如果考虑到无矛盾同样是支持与证立的要求之一，那么可以说，融贯性就意味着相互的支持与证立。

（二）法律体系在什么意义上应是融贯的？

融贯性是否构成了法律体系的概念要素？或者说，前者是否构成后者存在的必要条件？当代学者大多同意以所谓的"实效原则"（principle of efficacy）作为判断一个法律体系存在（有效）的基本标准。也就是说，当且仅当一个法律体系具备某种最低限度的实效时，它才是存在的。这可以表现在两个方面：一是这个体系中的规范大体得到人们的服从（遵守与适用）；二

---

〔1〕 当然，对此可能存在着争议。在传统观点看来，这些准则就意味着无矛盾的要求，上位法与下位法、新法与旧法、普通法与特殊法间存在的冲突是一种逻辑冲突，因此这种确立适用（效力）上的优先关系的方法其实是连贯性本身的要求。而在另外一些学者（如赖特、凯尔森）看来，具有上述3种关系的规范可能是由不同的立法主体制定的，它们间的冲突是一种意志上的冲突而非逻辑上的冲突。由此可推导出它们并非连贯性这种逻辑要求的固有之义。对此本章不加评述。无论如何可以明确的是，既然连贯性构成了融贯性的概念要素，那么这种形式化的准则必然构成法律体系融贯性要求的组成部分。

是当这些规范被违背时违规者会被施加制裁。[1] 实效原则是一种事实和经验上的标准，也即是可以通过观察与体验来加以判断的。而经验的观察很容易向我们说明，在现实中的确存在着这样的法律体系，尽管在其中不融贯的法律被不同的立法主体颁布，或被同一立法主体在不同的时刻颁布，但它们大体得到了人们的服从，人们违背时也被施加了各种制裁。[2] 尽管在其间存在由不融贯所带来的不正义问题（乃至个别的公民抗争的情形），但这些法律体系在整体上依然有效地运作并发挥了自己的功能。因为一个法律体系丧失了最低限度的实效性即意味着凯尔森式的基础规范（basic norm）的变更或者说宪政革命的到来。而那些并未发生根本性变革的社会中，存续于其上的法律体系尽管可能是不融贯的，但仍旧可以具有实效。在这个意义上它是"存在的"。因此，融贯性并非一个法律体系存在的必要前提。[3]

　　既然融贯性并非法律体系的固有概念要素，那么为什么它很重要？融贯性并非对于法律体系的绝对要求，立法者颁布不融贯的法律是可能的。而如果法律体系的不融贯没有为立法者

----

　　〔1〕 例如参见 Hans Kelsen, *Pure Theory of Law*, trans. by Max Knight, Berkely [u. a.] 1967, p. 11. "（规范的实效意味着）：①这种规范是由法律机关（特别是法院）适用的，这意味着具体案件中的制裁是明确规定和必须执行的；②这种规范受到了隶属于这个法律秩序的个人的服从，这意味着他们能够以避免受到制裁的方式而行为。"这种实效判断的依据主要在于法院的行为，See Joseph Raz, The Identity of Legal Systems, *California Law Review* 59 (1971), pp. 804ff.

　　〔2〕 有学者指出，法官依据不融贯的法律作出彼此冲突的判决其实是法律秩序中的常态 [See Lewis A. Kornhauser and Lawrence G. Sager, Unpacking the Court, *Yale Law Journal* 96 (1986 – 1987), p. 103]。

　　〔3〕 有学者认为，连贯性（作为融贯性的要素）构成了形式体系的必要条件，如果它要成其为一个体系的话（Carlos E. Alchourron and Eugenio Bulygin, *Normative Systems*, Vienna/New York 1971, pp. 62 – 64）。但这至多只能得出这样一个推论：如果某个法律体系完全不连贯，它就不是一个形式体系。问题在于，法律体系是个形式体系吗？如后文所展示的，融贯性理论的目标并不在于使得法律体系形式化。

所注意和解决，那么随之而对法律体系所施加的融贯性要求对这个体系而言就是一种被追求或可欲的品质（derived quality），而非它本身所拥有的品质。同时，法律体系的融贯性也具有程度的差异（a matter of degree）。这意味着，法律体系的融贯性可以是或高或低的，而两个法律体系间的融贯性程度也可以加以量上的比较。作为可欲而又具有程度差异的品质，融贯性对于法律体系施加了这样一种外部的要求：一个法律体系内各部分间的融贯性程度越高，这个体系就相应地越好。这构成了康德式的调整性理念（regulative Idee）。而所谓的"越好"不仅仅具有美学上的意义，更是一种道德品质（moral quality）。为此，我们可以援引富勒（Fuller）所说的"法律的内在道德"（internal morality of law）之一，即法律之无矛盾性的要求来加以说明。[1] 与其他内在道德的要求一样，无矛盾性的要求并非是一种绝对和"全有或全无"的准则，相反，它具有程度性的差别。因为富勒认为，对于这些法律的内在道德，违背其中的一个准则的恶果可以通过违背另一个准则来得到补救。[2] 例如，对于法律规范间不连贯缺陷的补救就可以颁布溯及既往的规则来进行，而后者是对另一种法律的内在道德的违背。[3] 故而规范的制定者并不负有绝对和严格受限的义务来制定连贯的规范。更为重要的是，在富勒看来，法律的内在道德准则是法律体系所要满足的道德上的要求，其目的是使得服从于这一法律体系的法律主体成为负责任的道德行动者（responsible moral agents）。[4] 由此可知，在从道德上认真对待法律主体的前提下，法律体系必

〔1〕　Lang L. Fuller, *The Morality of Law*, 2nd ed., New Haven 1969, p. 65.

〔2〕　Lang L. Fuller, Positivism and Fidelity to Law. A Replay to Professor Hart, *Harvard Law Review* 71（1957－1958），pp. 650－651.

〔3〕　Lang L. Fuller, *The Morality of Law*, p. 92.

〔4〕　Lang L. Fuller, *The Morality of Law*, pp. 162－163.

须致力于避免不连贯（不融贯）性。而避免法律体系的不融贯性本身是一种超法律的道德准则。

这种准则的道德色彩主要体现在一个融贯的法律体系与形式正义（formal justice）的联系方面。阿列克西和佩策尼克曾提出这样一个命题："如果某个规范体系或价值体系比任何其他相竞争的体系更融贯，那么就有初显的理由（prima facie reason）认为它是正确的。"[1] 之所以会产生这种显现正确性的初显理由，是因为一个融贯和连贯的体系总是能导致同样的情形同样对待，允许生活在这个体系中的个人更为合理地安排自己的生活（同时他人也享有同等的安排自由），使得个人能够更加清晰地预见到其行动的确定性后果。最后这一点指涉的是法律的安定性，而法律的安定性这种形式正义的要求能更好地在一种（融贯）体系导向的规制而非无序与分散的规制中被实现。[2] 形式正义是法治的固有含义，因此融贯性构成了法治的结构性原则。[3] 法律体系越融贯，从道德视角看来它就越好。

二、法律体系的融贯性要求

（一）融贯性的层次

既然作为道德上可欲要求的融贯性具有程度的差别，那么它就可能存在不同的层次。与融贯性的要素不同，层次性是一种纵向标准。法律体系所能达至的层次越高，融贯性就越强。

---

〔1〕　Robert Alexy and Alexander Peczenik, The Concept of Coherence and Its Significance for Discursive Rationality, p. 144.

〔2〕　C. - W. Canaris, *Systemdenken und Systembegriff in der Jurisprudenz*, 2. Aufl. , Berlin 1982, S. 18.

〔3〕　在此意义上有学者区分了两种观念：在弱的观念上，融贯性意味着适用上的兼容性，它用以确保可预测性；在强的观念上，融贯性意味着对于法律的整体性证立，它用以确保正义的审查。两者合为法治的两面。See Tatsuo Inoue, The Rule of Law as the Law of Legislation, in：Luc. J. Wintgens（ed.）, *Legislation in Context：Essays in Legisprudence*, Ashgate 2007, p. 72.

融贯性包括三个层次：[1]

第一个层次是连贯性。连贯性既是融贯性的概念要素，也构成了最低层次的融贯性要求。要被称为"融贯的法律体系"，一个最低限度的要求是在这个体系中不能存在过多有明显冲突的法律规范。一个逻辑上无法自洽的体系无法满足形式正义的要求。因为一方面，它会使得这个体系中的个体行动者无所适从，陷入"做 A 且不做 A"、"禁止 A 且允许 A"（A 表示某种行动类型）的永误境地。另一方面，它也会造成群体行动者之间的冲突与对抗。不同的行动群体往往可能从自身利益出发选择对于自己有利的规范性依据来采取行动，而现代社会利益的分化则可能造成依据相互矛盾之规范性依据时的行动分歧与对抗。尽管这种冲突与对抗可能尚不足以影响整个法律体系的实效性（及其存在），但这种状态的长期积累可能会危及法律体系之于社会的一个基本功能，即整合社会行动与形成社会秩序。此外，对于那些偶然存在的法律规范相互冲突的情况，法律体系本身也须预先提供足以解决这些冲突的形式准则[2]或程序性规定。形式准则已如前所述，我国《立法法》第 87～89、92 条就是对这些通行准则的具体表述；同一部法律的第 94、95 条则给出了无法利用上述形式准则解决规范冲突时的程序性规定。

第二个层次是体系的融贯。体系的融贯性要求，既然所有的法律规范都必然是以体系化的方式被连接在一起的，那么它们同样需要彼此借鉴来理解自身，以使得其具有更多的内部融

---

[1] 对照 Luc J. Wintgens, Coherence of the Law, pp. 494ff. 三个层次的名字为本章所归纳。相似的划分参见 Robert Alexy, Coherence and Argumentation: On the Genuine Twin Criterialess Super Criterion, in: Aulis Aarnio et al. (eds.), *On the Coherence Theory of Law*, Lund 1998, p. 41.

[2] 当然，如前所述，前提是我们需要将由不同主体制定的法律规范间效果的矛盾视为逻辑冲突。或者说，将法律视为一种语言陈述体系而非意志的产物。这一点参见下文。

贯性。[1] 这意味着，所有的法律规范都可以也必须放入整个法律体系中加以理解。[2] 同时，如果体系中存在法律规范的效果相互冲突的情形（尤其是无法通过预设的形式准则来解决，而程序性规定本身则未给出具体的解决冲突的方法），它们间的优先关系也必须在整个法律体系的视角下形成。但须注意的是，从类别构成来看，这里所谓的"法律体系"并不等同于"全部的制定法"，也包括了诸如判例与教义学构成的整体。一方面，体系的融贯性要求法律部门（如民法）与具体制度（如缔约过失）内部的各个制定法、判例、习惯法和教义学规范间建立起评价上的积极关联。在这其中法教义学发挥了极其重要的作用，因为以规范的解释适用和体系化为核心的教义学往往起着"粘合"其他各个部分的作用。因而可以说法教义学者在体系融贯性中扮演着重要角色。[3] 另一方面，体系的融贯性也要求各个法律部门/法律制度与宪法部门/宪法制度间建立起评价上的积极关联。这不仅仅意味着其他法律部门与制度的规范不能与宪法规范相冲突这种连贯性的要求（这属于第一层次的融贯性），也意味着前者在实质评价上与后者保持一致。譬如"宪法的第三人效力"原则就是这种体系融贯性的表现。其一个典例就是德国基本权利教义学上的"客观价值秩序"说，其认为德国基

---

〔1〕 这可被称为"借助于其他法条来阅读一个法条"〔Van Hoecke, The Utility of Legal Theory for the Adjudication of the Law, in: Aulis Aarnio and van Hoecke (eds.), *On the Utility of Legal Theory*, Tampere 1985, p. 112〕。

〔2〕 See Peter Noll, *Gesetzgebungslehre*, Reinbeck/ Hamburg 1973, S. 228.

〔3〕 乌尔比纳认为，作为融贯性的理性是法学者的支配性理念，因为他们对于体系化的目标带有一种强烈的科学态度（See Sebastian Urbina, On Legal Rationality, in his, *Reason, Democracy, Society: A Study on the Basis of Legal Thinking*, Dordrecht 1996, p. 76）。这确实如此。但当乌尔比纳将这一点作为法学者（体系理性）与法官（义务论理性）思维方式的区别时，又过于绝对了。实务难题的背后从来就存在理论争议（德沃金意义上）；如果承认融贯性是实践理性的标准之一，那么作为实践活动的法律活动（无论是司法过程还是教义学论证）都必须以此为目标。

本法（主要是第 1～19 条）关于基本权利的规定构成了任何普通法律都不得违背的客观价值秩序，任何普通法律都必须要体现与渗透这种价值精神。由于连贯性与体系融贯性都是在法律体系内部达成的，因此它们也可被称为"内部融贯性"。

第三个层次是理念的融贯。理念融贯性要求指涉一些超越法律的理念（extra‑legal ideas），它们本身不能从法律体系内部得到证立。[1] 相反，它们反而是用以来证立法律体系的价值基础的。这是因为任何融贯的法律体系的背后都有一套成熟的政治理论与道德信念体系作为自己的支撑，而这种政治与道德理念往往以一种"高级法"的姿态扮演着法律体系背景墙的角色。在这种背景墙稳定的前提下，它们在日常情境中并不会走上法律的前台，只会偶尔在某些特定场合［如所谓的"疑难案件"（hard case）］显露出一角。而一旦背景墙发生变迁，那么即使位处前台的法律体系本身的内容没有发生任何变化，但其意义及其适用效果却可能发生很大的变化。[2] 可以说，这种政治与道德的理念体系构成了阐释法律体系的"方法论根据"。所以，有时它们能够证立不连贯的不同法律部门的原则，而这一点仅仅停留于第二个层次的融贯性上是无法达成的。例如，为什么"法不禁止即自由（允许）"这一准则只适用于私法，而不适用于公法？这一法律部门间的不融贯性可以用如下理念来证立：

---

〔1〕　西蒙兹曾富于洞见地指出，"法律理念在构成法律秩序之存在的实践中扮演着至关重要的角色"，它"是使得我们能够让原本各异的实践特征具有融贯性意义的关键，但它自身并非是一种可以观察得到的实践"［See N. E. Simmonds, Reflexivity and the Idea of Law, *Jurisprudence* 1（2010），pp. 1, 18］。尽管西蒙兹使用了"法律理念"这个词，但他认为法律理念是对法律本质的"哲学探究"，而这种哲学探究离开了一定的政治理论与道德理念是不可能的（pp. 22ff.）。因此，他所说的法律理念基本等同于本章所说的这种超法律的理念。

〔2〕　故而佩策尼克认为，法律推理的融贯性同时来自于法律渊源与道德考量［See Alexander Peczenik, Moral and Ontological Justification of Legal Reasoning, *Law and Philosophy* 4（1985），p. 293.］。

在缺乏约束性的法律规则时，个人必须享有最大的自由。因此，在不受公权力干涉的私法领域，个人在原则上可以做一切不为法律所禁止的事（在法律意义上）；而在公法领域，公权力的掌握者却不能做任何未被法律所允许的行为，否则就极易造成任意侵犯个人自由的恶果。它们背后的理念是一致的，因而私法和公法的基本原则的表述尽管不连贯（"法不禁止即自由" vs. "法未规定即禁止"），但它们在理念上却是融贯的，分属于它们的法律规范之间也是融贯的。[1] 同样，在同属于公法的刑事实体法（刑法）与刑事程序法（刑事诉讼法）之间也在表面上存在这类不连贯性。就刑法而言，如果它未对某类行为明确加以禁止，那么这类行为在刑法上就是被允许的，而一个在刑法上被允许的行为就不得受到惩罚。而就刑事诉讼法而言，"不禁止即被允许"这一原则并不适用于公共权威机关的起诉与审判行为。这都是罪刑法定原则（*nullum crimen, nulla poena sine lege*）的体现，而罪刑法定原则的背后则矗立着对个人自由与权利的保障。因此，法律部门不同分化的背后站立着同一种政治与道德理念，即自由主义的政治理论与个人主义的道德观念。这样一套政治与道德理念能够融贯地用来阐释原本显得"不融贯"的法律体系规定。同时这也说明，融贯性各个层次的要求并非是一种"全有或全无"的绝对要求，而同样是可以权衡的。其中高层次的要求可以用来证立对低层次的要求的违背。这源于融贯性本身的程度差异。

---

〔1〕 我认为，对于这些理念本身的证立，已然属于普遍实践论证的范围。但维特根斯认为，对超越法律的理念的证立不涉及证明，而毋宁说涉及对某个实践理性概念的信奉，这种概念依赖于作为负责人的道德行动者的观点（See Luc J. Wintgens, Coherence of the Law, p. 499）。这一理解一方面过于狭隘了，因为它只从"方法论上的个人主义"出发，排除了在主体间的意义上对实践理性概念进行证立的可能；另一方面又过于宽泛了，因为对待实践理性概念的正确方式不是盲目地信奉，而是理性地论证，只有满足了"正确性诉求"的实践理性概念才是可被信奉的。

不可否认的是，即使在第三个层次上，也不可避免地会存在理念的冲突，它是融贯性内部各政治观念与道德恰当性观念的冲突。因为在任何一个现代社会中，都不可能只存在一种政治观念与道德观念，而是存在复数的政治与道德观念。以原则为基础的理念融贯性依然反映了体系性要求，尽管这种意义上的体系比法律体系更大，而且更具有柔性。由于第三个层次的融贯性涉及的是法律体系与超法律体系间的关联，因此也可被称为"外部融贯性"。

（二）法律部门与法律体系的融贯性

在我们述说第二层次与第三层次的融贯性时，已经涉及了法律部门的问题。既然法律体系的融贯性要求在理解任何一个法律规范（无论其属于哪个法律部门）时都要将它置于整个法律体系有时甚至是整个政治－道德理念体系中加以理解，那么法律部门的划分是否还有其必要？或者说，以原则为基础的融贯性理论是否会导致"法律部门间的区隔在实践中没有必要"的结论？

德沃金的"作为整全性的法律"（law as integrity）的概念可以被视为对上述问题的一种回答。在他看来，"作为整全性的法律要求法官假设（只要这是可能的），法律是被关于正义、公平和正当程序等一系列融贯的原则所结构化了的，这要求他们在新案件中强制实施这些原则，以至于每个人的处境依据相同的标准都是公平和恰当的"[1]。当然，按照法律的整全性的要求来假定，一旦寻找和认定了一条原则，它就可以被用作法律体系和司法裁判的终极理由，这无疑是幼稚的。德沃金本人并不否认法律体系中部门划分的存在："作为整全性的法律对于法律部门的态度更为复杂。它总体上的精神是要谴责它们的，因为

---

[1] Ronald Dworkin, *Law's Empire*, p. 243.

整全性这一司法原则要求法官让法律成为融贯的整体（coherent as a whole），只要这是可能的。而要做到这一点，更好的办法是忽略学术藩篱，从根本上重构某些法律部门，以使得它们在原则上与其他部门更为连贯。"[1]

但是法律部门的存在（它们通过某些不同的原则被组织起来，因而在某种程度上是相互分离的）并不排斥德沃金所谓的"特定优先性"（local priority）[2] 的可能变化。例如，契约义务扩充到准物权领域。因此，德沃金的理论目标是雄心勃勃的，因为他试图将法律体系视为好像从同一组原则中衍生出来的一样。然而这些原则的性质是这样的，它们代表了德沃金隐喻式地描述为"同心圆"（concentric circles）的法律领域。而所谓的同心圆在逻辑上显然是被一个原则绑定在一起的。而这些圆的共同部分很少，因为它们是同心的。但德沃金却相信，通过适切的判断（judgment of fit），这些同心圆可以被扩张以至于它们间会发生重叠，当然前提是在一种理想的、缺乏任何优先性限制的情况下。在他看来，法律部门的划分（作为整全性的法律从根本上谴责它）阻碍了这种全面的重叠，因而被认为是法律体系的阻挠性因素或者说一种缺憾。[3]

但正如我们前面所说的，寻求法律体系的融贯性很可能会使得法律体系分化为不同的分支。私法与公法、刑法与刑事诉讼法的区分可以回溯到同一个原则，但恰恰是这个基于促进自由而非限制自由的超法律体系的原则的存在，促发了法律体系被分化为不同的法律部门，而也正是这种分化使得法律体系更

---

[1]　Ronald Dworkin, *Law's Empire*, p. 251.

[2]　Ronald Dworkin, *Law's Empire*, p. 251.

[3]　当然，德沃金并不否认部门划分的所有价值，例如可预测性、免于突然的官方再解释等。他甚至承认这些品质（典型如"法治"）是与作为整全性的法律的深层目标相吻合的（Ronald Dworkin, *Law's Empire*, p. 252）。

加具有意义。因此一方面，德沃金的原则化法律理论（princi-pled theory of law）是值得肯定的，法律可以依照一个或数个原则被体系化。但另一方面，德沃金关于法律体系之不同领域具有同心性的观点——将不同的法律部门呈现为一种通过根基性原则的扩张便会重叠的同心圆——似乎显得野心过大，假如并非完全不可能的话。假如在法律体系中存在这么一个独特的原则（a unique principle），它能超越于不同法律部门的划分之上，那么它（尽管可能人们对此并无争议）也一定是过于模糊的。例如，"任何人不能因其过错而获利"[1]，甚至是"按照正义的方式去行为"这么一个抽象的原则。毫无疑问，没有人会否认这类原则的必要性。假如德沃金强调的是这类原则的话，那么他将法律体系化为一个融贯的整体的努力就是成功的。

但这么做的意义有多大是值得怀疑的。尽管这类原则可能构成一个融贯的集合，但它们却几乎没什么用，因为它们强烈需要通过解释得以具体化。而解释可能会使得所谓的"整全性"消失。如果说在某个法律体系中来源于产生理念融贯性之背景体系的原则发挥着作用的话，那么这些原则恰恰导致了法律体系被划分为不同的部门，而非通过整全性将它们统一起来。因此，我们并不否认不同法律部门的同心性，但是处于同心圆中心的那类原则由于太过模糊，它们尽管具有理论意义，但其实践价值却很小。例如，任何法律规范（不论处于哪个领域）在价值上都可以被回溯到正义原则，而正义的内涵本身就是多变而模糊的，很多时候它可以依据不同的事实情境被具体化为效果恰相冲突的子原则与规则。因此它们的存在不足以说明依据不同的子原则划分出不同的法律部门就是不必要的，有时情形反而恰恰相反。

〔1〕 Ronald Dworkin, *Law's Empire*, p. 20.

三、融贯法律体系的诠释性建构

在上文中我们已然指出，法律体系的融贯性具有程度上的差异。这是将融贯性界定为"具有意义的整体"（making sense as a whole）的后果，它允许我们区分出不同层次的融贯性。但这种观点的潜在前提在于，融贯性并非是法律体系的静态面向，而毋宁说是与法律体系相关的某种活动的结果，因此是它的动态面向。在这里，我们可以提出三个问题：其一，这种活动的主体是谁？其二，这种活动的性质是什么？其三，这种活动需要借助于哪些方法？

（一）立法者抑或裁判者？

我们把促使法律体系融贯化的活动称为法律实践（legal practice）。法律实践是一项由立法者、裁判者与法学者（或者曰法律人共同体），甚至由法律外的专业人士（如政治学者、伦理学者）与普通民众所共同参与的智识性事业。但我们大体可以将参与这种智识性事业的角度或立场分为两种：一种是所谓立法者的视角或立场，以功能设计与规范建构作为基本的参与姿态，致力于为后续的法律实践提供基本的框架性前提。除了立法者之外，立法型研究导向的学者、积极参与立法的大多数法律外专业人士都持有这种立场。另一种是所谓的裁判者的视角或立场，以问题导向与规范适用为基本参与姿态，或者说以"某个特定的，在历史中逐渐形成的法秩序为基础及界限，借以探求法律问题之答案"[1]。除了裁判者之外，法教义学者与服从于某个法律体系的普通民众大多持有这种立场。使得法律体系融贯化的法律实践同样是由持有这两种视角或立场的群体合力而成的一项"共享合作性事业"。一方面，初期立法者要依照

────────────

〔1〕 ［德］卡尔·拉伦茨：《法学方法论》，陈爱娥译，五南图书出版公司1996年版，"引论"第1页。

特定的政治－道德理念体系建构出基础性法律支架（一般由宪法设定），而在基础性法律支架限定的条件下，后续的立法者所要追求的是在这种支架上填充起融贯的血肉部分。[1] 另一方面，裁判者（以及以裁判者为研究视角的法教义学者）则通过对于制定法的解释与适用建立起一整套依附于实在法的判例与教义学体系，并致力于使得各个部门之间建立起积极关联。尽管如此，在这场共享合作事业中，立法者与裁判者所扮演的角色并不等同。基于以下原因，我们认为裁判者在融贯化法律体系的实践中起着更为重要的作用：

第一，法律体系是一种制度化体系，它并不要求所有的法律都得到遵守。如前所述，法律体系的存在依赖于它的实效，而判断体系实效性的一个主要标准则是法律体系的机关遵守并适用法律，且在法律体系的隶属者违反法律时对其施加制裁。但这种机关不可能是立法机关，立法者根据法律授权颁布法律显然不足以保障它所颁布的法律得到遵守。法律体系的实效必须依赖于其他法律机关的实践。[2] 而在这些其他法律机关中，法律适用机关或者说裁判者就是最重要的一类。萨尔蒙德（Salmond）曾经指出，虽然存在多种创设法律的具体方式，但这些法律都是由法院承认和执行的。法院根本不承认任何不属于法律规范的规范。[3] 要了解什么是法律体系，最好的途径是通过法院的实践，而非立法机关。如果只存在一系列的规范，但不存在设立主要的法律适用机关的法律，就不可能确定这些规范是不是属于一种法律体系。如果法律适用机关拒绝适用某

---

〔1〕 从这一角度而言，前些年物权法制定过程中"物权法是否违宪"的争议涉及的就是立法者视角下的法律体系的融贯性问题。

〔2〕 Joseph Raz, *Pratical Reason and Norms*, Princeton 1990, pp. 130 – 131.

〔3〕 Joseph Raz, *The Concept of a Legal System*, 2nd ed., Oxford 1980, pp. 190 – 192.

一个法律体系的大部分法律，那么这个体系就不具有实效，而该法律体系就不可能存在。法律体系的存在问题显然构成了它的融贯性问题的前提。一个不存在的法律体系当然谈不上融贯性问题。所以，既然法律体系的存在问题主要是借助于裁判者而非立法者来判断的，那么法律体系的融贯化实践必然不可能主要依赖于立法者来进行。

第二，现代社会的立法者存在一种一般性倾向，即赋予裁判者确定法律规范含义的权力，这意味着后者在很大范围内有权自己来制定具体法律规则。正如凯尔森关于法律解释的框架理论所指明的，立法者只是为行动提供了一个一般性的框架，而填补这个框架的工作主要是交由裁判者来完成的。裁判者的作业就如在这个框架内踩点，只要不将点踩出这个框架之外皆为合法。因此，立法者的"理性"是一种不完满的理性，它有赖于裁判者来补充完整。这意味着，如果说法律体系的体系性是"给定的"，这种体系性也通常只是部分性的，它更多受到了司法行为而非立法变迁（修法）的强烈影响。从这个意义上说，如何在一般性立法的框架内通过解释选择相互间更为融贯的具体化规则，从而使得整个法律体系更为完满和融贯，当是裁判者的基本作业。

第三，在立法的前后，裁判者在法律实践的舞台上都扮演着主要角色。[1] 一方面，在很多时候，制定法都不是凭空而生的，而是以一种更为系统化的方式对先前不成文法的成文精确化，而司法法构成了其中非常重要的一支力量。在英美法系国家尤其如此。如果先前的司法法具备较高程度的融贯性，那么精确化后的成文法也相应地具有较高程度的融贯性。另一方面，在制定法颁布之后，离开了法官的补充性具体化与精确化就无

---

[1] Patric Noll, *Gesetzgebungslehre*, S. 214ff.

法发挥效用。而正是在这一过程中，裁判者可以起到"补充融贯化"的作用。如前所述，制定法的不融贯并不一定影响它的实效与存在。事实上，由于立法者理性的有限、法出多门背后的利益冲突、立法技术的缺陷等原因，立法者颁布不融贯的法律的情形总是难以避免。但这并未隔绝通往法律体系的融贯性之途。裁判者承担法律体系的融贯化作业使得让不融贯的制定法转变为融贯的法律体系这一可能始终存在。如何选择特定的解释与具体化方式来使得两条原本不兼容的法律规范融洽相处，以决定特定事实情境下的法律效果，并使得所有的法律规定都与同一套价值理念保持一致，这都需要裁判者进行弥补性的融贯化的工作。这一可能的存在补救了存在道德缺陷的法律体系。这也应和了前述法律体系的动态特性：它的融贯性并非一次性完成的，而是可以动态补足的。

（二）认知抑或建构？

随之而来的一个问题是，裁判者所进行的融贯化活动的性质是什么？他是在认知某种既存的东西，还是在建构某种新的东西？

我们的立论在于这样一种解释主义的法律理论（interpretivist theories of Law），它认为，法律实践在本质上是解释性[1]或论证性[2]的，甚或法律本身就是一种诠释性的存在。这意味着，从裁判者的角度而言，所有的法律规范只有通过解释才能被知晓。在这里，或许首先要区分的是两种对待法律规范的方式，即将它视为立法者意志的表达（utterances of legislature's will）与

---

〔1〕　Nicos Stavropoulos, Interpretivist Theories of Law, in：E. Zalta（ed.）, *The Stanford Encyclopedia of Philosophy*, http：//plato. stanford. edu/entries/law - interpretivist/.

〔2〕　Julie Dickson, Interpretation and Coherence in Legal Reasoning, in：E. Zalta（ed.）, *The Stanford Encyclopedia of Philosophy*, http：//plato. stanford. edu/entries/legal - reas - interpret/.

将它视为表述出某人应当如何行动的语言命题（linguistic propositions expressing how one ought to behave）。[1] 尽管两种方式并非截然分离，但法律体系的融贯性与后一种方式更为相符。从诠释学的立场看，法律的未完成性不是什么缺陷，相反，它是先天的和必然的。作为语言命题，法律可能和允许不被明确地表达，因为法律是为案件而被创立的，案件的多样性是无限的。一个自身封闭的、完结的、无懈可击的、清楚明了的法律（如果可能的话），也许会导致法律停滞不前。这对法律概念同样重要。除了少许数量概念外，各种法律概念是不清晰的，它们不是抽象－普遍的概念，而是类型概念、次序概念，在那里，它们不是非此即彼，而是或多或少。[2] 因而解释永远是需要的，无解释则无规范。

融贯性构成了法律解释的一个值得追求的目标。如此，这里的问题可能就在于，融贯化法律体系的解释活动在性质上是认识性还是建构性？首先可以确定的是，强调语言命题的方式要比强调立法者意志的方式包含更多解释上的自由。假如我们将解释的目标完全等同于澄清立法者的意志，那么就忽略了这样一个事实：作为语言信息，同一个规范可能被不同的规范接受者以不同的方式来接受。将立法者的意志作为解释的出发点假定了一种独特的"意志客体"，也假定了裁判者负有通过解释活动澄清它的义务。但这种意图本身并不足以产生一种融贯的法律解释模式。如果限定于以权威方式说出的立法者的意志，通过语言命题来表述的法律规范就只能以尽可能依靠这些命题所表达出的意志的方式（如反向推理）来得到说明。这种态度有时会造成与事实不符的预设，如在某个立法文本中出现的术

---

〔1〕 Luc J. Wintgens, Coherence of the Law, p. 500.
〔2〕 Arthur Kaufmann, *Rechtsphilosophie*, München 1997, S. 93 – 96.

语与在其他涉及相同主题的立法文本中的相同术语具有相同的意义。但如果我们将法律规范视为不仅限于表达作者意图，而是一种承载着有关应当做什么的合格信息的语言表述（任何这种表达的关涉者都可以就其意义展开以可接受性为目标的解释与论证），那么就开放出了更多解释的空间，而这正是区分出不同的融贯性层次，使得法律体系在总体上更加融贯的前提。

任何文本，包括立法文本，都拥有某种目标，或者说某种有别于历史上立法者意志或意图的目的性意义。因为对立法者的意图必须作一种历史的思想史和社会史的阐释。[1] 立法者的意图存在其生长的特定历史环境，抛开这种环境，就会产生教条和僵化。我们不能总是拿历史上解决问题的方式来解决当下的问题，因为今天面临的问题未必和历史上的问题相似。法律一旦开始适用，就将介入立法者当时不能完全预见的多样而且不断变更的生活关系，就要为一些立法者根本没有考虑到的问题提供答案。拉德布鲁赫曾作过一个形象的比喻：法律似船，虽由领航者引导出港，但在海上则由船长指挥，循其航线行驶，不受领航者支配，否则将无以应付惊涛骇浪。[2] 因此，要与今天的法律体系及政治－道德理念体现相融贯，裁判者就必须作出有别于立法者意图、有时甚至是修正立法者意图的解释。而这样的一种诠释性活动，显然并非仅仅在于认知某种先在的东西，而是一种真正创造性的活动。甚至可以说，融贯性的法律体系原本就是裁判者建构出的产物。

（三）诠释性建构的方法

法律体系是一种诠释性和建构性的存在，但是建构出融贯

---

〔1〕 ［德］赫尔穆特·科殷：《法哲学》，林荣远译，华夏出版社 2002 年版，第 212～213 页。

〔2〕 Vgl. Gustav Radbruch, *Rechtsphilosophie*, Hg. v. Ralf Dreier und Stanley L. Paulson, 2. Aufl. , Heidelberg 2003, S. 108.

的法律体系需要一定的方法。法律体系的融贯性可由法学方法论体系的各个部分加以确保，但其中最为典型和着力的是体系解释（systematische Auslegung）与普遍实践解释（allgemaine praktische Auslegung）〔或曰客观目的论解释（objektive teologische Auslegung）〕两种。

体系解释以法律体系融贯性理念的第一个层次与第二个层次为基础。它可以分成八个子类别。[1] 第一类是保证连贯性的解释。它的目标在于通过解释某个法律体系的规范来消除规范冲突或认定其不存在。第二类是文本脉络解释。它的目标是基于规范在制定法文本中的位置及其与其他规范之间的关系来解释规范。第三类是概念 – 体系解释。它致力于概念的清楚性、形式的统一性以及体系的完整性，主要在法教义中扮演着中心角色。第四类是原则解释。它的任务主要是，在对规范进行解释时运用法律体系中所包含的法律原则。在疑难案件中这通常包含着对相冲突之原则的权衡。在民主宪政国家中，宪法原则扮演着特殊的角色。第五类由所谓的特别法律解释方法构成。其中最重要的是类比。它的基本形式是，通过实质平等并逾越出其词义之外来运用某个规范。第六类是判例解释。判例解释由对早先司法判决的指涉组成，它们在普通法体系中扮演着非常突出的角色，并且在法典化法秩序中也有重要意义。即便不具有正式法律渊源的性质，判例依然属于法律体系。第七类是历史解释。它以各个有待解决的法律问题的历史为基础，以时间维度上的融贯性为目标，其中并不排除变迁和中断，只要它们不是任意的。比较解释构成了最后一类。它关系到其他法律体系，其目标既可以是证明某种制度的普遍性，也可以是证明

---

〔1〕 以下参见 Robert Alexy, Juristische Interpretation, in: ders., *Recht*, *Vernuft*, *Diskurs*, Frankfurt a. M. 1995, S. 86 – 87.

两种制度的差异。

　　体系解释通常只有以普遍实践解释为补充时才是完整的，后者以融贯性的第三个层次，即理念的融贯性为基础。比如，法律原则的权衡或类比就是这样的情形。原则权衡要对特定案件中相冲突之各个法律原则的分量（抽象重力、受损害程度与经验性前提的确定性程度）[1]作出判断，而这些分量法律体系本身并没有给出回答，通常需要诉诸道德考量及其他普遍实践论据来论证。类似地，类比需要对"何为法律上的相关性"这一关键点作出判断，或者说要对两种事实情形的相同点与不同点何者更为重要这一关键问题作出比较和权衡，而这些判断并不能由法律体系本身来提供，毋宁说要诉诸普遍实践解释。此外，有时法律体系的融贯性建构并不能仅在制度性框架内进行。普遍实践解释的分量似乎如此之大，以至于有时可以优先于制度性规定本身而发挥融贯化的作用，例如通过反于法律字面含义（contra legum）的方法来建构出更为融贯的整体。[2]因为被制度化为法律体系的东西必然始终是不完整的，法律并非一个特伊布纳（Teubner）式的自创生系统（autopoietisches System）[3]，而始终是向着其背后更为广大的政治 - 道德理念体系开放的。正如规则是不能自我运用的一样，一个体系也不能自我建立完整性和融贯性。就此而言人与程序是必要的。必要的人指的就是围绕融贯性进行的论证活动的参与者，其以裁判者

---

　　[1]　具体参见 Robert Alexy, Die Gewichtsformel, in: Joachim Jickeli/ Peter Kreutz/ Dieter Rezter (Hrsg.), *Gedächtnisschrift für Jürgen Sonnenschein*, Berlin 2003, S. 771 - 792.

　　[2]　在这一层面上同样可能发生原则权衡的情形，只不过这里相互比较分量的双方可能是某个政治 - 道德理念体系中相冲突两方的政治 - 道德原则。

　　[3]　Günther Teubner, Recht als autopoietisches System, Frankfurt a. M. 1989.

为代表；而必要的程序指的是一整套法律论证程序，[1] 它如果离开普遍实践解释就不可能是理性的。它毋宁说是在各个层面上都与普遍实践论证的程序接合在一起的。[2] 在融贯性诠释的角度下，这意味着法律体系的融贯性建构与超越法律体系的融贯理念体系在各个层面上都相接合。

四、当代中国法律体系的融贯化

（一）融贯性的中国难题与制度体系

作为后发型与外源型的法制现代化国家，中国法律体系的建构自始就面临着"时空叠合"的境遇。就时间维度而言，中国当代的法律体系是历史发展的产物。中国传统的法律体系主要是在西方法律制度与文化进行全球扩张的时代受到后者冲击的前提下被迫走上了更新与转型的道路的。[3] 政府主导型的法律建构模式虽然使得法律体系的创新更有目标性和筹划性，使其迅速转变成为可能，但由于缺乏内源型与社会演进型现代化体系所能凝聚的社会共识与价值保障，且在将各个具体的制度引入时往往"博采众长"，缺乏总体的考量与相互间的衔接，因而经常呈现出规范冲突与体系不融贯的现象。晚清修律之后，中国法律体系整体上走上了一条通过日本仿效欧陆法律体系的道路，但是在某些方面却也同样吸纳了英美法律体系的制度。例如，早在1922年，湖南颁布自己的省宪法，试图联省自治，建立联邦制度。在其宪法中，解释宪法、审查下位法律的权力被明确授予给法院。很显然，这种司法机关在宪法事务上拥有

---

〔1〕 参见［德］罗伯特·阿列克西：《法律论证理论》，舒国滢译，中国法制出版社2003年版。

〔2〕 阿列克西将法律论证看作一个通过制度结构定义的普遍实践证论的特殊情形［Robert Alexy, The Special Case Thesis, *Ratio Juris* 12 (1999), pp. 126ff]。

〔3〕 参见［美］费正清：《伟大的中国革命（1800～1985）》，刘尊棋译，世界知识出版社2000年版，第79～93页。

最高话语权的做法是对美国实践的复制。[1] 但这显然与当时中国的整个法律体系是不融贯的。更为复杂之处在于，中国在1949年后面临了两个"西方问题"：既有一个俄式马克思主义的"西方问题"，也有一个西方式的"西方问题"。[2] 尽管俄式马克思主义的西方因素曾一度压过了西方式的西方因素，但历史的脐带并未剪断，1978年之后，在改革开放与国际接轨的政治话语下，欧陆法律制度再次席卷大陆（如目前正在分编制定通过的民法典），而英美主导国际社会规则的事实也迫使我们更多地吸纳了后者的一些制度成分（如海商法与合同法的许多规定）。另一方面，在某些身份－伦理性因素比较强的法律领域，我们则继承和发展了传统法律体系的因素。例如，在婚姻和家庭的法律制度方面，对于儒家伦理和家庭本位的坚持（当然，这也在发生变化）。同时，在转型的法律实践过程中我们所发展出的许多本土色彩浓厚的制度同样被吸纳为法律体系的组成部分。例如，抗日根据地时期形成的"政法传统"及其发展出的独具特色的调解制度，现在很大程度上就体现于人民调解法之中。在实用主义与拿来主义的哲学基调下，这样一些错综复杂的因素尽管没有立即显现出来，但从长远看却会危及整个法律体系，因为很多时候它们之间并没有建立起价值上的积极关联。

就空间维度而言，中国当代的法律体系呈现出外部空间、内部空间和体系结构上不均衡的色彩。在外部空间上，由于中

---

〔1〕 Leonard S. Hsu, The Chinese Legal System, *American Bar Association Journal* 8 (1922), p. 766.

〔2〕 ［英］阿诺德·汤因比：《历史研究》，刘北成、郭小凌译，上海人民出版集团2005年版，第358～365页。

国在法治时间坐标之中始终处于追赶者的地位,[1] 这就决定了中国的法律体系与西方法律体系之间的"位差"。在倡导我们的法律制度"融入"世界规则的时候,我们所做的往往是以自己为融贯化的对象,而以对方为融贯化的终端。在这里,丧失了融贯化的"中国"依据,缺位了融贯化的"中国场景"。在这种位差现象的背后,矗立着的是西方以"法治"话语为标志的道德高地。这里涉及的更多可能是理念体系的重构问题。在内部空间上,如前所述,法律体系并非仅由国家立法机关颁布之制定法所构成的刚性规则体系,它也包括了由判例、教义甚至习惯法组成的制度性部分。尽管中国单一制的立法体系可以确保整个法律体系效力链条的清晰性,但由于利益分化、技术壁垒、观念差异等原因,它无法确保不同层级(如中央立法者与地方立法者)、不同部门(如行政机关的各个部门)、不同地方(如不同的省)的立法主体所构筑出来的法律规范就能够是相互融贯的,更加无法确保各个不同地方的判例、习惯法能够做到价值融贯。尤其是在中国的东部与西部、南部与北部、沿海地区与内部地区存在经济–社会发展方面的诸多差异,而特别行政区制度又为政治–法律体系各个部分间差异的存在提供了合法依据的情况下。[2] 就体系结构而言,当代中国法律体系的各个部分并未同步走向转型和重构的过程。1978 年之后,首先转

----

〔1〕 这里可能会遭受到所谓"线性史观"的指责。我要指出的只是,已有的历史过程是问题探讨的实在根基,也是我们挥之不去的话语环境。从清末修律以来的法制现代化历史或许只是一种历史的"偶在",中国走上这样一种西方化的法制发展之路也是偶然因素的结果,但是我们毕竟已经走上了这条道路。从中国社会已经展开和继续深入的变革来看,不管我们情愿与否,中国迈向"现代"的步伐正在提速。西方的"现代性"反叛的是西方的古典,中国的变革同样是以反叛自身的传统为前提的。并且这种反叛,对中国而言具有不可选择性和不可逆转性。

〔2〕 例如,2003 年香港终审法院审理有关居留权的判决时对《香港特别行政区基本法》第 158 条第 3 款进行解释所引发的与全国人大常委会权限的冲突,就是香港继承的英美司法体制与中国司法体制不融贯性的表现。

型的是经济－法律制度，以及与此相配套的刑事法律与程序法
律制度；由于政治领域的敏感性，政治改革明显滞后于经济改
革，政治－法律制度的框架未发生大的变动。时至今日，在市
场经济与法治社会的大尺下，政治－法律制度已成为制约
法律体系进一步转型的瓶颈，使得两个法律子系统并没有建立
起相互支持的融贯关系。

　　当代中国法律体系的各个因素在时间与空间上的张力使得
法律体系的融贯化显得尤为困难，而不断转型的动态变化也使
得这种融贯化活动在历时和共时两个方面显现出尤其突出的裂
痕。前文已述及，融贯性既具有结构的维度，也具有时间的维
度。融贯性首先意味着体系各个部分之间结构上的支持与证立
关系，这种考量是在缺省了时间维度的空间结构观中进行的，
可称为"共时融贯性"。但在某种意义上，赋予融贯性考量以有
力的角色也意味着强调裁判活动的接续性（backward－looking
aspect of adjudication），它要求裁判者十分重视对既定做法的坚
守。[1] 这意味着法律体系的意义之间在时间上的支持与证立关
系，是所谓的"历时融贯性"。中国问题的困难之处在于，当代
中国的法律体系既在历时融贯性与共时融贯性各自的层面上存
在裂痕——前者如体现各个历史继受阶段色彩的法律制度间的
张力（前现代、现代，甚至后现代各个制度成分间的张力），后
者如同一套制度内部间由于价值取向不同带来的张力，而且也
存在共时融贯性与历时融贯性之间的裂痕。例如，中国改革开
放后早期的企业立法是依据企业所有权的类型来进行的，如
《全民所有制工业企业法》(1988)、《乡村集体所有制企业条例》
(1990)、《城镇集体所有制企业条例》（1991)、《私营企业暂行

---

　　〔1〕　Julie Dickson, Interpretation and Coherence in Legal Reasoning, in: E. Zalta (ed.), The Stanford Encyclopedia of Philophy, http://plato.stanford.edu/entries/legal-reas-interpret/.

条例》（1988）、《中外合资经营企业法》（1979）、《中外合作经营企业法》（1988）、《外商投资企业法》（1986），所有这些法律都是在市场经济政策出台前制定的。尽管它们在 1992 年后依然有效，但适用范围却受到了极大的限制。[1] 例如，在企业纷纷建立现代公司制度的背景下，裁判者就必须用市场经济的背景体系去重新解释这些法律，甚或使它们中的很大一部分丧失实效。这种做法尽管满足了现实的共时融贯性的要求，却可能违背了历时融贯性的要求，因为可能对于同一类案件，在 1992 年之前与 1992 年之后会得出截然不同的裁判结果，尽管制度体系并没有发生变化。相反，如果固守于旧有的法律制度，坚持历时的融贯性，又会造成共时融贯性不足的后果。现在我们比较通行的做法是牺牲历时融贯性而最大限度地满足共时融贯性。在社会转型的背景下，两者的张力是无法从根本上消弭的，而只可能在一定程度上得到缓和。

缓和这种张力的途径既可以是立法导向式的，也可以是司法导向式的。立法导向式的途径在于修法，即通过消除与变更与背景体系所不相容的制度依据来瓦解历时融贯性或共时融贯性的问题。[2] 实际上这是我们这些年来采取的主要办法。但是过于频繁地修法一方面会损及法律的权威，另一方面可能依然无法满足"现实社会生活关系"的要求。由于融贯化主要是裁判者动态活动的结果，所以司法导向式的途径应在当代中国法律体系的融贯化活动中起到更为重要的作用。当然，这是与某些制度性前提本身的完善分不开的。从融贯性的角度看，这些

---

〔1〕 Chen Su, The Establishment and Development of the Chinese Economic Legal System in the Past Sixty Years, *Columbia Journal of Asian Law* 23（2009），p. 128.

〔2〕 例如，1999 年颁布统一的《合同法》来替代之前的《经济合同法》、《涉外经济合同法》和《技术合同法》，来消除这三部法律中存在的不连贯、有时甚至是直接冲突的现象。

制度性前提构成了针对其他关于一般行动的制度之融贯化的机制。我们可以把针对一般性的制度称为"一阶制度"（first order institution），而把针对它们之融贯化的制度称为"二阶制度"（second order institution）。它们合起来构成了法律制度体系。对于当下的中国而言，这些二阶制度至少包括如下三类：

第一，规范性司法解释制度。颁布规范性司法解释已成为我国司法机关尤其是最高人民法院的一项重要活动。尽管规范性司法解释制度的合法性与正当性本身就是一个问题，但本章在此并不去对此加以质疑，要说明的只是这种制度的存在有助于法律体系的融贯化。因为它通过对制定法规范的解释与具体化进行统一，减少了冲突与分歧。[1] 这能够促进共时融贯性的形成。

第二，案例指导制度。我国最高人民法院在2010年11月通过了建立案例指导制度的规定，并成立了相应的工作机构。案例指导制度尽管不同于英美国家的判例制度，但在现实司法政治体制之下，通过最高司法机关来颁布指导性案例依然具有重要的融贯性功能。下级法院为了避免法律和政治上的风险，一般情况下会依据最高司法机关颁布之案例的理由来裁决类似的案例，从而使这些理由（它们是对法律规范的具体化）起到准据的作用。这一方面通过维系不同下级法院间的判决的一致性，起到了共时融贯性的效果；另一方面使得前后判决保持一致，起到了历时融贯性的效果。

第三，宪法审查制度。历时融贯性与共时融贯性在法律体系之内的最终交汇点在于国家的根本大法。宪法及其价值秩序在体系内构成了正当化下位法的终极依据，也是内部融贯性的最终保障。因此，建立完善的宪法审查制度，对于确保法律体

----

〔1〕　如2010年颁布的《人民法院量刑指导意见（试行）》。

系的各个组成部分保持连贯和体系融贯，同时调和融贯性在结构与时间上的矛盾，具有重要意义。尽管我国于 2010 年在全国人大常委会法工委之下成立了一个法规审查备案室，但就其法律地位、运作方式与审查对象等方面而言都无法承担起融贯性审查的功能。因此，如何在政治体制改革的过程中建立和完善适合当代中国的宪法审查机构与制度，依然是一个重大的问题。

（二）背景体系与方法体系

上述制度虽然能够在一定程度上解决法律体系融贯性的第一个层次和第二个层次的问题（即使在解决第二个层次方面也是不充分的），却无法应对第三个层次，即理念的融贯性。在历时融贯性与共时融贯性张力的背后，其实是这个更大的政治－道德理念体系内部的不融贯。这个政治－道德理念体系至少具有这样三种来源：一是西方的政治－道德理念元素，主要体现为西方的自由主义理念与法治话语。这样一些理念是附着于相应的制度设计背后的。随着欧风美雨上百年时间的侵袭，西方的这套理念体系的相当一部分已经成为中国社会尤其是知识精英们的"常识"。二是中国传统的政治－道德理念元素，尤其是儒家伦理。这样的一些理念元素在当代中国法律体系的某些具有本土特色的部分（婚姻家庭法等），甚至在政治－法律制度的背后都发挥着重要作用。即使对于那些移植自西方的制度来说，传统理念体系依然有着隐性的影响力。制度是文化的产物，中国法律体系的更新是在一种茫然失措与急功近利的心态中匆匆开始的，它所关注的是怎样在一个已经改变的环境与正当性语境中承担起整合社会的功用，完成既定的国家－民族目标。而移植自西方的法律制度背后的理念相对于中国的本土知识而言终究是具有异质性的"他者"，并没有深厚的与生俱来的正当性根基。即使制度被移植过来，在适用的过程中也会出现"橘生淮北"的现象，造成西方制度的"中国诠释"。三是马克思主义的政治－道德理念元素。从 1949 年之后，马克思主义（及其后来的各种中国化理论形态）就成了我国法律体系不容回避的一种背景体系，它通过执政机制和宪法所构筑出的政治正确性对法律体系的各个部分起着融贯化的作用，尤其是在政治－法律制度领域，以及弥合政治－法律制度与经济－法律制度方面起着无法替代的作用。如果说西方的政治－道德理念元素以"现代性"为表征，中国传统的政治－道德理念元素以"正统性"为标志，而马克思主义的政治－道德理念元素以"正确性"为符号的话，那么建构出一个兼具现代性、正统性与正确性的背景体系，就构成了法律体系能够实现理念融贯性的条件。如果没有形成这个相对稳定的背景体系，[1] 那么无论建立如何完善的法律制度，都无法从深层上解决法律体系的融贯性问题。

很显然，这样一种艰巨的任务是当代中国的裁判者群体所根本无力承担的。它毋宁说需要在执政者的主导下由全体社会成员（尤其是知识阶层）协力完成。事实上，执政者在这一方面已经显现出了一种话语先行式的自觉。[2] 而在当代中国特色的法律体系"已经基本形成"的宣告之下，构筑这种相对稳定的背景体系就显得尤为迫切。但由"表达"到"行动"依然还有很长一段路要走。

除了构筑背景体系之外，方法体系的形成对于法律体系的融贯性而言同样不可或缺。方法体系是连接制度体系与理念体

----

〔1〕　这并非说这种背景体系就是一成不变的。即使是政治－道德理念背景来源相对单一的西方法律体系，其具体的某些理念依然会发生变化，但这种变化是一种体系内部的变化，它不会危及或推翻体系的基础。我们所试图构筑的正是这样一种基础牢固但又不乏灵活性的体系，即**相对稳定**的背景体系。

〔2〕　例如，强调政法工作三个效果（法律效果、政治效果、社会效果）的统一，倡导社会主义主流价值观，宣扬社会主义法治理念等。我们在这里并不对这些话语的内容作出实质性评价，而只是说它们是执政者在构筑背景体系方面自觉或不自觉的表征。

系的中介，任何政治－道德理念要想发挥对于法律制度的融贯化作用，必须借由一定的方法来进行。这套方法包括法律解释的方法、法律续造的方法（类比推理、原则的具体化、目的论限缩、法律拟制等）。其以前文所说的体系解释与普遍实践解释为典型但又不限于此。[1] 另外，这些方法之间还需构成一定的优先次序关系，即成为一个体系。这是因为，一方面，融贯性是个诠释问题，不同的解释与续造的方法可能会实现不同层次和角度的融贯性，而要解决融贯性内部各个层次和角度间的冲突需要有一定的方法体系。另一方面，方法问题并非是简单的技术问题，而是一个宪法问题。[2] 这其中最重要的一点在于，方法体系的安排直接关系到宪法上各个价值的关系，而宪法价值又涉及体系融贯甚至理念融贯。在此意义上，特定的方法体系本身或许就构成了特定背景体系的一部分。从这个角度看，当前在中国学界法学方法论研究正逐步成为一门显学，所反映的正是对当代中国法律体系的融贯化所作的方法体系层面努力的进展。[3]

因此，一个融贯的法律体系理论是由融贯的制度体系（包括一阶制度和二阶制度）理论、背景体系理论和方法体系理论共同组合而成的。对于目前中国的法律实践而言，所要做的正是从这样三个方面努力建构出一个融贯的当代中国法律体系。

---

〔1〕 对于当代中国而言，或许体系解释中的历史解释尤为值得重视。中国的裁判者之所以缺乏运用历史解释的自觉，当然是与缺乏稳定的背景体系相关的。没有稳定的法律、政治与道德传统，当然也就谈不上运用先前理解的可能。而在相对稳定的背景体系既成的前提下，历史解释对于历时融贯性的形成具有重要意义，这一点正是中国法律体系所十分缺乏的。

〔2〕 〔德〕魏德士：《法理学》，丁晓春、吴越译，法律出版社 2003 年版，第422 页。

〔3〕 有论者指出，在当代中国社会主义法律体系已经形成的判断前提之下，尤其应赋予解释论研究以应有的时代使命（参见陈甦："中国法学由体系前研究到体系后研究的范式转型"，载《法学研究》2011 年第 5 期，第 18～19 页）。

第三章 法律程序的价值与法治

　　法律程序无疑构成了法律体系的重要组成部分，但对法律程序基本原理的研究只是晚近的事。在中国学界，如果从季卫东教授的"法律程序的意义"一文算起，对法律程序的关注至今只是走过了二十余年的历程。[1] 这二十年无疑是中国社会转型极为关键的历史时期。在作为应对措施的诸多法制变革方案中，程序主义进路尤为引人瞩目。在制度建构的层面，程序改革被作为法律体系全面更新的牵引器。1994 年《仲裁法》通过（并于 2009 年修正），2000 年《立法法》颁布（并于 2015 年 3 月修正），2010 年《人民调解法》制定。《刑事诉讼法》继 1996 年修订之后，于 2012 年 3 月再次进行全面修订。2007 年至 2012 年，《民事诉讼法》两次通过修正案。而已经实施 15 年的《行政诉讼法》也于 2014 年 11 月被全面修订，新法已于 2015 年 5 月 1 日开始实施。在理论论证的层面，学界对于法律程序、程序正义、正当法律程序等主题的研究掀起了前所未有的热潮。一批西方研究成果被翻译过来，不少国内学者的代表性论著也

----

　　〔1〕 本文简篇发表于《中国社会科学》1993 年第 1 期，详篇发表于《比较法研究》1993 年第 1 期，并被收入该作者的文集《法治秩序的建构》（中国政法大学出版社 1999 年版）。

陆续出版。[1] 在论文发表方面，至少就数量而言也已相当可观。[2]

上述著述涉及法律程序的方方面面，有的是关于法律程序一般理论的研究，有的则涉及具体的法律程序制度。就前者而言，又大体可以被分为彼此联系但相对独立的三组问题：其一，法律程序是什么（定义、特征、与实体的区分）？其二，法律程序如何建构（结构、功能、基本原则等）？其三，法律程序为什么重要？也就是关于法律程序的概念论、方法论与价值论问题。而如果以"正义"这一价值领域的统辖性概念来称呼的话，那么程序价值论也可以用另一个称呼来替代，即程序正义（procedural justice）。本章即是有关法律程序的价值问题或者说法律程序正义问题的研究。[3]

应当承认，目前国内有关这一方面的研究成果已然不少。没有疑问的是，学者们基本都赞同将对于程序的强调和重视作为区分传统社会与现代社会之治理模式的核心特征，但对于"为什么法律程序对于现代社会是重要的或必不可少的"这一问题却给出了不尽相同的答案。同时，如果我们也赞同将法治视

---

〔1〕 前一方面例如参见 ［日］谷口安平：《程序的正义与诉讼》（增订本），王亚新、刘荣军译，中国政法大学出版社 2002 年版；［美］迈克尔·D. 贝勒斯：《程序正义：向个人的分配》，邓海平译，高等教育出版社 2005 年版。后一方面比较有代表性的参见孙笑侠：《程序的法理》，商务印书馆 2005 年版；陈瑞华：《程序正义理论》，中国法制出版社 2010 年版；季卫东：《法律程序的意义》（增订版），中国法制出版社 2012 年版。

〔2〕 通过初步检索 CNKI 的结果粗略估计，从 1993 年至今的二十年间，公开发表的相关学术论文超过 600 篇，其中不乏同一位作者的连续性研究。例如肖凤城教授曾在《行政法学研究》1997 年第 1 期、2001 年第 3 期、2002 年第 3 期相继发表"论'法即程序'"、"再论'法即程序'"、"三论'法即程序'"。

〔3〕 严格说来，程序正义的问题在逻辑上可以一分为二：其一，程序为何正义？其二，程序如何正义？但对于这两个问题的回答往往是一次性给出而不是分离的。本章涉及前一个问题，尽管两者间存在诸多牵连。

为现代社会区别于传统社会的另一个显著标志的话，那么问题就可以转化为：为什么法律程序对于法治而言是重要的或必不可少的？大体来说，回答的思路可以分为两种：一种思路将遵循程序的法律运作与不遵循程序的法律运作进行对比，并认为法律程序的意义在于它能促进和提升某些实体性目标的实现，而这些目标是法治固有的内涵；[1] 另一种思路认为，法律程序之所以重要，不是因为它能提升某些实体性目标，而是因为它本身就显现着某些值得尊重的要素，而这些要素与法治则是一体两面的关系。[2] 晚近的程序主义者基本持后一种意见。但在本章看来，这两条思路都不足以充分回答上面那个问题。前一种思路在理论逻辑上蕴含着自我否定的危险；后一种思路则由于其独断式宣称的色彩大于理论证成，因而都是基础不稳固的理论。尽管目前几乎没有学者否认法律程序的重要性，但如果对于它为什么重要这个问题不提供理论基础更加稳固的答案，那么这种共识就将是建立在流沙之上的海市蜃楼，最终会因为时间的侵蚀而倒塌。本章的要旨，即在于为"为什么法律程序对于法治而言是重要的或必不可少的"这一问题提供一种更为稳固的回答思路。

一、价值类型理论

"法律程序为什么对于法治重要"的问题也是"法律程序之于法治的价值何在"的问题。这说明，法律程序与法治之间的关系必然要借助于一套恰当的价值理论来得以说明。为此，我们首先要解决的一个问题是：什么叫作"有价值的"？

---

〔1〕　例如参见孙笑侠、应永宏："程序与法律形式化：兼论现代法律程序的特征与要素"，载《现代法学》2002 年第 1 期。

〔2〕　例如参见王锡锌："论法律程序的内在价值"，载《政治与法律》2000 年第 3 期。

（一）外在价值

第一种思路是这样的。当我们说某事物是有价值的或重要的时，指的是它能够满足或实现某个外在的目标。这类价值被称为"外在价值"（extrinsic value）。我们传统的价值概念通常就是在外在价值的意义上来加以理解的。价值意味着客体对于主体需要之满足的属性，或者说客体属性与主体需求之间的契合。[1] 这种类型的价值具有如下结构："X 拥有外在价值，当且仅当 X 是实现 Y 的手段，而 Y 是 X 所欲实现的目标。"[2] 例如，对于一个刚运动完的人来说，一杯水是有价值的，因为它能够满足喝水的人的需求，即解渴。而我们可能会认为在同等情况下，一杯饮料的价值就没这么大，因为它无法很好地满足想要解渴之人的需求。可见，对于"解渴"这件事而言，水、饮料都是满足它的手段或工具。也只是在这个意义上，它们才被称作是有价值的，其价值依附于"解渴"这个本身就具有价值的目标。因此，外在价值又被称为"工具价值"（instrumental value）或者"作为手段的善"（the good as means），因为它实际上是以某个事物所能导致的结果评价该事物，并且将被评价的事物视为获取那个结果的手段。这是一种后果主义（consequen-

---

〔1〕 此即经典的价值"关系说"。如参见王玉樑：《价值哲学新探》，陕西人民教育出版社 2000 年版，第 176 页。法学领域的代表参见李步云主编：《法理学》，经济科学出版社 2000 年版，第 58 页。

〔2〕 陈景辉："法律的内在价值与法治"，载《法制与社会发展》2012 年第 1 期。当然，这种结构本身并没有说明 Y 本身是否是有价值的或善的。有论者根据这一点进一步区分了功利价值和狭义的外在价值（参见陈瑞华：《程序正义理论》，第 135 页）。所谓功利价值是指 X 是实现 Y 的手段，而不论 Y 本身是否是善的。而所谓狭义的外在价值指的是 X 是实现一个原本是善的目的的 Y 的手段。比如一把刀，可以用来切菜，这时它实现的是狭义的外在价值；也可以用来砍人，此时它可能实现功利价值。通常情况，本章在第二种意义上来谈论外在价值，即当人们在外在价值的意义上来看待法律程序时，通常假定它所实现的目标是实质正义（或符合实质正义的实体法内容），尽管不能排除法律程序被用以实现恶法（如纳粹法律）的可能。

tialism）的思考方式。

用这种类型的价值理论来证明某事物的重要性，其缺陷是很明显的。因为我们马上会发现，外在价值具有以下两个弱点：[1] 一方面，外在价值的判断具有不确定性。具有外在价值的事物的重要性会随着其所能实现的目标的重要性而有所增减。例如，对于口渴的人而言，一杯水能够满足他的需求因而具有外在价值。而对于不口渴的人来说，一杯水就不具有这种外在价值。因为目标不同，水具有多大外在价值是不确定的，它并没有一个绝对客观的判断标准。当然可以认为，对于"水的价值是什么"这个问题我们可以在沟通之客观性的意义上大体提供一个范围（解渴、清洁等）。但关键在于这仅仅是一般性层面的解答，在具体特定的情形中，一杯水可能无法同时满足这两个外在目标（要么喝了它以解渴，要么用它来洗手以保持清洁），此时它们就是不相容的。甚至在极端情形下，我们也可以想象一个事物的诸外在价值间直接发生冲突的情形。如果说这种冲突在个人事务的层面上尚可容忍的话，那么在法治这样的公共事务的层面上则是不能够出现的。另一方面，外在价值的理论逻辑会导致被评价事物本身去重要化的后果。仅具有外在价值的事物的重要性取决于它实现目标的能力，因此，如果能证明别的事物能够以同样甚至更好的方式实现那些可欲的目标，那么前一事物的重要性就会下降，甚至被取消。因为对于目标而言，手段是可以替代的。例如，如果有一天我们发明了一种饮料，能够比水更好地满足解渴的需求，那么在这种情况下水就可能是完全没有价值的。因为这种价值判断方式完全将事物的重要性判断依附于其他事物，因而有取消被评价的事物本身

---

[1] 部分参考了陈景辉："法律的内在价值与法治"，载《法制与社会发展》2012 年第 1 期。

之重要性的危险。因此，外在价值尽管在许多情形中确实可以被用来说明事物的重要性，但并不足以来证明事物本身的"必不可少"，充其量只是说明它是某种充分条件。

（二）两种内在价值

那么，我们还可以用什么方式来说明一个事物的重要性呢？有时，当我们说某个事物是有价值的，意味着它的存在本身就是一种价值，尽管它仅仅存在而已，却没有任何其他相伴随的结果。[1] 或者说，有些事物的价值并不依赖于某个外在目标，而是因其自身即具有不可被取代的重要性，即拥有某些独立的品质（quality）或善（goodness），我们将这类价值称为"内在价值"（intrinsic value）。人的生命、尊严、知识和艺术等就具有内在价值。这些事物的重要性来自于自身，而不是因为它们能实现某些我们想要追求的外在目标。例如，人的生命存在本身就是重要的，它不会因为这个人对于社会贡献的大小不同而有所不同。所以，尽管一般情况下一个政治家或高级知识分子对于国家和社会的贡献要远大于一个农民或智障人士，但两者在内在价值上具有同等的重要性。又如，之所以我们去保障一个罪犯（甚至是死刑犯）的尊严，就是因为人的尊严对于每个人都是同等重要的内在价值，它不会因为某人是对社会做出了贡献还是伤害而有所区别。内在价值具有这样的结构："X 拥有内在价值，当且仅当 X 的存在本身即足够重要，而不是因为 X 是实现目标 Y 的手段和工具。"[2] 在这个意义上，内在价值又被称作"自有价值"（value for its own sake）或作为目的的善

---

[1] 摩尔使用了"内在善"（intrinsic good）一词，但它基本上等义于"内在价值"。参见 G. E. Moore, *Ethics*, ed. by William H. Shaw, Oxford 2005, p. 32; G. E. Moore, Is Goodness a Quality?, in his *Philosophical Papers*, New York 1962, pp. 93 – 95.

[2] 陈景辉："法律的内在价值与法治"，载《法制与社会发展》2012 年第 1 期。

（the good as purpose）。概言之，内在价值具有这样三个特点：其一，价值判断的独立性。内在价值只需依据自身来判断重要性，而不依赖于它是否以及在多大程度上能够实现某个外在目标，因此它不受外在目标多元化这一情形的影响。其二，价值判断的确定性。也正因为它不依赖于外在目标，所以它不会随着这些外在目标的重要性而有所增减。其三，被评价事物本身的必要性。某一事物的内在价值使得该事物的存在具有足够的必要性，因为如果缺乏这种价值，那么该事物的性质将会发生改变或者说会取消该事物的存在本身。

但是，说事物存在本身就是一种价值或者具有不可取代的重要性，这又是什么意思呢？第一种思路可能认为，上述表述本身是不能够再被进一步追问的。说事物存在本身就是一种价值就意味着在我们的直觉上它显现为很重要。就好比对于一部分艺术的痴迷者而言，艺术本身就是有价值的，去追问"艺术有什么价值"本身就不合理。他们将艺术活动视为有价值的活动，既不是因为它能实现某些外在目标（例如，能够挣钱或者成为社交的谈资），也不是因为它是某种更大目标的组成部分。对于他们而言，艺术只要存在，就是有价值的。我们把这样理解的内在价值叫作"固有内在价值"（inherent intrinsic value）[1]，即某个事物的存在本身就是有价值的，在判断它的价值时无需考虑该事物之外的任何其他事物以及两者的关系。这类内在价值的结构为："X 拥有固有内在价值，当且仅当 X 的存在本身即足够重要（此时 X 既是价值评判的对象，又是价值本身）。"[2]

---

〔1〕　Joseph Raz, *The Morality of Freedom*, Oxford 1986, pp. 200－201.

〔2〕　陈景辉："法律的内在价值与法治"，载《法制与社会发展》2012 年第 1 期。

它具有两个特点：其一，价值判断与价值性事实不可分。[1] 对于固有内在价值而言，作出价值判断的标准与具有价值的对象或事实构成了一枚硬币的正反两面。例如，对于艺术而言，既可以说任何特定的艺术形式都是有价值的，此时艺术就成为价值判断的对象；也可以说艺术是一种值得保护的价值，此时艺术本身就是价值判断的标准。其二，它是一种终极价值（ultimate value）。也就是说，它并不来自于其他价值（非派生性），而是独立于其他任何价值而存在的，在此意义上它才是"固有"的。

但我们也可以用第二种思路去理解"本身就是一种价值或者具有不可取代的重要性"这个表述。例如，在上述艺术的例子中，有一部分人会认为，艺术之所以重要，是因为艺术构成了"完整人生"的一个组成部分。他们甚至无法想象一种没有艺术的生活，并且认为那根本无法被合理地称为"人生"。所以，艺术之所以重要，就是因为"完整人生"是值得向往的，而艺术则构成了这种人生的必要部分。在这个意义上，它对于完整人生是构成性的。构成性内在价值具有如下结构："X 拥有构成性内在价值，当且仅当 X 是 Y 的构成性要素，且 Y 本身是一个值得追求的目标。"[2] 我们把这样来理解的内在价值称为"构成性内在价值"（constitutive intrinsic value），即如果一个事物是另一个本身即有价值的更大事物的构成性部分，那么该事物就具有构成性内在价值。构成性内在价值一方面不同于固有内在价值，因为它是借助于另一个更大事物而不是它本身来说

---

〔1〕 典型代表者为马克斯·舍勒的"价值实在论"，参见［德］马克斯·舍勒：《伦理学中的形式主义与质料的价值伦理学》（上册），倪梁康译，三联书店2004年版，第117页及以下。

〔2〕 陈景辉："法律的内在价值与法治"，载《法制与社会发展》2012年第1期。

明它的价值的，另一方面也不同于外在价值。从表面看，构成性内在价值与外在价值的说明方式很接近，它们都借助于一个事物 Y 来说明另一个事物 X 的价值，但两者的根本区别在于：在外在价值中，X 对于 Y 而言构成手段关系，因而如果有更好的手段来实现 Y，X 就可以被放弃。但是在构成性内在价值上，X 尽管区别于 Y，但却构成了 Y 的必要组成部分，放弃了 X，Y 就不再是 Y 了。因此，在上面所举的例子中，喝水就只是具有外在价值，因为对于某些人而言喝茶能起到更好的解渴效果；而艺术对部分人而言则必然具有构成性内在价值，因为放弃了艺术，完整人生就不可能存在。后者的一个更好的例子或许是足球比赛。对于足球比赛而言，具有构成性的是足球规则。规则不同决定了我们在从事不同的游戏活动。之所以我发现在我面前的那批人不是在踢足球比赛而是在踢野球，就是因为踢球的人并没有遵守足球比赛规则，尽管他们在足球场地上，用的也是足球。[1] 同时也可以发现，构成性要素与整体目标之间的分离只是理论上的（足球比赛规则与足球比赛在实践中不可分离），而外在价值与评价目标之间的分离不仅是理论上的，也在实践中存在。

综上所述，价值可以被分为外在价值和内在价值这两个基本类型，而内在价值又可以被分为固有内在价值与构成性内在价值。因此，说一个事物是有价值的，这意味着：①要么它是实现另一个所欲实现的目标的手段；②要么它的存在本身即足够重要；③要么它是一个值得追求之目标的构成性要素。

二、法律程序与价值理论

以上我们回答了"什么叫作有价值的"这一问题，并给出

---

〔1〕 参见塞尔对于构成性规则与相关例子的讨论（John Searle, *Speech Acts: An Essay in the Philosophy of Language*, Peking 2011, pp. 33f.）。

了三种可能的回答。接下去，我们将首先对学说史上具有代表
性的诸种程序理论进行类型化处理，然后以这三种标准来对它
们进行分析，并试图对于我们的问题进行初步的思考。

（一）诸种法律程序理论

纵观有关法律程序的学说史，我们大致可以区分出三种对
待法律程序的主张，即程序工具主义、程序本位主义以及程序
综合主义。[1] 这些主张主要是围绕最为典型的一类法律程序，
即司法审判程序来建构的。

1. 程序工具主义

工具主义程序理论认为，法律程序不是作为自治和独立的
实体而存在的，它没有任何可以从其自身的品质上找到的合理
和正当的因素，它只是用以实现某种外在目的的手段或工具，
也只有能实现上述目的时它才有存在的意义和价值。[2] 程序工
具主义的代表是功利主义的鼻祖、程序法的理论先驱杰里米·
边沁（Jeremy Bentham）。边沁对于法律程序价值之说明是以程
序法（刑事审判程序）与实体法（刑法）的关系为中心的，而
这一说明的基础在于他那个著名的功利原理（principle of utili-
ty）：最大多数人的最大幸福。[3] 总体而言，边沁的基本思路如
下：①人类法律制度的一般目的在于实现"最大多数人的最大
幸福"，国家制定法律的主要目标就在于对破坏"最大多数人幸
福"的人实施惩罚和威胁，即有效地进行社会控制。②为此首
先必须制定实体法，因为它通过对社会成员明确的令行禁止和

---

〔1〕 本部分只是梳理了西方学者的代表性著述。原因有二：其一，本章开端
所提及的中国学者的那两种思路都可以追溯到西方的源流；其二，更重要的是，本
章的问题虽来自对中国学界相关思路的反思，但其旨趣毋宁说是更为一般性的。

〔2〕 陈瑞华：《程序正义理论》，中国法制出版社 2010 年版，第 50 页。

〔3〕 "当一项政府措施之增大共同体幸福的倾向大于它减小这一幸福的倾向
时，它就可以说是符合或服从功利原理。"参见〔英〕边沁：《道德与立法原理导
论》，时殷弘译，商务印书馆 2000 年版，第 59 页。

惩罚来控制社会关系。③但立法者无法亲自实施实体法，他必须在实体法之外颁布一种次级或依附于前一种法律的法律，即"附属法"（subsidiary laws）。这种附属法就是程序法，它只能通过确保实体法的有效实施来间接完成社会控制的任务。④实体法唯一正当目的是最大限度地增加大多数社会成员的幸福，而程序法唯一正当目的是最大限度地实现实体法。⑤所以，评价一个程序法的唯一标准就是最大限度地实现实体法的目的。[1]可见，相对于实体法而言，法律程序只是工具性的，它除了作为实现实体法的手段而有价值外，本身并没有任何意义。

2. 程序本位主义

程序本位主义认为，评判法律程序的标准是程序本身是否具备一些内在品质，而不是作为实现某种外在目的的手段的有用性。[2] 罗伯特·萨默斯（Robert Summers）认为，法律程序可能具有两个方面的能力，即好结果效能（good result efficacy）和程序价值（process value efficacy）。前者指的是法律程序是实现某一好结果的手段，后者指的则是通过程序本身而非通过结果所体现出值得追求之价值的能力。程序价值与好结果效能在大多数情况下和谐一致，但它们之间也可能发生冲突。此时，我们要用程序价值而非程序的结果来评价程序，因为前者不仅独立于好结果效能，而且是程序理论的核心和基石。要成为程序价值必须满足三项条件，即能够通过法律程序得以实现，能够在法律程序的运作过程中而不是最终结果中得到实现，能够使法律程序更易为人们所接受而不论对程序结果是否产生影响。

---

〔1〕　此段为笔者的概括，具体论述参见 Jeremy Bentham, The Principles of Judicial Procedure, in: John Bowring（ed.）, *The Works of Jeremy Bentham*（Vol. 2）, Edinburg 1843, pp. 5ff; Gerald Postema, The Principle of Utility and the Law of Procedure: Bentham's Theory of Adjudication, *Georgia Law Review* 11（1977）, pp. 1393ff.

〔2〕　陈瑞华：《程序正义理论》，中国法制出版社 2010 年版，第 60 页。

在萨默斯看来，满足这些条件的程序价值包括：①参与性统治，体现公民自治；②程序正当性，体现公民的同意以实现政治正当性；③程序和平性，以实现秩序；④人道性及尊重个人的尊严，典型例子为禁止刑讯；⑤个人隐私；⑥协同性（意见一致性），体现对自愿选择的许可；⑦程序公平性，体现无偏袒；⑧程序合法性，以确保确定性与可预见性；⑨程序理性，即要说明理由；⑩及时性和终结性。[1] 总之，萨默斯理论的要旨在于强调法律程序的意义不仅在于实现一个好的结果，更为重要的是通过程序的进行而展示和实现上述程序价值。

3. 程序综合主义

程序综合主义结合了程序工具主义和程序本位主义的考量。迈克尔·贝勒斯（Michael Bayles）的综合性程序正义理论标志着程序研究的高潮。在贝勒斯看来，法律程序拥有两个目标，即发现"事实真相"和"解决问题"。首先，发现事实真相就要避免裁判错误所导致的成本支出。那么，如何避免这种成本支出呢？一方面，司法过程要最大限度地减少经济错误成本（EC）与直接成本（DC）之和；另一方面，司法过程要最大限度地降低道德错误成本（MC）。[2] 因此，就发现事实真相这一层面而言，程序的目标可以表述为最小化经济错误成本、道德

---

〔1〕 Cf. Robert Summers, Evaluating and Improving Legal Process: A Plea for "Process Values", in his *The Jurisprudence of Law's Form and Substance*, Dartmouth 2000, pp. 103ff. 马修将这些程序价值统称为尊严价值（dignitary value），参见 Jerry Mashaw, Administrative Due Process: The Quest for a Dignity Theory, *Boston University Law Review* 61（1981）, pp. 885f.

〔2〕 贝勒斯关于经济成本与道德成本的考虑分别来自于波斯纳与德沃金，他将波斯纳的理论称为"单一价值工具主义"，而将德沃金的理论称为"多重价值工具主义"。关于后面两位作者的论述可分别参见 Richard Posner, An Economic Approach to Legal Procedure and Judicial Administration, *The Journal of Legal Studies* 2（1973）, pp. 399ff.；以及 ［美］罗纳德·德沃金：《原则问题》，张国清译，江苏人民出版社 2005 年版，第 88 页以下。

错误成本和直接成本之和，即满足这样一个评价公式：最小化（EC + MC + DC）之和。其次，解决问题就要避免争议或使争议最小化。避免争议或使争议最小化往往不是实体正义的结果，反而是"固有程序价值"（inherent process value）发挥的效果。因为公正的程序能既在心理层面也在实际层面上满意地解决问题，从而避免争议。与道德错误成本和经济错误成本产生于不正确的决定不同，程序所要实现的内在价值是独立于具体结果的。在吸纳萨默斯和马修观点的基础上，贝勒斯提出了参与、公平、易懂、及时、表面正义这样一些内在价值。这些价值是与直接成本相对应的利益（程序利益）。因此，就解决问题这一层面而言，程序的目标可以表述为最大化程序利益（PB）。最后，结合以上两方面的考虑，程序产生的成本与获得的收益可以也应当相互折抵计算（尽管这一点在方法论上不无疑义），从而得出这样一个程序评价公式：程序的目标在于最小化（EC + MC + DC − PB）之和。[1]

（二）价值类型分析

依照前文关于价值的分类，我们可知法律程序存在三种基本形态：基于外在价值的程序理论，基于固有内在价值的程序理论，以及基于构成性内在价值的程序理论。基于外在价值的程序理论将法律程序仅仅视为达成某种目标的手段和工具，其存在本身并不体现任何实质价值。基于固有内在价值的程序理论认为法律程序存在本身即有价值，这种价值并不依赖于具体的程序结果；程序与该种（数种）价值形成表里关系，即程序是这些价值的外在表现，这些价值则是程序的内容。基于构成性内在价值的程序理论则将程序与某种拥有实质价值的事物联

---

〔1〕　参见［美］迈克尔·D. 贝勒斯：《程序正义：向个人的分配》，邓海平译，高等教育出版社 2005 年版，第 140 页及以下，尤其见第 148、157 页。

系起来，认为程序是该事物的构成性部分，一旦缺乏了程序，那么该事物本身也就不复存在。

现在，上面所说的三种程序理论的价值类型定位也就逐渐清晰起来：

第一，程序工具主义是非常明显的基于外在价值的程序理论，因为它仅仅将法律程序等同于服务于实体法的手段。这种程序理论认为，在现代社会中，政府对于社会福祉的追求主要是通过法律这一手段进行的，而法律程序是法律手段的组成部分。劳伦斯·索伦（Lawrence Solum）将这种程序模式称为"准确性模式"（the accuracy model），它假定法律适用程序的目标在于准确适用（实体性）法律。[1] 如前文对外在价值的弱点分析所指明的，程序工具主义的错误之处是非常明显的。因为如果我们可以通过其他方式更好地得出正确的结果（正确适用实体法），那么程序本身就将变得毫不重要。而这一点也经常为我们的经验所证明，因为建构良好的程序并非总是能得出正确的结果，假如的确存在判断结果之"正确性"的独立标准的话。有时违反程序反而能获知事实真相（如基于非法但真实的证据定罪）。所以，按照其内在的思路，程序工具主义理论将完全取消程序本身的重要性。[2] 对于程序工具主义者而言，一旦有更好的手段来实现其所欲实现的目标，他立刻就会成为一位反程序主义者。

---

〔1〕 Lawrence Solum, Procedural Justice, *Southern California Law Review* 78 (2004), p. 191.

〔2〕 索伦认为，在准确性模式之下，程序的正当性来自于作为其基础的实体规则的正当性，因为称之为"程序正当性的衍生理论"（derivative theory of procedural legitimacy）（Lawrence Solum, Procedural Justice, p. 189）。

第二，程序本位主义是基于固有内在价值的程序理论。[1]正是因为看到了工具主义的缺陷，萨默斯才提出了这种独立于程序结果的内在价值的主张。萨默斯的九项程序价值（或马修说的"尊严价值"）[2]都"源自于程序本身的满足"[3]。从程序到程序价值或尊严价值的因果链并不需要经过具体结果这一环节，它们是可以建立在这样或那样的（"正确"或"不正确"的）结果之上的。这种主张在一定程度上回应了这样一些工具主义没法回答的问题：一个假定公平的程序如果导致一个不正义的结果，那么它还有何用？对于一位遭受实质不公正的当事人而言，程序正义能提供什么？他们可以回答说，程序的存在本身就是有价值的，即使它并非总能导致正确的结果或提供给当事人所想要的正义，因为通过程序的展开展现出了某个或某些值得追求的人类价值，而这些价值至少不低于、有时甚至高于程序结果所体现的实质价值。这些价值是自我指涉的：坚持程序价值本身就是目的，不坚持程序价值的后果就是导致这些值得珍视的价值受到不应有的牺牲。[4]

第三，程序综合主义融合了上述两种价值理论。贝勒斯的理论一方面考虑了成本问题，其中来自于波斯纳的经济成本是

---

〔1〕 这一点并不是没有争议的。有论者可能会认为它们同样属于某种建立在外在价值之上的程序理论，因为程序的目标就在于实现这些实质价值，所以程序相对于这些价值就是一种手段和工具。但是这种看法是错误的，因为它将程序与这些实质价值看作是两个虽有联系但却相互分离的事物。然而在萨默斯和马修等程序本位主义者看来，程序与这些价值之间并非相互独立的两个事物，主张程序就是主张这些价值，落实程序就是实现这些价值，它们之间是互为表里的关系，这恰恰符合了建立在固有价值之上的程序理论的基本要求。同时，这一点也说明了它不是建立在构成性内在价值基础上的程序理论，否则程序就成了这些价值的一个构成性部分。

〔2〕 见前文第 120 页，脚注 1。

〔3〕 Marvin Frankel, *Partisan Justice*, New York 1980, p. 6.

〔4〕 Robert Summers, Evaluating and Improving Legal Process: A Plea for "Process Values", p. 33.

工具主义导向的，而来自于德沃金的道德成本概念则是固有内在价值导向的；另一方面，源自固有程序价值的收益同样也体现了固有内在价值。但在笔者看来，这种将不同价值理论熔于一炉的做法是行不通的。首先，在价值理论的视野中，程序综合主义并不构成与基于外在价值的程序理论以及基于固有内在价值的程序理论相并立的一种理论立场。其次，即使这种立场可以成立，基于上文所指明的程序工具主义的错误以及有待下文指明的程序本位主义的不足，程序综合主义也不足以来说明"程序为什么重要"这个问题。最后，这种立场的具体操作涉及一个重大困难，即如何比较不同类型的成本问题。即使经济成本是可以计算的，错误定罪所导致的道德权利的减损又如何进行量化计算？也即是说，计算"道德的成本"如何可能？同样，固有程序价值又如何在利益上测算？进而，经济成本如何能够与道德权利和程序价值放在同一个公式中进行共量呢？

如此看来，既有学说中可行的思路似乎只剩下了一种，即基于固有内在价值的程序本位主义理论。据此，"程序为什么重要"这一问题的答案在于：程序的存在本身就足够重要，因为它显现出了某些值得追求的价值。但真的是如此吗？至少在笔者看来，固有内在价值的思路尽管重要，但依然不足以充分地回答我们的问题。这是因为基于固有内在价值的程序理论至少具有以下两个缺陷：

第一，没法判定程序的固有内在价值包括哪些价值，这些价值间的关系是什么。萨默斯提出了九项程序价值（马修则在尊严价值之下统合了主要的六种，并认为是不完全列举），这些价值要素之间既有重合也有分歧。所谓程序固有内在价值的范围究竟有多大？应该取一个最小公约数还是最大公分母？不回答清楚这个问题，就会引致一个非常严重的后果，即我们没法在程序的固有内在价值与外在价值之间作出清楚的区分，进而无法充分地说明哪些价值使得程序本身就足够重要。因为或有论者会指出，某些价值是程序的存在本身就体现了的（与程序构成表里关系），而有些价值则是程序本身未必体现但却是要尽量去追求的（与程序构成目的与手段的关系）。一旦通常情形下被认为是固有内在价值的要素被证明其实是外在价值，那么程序本位主义理论就陷入了自我溃败的境地。另一方面，这些价值之间该形成何种关系？作为固有内在价值，这些价值必然要以某种方式形成"价值的统合"（the unity of value）[1]。程序是一个整体，因而这些价值就不能满足于分别说明程序的某个方面而处于相互隔绝的状态，而必须形成一个和谐有序的整体。但程序本位主义本身并没有提供关于它们间关系的说明。马上可以排除的是这样一种主张，即这些价值中有一个是终极价值，而其他的都是由其派生出来的价值，因而两者之间是派生性关系。但这种主张与前述"固有内在价值通常是非派生性价值"的看法相矛盾。也就是说，即使可以证明某种价值是固有内在价值，由其派生出的其他价值也将失去固有内在价值的属性[2]如果价值统合不能按照派生关系来型构，那么又该是怎样一幅图像？究其根本，是因为基于固有内在价值的程序理论缺乏一种"整体叙事"（the narrative in whole），因而无法断定哪些价值是与这个叙事相关的，而相关价值又在这个叙事中处于什么位置。

　　第二，它没有说明程序与法治的关系。固有内在价值止步于"程序的存在本身即足够重要，因为它的内核是值得追求的价值……"这种说明，因而提供了一幅自我证成式的（self -

---

〔1〕　Ronald Dworkin, *Justice for Hedgehogs*, Cambridge（Mass.）2011, p. 1.

〔2〕　当然，持此主张的论者可以进一步说，只有他所认为是终极价值的价值才是真正的固有内在价值，其他的都不是。但这里依然无法证明说，为什么他所坚持的唯一那个终极价值才是真正的固有内在价值。

justificatory）图景。在这幅图景里面没有法治的位置。而我们要意图说明的却是现代社会中程序与法治的关系。当然，也可能会有论者提出两个反对意见。第一个意见是，那些固有内在价值本来与法治就是一体两面的关系，指明程序在拥有这些价值的同时就指明了程序与法治的关系。但这种意见明显错误，因为这就相当于说程序穷尽了法治的一切内涵，两者是完全同一的关系，即使是程序主义法治论者恐怕也不会持这种极端的观点。第二个意见是，将程序与法治相联系的预设本身就是错误的。程序就是程序，它无需与别的事物联系在一起来证明自己的重要性。但是这样一种看法也明显错误。因为，程序并非是一种自我指涉（self-referring）和自我满足（self-satisfying）的活动，它毋宁说是一种目标指向（aim approaching）的实践。其中的道理非常简单：没有任何一种程序被设计出来是纯粹为了展现那些所谓的固有内在价值（这一点与艺术品不一样），或者说是为了程序而程序的。程序的制作与运行本身是为了实现一定的实践目标，而具体实践目标的不同也使得我们可以区分出不同的程序类型。例如，如果程序的目标是最终创制一部法律，那么它就是立法程序；如果程序的目标是得出一个适用于个案的裁判，那么它就是司法程序；如果程序的目标是规范行政机关的行为，那么它就是行政程序；等等。[1]

迄今为止，我们得出了这样一个重要思路：为了说明程序对于法治的重要性，我们需要有一种与目标相关的整体叙事，这个叙事与法治关联紧密。同时，为了避免落入外在价值理论

---

〔1〕 从这个角度看，似乎又回到了外在价值的基本思路上：不同程序就是实现这些不同目的的手段。但这种想法预设了一个重要的前提，即关于这些目的是否实现存在一些独立于程序的判断标准。在这些独立标准的观照下，我们可借以评价程序实现目的程度的高低，并因此来评价程序的重要性。也在此意义上，程序被认为是"服务于"这些目的的。但后文将指出，这一预设不能成立。程序不是实现这些目的的手段，而是这些目的的构成性部分。

的窠臼，程序必须被证明构成了这个整体叙事的一个必不可少的部分。也就是说，缺少了程序，这个整体叙事就是不完整的，甚至也就不存在了。这样一种说明方式，恰恰要从迄今为止的法律学说几乎尚未涵盖的构成性内在价值理论出发。

三、最低限度的法治概念

程序的构成性内在价值理论必须要说明的是，程序为什么是法治的构成性要素？要回答这个问题，似乎就有必要先来弄清楚"法治"这个概念的含义。毫无疑问，法治是一种值得追求的政治理念，同时本身又是一个"本质上有争议的"（essentially contested）概念。[1] 为什么会产生争议？原因至少有两个：

第一，人都具有认识能力，它包含认识世界的能力和组织概念的能力。借由认识世界的能力，每个人都可以认识世界；而借由组织概念的能力，每个人都可以产生一个关于世界的概念架构。但是认识的能力会受到我们身处的地域和社群的限制，由于这些限制，我们形成概念和组织概念架构的材料会有所不同，同时，形成概念和组织概念架构本身也会受到主观影响。当概念架构是由特定社群所发展出来的，或者预设了如麦金泰尔（MacIntyre）所说的特定的宇宙观、对于宇宙秩序的习俗关系以及个人与社群的特定关系的证成[2]时，那么完全通约的情况就无法成立。法治概念的产生也不例外。

第二，"法治"本身是一个诠释型概念。德沃金将概念分为

[1] W. B. Gallie, Essentially Contested Concepts, *Proceeding of the Aristotelian Society* 56（1956），pp. 167 - 198.；Jeremy Waldron, Is the Rule of Law an Essentially Contested Concept（in Florida）?, *Law and Philosophy* 21（2002），pp. 137 - 164.

[2] Alasdair MacIntyre, Relativism, Power and Philosophy, *Proceedings and Addresses of the American Philosophical Association* 59（1985），pp. 5 - 22.

"判准概念"、"自然类属概念"与"诠释型概念"三种。[1] 判准概念是指人们共享的这样一些概念，他们对该概念的定义有着大略或明确的共识，而该概念的定义是评断人们是否正确使用这个概念的判准。例如，我们可以清楚地定义说，单身汉就是未婚男子。自然类属概念指有特定物理或生物结构的对象，如黄金、树木、狮子等。而诠释型概念，指的是借由对特定社会实践进行反思、诠释所得到的概念。显然，"法治"既不是一个判准概念，也不是一个自然类属概念。判准的研究方法，简单来说就是试图寻找法治这类政治性概念的公共标准，但显然这种公共标准并不存在。如果存在，西方学说史上对"法治"的含义也就不会存在如此多的争论了。[2] 自然类属的研究方法是运用自然科学的方法来探求事物的本质，因此正确的概念本身就来自于某种确定的事实。比如目前最有效的方式就是检测事物的 DNA。但法治并没有 DNA 可供我们检验，政治性概念在本质上不同于自然对象。当我们用一个语词来表达一个诠释型概念时，并不是依照某种语义判准或自然事实来界定语词所表达的这个概念的范围，也无法精确地给出一个标准来说明这个概念是什么。并且，即使当我们对于一个诠释型概念拥有一个共同的看法，对于这个概念的观念（conception）也可能不同。

因此，"法治"之所以会有争议，并不是因为我们之间对于法治的概念判准或某个自然事实发生了争议，而是因为我们对于这个诠释型概念拥有不同的观念，因而当我们要判别一个社会实践是否可归于"法治"时，才发生了真正的争议。例如，我

---

〔1〕 Ronald Dworkin, Hart's Postscript and the Character of Political Philosophy, *Oxford Journal of Legal Studies*, 24 （2004）, pp. 1–37. 更详细的讨论请见 Ronald Dworkin, *Justice in Robes*, Boston 2006, pp. 9–12.

〔2〕 从判准概念的角度来研究"法治"等政治性概念的典型方法是语义分析。德沃金将这种不当的方法称为语义学之刺（semantic sting），参见 Ronald Dworkin, *Law's Empire*, Cambridge（Mass.）1986, p. 45.

们都赞同"法治"就是"法律的统治",但对于"法律的统治"实际要求什么却可能有各种不同的立场,这些不同的立场就是对于法治这个概念的不同观念,而这些不同的观念造成了争议的产生。

当然,对于任何理论作业而言,类型化都是必要的处理方式。对于"法治"或者"法律的统治"而言,大体存在两种相对立的立场:一种立场认为,法治是一种严格依据事先颁布的规则进行治理的事业,本身并不包含任何特定的实质内容;而另一种立场认为,法治必然蕴含某种实质原则或者说实质正义的要求。[1] 简言之,两种立场的区分标准在于是否认为法治所提出的要求仅仅是形式性的。坚持严格形式主义的法治观念被称为"形式法治观",而坚持法治同样提出了某种实质要求的观念被称为"实质法治观"。[2] 当然,这并不是说形式法治观不关注某些实质原则或者认为法律本身不需要符合实质正义的要求,只是在这种观点看来实质正义本身是一个与法治互不统属的政治理念。而在实质法治观看来,法治本身就包含着实质正义的要求。当然,类型化的处理不应被理解为非此即彼的两极,可以说在最极端的形式法治观与最极端的实质法治观之间存在大量的中间性看法,它们中有的更偏重于形式,有的更偏重于实质。塔玛纳哈(Tamanaha)曾用一个图表较为全面地总结了

---

〔1〕 Cf. Antonin Scalia, The Rule of Law as a Law of Rules, *University of Chicago Law Review* 56 (1989), pp. 1175–1181.

〔2〕 德沃金曾对比过这两种观念的一个特定版本,他分别命名为"规则手册式的法治观念"(the rule‑book conception)以及"权利式的法治观念"(the rights conception)。参见〔美〕罗纳德·德沃金:《原则问题》,张国清译,江苏人民出版社 2008 年版,第 6 页。这个特定版本下的许多见解亦可适用于形式法治观与实质法治观。

迄今为止的各种版本的法治观念:[1]

	备选的法治观念		
	比较薄弱————→比较浓厚		
形式版本	依法而治	形式合法性:普遍、面向未来、明晰、确定	民主 + 合法性:合意决定法律的内容
实质版本	个人权利:财产、隐私、自治	尊严权和/或正义	社会福利:实质平等、福利、社群的存续

显然,对于这样一个复杂现象的全面探讨将超出本章的目的之外。本章只满足于澄清一种"最低限度的法治概念",这个"概念内核"是所有具备合理性而又相互竞争的法治版本所共享的观点。只要能说明,程序与这样一个法治的概念内涵之间具有必然联系,也就说明了它对于任何版本的法治观念而言都是必不可少的,而程序之于法治的构成性关系也就揭明了。那么,什么是最低限度的法治概念?[2]

（一）公共行动标准

对这个问题的回答不是一蹴而就的,我们首先要为其选定一个起点。首先可以考虑的是最薄弱的法治版本,即依法而治（rule by law）。在这种观念下,法治被等同于一种特定的政府治理方式,即"政府无论做什么事情,它都应该凭借法律行

---

〔1〕 参见 ［美］布雷恩·Z. 塔玛纳哈:《论法治——历史、政治和理论》,李桂林译,武汉大学出版社 2010 年版,第 117 页。

〔2〕 如无特别指明,后文所使用的"法治"指代的就是"最低限度的法治概念"。

事"[1]。但以这种方式理解，法治本身没有真正的意义，因为它仅仅被认为是治理社会的一种手段（尽管可能在现代社会中是最为重要的一种），每一个现代国家甚至部分传统社会都具有这种狭义的法治。这也就意味着，一旦国家有更好的手段可以用来实现其治理的目标（诸如国家富强、民族复兴等），作为备选手段之一的法律将被毫不犹豫地放弃。如此，法治看起来无异于空洞的同义反复，因为在任何存在法律的社会都可能存在这种意义上的法治。

我们接着可以考虑稍浓厚一点的法治版本，即将法治等同于"合法性"（legality）的观点，许多现代的法治理论家都赞同这种观点。"合法性"版本的法治在最薄弱的形式法治之外附加了一些更严格的条件。对于这些条件，公认比较完整的列举是朗·富勒（Lon Fuller）的法律的八项内在道德（the inner morality of law），即普遍性、公开性、禁止溯及既往、明晰性、不得自相矛盾、不得颁布超出人们能力之要求的规则、稳定性、官方行为与公布的规则之间的一致性[2]。在富勒看来，这些内在道德是使得法治承担起其必须承担的任务的必要条件，或者说使得法治成为那个任务之构成性部分的前提[3]。那么，法治应当承担什么任务？这就必须进入到我们在前文已反复提及的那个整体叙事之中。

法律起源于冲突，它是为了解决纠纷与冲突而出现的一种制度化系统，这是一个常识。然而，冲突为什么会发生？又为什么必须要得以解决？很显然，首先，冲突是一种社会现象，

---

〔1〕　Noel Reynolds, Grounding the Rule of Law, *Ratio Juris* 2 (1989), p. 3.

〔2〕　参见［美］富勒：《法律的道德性》，郑戈译，商务印书馆2005年版，第55～107页。

〔3〕　当然，也有学者认为，对上述八项条件的满足将会有助于提高一整套值得追求的"善"。Cf. Andrei Marmor, The Rule of Law and Its Limits, *Law and Philosophy* 23 (2004), p. 10. 但这是另一个问题。

而社会现象意味着它涉及的是人与人之间的关系，在一种人与人之间相互隔绝而不发生任何关系的状态下是不存在发生冲突的可能的。其次，这种人与人之间的关系被认为是"不符合常态"的，而之所以会出现这种异态现象，是因为资源的有限性。如果人们可以索取和利用的资源足够丰富，以至于每个人的需求都可以得到最大限度的满足，那么冲突依然不会发生。因此，冲突的根源在于人们之间围绕有限资源之不同需求间的紧张关系。这种紧张关系使得爆发社会战争的危险始终存在。[1] 为了避免战争，维系社会的存续（最终是为了每个个人的自我保护和存续），必须及时解决冲突。当然，出于成本与效率的考虑，一种更加可行的方式并不是等到纠纷发生之后再以决疑论的方式——对它们加以解决，而是事先就颁布一套公共行动标准（the public standards of action）[2][3]来指引人们的行为（往往表现为"规则"的形式），通过人们行为趋向的一致性来最大限度地防止冲突的发生。而一旦冲突实际发生之后，这套标准也同时成为冲突解决的依据。最终，借助于这套公共行动标准，人们的行动得以协调，从而社会整合得以实现。只有社会得到整合，社会的存续才是可能的。所以，树立一套公共行动标准并加以实施成为人们的"共享合作事业"。可以说离开了这套公共行动标准，甚至谈论"社会"也是不可能的。

---

〔1〕　对此可参见霍布斯对于自然状态的描述。[英] 霍布斯：《利维坦》，黎思复、黎廷弼译，商务印书馆 1985 年版，第 94 页以下。

〔2〕　陈景辉从另一个角度切入，谈及了法律是一种"公共判断标准"（陈景辉："法律的内在价值与法治"，第 18～19 页）。其含义与笔者所说的"公共行动标准"基本一致，但由于笔者在后文中主张将"行动标准"划分为"行动标准的认可"与"行动标准的实施"两个部分，而"判断标准"有与"行动标准的认可"相混淆之嫌，因此为避免误会，不采"公共判断标准"这个表述。

〔3〕　在此意义上，我们也可以理解，为什么我们会认为法律是一种实践理性（practical reason）。因为所谓"实践的"就是"关涉行动的"，而"理性"就意味着一种公共的标准。

　　显然，即使不能说所有的公共行动标准都是法律，法律也一定是公共行动标准中最为重要的组成部分。因为法律作为"规定外部行为并被认为具有可诉性的规则之整体"[1]，恰好满足了公共行动标准的要求。一方面，它必须是公共的，也就是说，该标准必须对于所有的社会成员一体适用、一律开放，而不能仅适用于特定的人群。因为无论是何种场合，必然有被所有社会成员参与其中的可能。如果该标准只适用于特定人群，那么就会放任某些冲突的出现，也就是坐视社会分裂。如果仔细考虑"合法性"所提出的那些条件（富勒的八项法律的内在道德要求），就会发现，它们实际上正是围绕"公共性"这一点展开的，缺乏了这些形式合法性条件，规则也就不成其为规则，[2] 而社会整合这一目标就岌岌可危。另一方面，它必须是行动标准。它必须告诉人们在特定场合，什么样的行动被认为是恰当的。同时，它还隐含着某种制裁机制（虽然未必在所有场合下适用），一旦有人未采取被认为是恰当的行动（因而产生冲突），这种标准中的制裁措施就会适用以纠正偏离性行为，使之恢复到标准或常态。法律必然是这样的行动标准，它不仅告诉人们该怎么做，也迫使人们实际上去这么做。所以，"合法性"的法治观尽管没有言明，但必然蕴含着这样的基本观念：法律应当有能力提供有效的行动指引。[3] 这同样是"规则"的应有之义。因此，在"合法性"法治观看来，确保社会成员对

---

　　〔1〕［德］赫尔曼·康特洛维茨：《为法学而斗争　法的定义》，雷磊译，中国法制出版社 2011 年版，第 156 页。

　　〔2〕　在富勒看来，法律是使得人们的行动服从于规则之治的事业（［美］富勒：《法律的道德性》，郑戈译，五南图书出版股份有限公司 2010 年版，第 88 页）。换言之，缺失了形式合法性条件，法律就不能被视为"规则"。这些形式合法性要件是规则的构成性要素。

　　〔3〕　Joseph Raz, The Rule of Law and Its Virtue, in his *The Authority of Law*, Oxford 1979, p. 218.

于法律这套公共行动标准的遵守就是法治的根本任务所在。行文至此，似乎答案已经呼之欲出了：为了社会存续，必须要进行社会整合；树立和遵循公共行动标准是社会整合的构成性部分；而法律是最重要的公共行动标准。所以，树立和遵循法律是社会整合的构成性部分。显然，这是建立在构成性内在价值基础上的法治理论，因为它非常符合"X 拥有构成性内在价值，当且仅当 X 是 Y 的构成性要素，且 Y 本身是一个值得追求的目标"的结构，只要我们用"合法性"来代替 X，用"社会整合"来代替 Y 即可。同时，最为恰当的法治观念似乎也就一并明了：法治就意味着"合法性"。

那么，程序是否是"合法性"的构成性要素？或者说，那八项内在道德要求是否蕴含着程序的要求呢？这一点似乎已经为富勒自己的主张所证明。富勒明确指出，他所说的法律的内在道德乃是一种"程序版的自然法"。但要注意的是，他所说的"程序"指"一些建构和管理规范人类行为的规则系统的方式，这些方式……保持着作为规则所应有的品质"[1]，为的是显示其所关注的不是法律规则的实体目标，因而大体可与"形式"相等同。例如，像实体法的"普遍性"这样的要求即使脱离（狭义的）法律程序同样可以被满足。因此，问题并没有得到解决。

（二）正确的公共行动标准

上文的叙事尽管没有问题，但却是不完整的。公共行动标准要能够有效发挥社会整合的效果，其本身还必须被证明为"正确的"（correct）或"对的"（right）。只有正确的公共行动标准才能真正发挥社会整合的功能。进而，在任何存在法律的社会，要确保社会成员对于法律的长期遵守，仅仅依靠支撑

---

〔1〕 参见［美］富勒：《法律的道德性》，郑戈译，五南图书出版股份有限公司 2010 年版，第 114 页。

"公共行动标准"的那些形式合法性条件及制裁机制是不够的，还必须要有一般性的方式来证明，社会中既存的特定法律是正确的。或者说，社会成员必须拥有对于特定法律之正确性的一般确信。这是因为：

一方面，针对任何行动标准的行为，都包括"认可"（recognition）和"实施"（performance）两个部分。行动标准的认可与行动标准的实施属于针对同一个行动标准自然展开的不同阶段。诚然，这两个阶段可以是相对独立的，它们之间并不存在逻辑上的必然联系。因为出于种种原因，人们会认可某种行动标准，但在某些场合中却不去实施它（例如，我们都可能会赞成"见义勇为"，但当自己面对抢劫他人的歹徒时却畏葸不前）。反之，在某些场合中人们会实施某种行为，但却未必见得认可相关标准（与抢劫他人的歹徒奋勇搏斗的人未必认可"见义勇为"，也有可能是出于社会压力）。但是，如果认知与事实长期处于隔绝状态，不仅会在许多情况下使得该行动标准丧失实效，也会在很大程度上影响该标准的效力。对于法律这种公共行动标准而言同样如此。法律本身并不调整人们的内在思想，而只要求外在行为的一致性（合法性），也就是说只要求对法律的遵守（实施），而不要求对法律内容的认可。但是，如果法律的内容得不到社会公众的普遍认同，那么以制裁机制为后盾的外在行为一致性必然无法长期保持。对法律的认可自然不必与法律的实施时刻保持同步，但从长远看，对法律的消极态度可能导致公民不服从（civil disobedience）现象，影响法律的实效（efficacy）。[1] 一旦丧失实效，即人们实际上不再遵守法律，法律

---

〔1〕 此外，在有的学者看来，对法律的消极认可甚至可能会影响法律的效力（validity）本身。非法律实证主义者就持这样的观点，只不过对法律的认可（法律的实质正确性）在多大程度上影响法律的效力上存在差异。阿奎纳（Aquinas）的"恶法非法"与拉德布鲁赫的"极端的不法（正义）不是法"是两种典型代表。

显然再也无法完成社会整合的任务。因此，尽管"合法性"本身并不要求对法律的认可（即认为"法律是正确的"），但缺乏对法律的认可却会导致社会分裂的后果。在此意义上，我们才能恰当地体会伯尔曼（Berman）的那句名言的深意——"法律必须被信仰，否则它将形同虚设。"[1]

另一方面，任何有效的法律的背后都必然存在一个社会价值系统或一种形成共同价值观念的机制。一个有可能被整合的社会必然要分享某些作为背景的价值，这些价值在法律的形成过程中默默地为特定法律的有效运行提供着稳定的支持。首先，这种价值系统或机制赋予法律正当性（legitimacy）。就此而言，韦伯（Weber）所主张的那种观点，即法律的"形式合理性"（它是"合法性"观念的早期版本）本身就能"自创生地"分娩出正当性来，是站不住脚的。正如哈贝马斯（Habermas）所分析的，法律的形式属性，只有在一种道德实践的意义上是"合理的"而言，才能够在特定社会条件下使得合法性具备正当性成为可能。[2] 这说明，法律的正当性只能向外而不能向内去寻找。其次，这种价值系统或机制也赋予法律权威（Authority）。法律总是伴随着一定的权力，权力总是试图阻断法律的形式与法律的内容之间的联系，从而让社会成员只服从法律本身而不去追问法律内容的正当性。但是权力如果想要达成这种效果——当人们面对行动问题时，搁置自己的判断而听从权力的判断——它就必须上升为权威。权威是一种被正当承认的权力。[3] 正如哈贝马斯所说的，民众对一种权力在认同、信任和忠诚等

〔1〕 ［美］伯尔曼：《法律与宗教》，梁治平译，中国政法大学出版社2003年版，第3页。

〔2〕 参见［德］哈贝马斯：《在事实与规范之间：关于法律和民主法治国的商谈理论》，童世骏译，三联书店2003年版，第566页。

〔3〕 ［德］马克斯·韦伯：《经济与社会》（上），林荣远译，商务印书馆1997年版，第263页。

方面缺失或出现赤字，就会产生所谓正当化危机。[1] 而这种认同、信任和忠诚无疑也是建立在权力本身是否与社会价值系统或机制相容这一点之上的。可以说，这种社会价值系统或机制就是使得权力变为权威的条件。在这里，正当性与权威合在一起，构成了正确性的两个面向。同时也可以看到，社会价值系统为特定法律之正确性提供确信的方式是"一般性的"，也就是"概括认可"。它并不要求每一个具体的法律规范都符合特定的价值要求，而只是要求法律体系大体吻合社会价值系统。也正是这一点，使得法律的权威可以阻隔对于具体法律规范内容正确性的追问。

　　总之，有效的社会整合所要求的不仅仅是社会成员在外在行动上的一致性，也要求信念与行动、认可与实施的统一。因而它必须建立在"正确的公共行动标准"基础上。"正确性"无法为"合法性"所包容，这使得"正确性"与"合法性"共同成为有效社会整合这个终极目标的构成性要素。[2] 正确性必须由外在于法律的社会价值系统或机制来供给，[3] 属于实质要素；而合法性则以内在于法律的形式标准和规则属性为基础，属于形式要素。法治作为有效社会整合的前提，是否就意味着正确性与合法性的统一（实质要素与形式要素的合一），即对一套正确的规则系统的认可与实施呢？显然并非如此。因为在传统社会，同样存在有效社会整合的现实与需要，但在传统社会

---

〔1〕　〔德〕哈贝马斯：《合法化危机》，刘北成、曹卫东译，上海人民出版社2000年版。与所引用的译著不同，本章将 legality 译作"合法性"，相应地将 legitimacy 一概译作"正当性"。

〔2〕　当然，这里首先要解决一个价值理论上的先决问题，即事物的构成性要素可以不止一个。这一点已为学者所证明，本章不再赘述。关于对"构成性的多样性"的证明请参见 Andrei Marmor, Constitutive Conventions, in his *Positive Law and Objective Values*, Oxford 2001, pp. 16 – 17.

〔3〕　不同社会以及社会价值体系的并存说明这种正确性必然是相对的正确性。

却不存在"程序"与"法治"的概念。这说明，虽然法治是对正确的规则系统的认可与实施，但并非所有认可与实施正确之规则系统的实践都属于法治。那么，法治的独特性何在？

四、现代社会中的程序与法治

本章认为，法治的独特性不在于"合法性"，而在于"正确性"。进言之，不在于要不要正确性，而在于获得正确性的方式。而程序正与正确性的获得方式相关。因此，法治的独特性与程序的重要性问题要同步得到解决，而解决的背景则在于现代社会相对于传统社会的独特性。

（一）价值分歧与共识的制度化重构

现代社会的独特性何在？第一点在于"价值分歧"这个概念。正确性是一种价值共识。社会冲突尽管主要表现为社会成员之间行动上的分歧，但往往与观念上的分歧有直接联系。价值分歧又包括两种类型。[1] 第一种是价值适用的分歧。某些情形中，社会成员不会对"我们应当认可何种价值"的问题发生分歧，但会在"如何落实这些价值的要求"上出现严重分歧。第二种是价值之间的固有分歧。在另外一些情形中，人们在"我们应当认可何种价值"这一点上就已发生严重分歧。例如，当代美国社会中关于堕胎问题，就存在支持堕胎的妇女自决权观念与反对堕胎的生命义务论观念间的固有价值分歧。与价值适用分歧相比，价值之间的固有分歧无疑更加深刻。随之而来的是，两种分歧所导致的效果也是不同的：价值之间的固有分歧往往隐含着社会分裂的危险，因为当社会成员之间缺乏基本共识时，也就意味着他们不愿意以"共同体"的方式进行共同生活了，"社会"于此难以存续。相反，价值适用的分歧只是在

---

〔1〕 本部分参考了陈景辉："法律的内在价值与法治"，载《法制与社会发展》2012 年第 1 期，第 18 页。

行动协调方面存在问题，却没有在社会价值系统或形成机制的内在凝聚点上发生争议，因而社会大体可以存续下去。我们把只存在价值适用分歧的社会称为价值一元的社会或同质社会，而把存在价值之间固有分歧的社会称为价值多元的社会或异质社会。

如果比照这个标准，那么我们大体可以认为，传统社会属于价值一元的同质社会，而现代社会则属于价值多元的异质社会。传统社会的一个重要特征在于，社会成员之间在大体上分享着同一社会价值系统，尽管对如何落实这套体系的具体做法可能存在分歧。在古代，人们普遍相信：法律的内容具有道德正当性，是以共同体的善为导向的。[1] 正如韦伯的研究所表明的，即使是在最古老的法发现（即相互争斗的氏族之间以神谕为手段的赎罪程序和仲裁程序）中，双方也都确信经由决定性的诉讼手段之非理性的、超自然的性格能获得实质公道的判决。[2] 传统社会要么是传统型支配的社会，要么是卡理斯玛支配的社会。传统型支配的基础在于人们确信渊源悠久的传统之神圣性，及根据传统行使支配者（包括颁布各种形式的律令）的正当性；而卡理斯玛支配的基础在于对个人及他所启示或制定的规范或社会秩序之超凡、神圣性、英雄气概或非凡特质的献身和效忠。[3] 在这两种社会形态中，要么是熟悉传统的长老、家父，要么是具备特征的超凡世俗或宗教领袖构成了法创制与法发现领域的权威。他们之所以能阻隔社会成员对于立法与裁判之具体内容之正确性的追问，根本原因还在于社会成员拥有

---

〔1〕　［美］布雷恩·Z. 塔玛纳哈：《论法治——历史、政治和理论》，李桂林译，武汉大学出版社 2010 年版，第 177 页。

〔2〕　参见［德］马克斯·韦伯：《法律社会学》，康乐、简惠美译，广西师范大学出版社 2004 年版，第 222 页。

〔3〕　参见［德］马克斯·韦伯：《经济与历史　支配的类型》，康乐等译，广西师范大学出版社 2010 年版，第 297 页。

这样一种一般性确信，即他们是共同体所分享的社会价值系统的集中代表。正因为这种一般性确信，所以社会成员大可依赖权威者所作的判断，而无需时时刻刻去自行考量该如何行动。长老、家父们固然由于其承担着传承"传统"这种价值系统的责任而可以构成权威，超凡领袖表面上看是由于其个人魅力而获得权威，但其背后依然以一套共享的价值系统为支撑——他之所以成为超凡领袖就是因为他是（或宣称是）这套价值系统最完美的代表者（例如"先知"）。[1] 也因为如此，他所颁布的行动标准（"圣言"）才会成为权威性指令。可以说，在传统社会中，规范律令的正确性效力传递链条是这样的：一套社会成员共享的价值系统被凝聚到某个代表者（权威者）的身上，然后具体体现在由后者所颁布的规范律令之中。借由特定的个体作为中介，价值共识系统的存在保证了传统社会中对于法律的认可与实施之间不存在太大的张力，从而有效的社会整合得以进行。进而，法律的"正确性"的问题在传统社会中显得并不"突出"，这并不是因为它在传统社会中不重要，而是因为它的获得在当时几乎不成问题。

但这种"天然结合"在现代社会中不复存在。随着尼采（Nietzsche）以预言般的口吻宣判"上帝已死"，现代社会进入了一个"诸神之争"的阶段。原本为社会成员所共享的社会价值系统已经崩溃，一元论的世界景象消失了，随之而来的是价值的多元化。社会成员之间在许多重大社会行动方面都存在着"信念上的缝隙"，而造成这种缝隙的原因则在于社会成员各自所带有的"社会图景"不同。[2] 这样一种分歧造成了"一人一世界"的格局，价值判断在很大程度上被逼退到了个人的主观

---

〔1〕 每个追求长期存在的政权，它们的领袖都需要被统治者的认可。对此参见 Max Weber, *Gesammelte Politische Schriften*, 5. Aufl, Tübingen 1988, p. 339.

〔2〕 Robert Brandom, *Making it Explicit*, Cambeidge（Mass.）1984, p. 139.

领域。这样，传统社会中从共享价值系统到代表者再到规范律令的正确性传递链条就被中断了。因为没有任何一个人，包括权威者，可以号称自己在价值判断上可以优先于他人，在价值谱系中任何人的地位都是平等的。为此，现代社会中的法律系统似乎是一个迫不得已的替代性方案：它只要求社会成员保持最低限度即外在行动上的一致性，而同时在他们的价值观方面保持足够的开放。韦伯将这样的社会形态描述为法制性支配的社会，在这种支配中，一个人之所以服从是由于他服膺依法制定的一些客观的、非个人性的秩序。[1] 它所崇尚的是这样一种法律形式主义，即让法律像一种技术合理性那样来运作，并且以此保证各个法利害关系者在行动自由上，尤其是对本身的目的行动的法律效果与机会加以理性计算这方面，拥有相对最大限度的活动空间。[2] 也就是说，社会成员可以不认同法律，但他们必须遵守法律。法律尽管"不正确"，但必须要得到实施。这样，社会的存续也似乎是可能的。但前文已揭明，这种信念与行动、认可与实施之间的落差如果长期存在，即使社会从短期看是可能存在的，却无法长期存续（想想因宗教信仰引发的社会分裂就可窥一斑）。但现代社会却依然存续着。这说明，尽管从表面上看，在现代社会，法律系统的"合法性"与"正确性"之间发生了严重的紧张关系，但它必然有某种机制来消弭这种紧张关系，达到有效社会整合的目标。

这就涉及了现代社会的第二点独特性。传统社会中，一套外部的"自然的"价值系统为法律系统奠定了有关正确性的实质标准。这种实质标准可以是理性的或非理性的。实质非理性

---

〔1〕 参见［德］马克斯·韦伯：《经济与历史 支配的类型》，康东等译，广西师范大学出版社 2010 年版，第 297 页。

〔2〕 参见［德］马克斯·韦伯：《法律社会学》，康东、简惠美译，广西师范大学出版社 2004 年版，第 220～221 页。

的法创制和法发现全然以个案的具体评价作为决定的基准，而非一般的规范。而实质理性的法创制或法发现依据特质别具的非形式化规范来决定法律问题，诸如伦理的无上命令、功利的或其他目的去向的规则、政治准则等。[1] 它的代表是宗教法及相应的"卡迪裁判"。在现代社会中，既然这种向外寻求正确性的方式已不再有效，那么剩下唯一可行的方式就是向内去寻求获得正确性或者说价值共识的途径。这种趋势，就是韦伯所描述的从"实质"非理性或理性到"形式"理性化的法创制与法发现过程。这样一个过程是与法律活动的世俗化、经济的理性化以及政治上支配形态的变化等诸多因素密不可分的。[2] 在形式理性化的阶段，法律体系被认为由一些抽象规则依其首尾一贯的系统所构成。司法乃这些抽象规则之运用于具体的案例，为满足组织的成员理性地追求其利益而设的行政程序，由规范组织的基本原则详细规定。[3] 人类的共同体行动全部都必须被解释为法条的适用或实现，或者反之，解释成对法条的违反。[4] 也就是说，现代社会中形式化的法律是评价一切人类活动的依据，而其本身的正确性却是"自我赋予"的。

　　显然，法律系统之纯粹的"合法性"面向是无法为其奠定正确性基础的。像普遍性、明晰性、公开性这样的合法性要求即使是恶法（不合乎正确性要求或有违共识的独裁法）也可能

---

　　〔1〕 参见［德］马克斯·韦伯：《法律社会学》，康东、简惠美译，广西师范大学出版社2004年版，第28页。

　　〔2〕 对于法律之形式化因素增强的原因及过程的具体描述，参见［德］马克斯·韦伯：《支配的类型》，"客观法律的形式性格"及"法律思维的类型与法律名家"两章。

　　〔3〕 参见［德］马克斯·韦伯：《经济与历史　支配的类型》，康东等译，广西师范大学出版社2010年版，第301页。

　　〔4〕 参见［德］马克斯·韦伯：《法律社会学》，康东、简惠美译，广西师范大学出版社2004年版，第29页。

满足。但另一方面，法律系统又必然内置一套自我正当化的机制，这套机制能在缺乏外部实质价值系统的条件下人为地构造出法律的正确性评判标准。从这个角度讲，实施这套机制的过程也就是遵守和适用法律系统之一部分的过程，它同样呈现出"合法性"的面目。当然不言而喻的是，这里的"合法性"就必须包含比上文所讲的"合法性"更多的东西。它不仅包括"形式合法性"（公共性）和"有效指引"（行动标准），也包括特定的共识重构机制。[1] 那么，这套机制究竟是什么？

在现代公民社会的背景下，正确性无疑不能通过某个个体或群体将自己的价值观念强加于他人来获得。在创造共识的机制中，平等的公民们必须能自由地来支持或反对某个主张，最后通过某种方式形成一个普遍被接受的决定（或许是暂时的）。这种机制的核心在于"说理"、"论证"，或者叫做"商谈"（discourse）。这种机制解决多元价值社会所带来的困难的方法是，通过公民之间在理性、反思以及公共判断之中，共商公共议题的解决方案。简言之，正确的法律必须源自于公民的商谈。[2] 内置于法律系统的商谈是一种建制化的商谈（法律商谈），如创设正确规范的立法商谈、正确适用规范的司法商谈等。法律及其意义通过建制化商谈不断自我创生、改善与正当化，而法治国家的内容不外乎逐步改善集体决策程序的制度化作业。价值多元的现代社会也正是通过商谈这种试错过程中暂时性共识的积累来求得共识、得以整合的。因此，法律商谈是现代社会应对价值分歧、人为重构共识的制度化措施，商谈的过程也是落实广义合法性的过程。这就使得现代法律显示为哈贝马斯所说

---

〔1〕　这是一种广义的合法性。如无特别指明，本章其他部分言及"合法性"时指的一般都是狭义的合法性。

〔2〕　Cf. James Bohman and William Rehg（eds.），*Deliberative Democracy：Essays on Reason and Politics*，Cambridge（Mass.）1997，p. IX.

的"通过合法性的正当性（正确性）"[1]，成为一个"自创生系统"[2]。而法律程序恰恰与制度化的商谈有着密不可分的共生关系。在此基础上，我们才能恰当理解为什么富勒将他的合法性理论称为"程序版的自然法"，为什么说程序"保持着作为规则所应有的品质"[3]。也正因为如此，富勒将确认社会秩序的程序视为法律制度的基本构成要素，其产生的结果具有法律性质。[4] 因此，关键问题在于，程序为何是商谈的必要前提？

（二）商谈与程序

完整的商谈机制由三个相互关联的要素构成，即共识（consensus）、理由（reason）与程序（procedure）。商谈的目的首先是希望通过公民（及其代表）之间的理性论辩，就"什么是正确的公共行动标准"达成共识。当然，这里所谓的"共识"并不是说每一个公民对于每一个具体的法律规范的内容都表示同意。如果每次遇到行动问题都需要所有公民来达成共识，树立公共行动标准就将变得毫无意义，而它的权威性（让公民搁置自己的判断而听从于它）也无法产生。因此"共识"指的不是事实上的赞同，而是一种规范性标准。同意不是指公民在被咨询的情况下将实际地赞成，而是指他们如果依据理性行事就会赞成。[5] 它是一种调整性观念，要求将制定出所有受其影响的

---

〔1〕 参见［德］马克斯·韦伯：《经济与社会》（上），林荣远译，商务印书馆1997年版，第105页。

〔2〕 ［德］贡塔·托依布纳：《法律：一个自创生系统》，张骐译，北京大学出版社2004年版。

〔3〕 参见［美］富勒：《法律的道德性》，郑戈译，五南图书出版股份有限公司2010年版，第114页。

〔4〕 富勒曾详细研究了七种基本的秩序性程序及其相应的法律形式，并将这种研究良好社会秩序的学问称为"尤诺米克"（eunomics）。See Lon L. Fuller, Eunomics: The Theory of Good Order and Workable Social Arrangement, in his *The Principles of Social Order*, ed. by Kenneth Winston, Oxford and Portland 2001, p. 61ff.

〔5〕 Cf. Immanuel Kant, *Political Writings*, Cambridge 1991, pp. 78－80.

人们一致同意的法律作为目标，而不是期待这一目标在实际中得到实现。实践当中，只能通过按照理性的和合法的原则组织起来的程序作出能够为社会成员所认同的决定。[1] 也就是说，共识并不要求每个特定的个体都对商谈的结果表示赞同，而只是要求这种结果是经由理性程序而获得的。事实上，商谈未必能在每个具体行动标准上都获得全体认同，但只要后者是在保证了公民平等参与的理性商谈程序的基础上作出的，它就应被视为共识的结果。在这里，经由程序的正当化和经由共识的正当化是相辅相成、相互作用的。这种相互作用总体上追求这样一个目的，即通过理性和中立的程序，产生对于大多数民众来讲合理可接受且有约束力的法律规范和决定。[2] 正是为了保证共识的纯度才需要程序的正当过程原则，在这个意义上满足程序要件就是正当化的前提和基本标尺。[3] 在这里我们看到了一个从共识到程序的明显的论证负担转移。

为了达成共识，需要商谈参与者就各自的主张提供理由。民主社会要求商谈的参与者向其他参与者出示既好又充分的理由。[4] 这种理由必须经得起主体间的检验。因此，从性质上讲，这样的理由必须是公共理由（public reasons）。提供公共理由的活动是公共推理，它蕴含着这样一种互惠性标准，它在承认社会成员之间的差别无法消除的同时认为：只有当我们真诚地相

---

〔1〕　〔德〕莱茵荷德·齐佩利乌斯：《法哲学》，金振豹译，北京大学出版社2013年版，第42页。

〔2〕　参见〔德〕莱茵荷德·齐佩利乌斯：《法哲学》，金振豹译，北京大学出版社2013年版，第91、174页。由于合意也代表了一种契约思想，因此，程序正义是契约的非契约性基础，而契约是程序的非程序性基础；程序以同意为自身的正当性依据，而契约原理构成了程序本身的道德论证〔参见季卫东：《法律程序的意义》（增订版），第157、160、175页〕。

〔3〕　季卫东：《法律程序的意义》（增订版），第160~161页。

〔4〕　See Lawrence Solum, Procedural Justice, p. 230.

信为自己的行动所提供的理由可能被其他成员合理地接受下来，作为他们行动的正当依据时，我们的行动才是恰当的。[1] 公共理由的出示抑制了公民出于私利将独断的价值观强加于他人的可能。[2] 公共理由与程序同样是扭结在一起的。一方面，程序不强加任何有关法的内容的要求，也不指定一个社会必须拥有的法律的类型，但却要求，无论社会选择制定什么样的法律，它都必须由理由证成。换言之，它要求政府官员和公民受由理由证成的规则的约束并依据这些规则行为。[3] 另一方面，什么样的理由可算作"公共理由"，不同的公共理由如何被组织起来并对最终的结果发生影响，这又是由程序和程序规则来决定的。

因此，商谈的核心要素是程序。商谈关注的是，如何才能更有助于产生得以被合理证成并合乎公共利益的规范或决定。其提供的答案是，通过公开陈述理由的商谈程序。在这样的商谈程序中，参与商谈的公民都可针对议题提出自己的看法，通过不断的商谈和辩论，让可能造成负面结果的私利观点被排除，达成共识，得到一个"正确的"结果。所以，程序是商谈最重要的构成性要素，离开了程序，理由的出示就是"无效的"，共识的达成也是"无根据的"。正是程序为商谈提供了"正确性"的标准。简言之，这种理论认为，当一个规范可能是理性商谈

---

〔1〕 John Rawls, The Idea of Public Reason Revisited, *The University of Chicago Law Review* 64（1997），p. 767.

〔2〕 个人动机是无法变成支持主张的理由的。故而科赫和吕斯曼说，有疑问的动机不会使好的理由变坏，值得褒扬的动机也不会使坏的理由变好。一切都取决于理由的性质。Vgl. Hans - Joachim Koch und Helmut Rüßmann, *Juristische Begründungslehre*, München 1982, S. 1.

〔3〕 〔美〕玛蒂尔德·柯恩："作为理由之治的法治"，杨贝译，载《中外法学》2010 年第 3 期。

程序的结果时，它就是正确的。[1] 这样一种观念接近于罗尔斯所说的"纯粹的程序正义"。在纯粹的程序正义中，不存在判定正确结果的独立标准，而是存在一种正确的或公平的程序，这种程序若被人们恰当地遵守，其结果也会是正确的或公平的。所以它的一个明确特征是，决定正确结果的程序必须实际地被执行。[2] 因为在异质社会中已经丧失了独立的实质价值判准来宣称某个结果是唯一正当的。只有经过公共理由辩驳并致力于达成共识的程序本身才能做到这一点。一旦公正的程序得以实施，其结果就将被视为正当的。如果某个社会成员此时主张这个结果"不正当"，那么也只是从他的个人价值观出发所作的评判，因而不足以对抗乃至否定程序结果的正当性。它反映了这样一种政治道德原则：每个公民，假如要受到解决分歧之制度化程序的约束，都应当能够将程序视为权威的正当来源，后者为争议双方创设了独立于内容的政治道德义务。[3] 同时，将正确性考量从商谈结果向程序公正转移，正确性问题在一定程度上就被转换为制度设计问题进行处理，可以尽量在技术化、理性化的条件下化解进行适当的价值判断的困难。故而，只要法律程序接近于充分的程序合理性的要求，因为它们与建制化的、因而是独立的标准相联系，根据这些标准就可以从一个非参与

---

〔1〕 参见［德］罗伯特·阿列克西："程序性法律论证理论的理念"，载氏著：《法　理性　商谈》，朱光、雷磊译，中国政法大学出版社 2011 年版，第 88 页。必须注意的是，程序本身并不提供特定的实质性主张，它只是在各个参与者既有的价值主张中通过理性方式来确定其一作为商谈结果。所以考夫曼认为，商谈不是一种虚构之思维模式，而是发生于事实上存在的论证共同体之中，在其中实际经验和关于"实在"的确信不断呈现。Vgl. Arthur Kaufmann, *Prozedurale Theorien der Gerechtigkeit*, München 1989, S. 30.

〔2〕 ［美］约翰·罗尔斯：《正义论》（修订版），何怀宏、何包钢、廖申白译，中国社会科学出版社 2009 年版，第 67 页。

〔3〕 See Lawrence Solum, Procedural Justice, p. 278.

者的眼光出发来确定法律规范是否是正确的。[1] 这样，我们对于"正确性"的关注重心就从商谈结果转移到了程序本身上来。

程序公正有赖于独立的程序标准，而这些标准中最重要的是程序规则。通过受理性规则调整的程序来证明规则系统的正确性，这种方式可以被称为"普洛克汝斯忒斯之床式的"证立（"Procrustean bed" justification）[2]。因为它要求以程序规则来评判商谈中提出的理由：符合程序规则的理由是有效的，而不符合程序规则的理由是无效的。因而，程序是否公正就与程序规则是否理性联系在了一起。

理性的程序规则包括商谈参与规则[3]与商谈结果的决定规则两大类。商谈参与规则涉及社会成员（及其代表）参与相关商谈程序的保障、责任与效果等。这类规则最重要的目标在于确保社会成员（及其代表）有效地参与商谈。参与可以是直接的，也可以是间接的（代表）。但无论是直接的还是间接的，都必然符合这样一个"参与正当性命题"：必须授予那些受程序约束者参与权，以便使这些程序被视作权威的正当性来源。参与的价值不能被化约为对商谈结果之发挥效果这一功能，也不能被化约为一种主观的偏好或满足感。[4] 以参与为核心的结构要

---

〔1〕 对这些标准的一个经验性研究参见 John Thibaut, Laurens Walker, Stephen LaTour, and Pauline Houlden, Procedural Justice as Fairness, *Stanford Law Review* 26 (1974), pp. 1271 – 1289.

〔2〕 Colin Kaufmann, The Nature of Justice: John Rawls and Pure Procedural Justice, *Washburm Law Review* 19 (1980), p. 199.

〔3〕 例如，阿列克西将普遍商谈规则划分为五组，即基本规则、理性规则、论证负担规则、证立规则与过渡规则（参见［德］罗伯特·阿列克西：《法律论证理论》，舒国滢译，中国政法大学 2002 年版，第 366 ~ 369 页）。它们都属于笔者说的商谈参与规则，当然它们并非是穷尽性的。

〔4〕 See Lawrence Solum, Procedural Justice, p. 191, 275.

求程序发挥促进和制约两方面的重要作用。[1] 促进在于调动参与者的积极性来"为权利（价值）而斗争"；制约则起到"安全阀门"的作用，即约束并引导参与者有序地提出、论证自己的主张，并排除掉不合理的要求。故而，参与正当性命题是一种关于程序之规范正当性的宣称，而并非首先是关于这类程序在心理上的可接受性的宣称。[2] 我们可以认为自己受到一个"错误"决定的约束是正确的，假如它是这样一种程序的结果，后者为我们提供了一种充分的参与机会。

商谈结果的决定规则涉及当商谈程序无法得出共识时，该如何决定商谈结果的问题。合乎理性程序的商谈实施之后，会产生三种可能：某个规范或决定相对于商谈参与规则、对其满足的程度以及参与者而言是商谈上必然的；某个规范或决定相对于它们是商谈上不可能的；某个规范或决定相对于它们既非必然也非不可能，而是商谈上可能的。[3] 商谈上必然与商谈上不可能都意味着参与者达成了共识，一种是积极共识（正确的行动标准被树立）；另一种是消极共识（没有树立特定行动标准）。但商谈上可能则意味着共识未达成。有时参与者之间的价值分歧是如此之大，以至于经过理性程序规则下的充分商谈之后依然无法得出一个唯一正确的答案。此时，必须要借由某种结果决定规则来获得一个结论。它可以是一种决断规则，比如授权某个人在商谈的基础上作出决断（如司法程序中的法官），

---

〔1〕 ［日］谷口安平：《程序的正义与诉讼》（增订本），王亚新、刘荣军译，中国政法大学出版社 2002 年版，第 20 页。

〔2〕 See Lawrence Solum, Procedural Justice, p. 286.

〔3〕 参见 ［德］罗伯特·阿列克西："商谈理论问题"，载《哲学研究杂志》1989 年第 43 期。

或者通过投票的方式来决定（如立法中的多数决）。[1] 它也可以是一种推定规则，例如刑事审判程序中无法证明被告人有罪（但也不是完全没有有罪证据）时推定其无罪（无罪推定）。在一个价值多元的社会，容忍价值分歧的存在是合理的，穷尽了商谈之后留待决断或推定来获得结果的做法也是合理的，它们是"共识"达成的特殊形式。

总之，在现代社会，规则系统的正确性需要通过商谈来获得，而商谈的核心要素则在于程序。程序不仅为共识提供了可能与限制，也对公共理由的有效运用和组织化施加了外部规制。理性商谈程序及其规则最终为公共行动标准提供了"正确性"标准。如果说法律是一种"齐步权威"的话，那么能够发挥这种调整社会成员行动之功能的权威性恰恰来自于具备理由论证功能的程序。[2]

（三）作为整全性法律实践的法治

行文至此，我们已经大体证立了这样一种最低限度的法治概念：法治是通过商谈树立与实施规则系统的整全性实践。同时，程序在其中的构成性地位也得到了说明：商谈的核心要素在于程序，离开程序就无法进行理性的商谈。因此，程序是获得正确性的构成性要素，进而也是法治的构成性要素。

但我们仍可能面临两种反对意见。第一种意见认为，法治虽然由"程序性商谈"与"合法性"两个构成性要素组成，但除商谈外，"合法性"同样是区分法治与非法治的标准，因为传统社会尽管存在法律，却缺乏"规则化"的观念与实践。如下所述，这一判断是否成立是存疑的。即使这一点成立，也不能

---

〔1〕 关于程序规则、合意原则以及多数决原则之间关系的细致研究，参见 Ernst Zimmermann, Multideontische Logik, Prozedurale Rechtstheorie, Diskurs, *Rechtstheorie* 30（1999），S. 311f.

〔2〕 参见季卫东："论法制的权威"，载《中国法学》2013 年第 1 期。

抹杀现代社会在正确性获得方式上的特殊性，因此并不影响我们关于程序与法治之关系的结论。真正构成挑战的是第二种意见。这种意见认为，尽管正确性与合法性都是有效社会整合的构成性要素，但是法治依然可以只与合法性相关。在现代社会中，商谈与法治不是一回事，它们分别与"正确性"、"规则系统"这两个虽有联系但逻辑上依然可分的不同部分相关。因而它们虽然都具有构成性的地位，但却依然是两个没有必然联系的事物。[1]

但在笔者看来，这样的理解尽管在逻辑上没有问题，但在价值上却是不可取的。法治是一个诠释型概念。诠释的关键在于目的与实践的关系。诠释者一方面要从实践中抽象出一个一般性的目的，另一方面也要比照这个目的来调整实践以便使之以最佳的方式实现目的。当我们诠释法治实践时，"我们会对它进行批评，这也是诠释的一部分，在进行批评和提出意见的同时，我们就已经将自己的立场所希望的目的加诸进去，这就是诠释者对诠释对象所赋予的目的。"[2] 传统社会与现代社会当然存在着诸多方面的差别，但在这些差别中最重要的无疑包括了"人治"与"法治"这两种治理价值之间的差别。在对"法治"进行诠释时必须要突出这种差别。但是，仅仅依据"合法性"显然无法做到这一点。因为"合法性"取向于"规则之治"（rule by rules）。但从理论逻辑上讲，一个人治的社会同样可以是实行规则化治理的社会。因为由个人或少数人以独断的价值判断方式来树立公共行动的标准并加以实施，这种治理模式完全是可以想象的。人治可以是意志性的（非规则化的）统治，也可以是理性的（规则化的）统治。但无论是何种方式，规则系统都只是人治的手段而已。因此，如果只将"合法性"

---

〔1〕 参见陈景辉："法律的内在价值与法治"，载《法制与社会发展》2012 年第 1 期。

〔2〕 Ronald Dworkin, *Law's Empire*, p. 52.

这种形式条件作为法治的独特标志，就会模糊法治与人治的区分（或认为法治与人治是相容的），从而大大降低法治作为一种政治道德的理想色彩。法治有必要包含"法律如何获得正确性"这一问题。正是凭借商谈这种正确性的获得方式，以法治为特征的现代社会才得以与传统社会区分开来。因此，法治与人治最主要的区别不在于"合法性"，而恰恰在于"商谈"与"程序"。

能把合法性与商谈联系在一起的，是一种笔者称之为"作为整全性法律实践的法治"（rule of law as an integrative legal practice）观念。它表达了这样一种政治理想：法治应当被视为一种关于法律实践的整体性追求，它不仅要求法律合乎特定形式要件并能有效指引人们的行动，而且要求法律的产生本身也符合特定的要求，以确保对法律之正确性的一般确信。这样的理想可以追溯到法治最古老和最经典的版本，即亚里士多德（Aristotle）所界定的法治的双重意义：已成立的法律获得普遍的服从，而大家所服从的法律又应该本身是制定得良好的法律，[1]即所谓"普遍服从"与"良法之治"。前者涉及法律的遵守与实施，而后者则涉及法律的树立与认可。只是，在价值多元的现代社会中所谓的"良法（正确法）"（das richtige Recht）是通过商谈程序来确立的。[2] 因此，法律是一种实践理性或者说公共行动标准，法律实践的完整领域包括法律的认可与实施两部分，法治就是将这两部分紧密结合在一起的整全性法律实践。"作为整全性法律实践的法治"可以用下图来展示：[3]

————————

〔1〕［古希腊］亚里士多德：《政治学》，吴寿彭译，商务印书馆 1983 年版，第 199 页。

〔2〕 这也导致了"法律"与"法治"在概念上的分离：法律可以是不正确的，而法治必然要求正确法。这种要求不是法律要求而是政治道德的要求。

〔3〕 要注意的是，图示中所说的"法"既可以被理解为法律规范或法律体系，也可以被理解为司法判决或判例法。如果是前者，那么图示中的"程序"指的就是立法程序；如果是后者，那么"程序"指的就是司法程序。

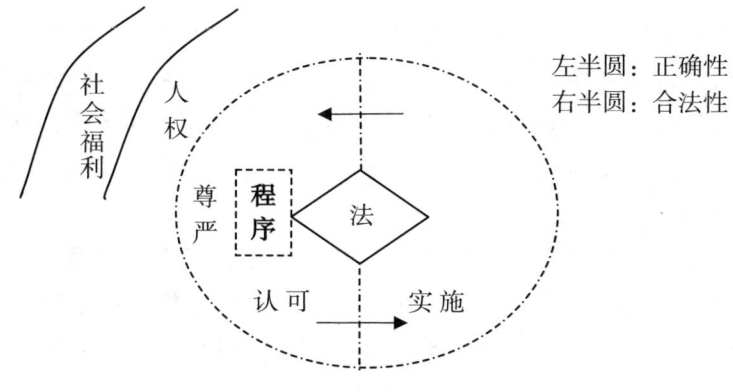

左半圆：正确性
右半圆：合法性

作为整全性法律实践的法治

这幅图景有两个要点：

第一，商谈程序与合法性构成了法治的两个相互支持的构成性部分。一方面，在现代社会中法律相对于社会生活构成了一个功能封闭的自治系统，但它不是独自获得其自主性的。它自主的程度取决于，为立法和司法的目的而建制化的那些程序，在多大程度上保证了公平的意见形成和意志形成过程，并且以这种方式使道德的程序合理性有可能同时进入法律和政治之中。[1] 另一方面，即使是道德上得到充分论证的法律规范，它们也只有在这种情形下才是可期待具有效力的：用这些规范来指导其实践的那些人，也可以期待所有其他人也合乎规范地行动。[2] 因为规范得到充分证立是一回事，而人们愿意实施或遵

〔1〕 参见［德］哈贝马斯：《在事实与规范之间：关于法律和民主法治国的商谈理论》，童世骏译，三联书店2003年版，第615、616页。

〔2〕 参见［德］哈贝马斯：《在事实与规范之间：关于法律和民主法治国的商谈理论》，童世骏译，三联书店2003年版，第583页。

守它是另一回事。[1] 通过商谈程序获得的、认定一个规范正确因而有效的一致性判断不必然导致为所有人所遵守的后果。这导致了以强制性为后盾的法律及其实施的必要性。[2] 因此哈贝马斯认为，法律具有双重有效性根据：一方面涉及证立原则；另一方面涉及颁行原则。[3] 法治要实现的，是道德基础上的合法强制。

第二，在现代法治社会中，程序本身受到法律的调整，是一种建制化的程序即法律程序。法律程序规范集中被规定于程序法之中。遵循法定程序展开法律商谈的过程，本身亦是一个遵守和实施程序法的过程，这同样呈现出"合法性"的面目。故而法律程序的运行就显现出一种"通过合法性的正当性"（Legitimität durch Legalität)[4]。以合法性为中介的正当性（正确性）之所以可能，是因为产生法律规范的程序在道德实践之程序合理性的意义上也是合理的，是因为法律程序与服从其自身程序合理性的道德论证之间的相互交叉。[5] 但是不言而喻的

---

〔1〕 这一想法可以追溯到康德关于判断原则（principium diiudicationis）与执行原则（prinxipium executionis）的区分，参见 Immanuel Kant, *Vorlesung zur Moralphiloso-phie*, Berlin 2004, S. 55f. ; 也可参见 Günther Patzig, "Principium diiudicationis" und "Principium executionis", in: ders. , *Gesammelte Schriften*, Bd. I, Göttingen 1994, S. 255 – 274.

〔2〕 参见［德］罗伯特·阿列克西："商谈理论与人权"，载氏著：《法 理性 商谈》，朱光、雷磊译，中国政法大学出版社 2011 年版，第 139 页。

〔3〕 参见［德］哈贝马斯：《在事实与规范之间：关于法律和民主法治国的商谈理论》，童世骏译，三联书店 2003 年版，第 615 页。有学者概括为"事实效力"（可接受性）与"社会效力"（主体间接受的社会事实）。Vgl. András Karaácsony, Prozedurale Rationlität und die Möglichkeit der Gesellschaftskritik, *Archiv für Rechts – und Sozialphilosophie* 87（2001）, S. 99.

〔4〕 参见［德］哈贝马斯：《在事实与规范之间：关于法律和民主法治国的商谈理论》，童世骏译，三联书店 2003 年版，第 105 页。

〔5〕 参见［德］哈贝马斯：《在事实与规范之间：关于法律和民主法治国的商谈理论》，童世骏译，三联书店 2003 年版，第 569 页。

是，这里的"合法性"就必须包含比上文所讲的合法性更多的东西。它不仅包括"形式合法性"（公共性）和"有效指引"（行动标准），也包含"程序合法性"（正确性）。

因此，作为整全性法律实践的法治是以程序为中心的，不妨称之为"程序法治"。程序法治力图实现的是一种复合型的程序正义。一方面，程序正义的核心组织原则与整合原则是商谈。[1]商谈的核心是给出理由以达成共识，因此程序法治展现出"理由之治"的色彩。另一方面，程序正义最终要为作为商谈产物的法律规则系统提供判断标准，并由后者来进行社会治理，同时其本身也受到先前法律规则的调整，因此又呈现出"规则之治"的色彩。法治就是"规则之治"与"理由之治"的统一。

五、结语

为什么法律程序对于法治而言是重要的或必不可少的？这是法律理论和政治理论上争论不休的问题。它的困难之处在于，存在太多可以回答的角度，而每个角度都各有合理之处。本章尝试从价值类型理论出发，对这一问题给出不同于以往的回答，并认为这个回答更稳固地奠定了法律程序之重要性的理论基石。如果作个小结的话，这个回答的思路大体是：①只有从构成性内在价值出发，才能恰当地来说明程序之于法治的重要性；②社会冲突是任何社会的常态，为了避免社会分裂必须进行有效的社会整合，而正确的公共判断标准（法律）是有效社会整合的必要条件；③现代社会中价值分歧的常态化，使得援引特定价值判断的做法无效，只能通过形成人为共识的机制来获得正确性，这就是商谈，而商谈的核心要素在于程序；④最低限度的法治概念就是通过程序化的商谈树立正确的法律规则系统并加以实施的

---

[1]　Roland Hoffmann, *Verfahrensgerechtigkeit*, Paderborn 1992, S. 14.

整全性实践。因此，程序是法治的构成性要素：没有程序，就没有商谈；没有商谈，就没有法治；没有法治，就无法进行有效的社会整合；缺乏有效的社会整合，因价值分歧和社会冲突所导致的现代社会的分裂将无法弥合，社会也将难以存续。

程序之所以对于法治而言是重要的或必不可少的，就是因为它是法治的构成性要素，最终也是社会整合的构成性要素。在现代社会中，规则系统之"正确性"的实体标准需要通过说理获得，程序虽然无法创造实体，却为说理提供了标准。而在传统人治社会中，"正确性"是无需通过说理来获得的。只有清楚这一点，才能理解美国大法官道格拉斯（Douglas）那句广为流传，并被季卫东教授"法律程序的意义"一文铭于卷首的话："正是程序决定了法治与恣意的人治之间的基本区别。"[1]

---

〔1〕 Justice Willian O. Douglas's Comment in *Joint Anti – Fascist Refugee Comm. V. Mcgrath*, See *United States Supreme Court Reports*（95 Law. Ed. Oct. 1950 Tem），The Lawyers Cooperative Publishing Company，1951，p. 858. 转引自季卫东："法律程序的意义——对中国法制建设的另一种思考"，载《中国社会科学》1993 年第 1 期。

第四章　指导性案例的法源地位

　　在中国法律体系融贯化的过程中，建立包括案例指导制度在内的"二阶制度"是中国法治建设的重要环节。[1] 现实中，无论是为了回应"同案同判"之司法公正的需求，[2] 还是在多元社会中力求规范法官自由裁量权的行使，[3] 甚或是"接近正义、寻求和谐"[4]，作为司法改革的举措之一，案例指导制度至少在当前中国的政治－司法话语体系中已经拥有了不容置疑的正当性。另一方面，从2011年12月至2015年4月，最高人民法院已连续颁布了10批共52个指导性案例，但它们的实践效果仍有待观察，因为目前尚缺乏全面客观的论据来证明指导性案例的客观影响或者说实效究竟有多大。[5] 在不容置疑的正当

　　〔1〕　参见前文第二章，第105页。

　　〔2〕　例如参见苏泽林："充分发挥中国特色案例指导制度作用　积极履行人民法院历史使命"，载《法律适用》2011年第7期。

　　〔3〕　例如参见胡云腾等："《关于案例指导工作的规定》的理解与适用"，载《人民司法》2011年第3期。

　　〔4〕　参见房文翠："接近正义寻求和谐：案例指导制度的法哲学之维"，载《法制与社会发展》2007年第3期。

　　〔5〕　对于这一主题的一个片段性研究参见陈越峰："公报案例对下级法院同类案件判决的客观影响——以规划行政许可侵犯相邻权争议案件为考察对象"，载《中国法学》2011年第5期。但这一研究具有明显的局限：其对象一方面不限于"指导性案例"而及于所有的"公报案例"，另一方面又只限于特殊类型的行政案件，因此难以从整体上说明"所有类型之指导性案例的实效问题"。

性与不甚明了的实效之间，缺失的是对案例指导制度之法源地位的明确界定与统一理解。甚至可以说，实践效果不明的重要原因之一即在于指导性案例在法源谱系上的定位不明。

事实上，早在 2005 年最高人民法院发布《人民法院第二个五年改革纲要》，提出建立和完善案例指导制度之初，学界就已经围绕这个问题展开了讨论。2010 年 11 月 26 日，最高人民法院发布《关于案例指导工作的规定》(以下简称《规定》)，第 7 条规定："最高人民法院发布的指导性案例，各级人民法院审判类似案例时应当参照。"但"应当参照"的用语不仅没有制止争议，反而引发了更多的质疑。在"(法律)效力"[1]的标题之下，论者对指导性案例之法源地位（效力）的定位从较为明确的"规范拘束力"[2]、"事实拘束力"[3]，到意思接近的"强制约束力"[4]、"柔性拘束力"[5]、

---

〔1〕 正如下文将要表明的，虽然"效力"的确是"法源"概念的内核，但是"效力"还不足以穷尽"法源"的内涵，后者尚需另一个概念要素，即"权威理由"。在已有的讨论中，明确论及指导性案例之"法源"地位的较少，例外情形比如参见刘作翔："案例指导制度的定位及相关问题"，载《苏州大学学报》2011 年第4 期。作者反对将指导性案例作为"法源"。以及参见张骐："试论指导性案例的'指导性'"，载《法制与社会发展》2007 年第 6 期。作者主张将指导性案例作为"非正式法律渊源"。

〔2〕 例如参见李仕春："案例指导制度的另一条思路——司法能动主义在中国的有限适用"，载《法学》2009 年第6 期。

〔3〕 例如参见胡云腾、于同志："案例指导制度若干重大疑难争议问题研究"，载《法学研究》2008 年第 6 期；康为民："中国特色社会主义司法制度的自我完善——案例指导制度的定位、价值与功能"，载《法律适用》2011 年第8 期。

〔4〕 例如参见郎贵梅："中国案例指导制度的若干基本理论问题研究"，载《上海交通大学学报（哲学社会科学版）》2009 年第2 期。

〔5〕 "柔性拘束力"也可代之以"指导性"、"说服性"、"参考性"这样的称呼（参见郜永昌、刘克毅："论案例指导制度的法律定位"，载《法律科学》2008 年第4 期）。张骐教授有时也大体持这一立场，他称指导性案例具有指导性（辅助性），参见张骐："试论指导性案例的'指导性'"，载《法制与社会发展》2007 年第6 期。

"事实上的效力"[1]，到中间形态的"具有一定制度支撑的说服力"[2]，再到比较模糊的"拘束力"[3]，不一而足。这些理论主张尽管对于案例指导制度的研究都起到了重要推动作用，但很多时候并没有在同一个理论层面上对话，背后的根本原因在于缺乏关于"法律渊源"或者说"法源"（legal source, Rechtsquellen）概念的清晰理论框架。所以有的主张看上去针锋相对，其实差别不大，因为双方在说的是两个不同层面的事。而有的主张看上去很接近，但可能具有质的差别。本章的主旨就是提出这样一个理论框架并以此来检验和定位指导性案例，以期在这一问题上获得更为清晰的理解。其基本思路在于：①提出并阐释关于法源理论的基本框架——法源双层构造论；②以此为基础来进行比较法观察，透视判例在美国与德国法院的法源地位；③以此为参照物，指明中国指导性案例的独特之处并在法源的双层构造上进行比较清晰的定位；④最后将指导性案例放在中国的整个法源谱系中进行直观化的总结。

一、法源双层构造论

法源理论要解决两个问题：一是某事物具不具备法源的地位，二是此事物法源地位的高低或者说在法源谱系中的位置。如果说前一个问题是"定性问题"的话，那么后一个问题就是"定量问题"了。相应地，一个完整的法源理论框架就包括两个层面，即法源性质论（the nature of a legal source）与法源分量论（the weight of a legal source）。无疑，从逻辑上讲法源性质论更为基础。

---

〔1〕　参见冯文生："审判案例指导中的'参照'问题研究"，载《清华法学》2011 年第 3 期。

〔2〕　参见张骐："再论指导性案例效力的性质与保证"，载《法制与社会发展》2013 年第 1 期。

〔3〕　参见董皞、贺晓翔："指导性案例在统一法律适用中的技术探讨"，载《法学》2008 年第 11 期。

（一）法源性质论

法源性质论的核心是对法源概念的理解。那么，什么是"法律渊源"？这是一个十分复杂的概念，我们既可以在法社会学的意义上将它理解为特定法律规范形成的原因（经济关系、阶级利益、习惯、历史传统、宗教或道德观念等），也可以在法理论意义上将它理解为应当从中推导出裁判标准的法律规范，[1] 亦可以从伦理学的角度将它理解为法律之所以具有道德拘束力的理由（上帝的意志、理性、契约、承认等法的"终极"渊源）。[2] 本章只限于在裁判理论的语境中来理解法源的概念。这一语境会导致对"法源"定义的双重限定：其一，它只是从法理论的视角来看待法源，既不关注法律形成之社会因素这样的描述性问题，也不关注法律拘束力的道德依据这样的评价性问题；其二，它关注的是司法裁判或者说法律论证的规范性理由，至于这种理解的背后隐含着何种法概念论的立场（"法律是什么？"）则在所不问。[3] 在这种意义上，我们大体可以将法源等同于"裁判依据"（grounds of decision），它要解决的是法官去哪里寻找法律决定之大前提的问题。[4] 但"裁判依据"同样是一个不清晰的概念。本章认为，要理解裁判依据，就要厘清两个相互联系的概念，即"制度性权威"（institutional authority）与"规范拘束力"（normative bindingness）。其中，制度性权威

---

〔1〕 Vgl. Klaus F. Röhl und Hans Christian Röhl, *Allgemeine Rechtslehre*, Heymann 2008, S. 519.

〔2〕 Vgl. Alf Ross, *Theorie der Rechtsquellen*, Leipzig und Wien 1929, S. 291 – 292.

〔3〕 罗斯曾剖析了各种唯实论的法源概念及其背后的法概念（Alf Ross, *Theorie der Rechtsquellen*, S. 296 – 310）。裁判语境下的法源理论可以与各种法概念相容意味着，前者只是一种"中度理论"，它不涉及法概念这样的"深度理论"。

〔4〕 具体参见王夏昊："法适用视角下的法的渊源"，载《法律适用》2011 年第 10 期。

指的是法律渊源作为司法裁判之依据的性质，而规范拘束力指的是法律渊源在司法裁判中的效力。

1. 什么是"制度性权威"？

在宽泛的意义上，我们可以将在法律论证过程中所运用并最终对裁判结论起到支持和证立效果的所有理由都称为裁判依据。[1] 这一意义上的裁判依据就相当于裁判理由。但从性质上讲，裁判理由可以分为两类：一类是实质理由（substantive reasons）；另一类是权威理由（authoritative reasons）。实质理由是一种通过其内容来支持某个法律论断的理由，它的支持力完全取决于内容——可以是有关道德的、经济的、政治的。权威理由是因其他条件而非其内容来支持某个法律论断的理由，这些条件中最重要的理由是"来源"（source）。[2] 权威的力量并非来自于它们的恰当性，而是来自于它们的地位，法哲学家将权威的这种特征称为独立于内容（content – independence）。[3] 如果某个规范或理由是权威性的，那么法官在司法裁判活动中就必须要遵守它，不管他对于这个规范或理由的实质评价如何（即使他认为它们非常糟糕）。权威的效果即在于排除法官的最佳考量（all – things – consideration）。无疑，在法律论证中，法律渊源是最重要的权威理由。法律渊源正是凭借其来源——立

〔1〕 有学者就是在这种意义上来理解"法律渊源"的，参见 Aulis Aarnio, *The Rational as Reasonable*, Dordrecht〔u. a.〕1986, p. 78; his, *Essays on the Doctrinal Study of Law*, Dordrecht〔u. a.〕2011, p. 148. 进而，有中国学者在中国语境中区分出的"正式法源"与"非正式法源"（舒国滢主编：《法理学》，中国人民大学出版社2005 年版，第 167～168 页），也是基于这种法源概念的基础上（虽然未必完全一致）。但对于法源过于宽泛的理解会使得这个概念本身近乎无用。本章所谓的"法源"对应的是这种二分法中的"正式法源"。

〔2〕 See Aleksander Peczenik, *On Law and Reason*, Dordrecht〔u. a.〕1989, pp. 313 – 315.

〔3〕 See H. L. A. Hart, Commands and Authoritative Legal Reasons, in his *Essays on Bentham: Jurisprudence and Political Theory*, Oxford 1982, pp. 243, 261 – 266.

法机关、上级法院或备受尊重的历史传统——而不是其内容成为司法裁判的依据的。这一点从"法律渊源"的名称也可以看出来。司法裁判必须是基于来源的，法律论证具有典型的权威论证的性质，而法律渊源作为权威理由也可以被称为裁判依据。

但这样的理解依然不够到位。因为造成法源权威地位的原因可能是多种多样的，它们对于司法裁判活动的影响方式并不相同。我们可以将司法裁判中的权威理由不严格地分为三类，即制度性权威、事实性权威与说服性权威。[1]

最典型的一种权威来自于裁判活动运作于其中的制度性框架，或者说"造法与适法"／"法制定与法适用"（law‑making and law‑applying）相区分的二元框架。依据这种框架，法院与法官的基本功能在于适用既定的法律规范来解决纠纷，而这种活动所需借助的前提即一般性法律规范则是由别的机构或机制来创设的。这既是司法活动之性质的表现，也是现代裁判区别于中世纪决疑式或个别式裁判（ad hoc judgment）的特征。在现代社会中，最主要的造法机制当然是立法，立法机关是制定这种一般性法律规范的专门机关。而从历史上看，习惯和传统在大规模的立法和法典化运动之前，则扮演了主要的造法机制的角色。甚至在当下，习惯法依然在不同的地域和范围内发挥着重要的裁判依据功能。当然，作为例外，在普通法法系，司法造法成为常态，因此上述二元区分并不明显。但依据"遵循判例"（stare decisis）原则，特定法院所应当遵从的只是具有管辖关系的上级法院和自己早前的判决，对其他法院的判决则并无服从义务。站在该特定法院的立场上，我们也可以说存在造法与适法的区分，因为它所适用的规范依据同样不是自己在个案

---

〔1〕 之所以说是"不严格"的分类，是因为权威的存在本身就是一种事实。所以，我们并不是在权威作为一种"存在"的属性，而是在它们司法裁判之影响的意义上来谈论其性质的。

中提出来的，而是上级或先前的法院所规定了的。这种区分存在于法院系统内部，因而比较弱。我们可以将上述权威称为"制度性权威"。

第二类权威来自于某个机关在司法系统中事实上所处的地位，所以被称为"事实性权威"（authority de facto）。例如，在民法法系，尽管并不存在遵循判例的规范性要求，但具有管辖关系的上级法院的判决对于下级法院同样具有权威性。下级法院一般不会作出有悖于上级法院之案例的判决，因为审级机制和上诉制度的存在，会使这样的判决面临被推翻的风险。特别是，如果存在错案追究制度，法官还可能面临个人担责的风险。所以，基于这些现实的后果考量，一旦上级法院的判决被挑战的可能降低至几乎不存在，那么它们就对于下级法院和法官确立起了权威。当然，引发现实后果考量的前提依然是某些制度（法院组织制度、诉讼制度）和机制（法官考评机制）的存在，但这些制度和机制是围绕裁判活动的体系化本身而展开的，因而属于"内部制度"，它与上面所说的"造法/适法"二元式的"外部制度"并不相同。遵从上级法院之判决的做法是这些制度与机制运作时的"衍生品"，而不是制度上的规范性要求，尽管它实际上的拘束力并不见得比后者要小。所以在不严谨的意义上，我们将它称为事实性权威，与制度性权威相并列。

第三类权威比较独特，它来自于法院自己的选择。法院有时会诉诸既不必须遵从，也非不得不运用的判决来支持它们的论证，比如援引自其他管辖区与下级法院的判决，它们被称为"说服性权威"（persuasive authority）。因为只有当法院被所引之判决本身的推理说服时，它才会运用它们。[1] 这里有个误解需

---

〔1〕　See Robin Wellford Slocum, *Legal Reasoning*, *Writing*, *and Persuasive Argument*, 2d ed., LexisNexis 2006, pp. 13 – 24.

要澄清。一般来说，被说服意味着承认某观点所包含的实质理由是好的，而这无疑与权威的内涵正相反对，因为权威的效果正是要搁置实质判断。所以，如果法院因相信某个判决的实质合理性而运用它，那么法院就没有将它作为权威来运用。但是，有时法院也可以将这些来源作为权威来运用。因为法院可能信任权威，即使它并不赞同权威所作的结论，或更有可能的情形是，它对自己得出的结论的可靠性表示怀疑，而权威被认为更具有可靠性。比如在美国的证券案件中，虽然其他巡回法院没有义务去求助于第二巡回法院的结论，但法官或许会认为自己关于证券活动的判断不够可靠，所以他更愿意求助于他认为在这些事情上更专业的法院。[1] 这就像一个初涉股票市场的投资者对炒股行家的依靠，或者法学院一年级的新生对法学教师的求助。与前两类权威的不同之处在于，说服性权威是法院自己选择，而不是由制度或事实来强加的。

从规范性视角来看，作为法源的裁判依据是一种制度性权威。它说明的是司法裁判中法律规范的来源/供给方与结果/适用方之间的规范性联结，证成的是司法论证活动"依法裁判"的基本属性与稳定化规范性期待的功能。[2] 而事实性权威与说服性权威则分别致力于降低判决被推翻的风险（提高确定性）以及增强判决的说服力的效果，与依法裁判相比，这些效果的重要性对于司法活动而言相对次要。当然，这并不是说它们不可以作为裁判依据，而是说它们不能归于"法源"的范畴。法源并不能穷尽司法裁判之理由与依据的所有形式。

---

〔1〕 See Frederick Schauer, *Thinking Like a Lawyer*, Cambridge（Mass.）2009, p. 71.

〔2〕 卢曼甚至认为这是法律的唯一功能。具体参见〔德〕尼可拉斯·鲁曼：《社会中的法》，李君韬译，五南图书出版股份有限公司 2009 年版，第 179～184 页。

2. 什么是"规范拘束力"？

制度性权威对于司法裁判会产生规范拘束力或者说效力。规范拘束力是一种应然拘束力，也就是说，法官在司法裁判中"应当"去适用法律渊源。而这里的应当又与"法律义务"的概念相联系。对于法官而言，如果存在相关的法律渊源而法官没有适用，那么他就违背了法官的法律义务，也使得判决本身是非法的，因为它没有满足依法裁判的要求。这样的判决应当在上诉程序中被推翻。

规范拘束力要与另外两种拘束力区分开来。一种是"价值拘束力"（valuational bindingness）。价值拘束力指的是某些观点或来源因符合客观或被共同接受的价值观念而对法院的司法裁判活动拥有拘束力。[1] 例如，在某些国家，判例虽然不具有规范拘束力，但之所以依然具有拘束力，在学者看来是因为具有这样一些合理性：判例能提升司法实践的统一性、司法裁判的经济性（避免对类似案件进行重新评价）、上级法院的专业性以及司法裁判的灵活性（与立法相比能更有效地对社会变迁作出回应）。[2] 又如，我国学者所归纳的案例指导制度的司法价值：提高法官素质、统一司法尺度、规范司法自由裁量、保障司法独立、增强司法认同、提高司法效率、实现司法公正。[3] 这些都涉及价值判断，也就是说，正因为遵从判例存在某些值得追求的或好的理由，所以司法裁判活动才应当去这么做。这里存在从"好"推导出"应当"的跳跃问题。一般情况下，这种跳跃是不允许的。但是假如我们认同，司法裁判不仅要依法进行，

---

〔1〕 要注意的是，这里的价值观念必须是客观或公认的，而不能是法官个人的主观判断。因为后者难谓"拘束力"，它本身就属于法官个人裁量的领域。而有拘束力的东西必然是要限制个人裁量的。

〔2〕 See Alexander Peczenik, *On Law and Reason*, p. 335.

〔3〕 参见刘作翔、徐景和："案例指导制度的理论基础"，载《法学研究》2006 年第 3 期。

也要追求个案结论的正当性，法官不仅要承担依法裁判的法律义务，也要承担裁判"合理化"的道德义务的话，那么这个跳跃就是允许的。因为在价值（道德）判断上，好的与应当的之间没有落差，正当的即具有规范性。所以，价值拘束力是一种道德规范性或道德义务。[1] 判例在某些国家虽然没有"（法律）效力"，但在"正当裁判"的目标之下，法官有道德义务去适用它们。但一定要注意，不能混淆适用判例（包括指导性案例）的这种道德义务与它的法律效力，不能从（道德上）应当适用判例推导出判例具有（法律）效力。[2]

除此之外，在某些民法法系国家的语境中，还有一个惯常与判例相联系的表述，即"事实拘束力"（bindingness de facto）。从表述上看，事实拘束力与规范拘束力是相对立的概念，因为前者似乎暗示判例不具有规范性，但它们事实上通常被遵从。但这种观点在理论上要么是自相矛盾的，要么不具有吸引力。首先，事实拘束力的上述内涵本身就显得很怪异，因为"拘束力"一词在很多情况下本身就暗示着规范性，而不仅仅是事实上的遵从。当然，从下级法院的角度来说，它的确可以认为，某个判例究竟是具有规范拘束力还是只被作为事实上可用的裁判理由，对它来说没有太大差别，因为从现实出发两者都是它

---

〔1〕 所以，价值拘束力实际上同样是一种规范拘束力，只不过它的拘束力来自于价值（道德）要求而非法律制度。因此，本章所谓"规范拘束力"是在狭义上使用的，它不包括来自于价值（道德）要求的规范拘束力。

〔2〕 有很多关于指导性案例之效力的观点就混淆了这两个方面。如有论者认为，指导性案例的"效力来源于逻辑、伦理、智识、利益和诉讼制度运作的综合效应"（冯文生："审判案例指导中的'参照'问题研究"，载《清华法学》2011年第3期）。再如，有论者指出案例指导制度是错误的制度设计，因为如果"同案同判"不是法律义务而只是道德要求，指导性案例就不具有（正式）法源地位，制度化设计之前的案例就足以满足这一要求了（陈景辉："同案同判：法律义务还是道德要求"，载《中国法学》2013年第3期）。但问题在于，指导性案例的法源地位（效力）与它的正当性依据（同案同判）是两个问题。

必须要遵从的。但是，除非我们否认"义务"与"强制"、"被迫"，"法律上应当做的"与"事实上在做的"这些范畴的区分，否则我们通常不会说事实上的遵从就是拘束力。其次，这种观点在理论上也不具有吸引力。事实的拘束力是一个描述性概念，在它背后起支撑作用的实际上是一种描述性或说明性的法理论立场。它描述的要么是一种外在事实，要么是一种内在事实。前者的例子如法社会学者，他们用"事实拘束力"这个表述来指涉某种具有统计学意义的外在规律性（行为），假定通过经验观察可以确定法官有规律地去遵从特定类型的判例。后者以心理学法学者为代表，在他们看来，判例的事实拘束力意味着判例实际上扮演着法官之动机（motivating part）的角色[1]。在司法裁判中对判例的尊重只具有心理学上的力量。但是作为一种实践性理论，法理论更具有意义的视角是持对司法裁判的"参与者的立场"[2] 或对法律实践的内在理解。这种视角和观点将司法裁判视为寻求理由支持的论证活动，裁判的成立与否取决于裁判所借助的理由能否被证立。事实拘束力在概念上的不足就在于它将遵从判例的理由摒弃掉了。假如某种做法是基于特定理由而被遵从的，那么这些理由就必然具有规范性。遵从判例的法院必然被认为拥有这么做的理由，否则遵循判例的实践就将是非理性和不可理解的。法官的确通常遵循判例，也感到要去这么做，但之所以这么做或有这种倾向是因为存在可陈述出的规范性理由。一种描述性或说明性的姿态无法为司法裁判的这种特性提供任何帮助[3]。所以，事实拘束力与

---

〔1〕 See Alf Ross, *On Law and Justice*, Berkeley & Los Angeles 1959, pp. 84 – 85.

〔2〕 ［德］罗伯特·阿列克西：《法概念与法效力》，王鹏翔译，五南图书出版股份有限公司 2013 年版，第 42 ~ 43 页。

〔3〕 See Alexander Peczenick, The Biding Force of Precedent, in: Neil MacCormick and Robert Summers（eds.），*Interpreting Precedents: A Comparative Study*, Dartmouth 1997, pp. 465 – 466.

规范拘束力的对立是一种虚假的对立，因为它们压根不在同一个概念层面上。前者是描述性、说明性、经验性的概念，而后者则是规范性、证立性、应然性的概念。判例的效力或法源地位只能借助后者而非前者来阐释，否则就会导致范畴错误：从"是"（is）推导出"应当"（ought），从"实效"（efficacy）推导出"效力"（validity）。[1]

综合以上两个方面，我们可以得出结论认为，在司法裁判视野下，法律渊源具有制度性权威理由的性质，而这种性质会使得法律渊源具有规范拘束力。换言之，法律渊源是司法裁判中基于制度性权威并具有规范拘束力的裁判依据。

（二）法源分量论

同为裁判依据，由于具体制度来源的不同，它们所具有的权威大小亦不相同。而权威大小的不同则会造成各类法源的规范性拘束力的大小有别，亦即法源地位的高低。这就涉及法源分量论。

法源分量大小体现在两个方面：一个方面（也是主要方面）是司法裁判中各类法源形成的等级序列。排序是为了处理如下问题：当不同法源的适用结果发生冲突时优先适用哪个。这种冲突有时可以以类型化的方式得到化解。例如，当代学理上总结出来的三大法源类型是制定法、判例法与习惯法。判例法与习惯法之间的关系较为复杂，也存在争议。[2] 一般来说无疑义的是，制定法优先于习惯法；而即使是在承认判例为法源的国家，制定法也优先于判例法适用。这说明在当代司法活动中，

---

〔1〕 这两个概念的区分参见［奥］凯尔森：《法与国家的一般理论》，沈宗灵译，中国大百科全书出版社1996年版，第31页以下。

〔2〕 在德国学界，至少存在"肯定说"（判例法就是习惯法）、"否定说"（习惯法与判例法是两种独立的法源）与"折衷说"（通常两者独立但符合特殊要求时判例法转化为习惯法）三种观点。参见吴从周："试论判例作为民法第1条之习惯法"，载吴从周：《法源理论与诉讼经济》，元照出版公司2013年版，第81~85页。

制定法作为一个类型的整体分量优先于判例法和习惯法。但更多时候，冲突涉及的是同一类型内部之渊源种类的分量大小。例如，制定法内部也包括不同的种类。在我国，制定法的种类就包括宪法、法律、行政法规、地方性法规等，地方性法规又包括了省级和地市级的地方性法规。根据《立法法》第87～89条及其他相关条款的规定，效力的排序依次为宪法、法律、行政法规、省级地方性法规、地级市（设区的市）的地方性法规。其背后的法理依据即是"上位法优于下位法"。当处于下位的制定法与上位制定法发生适用冲突时，后者因其权威性和效力位阶更高而优先适用。再比如说在判例法国家中，不同的判例之间也有类似的位阶关系。在管辖序列里，司法机关的层级越高，权威性地位就越高，所创设的判例的规范拘束力或分量就越大。

　　法源分量大小的另一个方面是司法裁判中运用实质理由偏离法源的难度。前已述及，司法裁判不仅要实现依法裁判的目标，同样要追求正当裁判的目的。当两者发生紧张关系时，法官要做的实际上是在这两种司法的"元价值"之间进行权衡，以取得最佳效果。一般情况下，从法官的基本角色和功能定位出发，依法裁判是其基本义务，而正当裁判是更高要求，所以前者初步优先于后者。但是在特定案件中，如果严格适用法律文本会产生明显不公正的结果，法官往往会借助于裁判方法技术来软化法律拘束的要求，以使得裁判结果更能符合实质正义和社会需求。所以，像目的论扩张、目的论限缩、类比推理、基于一般原则的修正等方法就应运而生了。尽管法官和方法论学者有时会宣称，他们这么做依然是在"依法裁判"，因为"法"不仅仅是语词的体系，也是意义和目的的体系，这些方法所借助的法律文本背后的意义、目的仍然属于"法"的范畴，但不可否认的是，这么做的肇因无疑来源于个案正义的追求。另外，由于依法裁判的初步优先地位和法律渊源的权威属性，法官又不能仅仅因为适用某个法律规定有碍于正义就立刻否弃它。他还负有论证负担来说明，在当下个案中运用实质理由来对某个规定进行矫正是如此重要，以至于不惜侵害制度性权威、软化依法裁判的要求。美国判例学说上将此称为"特别证立"（special justification）。[1] 运用实质理由进行特别证立以偏离法源的难度越大，反映出法源的分量或规范拘束力也就越大。有学者将法源的规范拘束力分为如下不同情形：其一，不可推翻的规范拘束力，又可分为：①严格拘束力（strictly bindingness），即必须在所有案件中都被适用；②可废止的拘束力（defeasibly binding），即必须在所有案件中都被适用，除非存在例外（例外可以被清晰界定也可以不被清晰界定）。其二，可推翻或修正的规范拘束力（无论有无例外）。[2] 可见，从严格拘束力到可废止的拘束力再到可推翻或修正的规范拘束力，法源的分量越来越小，而法官运用实质理由来偏离各该法源的难度也就相应降低。

一般来说，法源分量大小的上述两个方面存在正相关关系。也就是说，一个法源越是在等级序列里靠前，它被实质理由偏离的难度就越大。但这两个方面不存在严格对应关系，有时实质理由对法源偏离的难度不反映在等级序列中。即使是同一种渊源，也可能存在具有不同规范拘束力的情形。例如，同样是美国联邦最高法院创设的判例，有的可能被认为具有严格的拘

---

〔1〕 *Dickerson v. United States*, 530 U. S. 428, 443（2000）；*Arizona v. Rumsey*, 467 U. S. 203（1984）.

〔2〕 See Appendix: Final Version of Common Questions, Comparative Legal Precedent Study, September 1994, in Neil MacCormick and Robert Summers（ed.）, *Interpreting Precedents: A Comparative Study*, Dartmouth 1997, p. 554. 该文所使用的术语为"正式拘束力"（formal bindingness），但与本章所用的"规范性拘束力"基本无差别。

束力，有的则是可废止乃至可推翻的。[1] 当然，特定判例分量的大小取决于司法实践和诸多政治、经济、政策、社会等因素（见下文）。因此，"法源分量论"既涉及因排序而呈现出的法源分量差异，也涉及法源因其他因素被废止、推翻和修正的可能。

二、比较法考察：判例在美国与德国法院的法源地位

要完整地厘清指导性案例的法源地位，就必须分别来确定它的法源性质与法源分量。但是在此之前，我们有必要以法源双层构造论为基础来进行比较法考察，透视相关国家的判例在上述理论谱系中的法源地位。这样做一方面是为了凸显出中国式指导性案例本身的特色；另一方面则是来看看它们在某些方面对于指导性案例是否也有借鉴意义。在本部分，我们选择美国与德国这两大法系的代表性国家的判例作为对照物。当然，从一般意义上讲，美国与德国最高司法机关的判例（"最高判例"）可能与中国的指导性案例具有形式上的同等性。所以我们将以"最高判例"在两国司法裁判中的定位为核心展开论述。

（一）判例在美国法院的法源地位

1. 法源性质论：法官造法与判例的规范拘束力

无疑，美国的判例法制度来自于英国传统。由于在历史上一直未受到罗马法的实质性影响，也没有受到编纂法典思想的影响，所以英国发展出了自己独特的法律传统，即判例法传统。无论是11世纪因中央王权的集权而产生的普通法，还是14世纪大法官出于对普通法过于原始的诉讼制度进行补充而发展出的

---

〔1〕 前者如马伯里诉麦迪逊案，后者如洛克纳诉纽约州案。这两个案件参见〔美〕斯坦利·库特勒编著：《最高法院与宪法——美国宪法史上重要判例选读》，朱曾汶、林铮译，商务印书馆2006年版，第25～30、258～263页。

衡平法，从形式上看都是判例法。[1] 这种传统随着殖民被带到了大西洋彼岸的美国并生根发芽。虽然美国在许多法律制度方面与英国有所不同，但是"遵循先例"（stare decisis）一直被奉为司法的基本原则和法官的首要义务。造法被认为是法官当然的职责和权力，法官造法的产物——判例——被认为是具有法律拘束力的东西，即法本身。正如当代美国法学家肖尔（Schauer）所言："司法判决并非法律是什么的证明，它本身就是法律。假如它就是法律，那么就没有理由来质疑，为什么法院就不能像立法机关那样有权来决定它什么时候造法，什么时候不造法。"[2] 从法源性质上讲，法院，尤其是上级法院在整个法律制度的创生结构中拥有权威性的地位，它们所创设的判例具有规范拘束力。而在整个制度架构中处于最高地位的联邦最高法院当然是一种制度性权威，它创设了大量在美国司法史上具有重大影响力的判例。所以在理论上，所有的判例，包括联邦最高法院的判例都是法源，都具有规范拘束力。

但要注意的是：其一，美国是联邦制国家，它由一个联邦司法系统和50个州司法系统组成。并且这50个州司法系统并不相同，它们所创设的是50套不同（且基本自足）的州普通法制度，而不是一套统一的普通法制度。并且普通法（私法）上的判例主要是由州法院系统发展起来的。所以从这个角度来说，所谓美国的"最高判例"其实包括了联邦最高法院的判例与50个州最高司法机关的判例。例如，纽约州的司法系统从上到下依次为上诉法院（Court of Appeals）、最高法院上诉庭（Supreme Court Appellate Division）、最高法院初审庭（Trials Courts of the Supreme Court），此外还有各类特殊的下级法庭，例如城市法

---

〔1〕 具体历史进程参见［德］茨威格特、克茨：《比较法总论》，潘汉典等译，法律出版社2003年版，第273页以下。

〔2〕 See Frederick Schauer, *Thinking Like a Lawyer*, p. 78.

庭、县法院、镇法院、遗嘱检验法庭、家事法庭等。因此，上诉法院是真正意义上的"纽约州最高法院"，它的判决对于其他各个法院（庭）都具有规范性拘束力。其二，判例的规范拘束力表现在两个方面：一个是"纵向拘束力"（vertical bindingness），亦即有管辖关系的上级法院的判决对下级法院的拘束力。美国联邦最高法院的判例对于联邦巡回法院和地区法院的拘束力，纽约州上诉法院的判例对于州最高法院上诉庭、最高法院初审庭和其他下级法院的拘束力都是纵向的。另一个是"横向拘束力"（horizontal bindingness），亦即法院自身早前判决对于法院当下裁判的拘束力。美国联邦最高法院与纽约州上诉法院都有义务遵从自己早前的判决。其他各级法院同样如此。除这两种情形外，判例并不具有规范拘束力。例如，纽约州最高法院的一个上诉庭的判决对于另一个上诉庭，最高法院的一个上诉庭对于不属于其辖区内的最高法院初审庭而言，都只是说服性权威，它们所作的判决不具有法源的性质，但是它们可以被作为支持结论的裁判理由来运用。

2. 法源分量论：影响要素

判例作为法源的规范拘束力程度受到各种因素的影响。其中最具决定性的因素当然是司法层级。法院在司法系统中所处的层级越高，它所创设的判例的拘束力就越大。所以，联邦最高法院的判决在联邦法院系统中的拘束力最大。这与联邦最高法院的特殊地位与功能有关。联邦最高法院不仅是特定类型案件的初审机关、一般案件的上诉机关，也是针对违宪案件的司法审查机关。通过政治司法化的方式，美国联邦最高法院深深地卷入了美国的政治体系之中，对于重大的政治问题发挥着举足轻重的影响力。[1] 它与国会及政府之间时常进行着政治博弈，有时会通过技术化的方式取得博弈优势，因而确立其自己的权威。例如"布什诉戈尔案"[2] 的判决就直接决定了美国大选的结果。正是这种制度性权威的地位决定了联邦最高法院的判决在联邦判例体系中拥有很大的规范拘束力。类似地，纽约州上诉法院的判决对于州最高法院初审庭具有很大的拘束力，而州最高法院上诉庭对于后者的拘束力就要弱一些。最高法院对于下级法院的优势还体现在，最高法院可以推翻自己早前的判决以及下级法院的判决，而下级法院只能推翻自己早前的判决，却无法推翻最高法院的判决。如果它想要偏离上级法院的判例，就只能进行"区分"，证明当下案件不同于判例的事实。这说明，在效力上，具有纵向拘束力的判例是绝对的权威性判例，而具有横向拘束力的判例是条件式的权威性判例。[3]

除了司法层级外，某个特定判例（包括"最高判例"）分量的大小还受到诸多其他因素的影响。以纽约州为例，可以总结出这样一些因素：[4] ①判例所涉及的领域。纽约州的判例可以分为三类：第一类是合同、侵权和财产领域的普通法判例，这类判例被视为真正独立的法源，因为它们不需要在制定法或习惯中去寻找终极基础，这些领域一直以来就是由判例来支配

---

〔1〕 格林豪斯曾精辟地说："重要的最高法院案件犹如一出大戏，各大权力机关都是演员，最高法院也不例外。"（［美］琳达·格林豪斯：《美国最高法院通识读本》，何帆译，译林出版社 2013 年版，第 74 页。）

〔2〕 531 U. S. 98 (2000).

〔3〕 两种判例的区分参见 John Salmond, The Theory of Judicial Precedents, *The Law Quarterly Review* 64 (1900), p. 380. 当然，权威是个关系性范畴，某个判例对于一个法院来说是绝对的，对于另一个法院而言有可能就是条件式的 (ibid, p. 381)。例如，最高法院的判例对于下级法院来说是绝对的，对于自己来说则是条件式的。

〔4〕 See Robert Summers, Precedent in the United States (New York State), in: Neil MacCormick and Robert Summers (eds.), *Interpreting Precedents: A Comparative Study*, Dartmouth 1997, pp. 371, 374 – 377.

的；第二类是解释制定法的判例，这些判例的功能被认为在于解释相关制定法条款的立法意图；第三类是解释州宪法的判例。一般来说，从解释制定法的判例到普通法判例再到解释州宪法的判例，法源分量呈现逐次递减的趋势。[1] ②判决是由合议庭还是由全席会议作出的。在理论上，判决由何种审判组织作出，在规范拘束力上并无差别，但是全席会议判例会引发更多的关注，更不容易被推翻。③法院的组成。某些法院所作的判决比其他法院所作的判决影响更大。例如，由于先前的纽约州上诉法院由更受尊敬的法官组成，所以要比后来的纽约州上诉法院所作的判决分量更大。④政治、经济或社会背景的变迁可能会影响法院对先前判决的态度。这些变迁通常是抛弃旧判例的主要动因和正当化依据。当政治、经济或社会背景保持大体稳定时，判例的拘束力比较大。反之，判例的拘束力就会下降。⑤判例存在的时间。某些判例非常久远，因而令人尊重，尽管它们不再具有正当性。公民依赖于这些先例本身就足以为遵从它们提供足够的正当化依据。⑥是否存在"不同意见"。在美国，判决书中的法官意见分为多数意见（majority opinion）、协同意见（concurring opinion）和不同意见（dissenting opinion）三类。[2] 判例的结论是依据多数意见作出的。一般来说，在案件判决中有没有法官持不同意见并不影响判例的拘束力程度，但

---

〔1〕 为什么解释制定法的判例分量大而解释州宪法的判例分量小，这个问题涉及对宪法与制定法理解的不同。美国学者认为，制定法主要由规则构成且易于修改，一旦发生导致不正义的结果，修改它属于立法者而不是法官的任务。而宪法涉及大量的政策与价值原则且不易修改，所以一方面法官因应当下政策与价值的需求要比遵循先例的稳定性更加重要；另一方面对宪法不断地进行再解释才能保证宪法的与时俱进。See Robert Summers, Precedent in the United States (New York State), p. 372.

〔2〕 See James Calvi and Susan Coleman, *American Law and Legal Systems*, Beijing 2002, p. 91.

是异议可以为后来的法院区分或推翻判例提供可行的论据，从而潜在地影响判例的拘束力。⑦判例所涉及的法律部门。在不同法律部门，判例的拘束力是不同的。在某些被认为对既定判例赋予较高依赖程度的领域，需要严格遵从先例，例如涉及财产权与合同权利的判例的拘束力被认为是"不可抗拒的"。侵权责任案件判例的拘束力就要弱一些。宪法案件判例的拘束力与涉及纯粹程序问题的先例拘束力也比较弱。相反，刑法领域由于存在保护被告人权利的政策倾向，所以一般存在较严格地遵从先例的做法，但改变判例有利于被告人的除外。⑧整体趋势。法院会考虑其他州的判例，当它们认为自己的判例有悖于整体趋势时有时也会修正或推翻自己的先例。⑨学术批评。如果学术著作频繁支持或批评某个判例，就会为摆脱这个判例的拘束提供支持，从而影响到嗣后法院的立场，增强或削弱这个判例的分量。⑩相关领域的法律制度变迁。这会使得法院来检验这种变迁与它们要处理的法律问题的关联性。如果相关，某些判例的分量就会下降乃至消失。这些因素都可以看作是运用实质理由偏离特定判例之难度的外在依据。

（二）判例在德国法院的法源地位

1. 法源性质论：法官适法与判例的价值拘束力

由于受罗马法和法典编纂传统的影响，德国学界长期以来认为法律作为一种理性的产物只能从历史传统和制定法中去发现，并以一种体系化的方式展现出来。发现或创造法本是法学家与立法者的任务，法官的任务并不在于造法，而在于适法（适用法律）。在概念法学与制定法实证主义甚嚣尘上的年代，法官甚至被认为只是一架"自动售货机"，"判决就是将法律概念（在法典化之后即为法条）作为（数学）因数进行计算的结果"[1]。尽管今天经由自由法运动、利益法学与评价法学的反复批判，对于法官功能的定位有了极大的改变，但是主流观点依然认为"法制定"与"法适用"有着根本不同[2]，法官所从事者只是法适用而非法制定。判例是法院进行法律适用的产物。所以，德国的通说强调：一方面，真正的法源只有制定法与习惯法，判例——有时被德国学者称为"法官法"（Richterrecht）——并不具有法源性质。[3] 除非判例已被强化成习惯法的程度，否则没有与制定法相同的规范拘束力。另一方面，判例对于法院的判决具有极大的事实上的重要性，法院会高度倾向于以前作成的判决，这并不是因为它形式上针对某个法律问题已作出判断这个事实本身，而是因为该判决所表示的法律见解在论证上具有说服力。拉伦茨曾指出，"不是判例本身具有拘束力，而是在判例中所表达的对规范的解释与具体化才具有拘束力，只要它们是'正确的'。法院受'正确的'判决拘束的理由不在于赋予判例本身拘束力，而在于判例中被正确地承认、解释或续造之规范。"[4] 或如惹尼（Gény）所说，在德国，判例只是照亮解释者之途的火炬，规定不了他的方向；它们只能帮助解释者进行推理，却打消不了他自己的主动性。[5] 所以在德国学理上，所有判例，包括最高司法机关的判例都不是法源。

---

〔1〕　Bernard Windscheid, *Lehrbuch des Pandektenrechts*, 9. Aufl., Bd. I, Frankfurt a. M. 1906, S. 110.

〔2〕　对这一区分的具体探讨，参见黄舒芃："宪法解释的'法适用'性格：从德国公法上法学方法论传统对'法适用'与'法制订'的区分探讨联邦宪法法院解释活动的本质"，载《政大法学评论》第 81 期（2004 年）。

〔3〕　Vgl. Bernard Rüthers, *Rechtstheorie*, München 2005, Rn. 236.

〔4〕　Karl Larenz, über die Bindungswirkung von Präjudizien, in: Hans Fasching (Hrsg.), *Festschrift für Hans Schima: Zum 75 Geburtstag*, Wien 1969, S. 262.

〔5〕　See François Gény, *Methode d'Interprétation et Sources an Droit Privé Positif*, 2d ed., trans. by Louisiana State Law Institute, Louisiana State Law Institute 1963, p. 351.

　　但这只是在理论上。在实践中，"最高判例"的拘束力问题更为复杂，这与德国法院系统的设置有关。德国法院系统具有两个特点：其一，它包括宪法法院、普通法院、行政法院、财税法院、劳动法院和社会法院六套法院系统。其中宪法法院包括联邦宪法法院与各州的宪法法院，普通法院包括四个层级，其余四类专门法院包括两个或三个层级不等。其二，虽然德国是联邦制国家，但与美国不同，德国的联邦法院系统与州法院系统之间是一种"功能性协力关系"[1]。这反映在，除了宪法法院外，普通法院与专门法院系统中的联邦一级法院都构成了相应州高等法院的上诉机关，而不是像美国那样的完全独立的两套系统。所以，德国的"最高法院"实际上并不是一家，而是包括了联邦宪法法院、联邦最高法院、联邦行政法院、联邦财税法院、联邦劳动法院、联邦社会法院六家。它们所作的判决均可被视为"最高判例"。

　　这些"最高判例"的法源地位包括两种情形：[2] ①联邦宪法法院的判例具有规范拘束力。依照德国基本法的规定，联邦宪法法院的所有判决对于所有的联邦与州的宪法组织、法院与机构都有拘束力。并且在某些情形，尤其是宣告法律规范无效的情形中，这些判决具有制定法的力量。它们被登载在《联邦制定法年鉴》上公布，甚至对于所有公民均有拘束力。如下级法院不遵从，它们的判决就将是非法的，也应当在上诉中被推翻。但联邦宪法法院并不受自己判例的拘束，它可以基于实质理由偏离先前的判决。②所有其他的"最高判例"都不具有规

---

　　〔1〕　张鹏飞："简述德国司法制度"，载《中国司法》2004年第2期，第71页。

　　〔2〕　See Robert Alexy and Ralf Dreier, Precedent in the Federal Republic of Germany, in: Neil MacCormick and Robert Summers（eds.）, *Interpreting Precedents: A Comparative Study*, Dartmouth 1997, pp. 26 – 32.

范拘束力。不可否认，先例在德国法院扮演着重要角色，它们在各家最高法院的公报判决中被援引。假如要偏离法院自己的判例，就要获得普遍认可和进行实质证立。在联邦最高法院看来，只要判例因时间的经过成为"最高法院的惯常见解"（gefestigte höchstrichterliche Rechtsprechung），它就具有初步的拘束力，遵从判例就成为义务，而偏离判例则是例外。只有当"明显更重要的"理由，尤其是"绝对不可抗拒的"理由出现时，才存在这种例外。这意味着，要想偏离判例就必须承担论证负担。[1] 因为遵从判例意味着法律发展的连续性，而法律发展的连续性承载着法的安定性与信赖保护等重要价值，偏离判例就是对这些价值的破坏。这也体现在，虽然立法并没有对判例的运用作出明文规定，但有些程序性条款却涉及了对偏离特定判例之行为的处理。例如，当除联邦宪法法院外的五家"最高法院"之一想要偏离另一家的判决时，必须将分歧报请联邦最高法院联合审判庭（Gemeisamer Senat）解决。当"最高法院"内的某个审判庭想要偏离另一个审判庭的判决时，必须将分歧报请法院内设的大审判庭（Großer Senat）来解决。另外，如果各个州高等法院想要偏离各自最高法院（或联邦最高法院联合审判庭、联邦宪法法院）的判例，就有义务容许将案件诉至最高法院。这些程序性规定说明，判例在德国司法中被十分认真地对待，因为它们具有促进司法统一和法律体系融贯的作用。

　　所以，在司法实务中，除了联邦宪法法院判例外，其他判例，包括各家"最高法院"的判例都不被认为具有法源地位，但它们也不仅仅像学界通说所主张的那样，只有内容正确才具

---

　　〔1〕　Martin Kriele, *Theorie der Rechtsgewinnung*, 2. Aufl., Berlin 1976, S. 243, 247.

有力量。它们至少具有价值拘束力。但另一方面，实务界也一样认为，判例并不独立于制定法之外。判例之所以具有力量，是因为它是对特定制定法的解释。在这种意义上，判例从它们所解释的法源（制定法）那里获得了力量。在形式上，起到拘束作用的是制定法；在实质上，起到拘束作用的则是判例。[1]即使是在立法长期不作为，而由法官法构成主体的法律领域，比如集体劳动法领域，联邦宪法法院在其判决中也强调：一方面，对结社自由的规制原本属于立法者的任务，只有当立法者不作为时法官才能起到补充作用；另一方面，法官借助于"公认的法律发现方法"从相关法律关系领域的"一般性法律基础"——一般法律原则——那里获得实体法。[2] 这种"借壳上市"的做法实际上相当于否认了判例的独立法源地位。

2. 判例分量论：影响要素

在德国，除联邦宪法法院判决外，虽然判例（包括五家"最高法院"的判例）不是法源，但判例之价值拘束力同样有强弱之别，而拘束力的强弱同样受到诸多因素影响。兹分述如下：[3]①司法等级是个重要因素，五家"最高法院"的判决就被认为要比其他法院判决的分量来得大。②判决是由普通合议庭、大合议庭还是联合合议庭作出的。它们的拘束力被认为呈依次递增的趋势。③由于在德国并不公开司法意见是由哪位法官撰写的，所以法官的个人声誉一般来说并不相关。法院的声誉也不起到重要作用，即使会对判决有所影响。④政治、经济或社会

---

〔1〕 See Robert Alexy and Ralf Dreier, Precedent in the Federal Republic of Germany, p. 33.

〔2〕 BVerfGE 84, 212 (226). 中国学界亦有认为"判例是法律原则的具体化"者，参见王夏昊："判例在法律适用中的意义与作用"，载《中国政法大学学报》2008 年第 2 期。

〔3〕 See Robert Alexy and Ralf Dreier, Precedent in the Federal Republic of Germany, pp. 34 – 36.

背景的变迁对于改变"最高法院的惯常见解"具有重要意义。因为当早前判决作出以来发生了政治、经济或社会背景的变迁时，"明显更重要的"理由就被认为出现了。⑤在判决意见中支持结论之论据的合理性对于嗣后裁判来说是最重要的。在联邦宪法法院看来这是遵从判例最重要的原因。⑥判例的存在时间对于其重要性来说有一定意义。例如，前帝国法院和前普鲁士高等行政法院的判决至今仍在不存在新法或晚近有较大分歧之判例的法律领域中被引证。⑦是否存在异议对先例的拘束力没有影响。由于只有在宪法领域才会公开异议，所以是否存在异议只对联邦宪法法院的判决有影响。⑧判例所涉及的法律部门没有什么影响。⑨判例是否代表着某种趋势也具有重要意义。假如最高法院引证自己的判决，并将其视为"最高法院的惯常见解"，这就表示该判例分量重大，它轻易不会更改。但如果存在诱发改变惯常见解的整体趋势，那么判例的分量就会下降。⑩对判决的学术批评具有重要意义。依照联邦宪法法院的观点，如果对某判决批评激烈就代表公民对于司法连续性的信任已不值得保护。联邦最高法院也认为，具有高度争议性的判例价值较低，存在影响深远的法教义学质疑与其结论的不融贯性就足以推翻它们了。所以，学术批评能弱化判例的力量。⑪相关领域的法律制度变迁通常也被认为会影响判例的分量。例如，当立法者在社会法与劳动法领域开始将非婚姻的伙伴关系与婚姻关系等同对待时，司法裁判将这两者在租房法中等同对待就是容许的。[1]　总的来说，影响判例之分量最重要的因素是法院的司法等级、判例是否代表惯常见解以及支持判决结论之论据的合理性。

---

[1]　BverfGE 82，6（14）.

（三）小结

通过对判例（尤其是最高司法机关的判例）在美、德两国法院中的考察可以发现：在美国，受法官造法和普通法传统的影响，判例具有法源的性质，它是司法裁判中基于制度性权威并具有规范拘束力的裁判依据，不遵从判例的法官将违背其法律义务。反之，在德国，基于法制定与法适用的惯常区分，法官并无造法的权力，法院并非造法方面的制度性权威，判例也不具有法源的性质。在实践中，除了联邦宪法法院的判决具有规范拘束力外，其他所有判例只具有价值拘束力。不遵从判例并不违背法官的法律义务，但有可能损害司法所欲追求的道德价值。一言以蔽之，判例在美国司法论证中起着"权威论据"（arguments of authority）的作用，而在德国司法论证中大多数时候只扮演"理性论据"（arguments of reason）的角色。[1] 至于影响特定判例之规范拘束力或价值拘束力大小（分量）的因素，在美国和德国则既存在许多共同之处，也有某些差别，兹不赘述。

三、中国式指导性案例：中间道路？

不可否认，长期以来最高人民法院所制定与颁布的案例对于下级法院的案件审理活动有重要的指导作用和现实的影响力。学界亦有不少认为案例具有重要价值功能的声音。[2] 但受到历史传统和政治结构的影响，整体而言，判例在中国司法裁判中一般不被视为法源。直到 2005 年《人民法院第二个五年改革纲要》提出要建立和完善案例指导制度，2010 年最高人民法院的

---

〔1〕 这两种角色的区分参见 Leonor Soriano, The Use of Precedents as Arguments of Authority, Arguments *ab exemplo*, and Arguments of Reason in Civil Law Systems, *Ratio Juris* 11 (1998), p. 96f.

〔2〕 例如参见王夏昊："判例在法律适用中的意义与作用"，载《中国政法大学学报》2008 年第 2 期。

《规定》第 7 条赋予了指导性案例"应当参照"的地位。那么，"应当参照"是确立了指导性案例如同在普通法系中那般的法源地位，还是延续了如同民法法系中的判例一般的地位？抑或，它同时有别于两者？

（一）法源性质论

由于"天然不足"，司法案例无法作为一类独立的法源而在中国语境中存在，指导性案例要想成为法源，就必须借由制定法来获得效力。[1] 但显然目前并不存在立法的明文规定来赋予它法源的性质。虽然《规定》第 7 条规定了各级人民法院审判类似案件时"应当"参照指导性案例，但《规定》本身毕竟并不是由立法机关通过的制定法，而只是由最高审判机关自身所颁布的规范性文件。更不用说第 7 条规定的只是"应当参照"，而非"应当遵照"。即使规定的是"应当遵照"，它也无法与制定法相比。因为在人民代表大会作为权力机关与立法机构的制度框架中，审判机关并没有不证自明的造法权限。遵照指导性案例来审判案件，会有违权力分立和法院依法独立审判原则之嫌。除非我们将《宪法》第 126 条规定的"人民法院依照法律规定独立行使审判权"中的"法律"理解为囊括"指导性案例"在内，但这显然太过夸张，违背了学界和实务界的既有通说。这是否意味着杜绝了指导性案例作为法源的可能呢？笔者并不这么认为。理由在于存在"另一条道路"的可能：指导性案例无法通过立法明文成为法源，并不意味着它就无法借由与制定法规范的间接联系，获得与法源类似的性质。

---

〔1〕 至于为什么不能借由习惯法来获得效力，理由主要有两个：一是我国并不存在一般性地认可习惯作为民事裁判依据的立法明文，因而习惯法整体上是否具备法源性质存疑；二是习惯法作为法源只限于私法领域，而不及于公法尤其是刑法领域，因而作用范围有限。详情当另撰文述之。

指导性案例能否具备、具备什么样的制度性权威与规范拘束力，取决于它履行着什么样的制度性功能，这种制度性功能是否具有规范基础，以及这种活动背后的制度性实践。下面我们就从这三个方面对指导性案例进行分析：

1. 作为制度性功能的法律解释

从已颁布的指导性案例看，指导性案例的文本结构由"裁判要点"、"相关法条"、"基本案情"、"裁判结果"和"裁判理由"五部分构成，其中后三个部分是直接从各该案件的判决书中摘取出来的事实、结论与理由，相关法条是本案涉及的主要法条（形式上的裁判依据），置于篇首的"裁判要点"则是结合案情与法条，从裁判理由部分提炼出来的规范，它来自于案例但又具有更高的抽象性。尽管有论者不断强调，适用指导性案例时一定要结合它的案件事实（诉讼争点或关键事实）来进行，[1] 但这只是就如何运用指导性案例（"异同对比"）而言的。在拘束力的层面上，不可否认裁判要点具有更重要的意义。因为不同于一般的案例，指导性案例旨在对今后各级法院的裁判发挥"指导性"作用，所以它要创设出与一般案例相比具有一般性、抽象程度更高的裁判规范，这样才能容纳今后发生的类似案件。这有点类似于英美法判例中的判决依据（holding）或判决理由（ratio decidendi）。尽管根据经典学说，判决理由由实质性事实加上结论构成，[2] 似乎显得更加具体一些，但是对实质性事实进行抽象化本身就有不同的层次。单个判例只是抽象化过程的开端，而抽象化过程一旦开始，就不会止于任何特定的位置，除非碰到某个否定性的判决，碰到这样一种陈述：

---

〔1〕 例如参见张骐："论类似案件的判断"，载《中外法学》2014 年第 2 期；冯文生："审判案例指导中的'参照'问题研究"，载《清华法学》2011 年第 3 期。

〔2〕 See Arthur L. Goodhart, Determining the Ratio Decidendi of a Case, *Yale Law Review* 40（1930），p. 161.

特定情形处于（案件）类型之外，嗣后的法院可在审思后停止这个过程。[1] 所以，裁判要点与判决理由没有质的区别，如同后者，前者是指导性案例中真正有拘束力（如果有的话）的那个部分。

那么，从内容看，裁判要点在进行什么样的工作？这需要将它与相关法条相比对来澄清。截止到 2015 年 4 月，最高人民法院已经颁布了 10 批共 52 个指导性案例。我们根据法院活动的性质将它分为三个类型：第一类是直接适用型案件，也就是说，法院只是对相关法条据其文义进行了简单适用，但由于案件的典型性，适用能起到示范效果；第二类是解释型案件，法院在这些案件中对相关法条在文义范围内加以解释，以澄清过于抽象的概念和过于一般的条款的含义；第三类是漏洞填补型案件，法院在这些案件中对相关法条进行了超越文义的"解释"，原因是相关条文无法涵盖案件所代表的类型，即出现了漏洞。同时，我们也对案件依据其性质进行了归纳，即分为民商事案件、刑事案件与行政案件三类。据此，可以绘制出下表：[2]

---

〔1〕 See Max Radin, Case Law and Stare Decisis: Concerning Präjudizienrecht in A-merica, *Columbia Law Review* 58 (1933), p. 209.

〔2〕 对于兼跨两种类型的案件，按照"程度高的类型吸收程度低的类型"这一准则进行归类，例如既涉及直接适用又涉及解释的归入解释型案件，既涉及解释又涉及漏洞填补的归入漏洞填补型案件，等等。另外，该表中"相关法条"一列已将原指导性案例援引参照的旧法替换为相应的新法。

类　型	案例号	相关法条	案件性质
解释 （41个）	1 号	《合同法》第 424 条	民商事案件（23个）
	7 号	《民事诉讼法》第 154 条第 1 款第 11 项、《最高人民法院关于适用〈中华人民共和国民事诉讼法〉审判监督程序若干问题的解释》第 34 条	
	8 号	《公司法》第 182 条、《最高人民法院关于适用〈中华人民共和国公司法〉若干问题的规定（二）》第 1 条第 1 款	
	10 号	《公司法》第 22 条第 2 款	
	16 号	《海商法》第 210 条第 2 款、《海事诉讼特别程序法》第 106 条第 2 款	
	17 号	《消费者权益保护法》第 2 条、第 55 条第 1 款	
	18 号	《劳动合同法》第 40、87 条	
	19 号	《侵权责任法》第 8 条、《道路交通安全法》第 16 条	
	23 号	《食品安全法》第 148 条第 2 款、《消费者权益保护法》第 2 条	
	24 号	《侵权责任法》第 26 条、《道路交通安全法》第 76 条第 1 款第 2 项	
	25 号	《民事诉讼法》第 28 条、《保险法》第 60 条第 1 款	
	29 号	《民法通则》第 120 条、《反不正当竞争法》第 5 条	
	30 号	《反不正当竞争法》第 2 条	
	31 号	《海商法》第 169 条第 2 款	

续表

类 型	案例号	相关法条	案件性质
解释 (41个)	33号	《合同法》第52条第2项，第58、59条	
	35号	《民法通则》第58条之四、《拍卖法》第65条	
	45号	《反不正当竞争法》第2条	
	46号	《商标法》第59条	
	47号	《反不正当竞争法》第5条第2项	
	48号	《著作权法》第48条第1款第6项，《计算机软件保护条例》第2条、第3条第1款第1项、第24条第1款第3项	
	50号	《民法通则》第57条，《继承法》第19、28条	
	51号	《民法通则》第142条，《1955年在海牙修改的华沙公约》第19、20条、第24条第1款，《瓜达拉哈拉公约》第7条	
	52号	《保险法》第30条	
	3号	《刑法》第385条第1款	刑事案件 (9个)
	4号	《刑法》第50条第2款	
	11号	《刑法》第382条第1款	
	12号	《刑法》第50条第2款	
	13号	《刑法》第125条第2款	
	14号	《刑法》第72条第2款	
	27号	《刑法》第264、266条	
	28号	《刑法》第276条之一第1款	
	32号	《刑法》第133条之一	
	6号	《行政处罚法》第42条	行政案件 (9个)
	38号	《行政诉讼法》第26条第4款，《教育法》第22、23条，《学位条例》第4条、第8条第1款	

类　型	案例号	相关法条	案件性质
解释 (41个)	39号	《行政诉讼法》第26条第4款，《教育法》第22、23条，《学位条例》第4条、第8条第1款	行政案件 (9个)
	40号	《工伤保险条例》第14条第1项、第16条	
	42号	《国家赔偿法》第35条	
	44号	《国家赔偿法》第18条	
	21号	《人民防空法》第22、48条，《国务院关于解决城市低收入家庭住房困难的若干意见》第16条	
	22号	《行政诉讼法》第12条	
	26号	《政府信息公开条例》第24条	
漏洞填补 (9个)	2号	《民事诉讼法》第230条第2款	民商事案件 (7个)
	15号	《民法通则》第4条，《公司法》第3条第1款、第20条第3款	
	20号	《专利法》第11、13、69条	
	34号	《民事诉讼法》第236条第1款	
	36号	《民事诉讼法》第224条第1款	
	37号	《民事诉讼法》第239条第2款、第273条	
	49号	《计算机软件保护条例》第3条第1款	
	41号	《行政诉讼法》第34条第1款	行政案件 (2个)
	43号	《国家赔偿法》第38条	
直接适用 (2个)	5号	《行政许可法》第15条第1款，第16条第2、3款，《行政处罚法》第13条，《行政诉讼法》第63条第1款，《立法法》第88条	行政案件 (1个)
	9号	《公司法》第20、183条	民商事案件 (1个)

通过上表可以发现，80% 左右的指导性案例（41 个）或者说它们的裁判要点都是对相关法条的解释，另有 9 个指导性案例涉及对相关条文漏洞的填补，2 个指导性案例是对相关法条的直接适用。此外，所有刑事案件都是解释型案件，所有的漏洞填补型案件都是民商事与行政案件。这无疑与这两个领域的性质有关：刑法领域"罪刑法定"的基本要求导致了刑事案件中不可能填补漏洞，而民商事与行政案件（领域）"法官不得拒绝裁判"原则则施加了续造法律依据的义务。这张图表总体上说明：指导性案例均以对各种性质之案件的解释为主要任务，而以对民商事与行政案件（领域）的漏洞填补为例外。但要注意的是，（狭义）解释与漏洞填补之间的区分并非绝对，而毋宁说只是程度性的。[1] 这一点尤其体现在，9 个填补漏洞的指导性案例运用的都是目的性扩张的方法。这种方法依然以制定法法条为基础，不同于自由度较大的其他造法活动，相比来说最接近于（狭义）解释。所以在宽泛意义上，我们可以将它们都称为"法律解释"。这一点从《规定》第 2 条对指导性案例的界定也可以看出来："本规定所称指导性案例，是指裁判已经发生法律效力，并符合以下条件的案例：①社会广泛关注的；②法律规定比较原则的；③具有典型性的；④疑难复杂或者新类型的；⑤其他具有指导作用的案例。"在这里，第一类案例主要涉及政治稳定与社会影响，最后一个是兜底性的条款，而中间三类都涉及制定法规范如何正确适用的问题：第二类涉及法律规范的具体化，第三类涉及法律规范的典型适用情形，第四类涉及对法律规范的特殊理解乃至补充，关键都在于正确解释规范的含义。更何况第一类与第五类案例的分类标准与其他三类并不统

---

〔1〕　参见［德］卡尔·拉伦茨：《法学方法论》，陈爱娥译，商务印书馆 2003 年版，第 246 页。

一，它们同样可能涉及法律解释问题。所以，指导性案例以（狭义）解释为主体，以补充立法的"解释"（目的论扩张）为边缘。

法律解释是法院的一项制度性功能（institutional function），并不依赖于立法的明文规定。这是因为，时至今日，"法律是一个没有漏洞的完美体系"的教条已经破灭，法律中充满了漏洞，它的表现就是法律所包含的诸多不确定法律概念与概括条款。表面上存在完整的法律规范，事实上却都需要法院在个案中再行"加工"或"具体化"。不对法律规范进行解释，则无法适用。所以，正如有学者所言，不确定法律概念与概括条款就是在授权法官自己创设规范，它们容许而且要求法官对于立法者所提出但却未回答的问题作出判断。[1] 判例就是法官在这种授权下，就个案所创设的规范。所以法官的裁判工作具有双重任务：解决纠纷与创设规范，后者可以说是前者的"副产品"。[2] 指导性案例作为特殊类型的判例，当然也要发挥法律解释这种制度性功能。并且就上述双重任务而言，指导性案例的情况恰恰可能颠倒过来，它的"主产品"反而是创设裁判规范，因为它的主要意图在于为嗣后案件的解决提供模板，而不在于解决本身的纠纷。[3] 裁判规范无疑是对被解释之制定法规范（法条）的具体化，所以，致力于创设裁判规范的指导性案例与制定法规范联系紧密，前者的拘束力至少部分地可以通过后者来

---

〔1〕　Heinrich Kruse, *Das Richterrecht als Rechtsquelle des innerstaatlichen Rechts*, Tübingen 1971, S. 7.

〔2〕　Heinrich Kruse, *Das Richterrecht als Rechtsquelle des innerstaatlichen Rechts*, S. 15.

〔3〕　有学者明确指出了指导性案例具有裁判规则生成的功能（参见张志铭："中国法院案例指导制度价值功能之认知"，载《学习与探索》2012 年第 3 期）。

得到证明。[1] 但解释是所有司法审判机关的制度性功能，所以依据上述思路，不独指导性案例，最高法院以往颁布的其他案例，甚至其他各级法院颁布的案例[2] 都可以从它们所解释的制定法规范那里获得部分拘束力。这说明，仅仅凭借法律解释这一制度性功能无法说明指导性案例的独特地位。

2. 作为规范基础的复合型确证

根据《规定》，指导性案例"由最高人民法院确定并统一发布"（第1条），具体来说是由"最高人民法院审判委员会讨论决定"（第6条）。因此，指导性案例如果想要获得一定的制度性权威的地位，它的决定主体即最高人民法院及其审判委员会，就必须得到制定法的授权。显然，制定法并没有对它们进行直接和明确授权。尽管如此，我们不难通过分析《规定》的内容与相关制定法条款来发现一种间接和隐含的授权。《规定》开篇即规定，本规定的制定依据是《中华人民共和国人民法院组织法》（以下简称《法院组织法》）等法律规定。而《法院组织法》的间接授权体现在两个方面：

一方面，依据宪法的规定，对制定法的解释原本属于全国人大常委会的职权，但1981年《全国人民代表大会常务委员会关于加强法律解释工作的决议》（以下简称《决议》）规定，"凡属于法院审判工作中具体应用法律、法令的问题，由最高人

---

〔1〕　也有学者反过来认为，指导性案例的效果在于通过在相似案件的裁判中反复适用相同的规则，强化规则的效力（汪世荣："补强效力与补充规则：中国案例制度的目标定位"，载《华东政法学院学报》2007年第2期）。但该文所谓的"效力"与本章所说的似乎并不一致，反而更贴近"实效"。

〔2〕　例如天津高院发布案例指导、江苏高院发布参阅案例、成都中院发布示范性案例、郑州市中原区法院发布先例判决等。参见天津市高级人民法院《关于在民商事审判中实行判例指导的若干意见（试行）》（津高法民二〔2002〕7号）；江苏省高级人民法院《关于建立典型案例发布制度加强案例指导工作的意见》（苏高法〔2003〕174号）。

民法院进行解释。"《法院组织法》第 32 条对此作了同样的规定。这说明，最高人民法院因明确授权而拥有了解释制定法的权力。前已述及，案例指导的作用在于正确解释和适用法律，它在本质上仍是一种法律适用的活动和制度，而指导性案例主要是用以明确制定法规范含义的解释型案例，并非普通法法系中具有新创法律规范功能的创造型判例。最高人民法院颁布指导性案例的活动实质上就是它行使解释权的活动，或者说颁布指导性案例是具体应用法律的解释的一种形式。但同时也要看到，通过指导性案例来解释法律并不等同于通过规范性文件（即通常所说的"司法解释"）解释法律。两者至少在形式、制定（认定）程序和所受监督三个方面存在差别。[1] 尽管如此，《决议》与《法院组织法》中由最高人民法院"进行解释"的"解释"一词应作广义理解：它只是规定了最高人民法院应用法律之活动的性质，并没有规定其形式。通过司法解释可以解释应用法律，通过指导性案例同样可以解释应用法律。所以，案例指导制度与司法解释制度是相互独立的司法制度，两者的功能都是通过解释为司法活动提供裁判规则。[2] 并且指导性案例与司法解释相比在解释力上更具优势，因为附有相关的案情，下级法院在理解相关条文时比之司法解释会更加准确。

另一方面，根据《规定》，指导性案例由"最高人民法院审判委员会讨论决定"（第 6 条）。而根据《法院组织法》第 10 条，法院设立审判委员会，它的任务是总结审判经验，讨论重大的或者疑难的案件和其他有关审判工作的问题。同时，《最高人民法院审判委员会工作规则》第 2 条规定，审判委员会的任

---

〔1〕 具体参见赵娟："案例指导制度的合法性评析——以《最高人民法院关于案例指导工作的规定》为对象"，载《江苏社会科学》2011 年第 6 期。

〔2〕 参见陈兴良："我国案例指导制度功能之考察"，载《法商研究》2012 年第 2 期。

务之一是"讨论、决定《最高人民法院公报》刊登的司法解释和案例",《规定》第6条则规定了《最高人民法院公报》是指导性案例的发布载体之一。指导性案例的原型虽然出自各级法院就具体案件所表示的法律见解,但是只有经由最高人民法院认定的判决才有可能成为指导性案例,并且指导性案例具体是由与合议庭之类的专职审判机关不同的审判委员会来挑选、讨论决定,而不是直接出自审判。此外,指导性案例的拘束力已经超越个案基础而具备类似于抽象规范的性质。所以在我国,案例指导制度已经成为一种由上而下的"法律见解控制体制"[1]。通过这种控制体制,最高人民法院审判委员会力图尽可能地解决庞大地域和复杂社会中存在的"同案不同判"和下级法院"裁量差异过大"的问题。就这一点而言,它的功能与司法解释以及《人民法院量刑指导意见(试行)》等规范性文件是一致的。

综合上面提到的《规定》第2条,可以认为,最高人民法院及其审判委员会已经具备确定和发布指导性案例的规范基础,获得了制定法的间接授权,因此其制度性权威的地位获得了隐性的认可。只是从历史的角度看,最高人民法院及其审判委员会能发布的案例并不限于指导性案例一类,其他类型的案例与指导性案例在拘束力上有何区别呢?

实际上,最高人民法院通过案例来解释制定法的实践远比

---

〔1〕 吴从周:"试论判例作为民法第1条之习惯法",载吴从周:《法源理论与诉讼经济》,元照出版公司2013年版,第50页。陈兴良教授也指出,成文法体制下的判例制度,应当是一种有别于立法的规则提供模式。但由于采取了行政性的管理方式,我国案例指导制度不具有规则自然生成的机制,因而丧失了其提供规则的独特性(陈兴良:"案例指导制度的法理考察",载《法制与社会发展》2012年第3期)。

指导性案例要早。[1] 纵观整个历史发展，解释型案例的发展可以分为四个阶段：第一个阶段是"编纂案例"阶段（20 世纪 50 年代至 1985 年）。最高人民法院成立后，曾通过编纂典型案例来总结审判经验。在 1956 年全国司法审判工作会议上，最高人民法院要求各级法院制作法律文书时应当援引编纂案例来证明裁判的基础，这意味着下级法院要受案例裁判规范的拘束。1962 年发布的《关于人民法院工作若干问题的规定》确定，最高人民法院选用的案例，以最高人民法院审判委员会决定的方式发给地方各级法院"比照援引"。从 1979 年开始，最高人民法院通过"最高人民法院文件"印发案例。第二个阶段是"公报案例"阶段（1985～2000 年）。1985 年 2 月，《最高人民法院公报》正式出版。《最高人民法院公报》的发行使得最高人民法院过去仅向法院内部印发、不对社会公开的司法解释、会议纪要等审判文件向社会全部公开。这开启了发布案例公开、透明的时代，也进入了案例指导法院审判工作制度化和规范化的过程。在 1986 年第 2 期《最高人民法院公报》发布的案例后，最高人民法院审判委员会强调公报案例可供各级法院"借鉴"。"借鉴"的含义也体现在随后最高人民法院文件中所使用的其他术语上，比如"权威性的指导作用"、"指导地方各级人民法院审判工作的重要工具"。第三个阶段是"公布案例"阶段（2000～2010 年）。1999 年《人民法院五年改革纲要》规定："2000 年起，经最高人民法院审判委员会讨论、决定有适用法律问题的典型案件予以公布，供下级法院审判类似案件时参考。"据此，最高人民法院开始有选择地向社会公布裁判文书，并发布了《最高人民法院裁判文书公布管理办法》（以下简称《办法》）

---

〔1〕 具体参见周伟："通过案例解释法律：最高人民法院案例指导制度的发展"，载《当代法学》2009 年第 2 期。

予以规范。《办法》规定，对有重大影响的案件的裁判文书，商请人民日报、法制日报等报刊予以公布；对具有典型意义、有一定指导作用的案件的裁判文书，不定期地在人民法院报、公报上公布；日常的裁判文书可随时在人民法院报网和最高人民法院开通的政府网上公布。同时规定，公报编辑部负责对裁判文书进行初选，办公厅对拟公布的裁判文书进行审核。必要时，报主管院领导审核。第四个阶段就是"指导性案例"阶段（2010 年至今），从最高人民法院发布《二五改革纲要》和《规定》至今，兹不赘述。为了便于直观化地对比，我们结合这四个阶段的相关内容绘表如下：

阶 段	类 型	决定主体	发布载体	是否公开	拘束力
20 世纪 50 年代 ~ 1985 年	编纂案例	审判委员会	"最高人民法院文件"	不公开	比照援引
1985 至 2000 年	公报案例	审判委员会	《最高人民法院公报》	公 开	借 鉴
2000 至 2010 年	公布案例	公报编辑部、办公厅、主管院领导	《人民日报》、《法制日报》、《人民法院报》、《最高人民法院公报》、人民法院报网、最高人民法院网站	公 开	参 考
2010 年 至今	指导性案例	审判委员会	《最高人民法院公报》、最高人民法院网站、《人民法院报》	公 开	应当参照

对比上表很容易发现，公报案例与公布案例均无规范拘束力，"借鉴"与"参考"表明这两类案例只能因其作为对相关法律的正确解释而对嗣后的法院裁判有说服力，嗣后法院可以运用案例中的解释观点来作为支持判决的实质理由。只是公布案例的数量和公布途径要比公报案例广，前者补充了《公报》发布案例数量少，难以适应通过案例对审判工作中具体应用法律问题解释的不足而已。[1] 另外，公布案例的决定主体并不是审判委员会，所以不具有立法的间接授权，无法具有制度性权威的属性。相对来说与指导性案例比较接近的是编纂案例，但是它们仍然不同：其一，"援引"这一术语似乎表明，下级法院在审判类似案件时有义务在判决书中引用相关编纂案例。但是"援引"并没有表明"如何"引用编纂案例，即是作为裁判依据来引用还是作为（实质）裁判理由来引用。如果法官只是有义务在判决书的说理部分引用编纂案例，却无义务将其用作裁判依据的话，它依然不具有法源的性质。其二，编纂案例只是颁布在"最高人民法院文件"上，并不对外公布。虽然案例主要是供各级法院审理案件时运用的，但案件审理的结果会影响到当事人甚至整个社会。如果案例不对外公布，但其决定的裁判结果却对公民的权利义务关系造成影响，就会有违"公布生效"这一现代法治社会的基本准则。所以，即使编纂案例的"援引"的确赋予其裁判依据的地位，但由于它的"秘密性"，也会影响它的效力。此外，从新中国成立初期一直到"文革"之前，全国人大及其常委会制定、批准的法律和作出法律问题的决定数量十分有限。这种"无法可依"的特殊背景决定了，编纂案例事实上作为人民法院裁判案件的成文依据扮演着替代

---

〔1〕 参见周伟："通过案例解释法律：最高人民法院案例指导制度的发展"，载《当代法学》2009 年第 2 期。

制定法的角色。但情形从改革开放以来早已改变，现在我国的法律体系已基本建成，所以历史背景已大不相同。

在这些区分的基础上，我们可以认为，"应当参照"的"应当"已经表明：最高人民法院对指导性案例的规范拘束力进行了自我确认，这种自我确认不同于以往任何一类案例。再加上《法院组织法》、《规定》以及其他相关规范性文件对于最高人民法院及其审判委员会之制度性权威地位的间接认可，这些法律规范与司法规范相互支撑，合在一起构成了一种对于指导性案例之规范基础的"复合型确证"。

3. 作为制度性实践的试行立法

但是，法律解释的制度性功能加上作为规范基础的"复合型确证"依然不足以完全来说明指导性案例的法源地位。如果我们比照德国判例，就会发现：一方面，德国判例同样借由对制定法的解释来获得拘束力，并且德国制定法上尚有明文的程序性规定来对偏离特定判例的行为作出调整，而这并不见于中国制定法；另一方面，即使如此，德国通说也只是认为判例具有价值拘束力却不是法源。所以，要证明指导性案例在中国比判例在德国具备更强的性质，仅前文阐释的两方面依然不足。为此，我们还需要离开制定法文本和司法文件的限制，从对最高人民法院制度性实践（institutional practice）的理解中寻求制度性权威得以确立的基础。这里所谓的制度性实践，指的是长期以来反复践行、契合体制与现实，并获得了实质正当性的创设制度结构的实践。虽然指导性案例颁行时日尚短，还无法有效观察到指导性案例背后制度性实践的具体运行情况，但我们可以它的"孪生兄弟"司法解释为例来洞察这种实践的意义，因为两者具有实践功能上的同构性。

尽管官方的表达与惯常的法律思维都告诉我们，作为审判机关，最高人民法院只是对"法院审判工作中具体应用法律、法令的问题进行解释"。但是，法律规范"不够具体"与规范"有漏洞"之间并不存在截然可分的界限。所以，就一般性质而言，作为"具体化"制定法条文的解释与作为"续造"制定法的漏洞填补之间的界限无法做到泾渭分明。就中国的特殊情形而言，长期以来，受"立法易粗不宜细"的指导思想和立法机关的专业性偏低的影响，我们的法律除了极少数例外，往往都是简约型的，充斥着大量的一般性条款。一部制定法的总字数可能还赶不上一个司法解释的篇幅。这种简约型的法条构造技术在一定程度上促成了所谓围绕法律的"根茎结构和多维进化"状况。[1] 更准确地说，也不是法条构造技术造成了这一结果，因为法条构造技术本身也只是总体权力运作网络有意安排的结果。虽说全国人大常委会承担立法解释的职能，但事实上，除了在刑法领域，它并不进行立法解释。"立法的有意沉默"与"禁止司法沉默"[2] 之间形成了基本的张力关系。同时，作为立法解释与司法解释之区分基础的规定——"法律、法令条文本身需要进一步明确界限或作补充规定的"问题与"法院审判工作中具体应用法律、法令的问题"——不论在理论上有无证立的可能，至少在实践中是被废弃不用的。这样一种法条构造技术与法律解释的实践表明，最高人民法院实际上的立法功能很可能已经成为我国立法权力运作机制的一个有机组成部分，甚至是必不可少的组成部分。婚姻法的实践就是一个非常恰当的例证。从1980年婚姻法制定到2001年婚姻法修订这21年间，司法解释领域已经积累了婚姻关系方面的大量经验素材，在2001年修订婚姻法的时候，这些经验素材经过筛选，有选择地

---

〔1〕 这一说法参见季卫东："法典编纂的试行"，载氏著：《法治秩序的建构》，中国政法大学出版社1999年版，第163页。

〔2〕 〔德〕卡尔·恩吉施：《法律思维导论》，郑永流译，法律出版社2004年版，第170页。

进入了法律的条文之中。这个反馈过程类似于归纳法。并且，在新法修订之后最高人民法院在同一年就颁行了婚姻法司法解释（一），启动了新一轮的法律发展过程。新法修订两年后，最高人民法院又出台了婚姻法司法解释（二），用了极大的篇幅对婚姻关系中的财产问题进行界定。像婚姻法文本中开放性的兜底条款"其他应当归共同所有的财产"，也在这个解释中得到具体化（这其实已相当于"补充规定"了？）。这个过程在性质上是一种"实验式的法形成机制"[1]。归结起来看，全国人大与最高人民法院之间围绕立法所形成的结构性关系是非常鲜明的。它们是往返反馈的一种合作机制：简约的法条构造技术以及立法解释行动的自我休止形成了一种授权的事实，最高人民法院及整个法院系统由此担负起经验性的立法实验的任务，并在一定的时间和阶段，将分散的司法经验素材进行系统化。这种归纳工作在新一轮的法律修订时获得再一次的系统化。但这次系统化又仍然是谨慎的、有选择的，并不是所有的司法经验都能进入法律文本；在这个再系统化阶段终结以后，新一轮的实验又继续开始了。但是，在系统化之后，并不是说之前的司法解释就必定没用了。因为再系统化的吸收往往很有限，仍然会留下大量未作规定或未予明确的空间，除了被明确废止的司法解释或解释条文外，我们（也包括各级法院）很难判断此前的司法解释哪些确凿地失效了，哪些没有。因此，在一次或若干次再系统化之后，司法经验仍然以自身特殊的形态"存活着"。

这就是最高人民法院的试行立法，而以解释之名来行试行立法之实俨然成了中国真实立法的制度性实践。这种实践根植于全国人大和最高人民法院之间合作反馈式的"法律创生结

---

〔1〕　〔德〕莱因荷德·齐佩利乌斯：《法哲学》，金振豹译，北京大学出版社2013年版，第91页。

构", 这种结构得到了体制的认同和鼓励, 也获得了社会的普遍认可。[1] 因此具备了实质正当性。同时也要看到, 在这种立法权的分配与合作机制中, 立法机关当然更具优势。这不仅体现在最高人民法院进行再行补充立法 (制定司法解释) 的出发点与框架是由立法机关 (制定法) 所提供的, 也体现在再系统化对司法经验的选择权同样在立法机关手里。同时, 立法机关还可以通过立法或立法解释来废止和推翻司法解释。所以, 作为在制度位阶上较低的一方, 最高人民法院要担负起的只是 "试行立法" 的功能。

与此类似, 作为法律解释的另一种形式, 指导性案例在最高人民法院那里所扮演的角色与司法解释大致无二。尤其是, 如果我们将司法解释文件中的条款与指导性案例的 "裁判要点" 进行比对的话, 就会发现两者几乎没有什么区别。可以设想, 如果等相关的指导性案例积攒得足够多, 对 "裁判要点" 稍加语言和编排上的修饰, 然后分门别类地对其加以系统化的话, 无疑就可以制定出一部司法解释。我们也可以想见, 作为分散的司法经验素材, 指导性案例的要点在立法机关对相关制定法条文进行修订的过程中同样可以被吸纳进去, 在开放与闭合的合作反馈式机制中担负起 "试行立法" 的功能。当然, 更可能的惯常途径是, 当某一领域的指导性案例积累得足够多之后, 它们的裁判要点将首先被纳入到司法解释之中, 然后司法解释通过再系统化被纳入到立法之中。当然, 在前一个环节中同样可能存在筛选的过程。[2] 在这种情形中, 指导性案例无疑是

---

〔1〕 一个侧面的例证来自婚姻法司法解释 (三)。在正式公布前, 最高人民法院就婚姻法司法解释 (三) 公开征求意见, 这实际上已经是变相地表明自己就是在立法, 这个过程相当于广场上的一次立法会议, 即使以解释之名来进行。而从反应来看, 除了个别的专业人士作出负面评价外, 大部分社会公众都默认了这种司法式立法, 尽管他们对于具体条款有争执和辩论。

〔2〕 有学者称指导性案例与司法解释为 "交叉关系" (张骐: "指导性案例中具有指导性部分的确定与适用", 载《法学》2008 年第 10 期)。

"试行立法的试行立法"了。所以，案例指导制度是最高人民法院乃至整个法院系统的试行立法的一部分，是中国式法律创生结构的一个节点。"立法权只是拥有立法的优先权，而不是立法的独占权"[1]。最高人民法院通过颁布指导性案例的试行立法行为并没有侵犯全国人大的权力，因为最高人民法院相对于全国人大在法律创生结构中位阶较低。借由颁布指导性案例的制度性实践，最高人民法院进一步强化了其制度性权威的地位，这反过来又增强了指导性案例之拘束力的规范性。

4. 小结

综上，指导性案例的拘束力来自三个方面：首先，来自它的制度性功能即法律解释，正因为指导性案例是对制定法条文的解释型案例，所以它的拘束力部分来源于它解释的对象；其次，来自法律规范的复合型确证，制定法的间接授权、最高人民法院的自我确认以及其他规范性司法文件相互支撑，构成了拘束力的规范基础；最后，来自中国法律创生结构中的制度性实践即试行立法，指导性案例作为试行立法的一部分强化了最高人民法院的制度性权威地位，增强了拘束力的规范性。将这三个方面合在一起，可以认为指导性案例已经获得了某种法源的性质。

但是，这种法源性质毕竟无法与制定法相比。中国并不像美国那样拥有法官造法的传统，最高人民法院作为司法机关并不天然享有立法权，它只能借助于"解释"之名来造法，而解释又必须与作为立法产物的制定法条文挂起钩来。同时，试行立法在很大程度上也依附于立法本身。所以，最高人民法院的制度性权威是以制定法为中介附属于立法机关的，它是一种附属的制度性权威（subordinate institutional authority）。它所颁布的

---

　〔1〕　Martin Kriele, *Theorie der Rechtsgewinnung*, S. 196.

指导性案例虽具有规范拘束力，但由于是从制定法中引申出和间接获得的，所以与制定法的规范拘束力相比肯定要来得弱（weak normative bindingness）一些。所以，指导性案例是中国法院的司法裁判中基于附属的制度性权威并具有弱规范拘束力的裁判依据。为了与原本的法源（如制定法）相区别，我们不妨将指导性案例称为"准法源"（quasi - legal source）。

（二）法源分量论

"准法源"的性质表明指导性案例具有一定的规范拘束力。它体现在：其一，指导性案例构成了下级法院审理案件的裁判依据，而不仅仅是进行裁判说理所借助的实质理由。如果法官在审判中使用了指导性案例，或者法官在审判中对当事人提出的先前案例没有予以采纳，都应当在判决文书中说明。[1] 如果是前一种情形，法官应当直接援引指导性案例，将其作为与制定法条文和司法解释相并列的规范依据。[2] 有论者认为，指导性案例不能被裁判文书直接援引，[3] 它只能体现在法官履行审判职责，形成内心确认时，对法官裁判同类或类似个案产生影响。[4] 这种观点实际上是将指导性案例置于法官之"裁判动机"的地位，无疑与其规范拘束力不符。并且，如果禁止在判决文书中援引指导性案例，上级法院就无法有效地对下级法院判决的合法性进行审查，进而影响指导性案例效力的发挥。如果是后一种情形，它就应当成为当事人重要的上诉事由，并且

---

〔1〕 参见张骐："指导性案例中具有指导性部分的确定与适用"，载《法学》2008 年第 10 期。

〔2〕 更详细的论证参见宋晓："判例生成与中国案例指导制度"，载《法学研究》2011 年第 4 期。

〔3〕 参见胡云腾等："统一裁判尺度 实现司法公正：《关于案例指导工作的规定》的解读"，载《中国审判新闻月刊》2011 年第 1 期。

〔4〕 参见胡云腾等："《关于案例指导工作的规定》的理解与适用"，载《人民司法》2011 年第 3 期。

为上级法院审查下级法院的行为是否属于对指导性案例的正当"偏离"提供线索。其二，指导性案例同样构成最高人民法院审理案件的裁判依据。指导性案例虽然是由最高人民法院颁布的，但它的决定主体是最高人民法院审判委员会。最高人民法院各审判庭审理类似案件时，同样有义务去遵从指导性案例。如果某个审判庭想要摆脱指导性案例的束缚，或者各审判庭之间围绕指导性案例发生争议，应当报审判委员会解决，而不能自行"推翻"它。其三，指导性案例的规范拘束力使得它有别于最高人民法院颁布的其他案例以及其他各级法院颁布的案例（无论是否冠以"指导性案例"之名）。虽然审判机关所颁布的裁判文书都被叫作"案例"（case），但是从法源性质和效力的角度而言，指导性案例与其他案例并不属于同一类型。因为其他案例包括最高人民法院颁布的公报案例和公布案例，均非法源，至多只具有价值拘束力。它们无法作为审判活动的裁判依据，最多只能成为判决文书中裁判理由的一部分。

但另一方面，指导性案例的规范拘束力又是"弱"的。这体现在：其一，司法裁判可以基于形式理由偏离指导性案例。指导性案例在法源等级序列中的地位要低于制定法与司法解释。在我国的审判实践中，制定法固然是最重要的法源，司法解释亦已取得了法源的地位。1981 年全国人大常委会《关于加强法律解释工作的决议》、《法院组织法》直接通过立法赋予了最高人民法院司法解释权，《各级人民代表大会常务委员会监督法》对司法解释备案程序的规定则进一步承认了司法解释作为规范性法律文件的性质。此外，《关于司法解释工作的规定》第 5 条规定，最高人民法院发布的司法解释，具有法律效力。《最高人民法院关于执行〈中华人民共和国行政诉讼法〉若干问题的解释》第 62 条规定，人民法院审理行政案件，适用最高人民法院司法解释的，应当在裁判文书中援引。这些规范合在一起，赋予了司法解释明确的法源地位。更何况与指导性案例一样，司法解释也有法院的制度性功能与试行立法的制度性实践的支撑。这意味着在司法裁判中，指导性案例的法源分量要低于制定法和司法解释。假如它与现行制定法或司法解释相冲突，法官就可以在判决文书中不予适用。此外，当相关立法与司法解释发生变更，致使指导性案例与变更后的制定法或司法解释相冲突时，法官同样可以不予适用。因此，当指导性案例与制定法、司法解释相冲突时，即具备被偏离的形式理由，前者即丧失拘束力。这是其"弱"规范拘束力的体现之一，也是《规定》中所谓"应当参照"之"参照"的内涵之一。其二，司法裁判也可以基于实质理由偏离指导性案例。"应当参照"的"参照"还赋予了法官实质判断的权力，即他可以对指导性案例适用于当下案件是否正当的问题作出判断。如果他有充分理由来偏离指导性案例并能进行充分的证立，就应当允许偏离。实质理由在现实中极尽多样，无法在理论上作一无遗漏的类型化，只能委诸个案判断。但是，反过来说，运用实质理由偏离指导性案例的可能在很大程度上取决于特定指导性案例本身规范拘束力的大小。受到各种因素的影响，各个指导性案例的分量可能不尽相同。

参考美国和德国理论和实务所提出的主张，我们可以认为存在这样一些影响中国指导性案例之分量的因素：①政治、经济或社会背景的变迁。当下的中国依然处于社会转型时期，社会转型的特征体现在经济增长持续、社会观念激变、各项改革迭出、民主化进程发展迅速等所有社会现象中。[1] 这种大背景导致了中国法律频繁被修正和废立，相应的司法解释也不断自我调整。同样，承担解释和试行立法功能的指导性案例也必然

─────────

〔1〕 参见袁曙宏、韩春晖："社会转型时期的法治发展规律研究"，载《法学研究》2006 年第 4 期。

会受到这一背景的影响。一旦当政治、经济或社会背景发生较大变动，相关指导性案例的分量必然会下降。②指导性案例的存在时间。假如某个案例存在时间较长，且在实践中被偏离的情形相对极少，那么它的分量就较大。因为这样的案例承载着较大的预期价值和对公民行动的信赖保护。反之，假如某个案例公布不久即被修正，它就只有较小的分量或基本丧失分量。③指导性案例是否代表某种整体趋势。假如某个案例被各级人民法院，尤其是最高人民法院自己在审判活动中反复援引，这就表示这个案例中的观点已经成为"司法惯例"，它的分量就比较大。假如在整体上存在相反趋势，例如最高人民法院各审判庭对于大量争点相近案件的裁判与某个指导性案例相左，即使后者并未被修正或推翻，它的分量也将会下降。④是否存在对判决的学术批评。如果学界对于某个指导性案例批评激烈或者争议很大，一定程度上也会影响它的分量。因为这表示它所代表的观点没有成为法律人共同体的"法学通说"[1]，没有在法教义学上取得稳固的地位。⑤相关领域的法律制度变迁。比如，虽然指导性案例所直接涉及的法条并没有改变，但相关领域的法律制度已经发生变化，此时案例依然有效力，但其分量已然下降。⑥案例所涉及的法律部门。通常来说，刑法与行政法涉及国家公权力对于公民人身自由及其利益的影响，所以刑事指导性案例与行政指导性案例要比民商事指导性案例得到更为严格的遵从，但偏离案例有利于被告人和行政相对人的除外。这与保护人权的当代法治精神是一致的。

相反，如下因素则对指导性案例的分量没有影响：①在司法判决中是否存在"不同意见"。由于在中国的司法裁判中，案

---

〔1〕　正如黄卉教授指出的，通说依赖的"检验系统"就是学界和司法界之间的良性互动（参见黄卉："论法学通说"，载《北大法律评论》2011年第2期）。

件结论是合议庭通过少数服从多数的原则形成的，在判决书中并不标明"多数意见"、"协同意见"和"不同意见"的区分，所以无法确知判决是全体一致的见解抑或存在相左的意见。并且，"讨论并决定"指导性案例的最高人民法院审判委员会也是根据多数决原则来工作的，并不将有无分歧的问题呈现于公众面前。所以，是否存在少数人的不同意见不影响指导性案例的分量。②审判委员会的组成及其成员的素养。与美国司法系统拥有众多的"明星法官"不同，中国的司法体制并不突出法官个人的影响。所以审判委员会组成的专业结构及其成员个人的业务素养虽然对指导性案例的实质合理性有意义，但在效力的层面上并无影响。此外，由于指导性案例统一由最高人民法院审判委员会决定，其他机构（审判庭、研究室、案例指导工作办公室等）均无此权限，所以并不存在因作出决定的组织不同而影响其效力的情形。

司法裁判可以基于实质理由偏离指导性案例。但为了保障指导性案例"法律见解控制体制"的功能不至于轻易丧失，需要对下级法院偏离的行为从程序上加以控制。具体来说包括两个方面：其一，如果下级法院认为当下案件存在指导性案例中未考虑到的特殊情形，而又可以基于这些特殊情形提出实质理由来作区分对待的，需要在判决书中详细载明并加以充分论证。当事人不服的可以提起上诉，并且应当允许上诉突破审级限制，以最高人民法院为终审机关。这其实给予了指导性案例一种可废止的拘束力。其二，如果下级法院在审理案件过程中发现，特定指导性案例应当予以修正甚至被推翻的，应当报请最高人民法院审判委员会决定。[1] 报请应成为延长诉讼期限的法定理由。这是指导性案例之可推翻或修正的拘束力的体现。

---

[1] 相似的观点参见蒋惠岭："建立案例指导制度的几个具体问题"，载《法律适用》2004 年第 5 期。

综上，指导性案例既可以基于形式理由，也可以基于实质理由被偏离。前一种情形是因为指导性案例违背了法律（contrary to law），[1] 后一种情形则是因为它违背了理性（contrary to reason）。[2] 这两种情形合在一起构成了"应当参照"之"参照"的内涵。因此，指导性案例只是一种条件式的权威性案例，而非绝对的权威性案例。[3] 它并不具有严格的规范拘束力，而只拥有一种弱的规范拘束力。

四、结语

行文至此，我们已经基本明确了指导性案例的法源地位。它是中国法院的司法裁判中基于附属的制度性权威并具有弱规范拘束力的裁判依据，因此既不同于判例在美国法院或德国宪法法院那样的法源地位，也不同于判例在德国其他法院中被作为非法源来对待的境遇，而是走的中间道路。"应当参照"这个看上去自相矛盾的术语实际上已经一语道破天机：一方面，指导性案例已经获得基于（附属的）制度性权威的规范拘束力，因而不同于至多仅具有价值拘束力的其他案例，此为"应当"的蕴义；另一方面，指导性案例所拥有的规范拘束力又相对较弱，它的分量要低于制定法及司法解释，也可能因实质理由而被偏离，此为"参照"的内涵。所以，"应当"指向的是指导性案例的法源性质，而"参照"指涉的则是它的法源分量，两者并不在同一层次上。[4] 因此本章将指导性案例定位于"准法

---

〔1〕　此处的"法律"当从广义上理解，既包括制定法也包括司法解释。

〔2〕　萨尔蒙德认为，这是判决错误的两种情形（John Salmond, The Theory of Judicial Precedents, p. 381）。

〔3〕　这一区分参见 John Salmond, The Theory of Judicial Precedents, p. 380.

〔4〕　谢晖教授认为"应当"与"参照"的规范属性不同因而无法搭配（谢晖："'应当参照'否议"，载《现代法学》2014 年第 2 期），但本章的理解与此不同，因为只有"应当"表明了指导性案例的规范属性，参照只是表明了它作为裁判依据的分量，两者可以并列。

源"的地位。它在中国法院司法裁判的法源谱系上大体位于这样一个序列之中:[1]

[宪法–法律–行政法规–地方性法规–司法解释]–[指导性案例]–[最高法院公报案例–其他案例]

法　　源　　　　　　　　　　准法源　　　　　　　非法源

尽管如此,应当指出,法源与准法源、准法源与非法源之间的边界是流动的。因为制度性权威并不是个"有或无"截然二分的事物,权威拘束力的规范性浓度也是个不间断的连续体。权威地位的获得是一个持续不断的非正式过程的结果,在这个过程中,当某些渊源一再被运用和接受时,它就不断积累起了权威性[2] 从历史的角度看,无论是美国联邦最高法院还是德国司法系统的实践都证明了这一点。因此,说服性权威可能会随着司法实践演变为附属的制度性权威,而附属的制度性权威也可能会随着司法实践最终演变为制度性权威。在这个过程中,某些渊源一开始可能并不具有规范拘束力,但随着司法实践的反复援引,它们的拘束力的规范性浓度会不断增强,直到最后拥有较强的效力。在此意义上,法律渊源的范围究竟有多大,最终取决于一种由法官、律师、法学家和其他法律人共同参与的持续不断的实践。

---

〔1〕 在此我们没有考虑三种"法源"即习惯法、规章与国际条约和惯例。原因在于:其一,习惯法与其他法源的关系十分复杂,无法直观地在序列中表现出来;其二,规章的适用,尤其是它与司法解释之间的关系争议很大,但它只是在行政诉讼中始有适用的可能,所以以一般化的法源序列中我们可以忽略;其三,国际条约和惯例有转化和并入的问题,并且在国内法院中适用的比例并不太大,所以也暂时可以不考虑。对于这些渊源的地位及其适用问题,当另撰文论述之。

〔2〕 See Frederick Schauer, *Thinking Like a Lawyer*, p. 80.

下　编

从法律方法到法治

第五章　法律论证中的权威与正确性

　　法律人的日常工作在于将法律规范适用于个案，获取一个具体应然之法律判断,[1] 此即为法律适用。法律适用可以从"法律发现"与"法律证立"两个层面进行检验。就司法实践而言，相较于裁判者实际上如何发现与个案相关的法律决定，无疑更重要的是如何去证立此一结论。证立法律决定的过程就是法律论证（juristische Argumentation）。简单地说，法律论证就是举出法律上的理由与事实上的理由来支持某个法律决定。[2] 从这个角度而言，法律适用并非从前提出发顺推出结论的简单过程，而毋宁说是立足于通过法感或前理解已获得之法律决定，逆向去寻找法律依据与事实理由的复杂活动。为了把握这一复杂活动，有必要将它的各要素及其关系以形式化的方式展现出来，而学说史上的经典展示就是所谓的"图尔敏模式"（Toulmin Modell）。它的结构如下:[3]

---

　　〔1〕　Karl Engisch, *Logische Studien zur Gesetzesanwendung*, 2. Aufl. , Heidelberg 1960, S. 3.

　　〔2〕　必须指明，"法律论证"的这一界定是以"司法裁判"为中心的。而广义的法律论证除了司法论证外，尚包括立法论证、法学论证等。但这里所谓的法律论证仅指司法论证这一最为典型的场景。

　　〔3〕　参见 Stephen Toulmin, *The Uses of Argument*, updated edition, Cambridge 2003, p. 96. 为了后文术语的协调，本图运用的字母与原文略有不同。

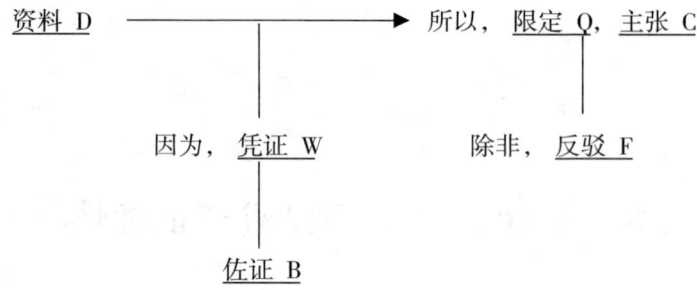

　　图尔敏模式尽管是关于普遍实践论证的结构图示，但由于图尔敏是以法律论证作为实践论证之典范的，因而这个模式最典型的适用场合就是法律论证。它涉及 6 个要素：①在法律论证活动中首先要提出某个法律决定，即"主张 C"；②对于这种主张必须给出根据，当论证参与者追问"你有什么根据"时，提出主张者就需给出事实"资料 D"，它表现为事实命题；③参与者会接着进一步追问"你是如何从资料得出主张的"，此时就要提出法律命题，即"凭证 W"，它具有"如果 D，那么 C"的形式；④资料与凭证合起来构成了通常所说的前提，它们对主张 C 的支持有着不同的强度，有时是"必然的"，有时是"可能的"，有时则是"可推定的"，这些强度在结论中表示为"限定 Q"；⑤有时当某些条件成就时凭证不得不被驳回，"反驳 F"表示的是凭证被驳回的条件；⑥而"佐证 B"是对凭证 W 进一步的证立，它要回答的问题是"为什么凭证 W 可以适用于某一特定案件"。

　　若以随后发展出来并已成为通说的证成结构理论来作区分，那么从事实命题 D 与法律命题 W 推导出结论"限定 Q，主张 C"的过程无疑属于内部证成（interne Rechtfertigung）的层次；而佐证 B 与反驳 F 则属于外部证成（externe Rechtfertigung）的层次。前者涉及的是从既定前提中推导出作为结论的法律决定的有效性问题，而后者涉及的则是这些前提本身的正确性或可靠性问题。[1] 这里感兴趣的问题位于外部证成的层面：法律命题W 何时才是一个站得住脚的（justified）或有效的（valid）前提？由于 W 的有效性取决于支持它的佐证 B 与反对它的反驳 F，所以这一问题又可被分解为两个子问题：其一，佐证 B 如何才能证立法律命题 W？其二，反驳 F 又如何能为法律命题 W 创造例外？

一、法律论证中的权威

（一）两种理由

论证活动中的一切直接或间接地用以支持主张或结论的前提都可以被视为理由。佐证也是一种理由，只不过它是通过支持法律命题 W 来间接地支持主张 C 的理由。佐证的直接效果在于证明，法律命题 W 是一个有效的命题。它是如何做到这一点的？

从性质上讲，佐证可能是一种实质理由（substantive reason）。实质理由是一种通过其内容来支持某个法律命题的理由。它的支持力完全取决于内容而非其他条件。[2] 实质理由可以是有关道德的、经济的、政治的实践陈述，其中最重要的是道德理由。也就是说，实质理由用以支持某个法律命题的方式是指出这个命题的内容上的正确性。实质理由又可以进行进一步的区分：假如它指出，某个命题之所以应当被作出是因为它能带来某个好的效果（目标），那么它就是一种目标理由（goal reason）；而如果它指出，某个命题之所以应当被作出是因为它就

---

〔1〕 Jezy Wróblewski, Legal Decision and its Justification, in: H. Hubien（Hrsg.）, *Le Raisonnement Juridique*, *Akten des Weltkongress für Rechts - und Sozialphilosophie*,, Brüssel 1971, S. 412. 显然，图尔敏模式只涉及了对于法律命题 W 的外部证成，而没有涉及对于事实命题 D 的外部证成。但这一点并非此处的核心，故而不作具体阐述。

〔2〕 Aleksander Peczenik, *On Law and Reason*, Dordrecht〔u. a.〕1989, p. 313.

是正当的或善的，它就是一种正当理由（rightness reason）。[1] 例如，对于"不得杀人"这个命题，一种佐证是指出它是实现社会秩序的重要手段；另一种佐证是指出它本身就是正当的要求。因此，通过指明法律命题的内容来证明它本身之有效性的方式可称为"**基于内容的有效性**"。

佐证也可能是一种权威理由（authority reason）。权威理由是因其他条件而非其内容来支持某个法律命题的理由。[2] 与实质理由相比，权威理由用以支持法律命题 W 的依据不在于其内容本身而在于其形式方面的条件，其中最重要的就是 W 的"来源"（source）。法律渊源是最重要的权威理由。例如，对于"不得杀人"这个命题为什么有效，我们的回答也可以是"因为某个现行制定法规则 N 规定了它"。此时，我们是通过诉诸立法权威而不是其内容的正确性支持了这个命题。作为权威理由之佐证的内容在于指明法律命题 W 的权威性来源，这种权威性在阻断了对 W 的内容本身正确性的追问的同时赋予了 W 表面有效性，这可以被称为"**基于来源的有效性**"。接下去我们将先来检视作为权威理由之佐证的内容及其效果，而将对实质理由的考察放在下一部分。

（二）权威性框架及其效果

法律论证是一种特殊的普遍实践论证。[3] 一方面，法律论证与普遍实践论证一样，最终都涉及应为、勿为、可为等**实践**

---

〔1〕 如果要对正当（rightness）与善（goodness）作进一步区分的话，那么正当理由也可以进行相应的细分，但这已不是本章的主要议题了。关于这种区分参见 Jürgen Habermas, *Between Facts and Norms*, trans. by W. Rehg, Cambridge 1996, p. 108.

〔2〕 Aleksander Peczenik, *On Law and Reason*, p. 315.

〔3〕 阿列克西将其称为"特殊情形命题"（Sonderfall These），参见［德］罗伯特·阿列克西："特殊情形命题"，载氏著：《法：作为理性的制度化》，雷磊编译，中国法制出版社 2012 年版，第 78~79 页。

问题。[1] 实践问题的核心在于规范性命题的证立，也就是"什么样的行动是正确的"（这一点将在后文中作进一步论述）。无论如何，为行动之对错提供理由是任何实践论证活动的要旨，它属于实践理性的范畴。另一方面，法律论证所追求的正确性有别于普遍实践论证所追求的正确性，它不涉及绝对的正确性，而是在现行有效的法秩序框架内什么是正确的。在现行有效的法秩序框架内什么是正确的，在本质上取决于什么被权威与制度性地固定下来。因此，与其他普遍实践论证（尤其是道德论证）相比，权威理由在法律论证中所占的分量尤其大。这是因为，法律论证最后导致的不是简单的建议或提议，而是由法院作出的、被强力所保障（假如必要的话）的确定裁判。[2] 这种裁判会对当事人的权利义务产生重大甚至是不可逆转的影响。因为它往往在特定范围内对当事人的行为附加了公共强制制裁，这种制裁的效果轻则剥夺财产，重则剥夺生命。因此，它必须要以一套事前就已大体确定的权威规范为依据。如此，当法院依据这套规范对当事人的行为进行处罚时，才不会违背"禁止事后法"与"可预测性"这两项法治的基本要求。从这个角度而言，法律论证必须以现行法秩序为根本前提，因而呈现出明显的"适用"而非"创造"的特征。在现行法秩序中，权威规范最典型的来源是制定法与先例。它们构成了约束法律论证的

---

〔1〕　在英美法律理论中，普遍实践论证也被称为实践推理（practical reasoning）。

〔2〕　［德］罗伯特·阿列克西："特殊情形命题"，载氏著：《法：作为理性的制度化》，雷磊编译，中国政法大学出版社 2002 年版，第 77 ~ 78 页。

权威性框架的主要部分。[1]

权威性框架导致了法律论证上的两种效果。其一，它导致了法律论证之正确性或理性的相对化。法律论证的正确性是受到有效法秩序约束的正确性，它的任务在于获得这样一种司法裁判，即在有效的制定法规范的框架内，考虑到先例及受到经由制度化运行的法学获得的教义学约束的情况下，能被证立为正确或理性的司法裁判。[2] 这说明在通常情况下，对于法律命题 W 而言，法律论证只要求它在现行法秩序的权威性框架内是有效的即可。也即是说，只要 W 最终能够以制定法与先例这样的权威理由为依据，主张 C 就会被认为是正确的——相对于现行法秩序（法律论证在其中进行）是正确的。可以说法律的理性是一种"有限制的理性"。其二，它导致了论证负担的转移。制定法与先例为法律论证提供了权威的法律规范。权威理由在很大程度上构成了法律规范及其内容（即法律命题）[3] 之间的"挡板"，它使得法律规则具有了不透明性（opaqueness）。[4] 在其他普遍实践论证中，证立具有可传递性，即如果 A 能证立 B，B 能证立 C，那么 A 就能证立 C。假如不得杀人是因为它是道德

---

〔1〕 当然，有不少论者会认为，法律论证的权威框架并非仅由这三个部分构成，它还包括了诸如教义学、习惯、立法材料、外国法、国际法等通常也被归为"法的渊源"的部分（See Aleksander Peczenik, *On Law and Reason*, pp. 330ff.；Aulis Aarnio, *Essays on the Doctrinal Study of Law*, Dordrecht〔u. a.〕2011, pp. 150 – 151）。但一则这不是本章讨论的主题，二则无论如何在现代各国制定法与先例都是权威来源的主体。

〔2〕 参见〔德〕罗伯特·阿列克西："程序性法律论证理论的理念"，载氏著：《法 理性 商谈》，朱光、雷磊译，中国法制出版社 2011 年版，第 99 页。

〔3〕 法律命题与法律规范的区别在于，前者属于语义学的范畴（语言），而后者属于本体论的范畴（存在）。在法律论证中，作为论证结论之直接前提的是语义学范畴的规范性命题，但权威理由用以证明规范性命题正确的方式恰恰是指出它的来源，后者进入到了存在的范畴。

〔4〕 Cf. Joseph Raz, Reasoning with Rules, in his *Between Authority and Interpretation*, Oxford 2009, p. 205.

上善的行为（或者杀人是道德上的恶行），而之所以它是道德上善的行为是因为它是维系社会秩序的条件，那么维系社会秩序就是不得杀人的理由。但法律规则的不透明性则意味着这种可传递性不能维持。[1] 维护立法的权威是某个制定法规范 N（它规定了"不得杀人"这个法律命题）有效的理由，但维护立法的权威并不是法律命题"不得杀人"正确的理由。运用权威理由的论证是一种不涉及内容的论证，指明法律命题的来源就切断了向其内容正确性去寻求有效性的可能。当我们去问为什么法律命题 W 是正确的时候，答案在于：因为 W 是某个制定法规范规定的（来自立法权威），或者它是某个先例确立的（来自司法权威）。从而法律论证的负担发生了从个别到整体的转移：不是某个法律规范的内容本身而是它的来源决定了它的有效性。

（三）权威的初步证立

法律命题的来源是支持它的理由，这意味着对来源的"指明"（instruction）本身也构成了一种宽泛意义上的证立，但是这只是一种初步证立。因为我们可能会接着去追问：为什么来源于制定法与先例的规范就要得到遵守？或者说，为什么要服从这些权威？这样的问题涉入了深度证立的领域，它涉及权威的正当化问题。这本身是无法再用权威理由（制度性理由）来进行证立的，需要再次运用实质理由。它可以是一般化的证立，即在一般性的意义上对"正当权威何以可能"作出回答；[2] 也可以是对特定权威的额外证立，如为什么要服从先例。对此可以想见，最典型的实质理由有司法实践的统一性（同案同判的

---

〔1〕　Joseph Raz, Reasoning with Rules, pp. 213–214.

〔2〕　典型代表为拉兹的"服务性权威观"（See Joseph Raz, *The Morality of Freedom*, Oxford 1986, pp. 41ff. ）。

要求)[1]、司法经济原则、上级法院的专业性等[2] 这些实质
理由越多，先例作为权威就越正当。要指明的是，这些实质理
由不同于支持权威理由所指向之法律命题的实质理由，因为它
们对于权威的证立与权威或其他实质理由对于法律命题的证立
完全是两个问题。

在大多数情形中，司法活动中的法律论证止步于初步证立，
深度证立更多出现于学术理论的论证之中。在司法论证中，诸
如同案同判、司法经济这样的道德原则已经为人们所普遍接受，
构成了隐含的前提，一般不会被质疑和论证。因此，在司法论
证中权威理由发挥作用的方式仅仅是指明其来源。但这种来源
的性质是不同的，其中制定法属于规范权威，而先例属于事实
权威。两者的区别在于，规范权威存在明确的规范授权关系，
而事实权威来自于经验事实。制定法的权威来自于立法，而一
种创制规范的活动是否属于"立法"，取决于它有没有获得规范
的授权，这类规范被称为权能规范（norms of competence），它
们规定了谁有权制定何种类别的法律规范（主体权能）、立法要
遵循的程序（程序权能）以及立法的范围即规范的对象、情形
与主题等（实体权能）[3] 相反，事实权威并没有得到明确的

---

〔1〕 在最近的一篇文章中，陈景辉详细论述了同案同判作为"道德要求"而
非"法律义务"的性质，这与我们这里所说的它属于服从司法权威的实质理由的定
位不谋而合。参见陈景辉："同案同判：法律义务还是道德要求"，载《中国法学》
2013 年第 3 期。

〔2〕 更详细的阐述参见 Aleksander Peczenik, *On Law and Reason*, p. 335；Aulis
Aarnio, *Essays on the Doctrinal Study of Law*, p. 159.

〔3〕 See Alf Ross, *Directives and Norms*, London 1968, p. 130. 这类授权规范往往
被规定在一个国家调整立法事项的制定法之中，如我国的立法法。而这些规范本身
的效力问题又可以追溯到宪法。如此无穷递归的效力依据关系在凯尔森看来最终只
能追溯到一种叫作"基础规范"（Grundnorm）的先验逻辑预设（Vgl. Hans Kelsen,
Pure Theory of Law, trans. by Max Knight, reprinted edition, New Jersey 2005, p. 201f.）。
但这就超出本章的讨论范围了。

规范授权，它具有权威是因为如下事实：遵从先例的普遍实践的存在以及参与者对此的确信。前者构成了权威形成的客观要素，后者构成了权威形成的主观要素。[1] 在欧陆国家，先例权威性就来自于这种事实。在这些国家中，制定法被认为是唯一的正式法源，司法机关的任务在于适用制定法，而无权像立法机关那样颁布一般性规则。但在现实中，上级法院，尤其是一国最高司法机关颁布的先例（更准确地说是先例的"判决理由"所确立的一般规范）往往会被下级法院主动遵循，尽管没有制定法规范授权它们这样做。[2] 所以，先例虽然不像制定法那般拥有规范授权，但它们却因事实上被人们所遵循也具有一定的拘束力，因而也属于权威理由。

二、法律论证中的正确性

（一）正确性宣称

除了权威理由，佐证也可以是一种实质理由，实质理由的运用是与法律论证的正确性宣称（Anspruch auf Richtigkeit）[3] 分不开的，而后者正是法律论证与普遍实践论证的共同之处。正确性宣称意味着，法律论证不仅是基于来源的权威论证，更为根本之处在于，它还必然要宣称法律中所提出的命题与主张是正确的。[4]

在严格的意义上，法律论证本身并不具备提出宣称的能力，这类宣称只能由具有行为能力的主体提出。后者指的是在法律

---

〔1〕　Vgl. Joachim Vogel, *Juristische Methodik*, Berlin/New York 1998, S. 39.

〔2〕　当然这里有审级制度以及判决被推翻的风险等实际原因。但这些"原因"并非规范性的理由，所以把先例作为权威是出于事实的性质本身。

〔3〕　Vgl. Robert Alexy, *Theorie der juristischen Argumentation*, 2. Aufl., Frankfurt a. M. 1991, S. 238, 265.

〔4〕　对这种宣称之"必然性"，参见阿列克西运用"施为性矛盾"（performativer Widerspruch）的反证法（Vgl. Robert Alexy, *Begriff und Geltung des Rechts*, 4. Aufl., Freiburg/München 2005, S. 89）。在此不拟就此深入。

论证活动中代表法律积极地对法律进行创造、解释、运用和实施的人（论证参与者）。或有论者会指出，某人是否提出某些宣称只是他个人的事情，每个论证参与者通常都会宣称自己的主张是正确的，因此正确性宣称太过主观化。为此，我们要区分主观的宣称与客观的宣称。一个人主观地提出了一个宣称，这可以被称为个人的正确性宣称；与此相对，当每一个在法律体系中从事裁定、判决或者论辩的人必须提出宣称时，所涉及的却是客观的正确性宣称。客观的宣称并非私人事务，它与法律论证参与者的角色有必然的联系。在法官作为法律体系的代表提出正确性宣称的情况下，这种客观性的特征得到了最明确的体现。法律论证的正确性宣称虽然由人所提出，但它代表的是法律。[1] 也就是说，参与者争论的是"什么是正确的法律命题"，而非"什么是在我个人信念体系中认为正确的命题"。

　　法律论证一方面是在法律的权威框架中进行的，因此内含在司法裁判这种制度性行为之中；另一方面，制度性的法律论证也总是与宣称法律命题是正确的这种非制度性的主张行为相联结。所以，提出正确性宣称首先意味着这样一种主张（Be-hauptung），即特定法律命题在内容上是正确的。其次，正确性暗含着可证立性，因此，法律在提出正确性宣称的同时也提出了可证立的宣称。伴随着这个宣称，法律不仅承认普遍的证立义务，它还要求最大可能地实现或履行该义务。因此，正确性宣称还包含了对可证立性的担保（Garantie）。最后，主张正确性并为此承担证立义务的人还要抱有这样一种期待（Erwar-tung），即每个站在当时的法律体系立场之上并且理性的人，都会将特定法律命题接受为正确的。因此，正确性宣称由三个要

　　[1]　参见［德］罗伯特·阿列克西："法与正确性"，王晖译，载《比较法研究》2010 年第 4 期。翻译略有不同。当然，在证立的意义上，这种客观性大体等同于主体间性。

素组成：正确性主张、对可证立性的担保、对可接受性的期待。[1]

（二）从宣称到证立

在这里，我们接触到了正确性宣称的核心：它不仅意味着论证参与者要主张各自提出之法律命题是正确的，而且要为自己的主张提供理由进行证立。这些理由无疑是实质理由，因而正确性的证立是在内容的层面上进行的。对此，我们可以提出这么一个命题：正确的法律命题是能够得到最佳证立的法律命题。在此意义上，当某种证立充分考虑到了所有相关的论述及其恰当的分量时，它才称得上是最佳的证立。[2] 这意味着，只有当考虑到了所有的实质理由并且比较它们各自的分量，并从中认定分量较重的实质理由（可能是复数实质理由的叠加）作为佐证时，法律命题才能被认为是有效的。同时，并非任何实质理由都能对法律命题的正确性形成有效支持，要具有此效果，实质理由就必须接受主体间的检验。通过检验的实质理由可称为有效的实质理由。只有主体间可接受的实质理由才是法律命题正确性的佐证。

一方面，有效的实质理由必须是公共理由（public reason）。法律论证是提供公共理由的活动，它在承认社会成员之间的差别无法消除的同时认为：只有当我们真诚地相信为自己的行动所提供的理由可能被其他成员合理地接受下来，作为他们行动

---

[1]　参见［德］罗伯特·阿列克西："法与正确性"，王晖译，载《比较法研究》2010 年第 4 期；［德］罗伯特·阿列克西："法的双重本质理论的主要素"，载氏著：《法：作为理性的制度化》，雷磊编译，中国法制出版社 2012 年版，第 366页。

[2]　Vgl. Ulfrid Neumann, Wahrheit und Autorität im Recht (unveröffentlichter Vortrag), 2009, S. 9.

的正当依据时，我们的行动才是恰当的。[1] 公共理由的出示抑制了公民出于私利将独断的价值观强加于他人的可能。[2] 这类理由的效果在于使得它所支持的法律命题具有可普遍化的能力，即后者能"在不变的情形中为了每个个体的利益而被普遍遵守，其结果及副效应能够为所有商谈参与者所接受"[3]。换言之，当论证者基于有效实质理由提出涉及他人的法律命题 W 时，要假设当其置身于该他人之处境时，必须也能够接受 W 的要求或其所带来的结果。这意味着，有效的实质理由须具有被认同或接受的可能。法律论证是一种众多参与者参加的对话过程，有效的实质理由是在对话的过程中产生的，因而必须有得到理性参与者认同的可能。[4]

另一方面，有效的实质理由也必须经由论证规则的检验。在法律论证中，实质理由并非因自身正确就足以成为有效的理由，它们必须经由普遍实践论证与法律论证之规则与程序的检验（上述可普遍化规则即为一例）。可以说，论证规则与程序是法律论证最重要的构成性要素，离开了规则与程序，理由的出

---

〔1〕 John Rawls, The Idea of Public Reason revisited, *The University of Chicago Law Review* 64（1997），p. 767.

〔2〕 个人动机是无法变成支持主张的理由的。故而科赫和吕斯曼说，有疑问的动机不会使好的理由变坏，值得褒扬的动机也不会使坏的理由变好。一切都取决于理由的性质。Vgl. Hans‐Joachim Koch und Helmut Rüßmann, *Juristische Begründungslehre*, München 1982, S. 1.

〔3〕 Klaus Günther, *Der Sinn für Angemessenheit*：Anwendungsdikurse in Moral und Recht, Frankfurt a. M. 1988, S. 53.

〔4〕 要指明的是，"被认同的可能"不等于"认同"，后者指的是事实上的赞同，而前者是一种规范性标准。同意不是指公民在被咨询的情况下将实际地赞成，而是指他们如果依据理性行事就会赞成（Cf. Immanuel Kant, *Political Writings*, Cambridge 1991, pp. 78‐80）。所有人都赞同和接受的未必是正确的。正确性具有反思和批判的向度。事实上，在法律论证中未必每个具体的法律命题都会获得全体认同，但只要它们是在保证了平等参与的理性商谈的基础上作出的，它们就应被视为可接受的。

示就是"无效的"，共识的达成也是"无根据的"。正是规则与程序为论证提供了一种"普罗克汝斯忒斯之床式的"证立标准（"Procrustean bed" justification）。[1] 因为它要求以规则来评判论证中提出的实质理由：符合规则的实质理由是有效的，而不符合规则的实质理由是无效的。遵循规则是理性的行为，在此意义上，正确性的论证也是理性的论证。

（三）正确性论证的场合

普遍实践论证是仅以非权威性理由（即实质理由）来回答实践问题的论证活动，它不依赖于权威理由，而以追求绝对之正确性为目标。这种绝对正确性的标准可以来自道德论证、伦理论证与实用主义论证。法律论证要提出正确性宣称，意味着法律论证尽管受到权威性框架的约束，但却同时向这三类普遍实践论证开放。[2] 问题在于，在法律论证中，面向普遍实践开放的正确性与自我闭合的权威性是如何结合在一起的？我们认为，普遍实践论证与法律论证在各个层次上都结合在一起，[3] 从而正确性与权威也纠葛在一起。由制定法与先例等权威规范组成的体系构成了法律论证的权威性框架体系，在权威性框架内进行的正确性论证是体系内的论证，而超越权威性框架的正确性论证是超越体系的论证。

绝大多数时候，正确性论证属于体系内的论证。在极少数

---

〔1〕　Colin Kaufmann, The Nature of Justice: John Rawls and Pure Procedural Justice, *Washburm Law Review* 19（1980），p. 199.

〔2〕　Vgl. Robert Alexy, Jürgen Habermas' Theorie des juristischen Diskurses, in: ders. , *Recht*, *Vernuft*, *Diskurs*, Frankfurt a. M. 1995, S. 172 – 173.

〔3〕　阿列克西称之为"整合性命题"。与此相对的是"派生性命题"与"补充性命题"。前者主张，所有的论证都首先按照普遍实践论证的标准来进行，法律论证只是对通过这一方式获得的结论进行派生合法化。后者认为，当法律论证进行到某个无法再进行下去的特定点时，再引入普遍实践论证。Vgl. Robert Alexy, *Theorie der juristischen Argumentation*, S. 38.

简单案件中，法律论证只需运用权威理由就可以了。但是永远不可能存在一种如此完美的规则体系，在其中只要将事实描述涵摄于规范之下就足以解决每个案件。法律必然具有"开放结构"（open texture），[1] 这种开放结构决定了法律论证的开放性。法律论证中引入实质理由的开放场合主要有：①系争案件欠缺有效的法律规定（存在法律漏洞），此时需要运用实质理由来确立规范标准。②实在法规定的文义模糊，允许有多种解释的可能。此时需要实质理由来确定对诸多可能的选择。③在特殊的情况下，法官可以甚至必须作出违反实在法规定的判决（contra - legem - decision）。此时虽然对实在法规定的文义进行了修正，但修正的依据即立法目的依然属于权威性框架本身。但立法目的本身亦需借助实质论证才能确定。④实在法规则互相冲突时，没有实在法预先规定其彼此的优先顺序，此时需要运用实质理由来决定这种顺序。

但是，现行有效法秩序的拘束并非绝对，有时为了追求实质正确的判决，仍然可能突破权威性框架。因此在例外的情形中，正确性论证可能是超越体系的论证。在这种场合中，论证者可能会基于有效的实质理由质疑与否定既定权威规范的效力，从而联系个案为权威规范创制例外，甚至使得整个规范无效。在这种情形中，权威性框架不仅没有起到约束论证的作用，反而成为论证的对象。这样的情形被称为疑难案件，而此时的论证活动已然与法概念论（法哲学）发生密切联系。

三、权威与正确性如何协调？

（一）法律论证的双重面向

由此我们开篇所提出的第一个问题得到了回答：佐证 B 证明法律命题 W 有效性的方式有两种，一是指明 W 的来源即证明

---

[1] H. L. A. Hart, *The Concept of Law*, 2nd ed. , Oxford 1994, p. 128.

它是某个权威规范的内容，即"权威论证"；二是证立 W 本身的正确性，即"正确性论证"。在前一种情形中要指明相关规范的权威来源，而在后一种情形中需要通过比较提出分量较大的有效实质理由以作为基础。在法律论证中，这样两种性质的佐证往往是结合在一起加以运用的，它们共同支持着法律命题的有效性。因而权威与正确性构成了法律论证的双重面向。

这种双重面向影响着法律论证的各个方面。除了论证方式上的区别，还体现在：①在法律论证的维度上，权威性构成了法律论证的制度性面向与现实的维度，而正确性构成了商谈与理想的维度。权威性框架是法律论证得以进行的基础，也是其区别于其他普遍实践论证的标志。但权威性资料存在分歧时所进行的论证就无法单独为权威性资料所决定了。在某种程度上它必然是自由的，就先例而言这种自由度甚至更大。[1] ②在法律论证的理念上，权威体现了法律论证受约束的一面（法律论证是在"戴着镣铐跳舞"！）；而正确性体现了法律论证的自治和理性最大化的一面。③就法律论证的规则而言，法律论证的程序要通过两套规则体系来界定：一方面是表达出制定法、先例与教义学拘束力的法律论证的特殊规则，另一方面是普遍实践论证的规则，它们考虑到了在有效法秩序框架内理性证立法律判断的宣称。[2] ④就法律论证的范围而言，权威论证仅限于法律体系之内，而正确性论证既可能在体系内进行，也可能是超越体系的。为了更清晰地表明法律论证两个面向的对立统一，我们可以用下图来示示：

---

〔1〕 参见［德］罗伯特·阿列克西："特殊情形命题"，载氏著：《法：作为理性的制度化》，雷磊编译，中国法制出版社 2012 年版，第 78 页。

〔2〕 参见［德］罗伯特·阿列克西："商谈理论与法律体系"，载氏著：《法：作为理性的制度化》，雷磊编译，中国法制出版社 2012 年版，第 109 页。

双重面向	权　威	正确性
论证方式	指明来源	证立内容
论证维度	制度/现实	商谈/理想
论证理念	受约束性	自治与理性
论证规则	法律论证的特殊规则	普遍实践论证的规则
论证范围	体系内的论证	体系内的论证/超越体系的论证

此外，法律论证的双重面向也影响了法官角色的定位。法官在法律论证中扮演着重要角色。一方面，他是一个制度功能单位，是整个法律制度运行的一环。现代国家的权力分立原则与功能分配决定了，在法律事务上，法官相对于立法者而言扮演着服从者与从属者的角色。他的主要任务在于将立法者预先确立的一般性规范涵摄于个案之上，使得前者的法律后果对于后者适用。另一方面，日益增长的复杂现实和社会环境决定了，在现代社会中，法官"不再无条件地受到制定法的约束；出于某些理由，法院可有意偏离制定法的规定，能够也应当越过它们"[1]。他在某种意义上也是独立的思考者，从事着"自由的法律发现"。当然，这种独立思考与自由发现并不能被放任于纯粹情感与心理的领域，他必须要为自己的主张提供理性的证立。可以说，相对于立法者而言，现代法官的角色毋宁说是双面性的，他应当是一位"有思考的服从者"或者说"理性的服从者"。

（二）双重面向的协调

权威论证与正确性论证在通常情形下是互补的。在进行体

---

〔1〕　Oska Bülow, über das verhältnis der Rechtsprechung zum Gesetzesrecht, *Das Recht* 1906, S. 773.

系内之论证的情形中，论证者在提出相关权威理由的基础上，用有效实质理由对权威理由进行解释、补充、整合，使得权威理由与实质理由合在一起形成支持法律命题的有力佐证，比之单一权威理由对于法律命题的证立更加可靠。但在超越体系的论证中，权威论证与正确性论证则发生了紧张关系，例如，某个权威理由作为佐证 B 支持法律命题 W，而某个或某些实质理由则作为反驳 F 支持与此相对立的法律命题 W'。[1] F 的效果在于反对将 W 作为支持主张 C 的凭证，或者说为 W 的适用创造例外。这就导向了我们在开篇提出的第二个问题，反驳 F 如何能为法律命题 W 创造例外？

　　反驳 F 为法律命题 W 创造例外，意味着：其一，由于法律论证的首要特征在于运用权威理由，运用佐证 B 就具有了初步的（prima facie）正确性，论证者无需就此进行深度证立。相反，主张运用反驳 F 者则需承担为什么不能遵从 B 的论证负担。其二，必须能证明，实质理由 F 在特定情形中可以打败权威理由 B，从而使得 W' 而非 W 成为法律论证中恰当的法律命题。换言之，相对于支持 W 的理由（其中包括 B），F 必须构成某种"更强理由"。那么，什么是"更强理由"？

　　理由具有分量的向度，这意味着理由往往具有原则的规范形态。因而实质理由 F 在规范形态上表现为一个实质原则，我们将其标记为 p。它可以是道德原则、伦理原则或实用主义的原则。[2] 同时，法律命题 W 是某个法律规范（规则）内容，我们将它标记为 R。在理由的层面上，R 同时得到了两类原则的支

────────────

　　〔1〕　此时 F 在性质上相对于 W' 也是佐证，称其为反驳是相对于 B 和 W 而言的。应当指明的是，反驳也可以是权威理由，例如来自于制定法的明文规定（如"但书"）。但这并非此处讨论的情形。

　　〔2〕　事实上，道德原则与伦理原则就是前文所讲的正当理由，而实用主义原则就是前文所讲的目标理由。

持，一类是实质原则 R. p，另一类是形式原则 R. pf。[1] R. p 与 R 的内容相关，所以因 R 内容的不同而不同。而 R. pf 是没有实质内容的形式原则，它所要表达的意思是，因为 R 是立法者或上级法院意志的明确表述，为了与司法活动的性质或功能相符，裁判者应当自觉受到这种意志的拘束。我们可以用"立法者的意志应当得到遵守"或"如无重大理由不得偏离历来的实务见解与通说"这类话语来指示 R. pf。因此，R. pf 并不因 R 内容的变化而变化，它对于所有的法律规则 R 而言都是一样的。R. p 与 R. pf. 合起来构成了 R 之有效性的理由，也就是为什么 R "应被遵守与适用"的理由。所以，例如当有人追问，在相关法律论证中"为什么要受到关于自由处分遗产的制定法规则的约束"[2] 时，我们可以给出的回答是："因为这个规则体现了意思自治的原则"（R. p），**以及**"因为它是立法者意志的明确表述"（R. pf）。很显然，R. p 是一种实质理由，而赋予 R 权威性的只能是形式原则 R. pf，R. pf 承载着权威理由的角色。因此，权威理由与实质理由的冲突在很大程度上可以被转化为 R 背后的形式原则 R. pf 与实质原则 R. p 之间的冲突。

原则之间的冲突要通过权衡的方式来解决。[3] 权衡是一种比较分量的方法。很显然，如果 p 要为 R 创设例外，仅仅比较 p 与 R. pf 在个案中的分量是不行的。因为在个案中不适用规则 R 而去适用原则 p，首先就意味着适用 p 对于个案"更正确"，而

---

〔1〕 基本想法参见 Robert Alexy, *Theorie der Grundrechte*, Frankfurt a. M. 1985, S. 75f. 这与一个法律命题可以同时得到两种性质的佐证（实质理由与权威理由）是相对应的。

〔2〕 我国《继承法》第 16 条就表述了这样一个规则："公民可以依照本法规定立遗嘱处分个人财产"。

〔3〕 这来自于原则作为最佳化命令（Optimierungsgebote）的属性及其分量的向度（Vgl. Robert Alexy, *Theorie der Grundrechte*, S. 75 – 76）。可进一步参见 Robert Alexy, On the Structure of Legal Principles, *Ratio Juris* 13（2000），p. 297.

正确性首先是内容层面或者说实质方面的事。这表明，要判断 R 与 p 在个案中何者更正确，就要将 R 的**内容**与 p 进行比较。就 R 这一方而言，只有其背后的实质原则 R. p 才能承担起这个功能。如果能证明在个案中 p 的分量要比 R. p 的分量重，那么就可以认为 p 的内容更正确。但是，仅仅在 R. p 与 p 之间进行分量的权衡是不够的，即使能够说明"在个案中 p 与 R. p 相比分量更重"，也无法说明就必定要适用 p。因为 R 毕竟是权威设定的规范，法律论证的参与者（尤其是法官）不能随意以它不正确为由而任意否弃它的拘束力。也可以这么说，有时 p 相对于 R. p 的分量优势尚未达到如此大的程度，以至于可以径行在个案中放弃规范 R 转而适用原则 p。这说明，如果要在个案中适用 p 而不适用 R，就必须证明 p 之实现的重要性要比 R. p **大得多**。究竟用什么标准来判断这一"大得多"的程度呢？这就需要在相互权衡之天平的弱势一方加上新的砝码。如果能说明，在个案（它构成了天平的基座）中，p 的分量要比 R. p 与这个新的砝码加起来还要重，就可以认为已经满足了"极端不公正"的条件。环顾 R 背后的理由，只有形式原则 R. pf 能够担当新砝码的角色。所以，当法官可能基于某一原则 p 而欲对某一规范 R 创设例外时，所要进行的论证就不仅是 p 与在内容上支持 R 的原则 R. p 之间的衡量而已。p 也必须在形式层面与支持 R 的原则 R. pf 作衡量。[1] 当然，由于 R 的来源不同，R. pf 的分量也相应有所不同。[2] 一般而言，制定法之形式原则的分量要大于先例之形式原则的分量。这意味着，根据法律规范来源的不同，

---

[1]　Robert Alexy, Zum Begriff des Prinzips, in: ders., *Recht, Vernuft, Diskurs*, Frankfurt a. M. 1995, S. 202ff.

[2]　这是因为在深度证立中，支持各该形式原则（权威理由）的实质理由的分量不同。这些实质理由（原则）构成了论证各种权威理由重要程度的依据。先例之实质理由参见前文。

运用反驳来为其创设例外的难易程度是不一样的。因为制定法对于法律论证的拘束力很强，而先例的拘束力则相对较弱。总之，只有当在个案中，p 的分量比 R. p 与 R. pf 加起来还要重时，p 才能证明自己是"更强理由"。

可见，是否具备更强理由的角色，是要通过理性权衡来决定的。当反驳 F 与法律命题 W（或者说以 W 为内容的规范 R）发生冲突时，要以 F（实质原则 p）为一方，以支持法律命题 W 的实质理由（实质原则 R. p）和权威理由 B（形式原则 R. pf）为另一方，进行分量的比较。只有当 F 在系争案件中的分量同时超过后二者，它才能为 W 创制例外。此时，才可以说实质理由打败了权威理由，法律论证也突破了权威性框架的约束。另外，主张法律命题 W 与提出反驳 F 的论证负担也是不一样的：一方面，在论证的起点上，由于主张 W 只需出示其来源，而提出 F 要论证实质理由，因而首先要由提出 F 的一方来承担论证负担。另一方面，论证结果之风险分配对于两者也不相同。论证风险出现在所谓的"平手情形"之中。平手情形是一种不分高下的情形，也就是说，经过论辩之后，理由双方的分量旗鼓相当，任何一方都不具有明显优势。在通常情形中，如果理由双方在系争案件中分量一样，此时法官可以行使自由裁量权来决定采纳哪一方，因此双方的风险概率是相当的。但当 W 与 F 双方分量一样时，法官不得自由裁量之，而必须作出支持 W 的裁决。无论是起点上的负担分配还是结果上的风险分配，之所以呈现出这样的效果，依然是因为权威理由在起着作用。[1]

综上所述，在法律论证中，权威论证相对于正确性论证具有初步优先性。但这一优先关系并不是不可反驳的，这可以通

---

〔1〕 参见雷磊："法律原则如何适用？"，载舒国滢主编：《法学方法论论丛》（第 1 卷），中国法制出版社 2012 年版，第 248 页。

过理由分量间的权衡来实现，但需要由反驳一方来承担相应的论证负担。因此，法律论证包含着以权衡为基础的权威与正确性的协调模式。与普遍实践论证追求绝对正确性（一阶正确性）所不同之处在于，法律论证追求的乃是平衡权威与理性、制度与商谈、理想与现实、安定性与正义的"二阶正确性"[1]。

这种平衡权威（法的安定性）与正确性（正义）基础上的二阶正确性既体现在法律体系内的论证之中，也体现在超越法律体系的论证之中。法律体系内的论证又可分为两种情形：一是当法律文本的内涵并不清晰因而需要进行解释的情形；二是法官进行法律续造活动的情形。我们将在第六章中涉及前一种情形，而在第七章中以基于一般法律原则的法律修正来论述后者。至于超越法律体系的法律论证，指的是当法律适用所需依凭的制定法本身之效力遭受质疑时的论证活动。从这一角度看，著名的拉德布鲁赫公式其实就意图为这种情形中的论证提供一个准则。我们将在第八章中来剖析这一公式。

---

[1]　这一概念参见［德］罗伯特·阿列克西："法律的双重性质"，张霁爽、凌斌译，载《中外法学》2010年第3期。

第六章　法律方法、法的安定性与法治

对于法律方法的研究（或法学方法论）近年来日渐趋热，但同时也不时可以听到来自方法论学者内部的警示之声，即过度强调法律方法会有与法治形成紧张关系的可能。因为"法律方法既可以用来维护法律，同样可以用来破坏法律……反形式主义法律方法论，可以构成法治的一个陷阱"[1]。这种忧虑突出体现在数年前关于"法治反对解释"命题的辩论上。[2] 对此，在相关文献中若明若暗地浮现出的一个核心主张在于，法律方法是价值上中立的工具，如果拥有不同价值倾向的主体过度使用它就会销蚀法治的支柱——法的安定性。但这些文献并没有在一般的意义上仔细检验法律方法与法的安定性之间的关联，而是认为这种负相关关系是理所当然的。那么，这一问题为什么会产生？法律方法真的会对法的安定性构成根本挑战，从而破坏法治吗？要回答这个问题，就要从法的安定性的含义

---

〔1〕　陈林林："法律方法与法治：以对纳粹司法的反思为中心"，载《法学家》2010 年第 5 期。

〔2〕　参见陈金钊："法治反对解释的原则"，载《法律科学》2007 年第 3 期；陈金钊："法治为什么反对解释？"，载《河南省政法管理干部学院学报》2007 年第 1 期；陈金钊："反对解释的场景及主体"，载《北方法学》2007 年第 1 期；范进学："'法治反对解释吗？'——与陈金钊教授商榷"，载《法制与社会发展》2008 年第 1 期；陈金钊："对'法治反对解释'命题的诠释——答范进学教授的质疑"，载《法制与社会发展》2008 年第 1 期。

及其在法治中的地位说起。

一、法的安定性与法治

（一）作为法治核心的法的安定性

无疑，与人类追求的其他任何政治道德一样，法治（rule of law，Rechtsstaat）也是一个"本质上有争议的概念"[1]。塔玛纳哈曾较为全面地总结过迄今为止的各种版本的法治观念。依据各种备选的法治观念从比较薄弱到比较浓厚的顺序，依次为依法而治、合法性、民主＋合法性、个人权利、尊严权和/或正义以及社会福利。[2] 其中前三类属于"形式法治"，而后三者属于"实质法治"，前一类型蕴含在后一类型之中，后一类型又在前一类型之上增添了别的内容。所以，如果要提炼出各种版本的最小公约数的话，只能从前面所列举的类型的法治观念中去寻找。

最先进入考量的是最薄弱的法治版本，即依法而治（Rule by Law）。在这种观念下，法治被等同于一种特定的政府治理方式，即"政府无论做什么事情，它都应该凭借法律行事"[3]。但以这种方式理解，法治本身没有真正的意义，因为它仅仅被认为是治理社会的一种手段，在任何存在法律的社会都可能存在这种意义上的法治。这也就意味着，一旦国家有更好的手段可以用来实现其治理的目标，作为备选手段之一的法律将被毫不犹豫地放弃。如此，法治看起来无异于空洞的同义反复。我们接着可以考虑将法治等同于"合法性"（Legality）的观点。"合法性"版本的法治在最薄弱的形式法治之外附加了一些更严

---

〔1〕 Jeremy Waldron, Is the Rule of Law an Essentially Contested Concept (in Florida)?, *Law and Philosophy* 21 (2002), pp. 137 – 164.

〔2〕 参见 ［美］布雷恩·Z. 塔玛纳哈：《论法治——历史、政治和理论》，李桂林译，武汉大学出版社 2010 年版，第 117 页。

〔3〕 Noel Reynolds, Grounding the Rule of Law, *Ratio Juris* 2 (1989), p. 3.

格的条件。对于这些条件，公认比较完整的列举是富勒的法律
的八项内在道德，即普遍性、公开性、禁止溯及既往、明晰性、
不得自相矛盾、不得颁布超出人们能力之要求的规则、稳定性、
官方行为与公布的规则之间的一致性。[1] 在富勒看来，正是这
些条件使得法治承担起其必须承担的任务。而这一任务，简单
地说，就是为社会提供公共行动与判断的标准。

要为社会提供公共行动与判断的标准，法律就必须要具有
安定性。在某种意义上，构成合法性的这些条件主要就是用以
提升法的安定性（Rechtssicherheit）[2] 的。事实上，有不少形
式法治论者就是在法的安定性的意义上来理解法治的。典型者
如哈耶克，他就指出，"这（指法治——笔者注）意味着政府在
所有的行动中都受到事先已明确与颁布之规则的拘束——这些
规则使得我们有可能十分明确地预见到，掌权者在既定情形中
会如何使用强力，并根据这一知识来安排自己的个人事务。"[3]
凯尔森有时也将法治完全等同于法的安定性。他区分了两类法
律体系：在第一类法律体系中，法院依照立法机关创设的一般
性规范来裁决案件；而在另一类法律体系中不存在立法机关，
法院有权根据自己对特定案件的自由评估来裁判案件。在凯尔
森看来，前一类法律体系的"优势在于法的安定性，即法院的
判决在某种程度上是可预测和可估算的，以至于守法者可以依
照可预测的法院判决来调整自己的行为。具体案件的判决受到
由某个核心性的立法机关事先所创设的一般性规范之拘束，这

---

〔1〕 参见［美］富勒：《法律的道德性》，郑戈译，商务印书馆 2005 年版，第
55～107 页。

〔2〕 "法的安定性"是对德文的对译。在英语世界中主要使用"legal certainty"
一词，更多被译为"法的确定性"。在本章中这两个词在等义上使用。此外还有其
他一些近似的表述，如 Rechtsgewissheit（法的确实性）、legal security（法的安全性）
等。

〔3〕 Friedrich Hayek, *The Road to Selfdom*, Chicago 1944, pp. 75 - 76.

一原则也可以扩张至行政机关的运作。它在这种一般意义上表现出了法治原则，后者在根本上就是法的安定性原则"[1]。另一方面，即使是实质法治论者，如德沃金[2]、弗兰登贝格（Frändenberg)[3]、佩策尼克（Peczenik)[4]——他们的共同之处都在于认为法治的概念应当包含它的目的，即保护个人权利免受国家强制力的侵害——也都不否认将法的安定性作为法治要素之一的做法。道理很简单：没有法的安定性，就无法保证个人权利不受任意和不可预测的国家强制力的粗暴干涉。甚至在斯堪的纳维亚国家的语言中，术语"Rättssäkerhet"（瑞典语）和"rettssikkerhet"（挪威语），既可以指英语中的"法治"，也可以指"法的安定性"。[5] 所以可以认为，法的安定性构成了各种不同的法治观念的最小公约数，在这种意义上，它至少构成了法治的核心要素之一。[6]

---

〔1〕 Hans Kelsen, *Reine Rechtslehre*, 2nd ed., Wien 1960, S. 256 – 257. 但有时凯尔森也倾向于"法的安定性＋民主"式的法治观（a. a. O., S. 314 – 315）。

〔2〕 参见其"权利式的法治观", Ronald Dworkin, Political Judges and the Rule of Law, in his *A Matter of Principle*, Cambridge（Mass.）1986, pp. 11 – 12.

〔3〕 See Torben Spaak, Moral Relativism and the Rechtsstaat, in: Åke Frändberg, Stefan Hedlund, Torben Spaak（eds.）, *Festschrift for Anders Fogelklou*, Uppsala 2006, p. 221.

〔4〕 See Aleksander Peczenik, Vad är rätt?, Stockholm 1995, pp. 50 – 63. 转引自 Torben Spaak, Moral Relativism and the Rechtsstaat, p. 222.

〔5〕 See Torstein Eckhoff, *Rettferdighet og rettssikkerhet – justice and the rule of law*, Oslo 1966, p. 397.

〔6〕 需要注意的是，笔者认为法治的概念并不构成法的概念的一部分。有的学者认为法与法治之间有概念上的联系，例如富勒的八项条件，既被认为是法治的条件，也被认为是法的概念要素。所以，法的安定性就被认为同时是法与法治的概念要素。但在笔者看来这是两个不同的概念。一个国家的法律体系如果不满足法治概念所设定的那些条件，它就不是法治国家，但它依然拥有法律体系（有"法"），尽管这个体系在某些方面有缺陷。

（二）如何理解"法的安定性"？

迄今为止，我们还没有澄清我们所谈论的这个核心概念：什么是"法的安定性"？这一概念在目前的学术文献中并没有一种被普遍接受的理解，原因在于有许多不同的层面同时纠缠在一起。它们是语义、性质、对象和价值定位的层面。[1]

语义层面的问题在于这个概念的多义性。为此，我们既要来确定法的安定性的概念范围，也要来处理它与别的意义相近的概念，如真（Wahrheit）和可能性（Wahrscheinlichkeit）之间的关系。前者可称为语义学层面的"内部问题"，后者则可叫做"外部问题"。就外部问题而言，在经验世界中，安定性（确定性）基本等义于真，而可能性指的是某种程度上的确定性。但很显然，法律世界是个规范性世界，真这个标准无法直接适用。为了评价法律，我们需要援引一些"更柔和的"标准，如正确性、有效性、实效等，也包括安定性。法律应当是安定的，这一（法治）主张表达出的是一种安定性的可能性，尽管这种可能性的程度并无法精确确定。所以，在法律的情形中，最多只涉及"安定性的可能"，而不是绝对的安定性，后者指向的是"真"。就内部问题而言，如果不去要求得出一种"充分"定义的话，那么至少可以区分出法的安定性的这样两个层面，它们已然蕴含在前面的引文，尤其是哈耶克的论述之中了。一个层面是可预测性（Vorraussehbarkeit），它针对的是普通公民，即普通公民预见到具体法律决定的可能。在许多学者的论著中，法的安定性与法的可预测性这两个概念可以互换而不改变其意义。后文也主要在可预测性的意义上来运用安定性这个用语。另一个层面是对裁量权的约束（Bindung des Ermessens），它针对的

---

[1] 笔者在此参考了 Jerzy Stelmach, Kann die juristische Interpretation garant der Rechtsgewissheit sein?, in: Ales Gerloch, Jan Tryzna, Jan Wintre（Hrsg.）, *Methodologie Interpretace Práva A Právní Jistota*, Plzeň 2012, S. 396. 但并不完全一样。

是法官与其他政府官员，即政府官员必须以事前确定的一般规范为司法和执法依据，而不能像立法者那般行使纯粹的意志行为。当然，这两个方面有紧密联系：约束政府官员的裁量权主要就是为了提升法律决定的可预测性。

性质层面的核心问题是，法的安定性是一个法律本体论领域的概念抑或是法律认识论领域的概念。对法的安定性的本体论解释将这个概念与法的概念直接绑定在一起。这意味着安定性被作为法本身的一个特征来对待。[1] 换言之，正因为某事物是法，所以它具有安定性。相反，在认识论解释的情形中，法的安定性问题最终可以追溯到方法问题。在此，安定性不被认为是法本身的特征，而被认为是一种法学方法。这种观点避免给法下一个实质性定义，而是主张（安定的）法本身是某种构造或解释程序的结果，或者说是运用构造或解释方法（哲学）的产物。[2] 所以，法的安定性是在对法的认识过程中认识的主体赋予法的，是主体与客体之间的关系性范畴。这里不是对这一争议展开详尽讨论的地方，只是很简单地指明这么一点来支持认识论解释的立场：法的安定性是一种价值，而价值反映的是主体与对象之间的关系，而非对象固有的属性。

对象层面的问题是，法的安定性，尤其是可预测性的对象具体指的是什么？我们笼统地将"可预测性"作为"法"的性质或价值来对待，但这指的究竟是什么呢？是说一般性的法律规则本身就应该具有某种叫作"可预测性"的价值，还是说，因为公民能够预测到个别规则（即法律决定，在司法裁判活动

---

〔1〕 这种观点参见 ［德］罗伯特·阿列克西："法律的双重本质"，刘叶深译，载徐显明、郑永流主编：《全球和谐与法治：第24届国际法哲学与社会哲学协会世界大会全体会议论文集》，中国法制出版社2010年版，第251页。

〔2〕 这种观点的代表是法律诠释学。参见 Arthur Kaufmann, Problemgeschichte der Rechtsphilosophie, in：Arthur Kaufmann, Winfred Hassemer（Hrsg.）, *Einführung in Rechtsphilosophie und Rechtstheorie der Gegenwart*, 4. Aufl., Heidelberg 1985, S. 122.

中亦即"具体判决"），所以一般规范（法）具有可预测性的价值？拉兹就是在后一种意义上来理解法的可预测性这个概念的，因为他将判决分为两类，即可预测的判决与不可预测的判决。[1] 在他看来，当实际作出的判决缺乏可预测性时，法律规则（一般性规范）就违背了法治。所以，可预测性与实际作出的判决相关。[2] 关于这一点，我们将在下一部分再作讨论。

最后一个层面，即价值定位层面的问题涉及安定性在整个法律价值体系中的"定位"。它涉及这样一些问题：法的安定性是法治的唯一价值吗？如果不是，法的安定性与别的价值之间的关系如何？当发生冲突时，它是否优先于别的价值？是绝对优先还是相对（有条件的）优先？法治如何对待这些情形？这涉及法伦理学的复杂内容，本章无法展开详细讨论。只是在第四部分我们才涉猎到其中一些。

二、司法裁判的特征与法的安定性

上文的分析已经表明，法的安定性并不是一个描述性概念，而是一种规范性观念（normative Vorstellung）[3] 或者说一种理想（ideal）[4]。它不是一个既定的事实，而是需要法律人去努力追求的目标。这种努力体现在与法律有关的各个领域。例如，在立法领域，立法者就应当尽可能用明确无歧义的语言来表述法律文本，减少法律漏洞。但相对而言，司法裁判领域却是这

---

〔1〕 Joseph Raz, The Rule of Law and Its Virtue, in his *The Authority of Law*, 2. Aufl., Oxford 2009, pp. 210ff.

〔2〕 当然，拉兹并没有将判决的可预测性（predictability）等同于对它的预测（prediction）。后者是一个事实概念，与经验条件相关，而前者是一个规范性概念。即使某个公民事实上没有预测到某个已实际作出的判决，也不能说这个判决不具有可预测性。只是不清楚，这里的可预测性的条件是什么。

〔3〕 Jerzy Stelmach, Kann die juristische Interpretation garant der Rechtsgewissheit sein?, S. 394.

〔4〕 Torben Spaak, Moral Relativism and the Rechtsstaat, p. 223.

种努力最典型也最有争议的一个领域。之所以说最典型，是因为它与司法裁判的特征密切相关。

谈起司法裁判，恐怕人们最直接想到的就是"解决纠纷"。的确，司法裁判天然地与纠纷的解决联系在一起。但是，解决纠纷只是司法裁判的直接功能，而在这一点上，它与其他的纠纷解决机制是一致的。无论是裁判，还是调解、仲裁，抑或是某个权威者的"一言而决"，都是由中立的第三方通过和平的方式来解决纠纷的途径。司法裁判的特点并不在于解决纠纷，而在于解决纠纷的方式。简言之，司法裁判是一种说理的活动。正因为如此，我们也将司法裁判在本质上理解为一种法律推理（legal reasoning）或法律论证（legal argumentation）。所谓推理或论证，简单地说，就是举出理由支持某种主张或判断。[1] 相应地，司法裁判中的法律推理，就是举出规范性理由和事实性理由来支持最终得出的具体判决。不仅如此，司法裁判与其他纠纷解决机制（以及立法活动中的推理）最大的差别，在于其所运用的规范性理由是一种事前已经以权威性的方式确定下来的一般性规范，即"法"。于此，正如庞德（Pound）所指出的，司法裁判与其他纠纷解决机制在运作方式上的重要区别，就在于前者乃是一种"依（据）法裁判"。[2] 所以，司法裁判在本质上不仅是一种法律论证活动，而且是一种依法裁判的论证活动。[3]

---

〔1〕　颜厥安："法、理性、论证——Robert Alexy 的法论证理论"，载《政大法学评论》1995 年总第 53 期。

〔2〕　参见 ［美］庞德：《法理学》（第 2 卷），邓正来译，中国政法大学出版社 2007 年版，第 134 页。

〔3〕　类似的观点参见泮伟江：《当代中国法治的分析与建构》，中国法制出版社 2012 年版，第 35 页。该书概括了司法裁判的三个重要特征，即"据法裁判"、"法律论证"以及"通过纠纷解决的过程感应社会变迁，形成新的普遍性规则"。这第三个特征与此处的立场并不矛盾。

假如我们假定法是一个规范体系的话，那么我们就可以将法律裁判视为一个将法律规则适用于事实的过程。[1] 从法律论证的角度来看，法律适用的这种演绎证立模式（以司法三段论为典型形式）在司法裁判活动中扮演着重要角色。[2] 因为它至少揭示出了这样两个重要内涵：其一，法官的司法判决是建立在已确立之一般法律规则的基础上的，它不是法官个人主观擅断或心血来潮的产物；其二，这种一般法律规则是事先已经向社会公众公布的，而司法判决又是这种已公布的一般性规范的产物，所以公民有预测司法判决之可能。所以，司法裁判的基本特征决定了：在逻辑上，并不是实际作出的判决能被公民预测到，所以法律（规范）具有可预测性；而是因为一般性规则有被公民知晓的可能，所以据此推导出的判决应该为公民所预测到。据此，在上文所提到的对象层面的争议中，拉兹的观点并不正确。因为许多实际所作出的判决并不必然是从既存的法律规则中推导出来的。法院有时确实在进行创制规则的活动，例如当进行法律续造时，这是难以预测的。而有的时候，尽管法官没有依法裁判，却很可能为特定社群中的公民所预测到，例如当判决是建立在这个社群明确的习惯规则或政治道德（它们与法律规范相冲突）上的时候。所以一概以实际结果来界定"法的可预测性"并不准确。所以，笔者认为，在法教义学中，法的可预测性（乃至法的安定性）涉及的应当是一般性法律规则之可适用的规范性范围，而不是实际上作出的判决。前者指

---

〔1〕 例如参见 Neil MacCormick, *Legal Reasoning and Legal Theory*, 2nd ed. , Oxford 1994, p. x.

〔2〕 关于三段论之功能及其辩护，参见 Hans - Joachim Koch und Helmut Rüßmann, *Juristische Begründungslehre* München 1982, S. 112ff. ; 孙海波："告别司法三段论？——对法律推理中形式逻辑的批判与拯救"，载《法制与社会发展》2013年第 4 期。

的是某个规则"规范上可能的适用范围"（range of normatively possible application），它通常可以在各种假定情形中被阐明[1]。但一定要注意的是，这里涉及的是规范上的可能性，而不是经验上的可能性。所以，从理论上讲，只要法官作出的判决能够落入一般性法律规范之规范上可能的适用范围之内，就可以认为此时已经满足了法的可预测性或安定性的要求。

但是，这样一种适用范围是明确的吗？在 19 世纪制定法实证主义占据统治地位的时代，人们一度认为这个范围是明确的，也就是由立法者明文规定在制定法之中。而当时对于法治的理解也在很大程度上与立法明文紧密关联：法律规则必须被清晰和明确地定义，以便人们能够实施它们而无需遭受执行机关专断行为之害，以便它们能单义和足够明确地来决定法律主体的法律状态。制定法规则必须清晰、易懂与毫无歧义，被认为是法治的基本原则之一。一个规定，假如某个资质中等和不熟悉法律的公民无法从中轻易获知自己的法律状态，它就引发了法律的不安定，也就违背了法治的基本原则[2]。因此，法的安定性就被等同于制定法的明确性（statutory specificity）。这种想法无疑是不符合现实的。立法者的理性和语言能力（来自于人类语言能力的限度）都是有限的，制定法规则总是存在模糊、歧义、评价开放以及相互冲突等情形。法律规则是法律文本（法条）的意义而非法律文本本身，所以它是对法律文本理解后的产物。法治不能要求去实现某种与法的本质和法律理解之本质

---

〔1〕　See Mats Mattsson, The Rule of Law in Legal Reasoning, in: Alexander Peczenik, Lars Lindahl, Bert Van Roermund（eds.）, *Theory of Legal Science*, Dordrecht（u. a.）1986, p. 374.

〔2〕　Marijan Pavčnik, Der Rechtssicherheit als Auslegungsfrage, in: Ales Gerloch, Jan Tryzna, Jan Wintre（Hrsg.）, *Methodologie Interpretace Práva A Právní Jistota*, Plzeň 2012, S. 420 – 421.

不相符合的东西。[1] 制定法中处处存在漏洞，甚至"漏洞并不比文字来得少"[2]，这意味着法律远非明确的。当然，这并不意味着立法者可以放弃对法的明确性的追求——立法者仍旧要尽最大努力去运用尽可能清晰、缜密的语言来表述出立法的意旨（除非他认为有必要运用一般性条款或有意保持沉默）。这只是说，立法者永远无法百分之百地达到明确性的要求，以使得适用法律规则时没有任何疑义。这也是为什么司法裁判领域是法的安定性最有争议的领域的原因。

那么，这是否表明，只有立法者明文规定的部分才能实现法的安定性，而在法律规则的含义并不清晰的"开放结构"[3]或者法律规则的文义无法决定裁判结论的地方，就不能存在法的安定性？换言之，是否只有制定法文本明确时，才存在法的安定性？而当它不明确时，就难以保障法的安定性，甚至我们必须放弃后者？接下来我们就将检讨法律文本不明确的两种情形：一是法律文本的内涵并不清晰因而需要进行解释的情形，二是法官进行法律续造活动的情形。[4] 出现这两种情形时，法官都会运用相关的法律方法来获得恰当的结论。因此，对这两种情形的检验实际上就是检验法律方法能否确保法的安定性。必须先予说明的是，本章是在宽泛的意义上来理解"法律方法"的，它不仅包括相关的技术和手段，也包括一切围绕为裁判结

---

〔1〕 Marijan Pavčnik, Der Rechtssicherheit als Auslegungsfrage, S. 421.

〔2〕 Hermann Kantorowicz, *Der Kampf um die Rechtswissenschaft* (1906), Baden – Baden 2002, S. 12.

〔3〕 H. L. A. Hart, *The Concept of Law*, 2nd ed., Oxford 1994, p. 128.

〔4〕 严格说来，"不明确的情形"还包括第三种，即制定法本身的效力遭受质疑，著名的拉德布鲁赫公式涉及的其实就是这种情形〔参见 Gustav Radbruch, Gesetzliches Unrecht und übergesetzliches Recht (1946), in: ders., Rechtsphilosophie III, bearbeitet v. Winfried Hassemer, Heidelberg 1990, S. 89〕，该公式同样考虑到了法的安定性。但此种极端情形不在本章的讨论范围之内。

论提供理由（即法律论证活动）而展开的相关程序、步骤、规则和结构。

三、法律解释会破坏法的安定性吗？

（一）法律解释的三种模式

当法律文本的含义并不清晰时，法官就需要进行法律解释。诠释主义者甚至认为，严格说来只有数字概念才是单义的，因而无需解释。[1] 解释在司法裁判中广泛存在。而很自然的一个担忧是：一方面，法的安定性不仅预设了清晰、充分和公开之法律规则的存在，也预设了法院要忠诚和正确地解释和适用这些规则；但另一方面，由于解释活动必然与道德推理相关联，而现代社会中道德相对主义这一现象的存在却会给解释带来不确定和相对化的后果，这就没法保证说到底哪种解释才是"忠诚"和"正确"的，也就没有保证法的安定性。[2] 进而，由于法的安定性是法治的核心价值，所以解释会有违法治。真的如此吗？

依据法律解释活动之性质的不同，我们可以区分出三种法律解释的模式。[3] 第一种是认知模式（Erkenntnismodell）。这种模式认为，法律解释本质上是一种认识性活动。因此通常来说，有一个客观的正确解释，它总是能导向唯一正确的司法判决。传统的法律解释者——他们通常以"法律发现"（Rechtsfindung）或"法律获取"（Rechtsgewinnung）来称呼包括解释在

〔1〕 Vgl. Arthur Kaufmann, *Das Verfahren der Rechtsgewinnung*: *Eine ratioanle Analyse*, München 1999, S. 13.

〔2〕 See Torben Spaak, Moral Relativism and the Rechtsstaat, p. 223, *passim*.

〔3〕 这里要作三点限制：其一，这一区分只是诸多可能之区分的一种，也就是说它只是从"法律解释活动的性质"这个单一的角度来进行的，并不排除依据别的角度对法律解释进行模式划分的可能。其二，这种划分只是韦伯意义上的"理想型"，具体学者可能会兼采数种模式的因素。但是在对法律解释性质的理解上，这三种模式是相对立的，这构成了我们讨论的基础。其三，这一区分仅仅是从欧陆法学方法论语境出发的，至于英美法律推理理论是否可作相应的模式划分有待检讨。但考虑到前者对于中国方法论学界的主要影响，这一划分具有一定程度的普适性。

内的司法活动——大体可归为这种模式。[1] 第二种是决断模式
（Dezisionsmodell）。凯尔森认为实在法具有框架性（Rahmen-
schrakter）。[2] 也就是说，法律文本只是设定了一个制度框架，
在这个框架内存在广泛的开放领域。作为实证主义者，凯尔森
认为这种结构的结果是赋予了法官这样的权力，即在开放领域
中像立法者那样借助法外的标准，依据裁量权才形成新的法
律。[3] 他强调这种裁量是自由裁量，因为在实在法的开放领域
中存在的各种选择都是"等值的"。[4] 只有对制定法所设定之
框架进行理解时才涉及作为认知的解释活动，而填补这个框架
的互动则完全是"意志行为"即决断。[5] 所以，除了在解释框
架时指向"法律规范的可能意义"[6] 外，其余解释活动都是一
种意志活动。或许在凯尔森看来这两种模式穷尽了所有的可能。
但事实上还存在第三种模式，即论证模式（Argumentationsmod-
ell），它介于上述两种模式之间。这种模式一方面并不认为法律
解释问题存在唯一正确答案，另一方面也不认为因而就必须要
将开放领域完全交由非理性的决断来处理。[7] 它在承认实践理
性的基础上，认为在很多情形中能够区分正确与错误的解释及
判决结论，而这一点取决于法律论证本身。因此，解释活动本
身是一种论证活动，解释即论证。[8]

---

〔1〕 例如参见 Martin Kriele, *Theorie der Rechtsgewinnung*, Berlin 1976.

〔2〕 Vgl. Hans Kelsen, *Reine Rechtslehre*, S. 347f.

〔3〕 Vgl. Hans Kelsen, *Reine Rechtslehre*, S. 350f.

〔4〕 Vgl. Hans Kelsen, *Reine Rechtslehre*, S. 349.

〔5〕 Vgl. Hans Kelsen, *Reine Rechtslehre*, S. 349, 351.

〔6〕 Vgl. Hans Kelsen, *Reine Rechtslehre*, S. 353.

〔7〕 "在不可能存在必然证立的地方，并不必然要把地盘留给非理性的决断；
理性证立的概念和理性讨论的概念是密切交织在一起的。"（Vgl. Robert Alexy, *Theo-
rie der juristichen Argumentation*, 2. Aufl., Frankfurt a. M. 1991, S. 42.）

〔8〕 参见［德］罗伯特·阿列克西："法律解释"，载氏著：《法　理性　商
谈》，朱光、雷磊译，中国法制出版社 2011 年版，第 70 页。

可见，认知模式坚持认为，即使法律文本存在开放领域，"规范上可能的适用范围"也可以得到精确的确定，因而不会影响到法的（绝对）安定性。但在现代道德多元的背景下，这一主张很难有成功的希望。相反，决断模式认为"规范上可能的适用范围"仅限于制定法文本所表达出的框架，而其余的开放领域只能交给法官个人的意志决断和裁量，根本谈不上什么法的安定性。将这种填充框架的活动叫作解释只是自我沉迷于一种"法的安定性的幻象"[1]而已。认知模式与决断模式的共同之处在于：其一，两者都将法的安定性与制定法的明确性挂起钩来，认为只有制定法明确之处才有法的安定性，反之则无。两者的差别只在于是否承认开放领域是明确的而已。其二，都认为法的安定性是件"全有或全无"的事情，认为法要么能实现百分之百的安定性（制定法明确时），要么不能实现任何程度的安定性（制定法不明确时）。我们可以称这种追求为"法的纯粹安定性"。与此不同，论证模式要主张的是：其一，法的安定性不等同于制定法的明确性；其二，法的安定性具有"或多或少"的程度差异。所以，即使是在制定法不明确的开放领域，也在很大程度上能确保法的安定性，尽管这种安定性无法与有法律明文时相比。所以，"规范上可能的适用范围"并不仅限于文本框架，但也不等于整个开放领域。

（二）论证模式下法的安定性的确保

或许会有这样一种反对意见：论证模式根本就是一种错觉。开放领域实际上是这么一个领域，在其中人们要在实在法没有规定的前提下去求得实践问题的答案，即在特定情形中人们应该做什么、不应该做什么和可以做什么。于此，必须能够区分出什么是正确的行为，什么是不正确的行为，这就涉及了实践

---

[1] Hans Kelsen, *Reine Rechtslehre*, 1. Aufl., Leipzig [u. a.] 1934, S. 100.

推理的领域。而开放领域中道德多元主义的存在也就意味着，在没有权威性标准（制定法规则）的前提下，实践问题是不可能存在绝对的实质（道德）标准的，因而也就没有一个唯一正确的答案。这种从根本上否认道德判断可以得到证立的观点可以被称为"激进怀疑论"。与激进怀疑论不同，论证模式虽然承认不存在绝对的明确性和唯一正确答案，但并不认为这就意味着一定要放弃尽可能多地去证立正确行为的做法，也不意味着要放弃法的安定性。它的总体思路在于，开放领域法的安定性问题要被转化为这样一个问题：只要在法律解释和裁判的层面上，一种理性和可预见的法律论证是可能的，法的安定性就在很大程度上可以得到确保。[1] 换言之，法的安定性的标准要被放置在法律解释的基本规则以及"支配"实践商谈的程序上。[2] 对此，我们将提出五个方面的理由。

首先，开放领域的法律解释不仅是一种论证，而且是一种受理性程序规则导控的商谈活动。商谈理论反对"要么证明（Beweibarkeit），要么专断（Willkür）"这种非此即彼的选择。[3] 证明对于实践问题而言无疑是一个过高的要求。但除了证明之外，是否只剩下适用者的专断，就像凯尔森所主张的那样？假如如此，激进怀疑论所提出的非理性主义就是有道理的。但是在证明与专断之间还存在第三种可能，那就是理性。而当某个道德判断受制于理性论证时，它就是理性的。所以，关键的问题是，在道德领域，理性论证是否可能。阿列克西曾尝试将理性实践论证的概念具体化为 28 个普遍实践商谈的规则和形

---

〔1〕 Vgl. Marijan Pavčnik, Der Rechtssicherheit als Auslegungsfrage, S. 421.

〔2〕 Vgl. Jerzy Stelmach, Kann die juristische Interpretation garant der Rechtsgewissheit sein?, S. 402.

〔3〕 这一用语最早来自于 Paul Ricœur, Zu einer Hermeneutik des Rechts: Argumentation und Interpretation, *Deutsche Zeitschrift für Philosophie* 42（1994）, S. 378.

式。它们要求在商谈过程中去追求和实现无矛盾性、可普遍性、语言－概念的清晰性、经验真值性、后果考量、权衡、角色交换、道德确信的生成分析、自由和平等。[1] 商谈理论的基础假设有两个：一是商谈中共识的达成取决于论据本身；二是理想条件下的普遍共识与正确性及道德有效性之间存在必然联系。这种关联可以被表述为：当且仅当道德判断在一个理想的商谈中被每个人都认为是正确的时候，它们才是正确和有效的。

很明显，这一条件在现实中无法百分之百地实现，因此将理想商谈作为正确性的标准不外乎是设定了一种康德（Kant）意义上的调整性理念（regulative Idee）。这种理论的主要缺陷在于，它所设定的上述商谈规则体系无法确保，通过一系列数量有限的操作步骤后（即在现实商谈中），总是能精确地获得某一个结论。但是，作为一种调整性理念，它不仅总是在现实商谈中"出场"，而且也要求现实商谈尽可能地趋近于理想商谈，它表达出了商谈的目标或者说终点。所以，现实商谈与理想商谈必然联结在一起：谁试图用论证来说服其对手，谁就以此为前提，即他在理想条件下必须获得他人的赞同。[2] 这种联结关系会导致三种结果：其一，有一些道德判断，在经过充分以及一般意义上具有实践可能的接近于理想商谈的论证之后，是不可能作为结论得出的，如奴隶制度和种族灭绝行为。它们可以被称作是"商谈上不可能的"。其二，有一些道德判断，在经过接近于理想商谈的论证后，是必然可以作为结论得出的，它们可以被归为"商谈上必然的"，人权和民主是其例子。[3] 当然，

〔1〕　Vgl. Robert Alexy, *Theorie der juristichen Argumentation*, S. 234ff.

〔2〕　参见［德］罗伯特·阿列克西："法的双重本质理论的主要素"，载氏著：《法：作为理性的制度化》，雷磊编译，中国法制出版社 2012 年版，第 274～275 页。

〔3〕　参见［德］罗伯特·阿列克西："商谈理论与人权"，载氏著：《法　理性　商谈》，朱光、雷磊译，中国法制出版社 2011 年版，第 121 页以下。

这种接近也只能使得结果的不确定性尽可能地被消除。所以其三，在大量情形中，在商谈结束后可能会存在彼此不相容的结论，而它们都不违反商谈规则。由于这些相冲突的观点都与商谈规则相容，所以它们可被称为"商谈上可能的"，但商谈上可能的分歧是一种理性的分歧。此时无论法官选择其中哪一种解释观点，都被认为是理性的。综上所述，只要经过了尽可能接近于理想商谈的理性商谈的检验，无论某个解释观点是商谈上必要的还是可能的，都被认为得到了证立。所以，对于商谈理论而言，共识并不是决定性的，起决定作用的是商谈程序的施行。即使在存有分歧时彼此不相容的观点也可以在一种接近于确定的意义上被称为"正确的"，只要它们通过了程序的检验。[1] 显然，在这个层面上，由于商谈使得人们能够在开放领域中将好的论据与坏的论据区分开来，并且能排除商谈上不可能的结论，所以，"规范上可能的适用范围"受到了限制，法的安定性也在一种弱的意义上得到了保障。但是，这种保障毕竟太过薄弱了。要使得法的安定性在更高程度上得到确保，还需要来考虑法律论证作为一种特殊类型之商谈活动的特性。

　　其次，开放领域的法律解释属于法律论证，而法律论证是普遍实践商谈的特殊情形。这意味着两者既有共性又有差别。共性在于两者都是商谈活动。因为一方面，法律论证与实践商谈一样最终都涉及实践问题，即怎么做的问题；另一方面，法律论证与实践商谈都要提出正确性宣称（Anspruch auf Richtigkeit）。实际上，作为调整性理念的理想商谈与正确性宣称是一体两面的事。[2] 相反，法律商谈的独特性及其与普遍实践商

---

　　〔1〕 参见〔德〕罗伯特·阿列克西："商谈理论问题"，载氏著：《法　理性商谈》，朱光、雷磊译，中国法制出版社2011年版，第112页。

　　〔2〕 参见〔德〕罗伯特·阿列克西："法的双重本质理论的主要素"，第275页。

谈的差别在于，它所提出的正确性宣称并不致力于绝对的正确性，而是指向现行有效之法秩序框架内什么是正确的。[1] 在现行有效之法秩序框架或者说特定法律体系内什么是正确的，则根本上取决于被权威地、制度性地设定于体系中的东西。简言之，法律论证既要受到制定法与先例的拘束，同时也要遵照为法教义学所加工的法律体系。制定法规范、先例与法教义学构成了法律论证摆脱不了的三重权威性框架。[2] 在开放领域，显然不存在制定法规范的拘束。那么，此时就必须要考量到先例与教义学的拘束力。

法律论证有其特有的历史性和回顾性的向度。遵循先例原则（the stare decisis rule）就直接衍生于法律论证的这种历史属性。在判例法体系中，证立必然诉诸先前判例。同样，在没有正式先例原则的大陆法系国家以及当前的中国，先前司法裁决也具有重要的论证功能。依据先例对制定法规范所作的确凿解释是强有力的，而未顾及上级法院先例或者与先例不合的论证则很难成立。这一历史性取向与行政机构或立法机构中进行的政治论辩很不相同。新任政府和议会多数不仅不必借助先前的政府和议会多数的政治决定来证立他们的政治活动，反而经常是因许诺颠覆或打破先前的政治决定而赢得选举。新任法官也可以背离先前的裁决，但公开推翻或者否决先例的司法意见是罕见的例外。[3] 同时，遵循教义学，尤其是"通说"也是法律论证的重要要求。一方面，某些论证专属于法律的教义学语境。例如，民法上的"缔约过失"、刑法上的"正当防卫"等教义

---

〔1〕 参见［德］罗伯特·阿列克西："特殊情形命题"，载氏著：《法：作为理性的制度化》，雷磊编译，中国法制出版社2012年版，第78～79页。

〔2〕 参见［德］罗伯特·阿列克西："程序性法律论证理论的理念"，载氏著：《法　理性　商谈》，朱光、雷磊译，中国法制出版社2011年版，第99页。

〔3〕 参见［德］拉尔夫·波舍："裁判理论的普遍谬误：为法教义学辩护"，隋愿译，载《清华法学》2012年第4期，第109～110页。

学说，经过经年的发展，已经形成比较稳固的体系，对涉及这些概念的法律规范的解释牢牢地受到通说的约束。另一方面，法教义学也排除了某些论据参与法律论证的可能。在这一点上最明显的是以政党立场或者日常政治见解为根据的实质性或策略性论证。如果特殊的政治－利益论据不能被转化为特定的教义学论证，那么它就不能进入法律论证场域。这并不意味着教义学论证与来自其他话语场域的论证之间没有重叠。但对其他话语场域的论证必须以特定方式进行转化和整合，而且并非全部论证都能被整合，其中一些被排除了。来自其他话语场域的论证能否被整合进法律完全取决于特定法律文化的法律素材和方法论构造。[1] 例如，关于死刑价值和正当性的一般性讨论可以为法律论证提供材料，但是在司法裁判中进行死刑问题的辩论必须以现行的制度、制度背后的意图、判例等为限定条件，必须以教义学论证的方式来进行。这是因为，法律系统是一种认知上开放但运作上封闭的系统。虽然它绝非与其他社会系统相互隔绝，但它的成分和程式在一个循环流转于系统内部的过程中持续运作，获得自我复制和内在的进化。[2] 诉诸先例与教义学同时也是法律论证的另外两个特征，即一致性和路径依赖的体现。[3] 正因为如此，才使得法律论证不同于纯粹的政治论证和道德论证。

上述权威性框架的约束导致了如下结果：其一，即使制定法规范不明确，法律论证场域也不会容纳全部可能的解释及其裁判，因为并非每一项政治的或道德的可能决定都能获得教义

---

〔1〕 参见 ［德］拉尔夫·波舍："裁判理论的普遍谬误：为法教义学辩护"，第110~111页。

〔2〕 Vgl. Niklas Luhmann, *Soziale Systeme: Grundriß einer allgemeinen Theorie*, Frankfurt a. M. 1984, S. 60ff.

〔3〕 参见 ［德］拉尔夫·波舍："裁判理论的普遍谬误：为法教义学辩护"，第110页。

学上有效论证方式的支持。其二，即使在开放领域中，对各种有效法律论证的抉择有时也无需由法律之外的考量或者标准来指导。因为虽然导向不同结果的论证方式在一般意义上是开放的，但对于必须作出决定的法官来说却并非如此，因为他要考虑到先前裁判的存在以及法律论证一致性的要求。可以说，判例和教义学（通说）的存在大大压缩了法官的裁量空间，也极大地提高了开放领域法的安定性程度。尽管在与判例和教义学相容的前提下，依然可能存在复数的解释观点，但它们可以帮助去掉大量的备选项。

再次，开放领域的法律解释要遵循特定的方法及顺序。作为法律论证之法律解释的特殊性不仅体现在它要受制于先例和教义学，也体现在它要遵循特定的法律方法。法律方法的功能在于引导和约束法官通过努力来建构出司法三段论的大前提。斯巴克（Spaak）曾将法律方法分为三类，即解释性论据、解释性推定与冲突解决准则。[1] 解释性推定是诸如"立法者不会意图荒谬的结论"、"例外不能作扩大解释"这样的法谚所体现的论点，冲突解决准则是诸如"上位法优于下位法"、"特别法优于普通法"这种解决规则冲突的依据。在开放领域中，它们要么作用有限，要么不会涉及。相比而言，处于法律方法核心、对于开放领域之法律解释来说作用最大的是解释性论据，或者说解释的标准、要素、（狭义上的）方法等。

依照通说，解释性论据大体包括四类：语义论据、意图论据、体系论据和目的论据。语义论据认为制定法规则的文字含义是决定性的。法官应该从规则用语中解读出通常意义或（必要时解读出）专业意义，并对案件进行相应的裁判。有许多学者甚至认为，假如规则的语言文字清晰平常，进行语义解释就

---

〔1〕 See Torben Spaak, Moral Relativism and the Rechtsstaat, p. 224.

应该是法院唯一的工作。显然，在开放领域中，语义论据的作用并不大。因为假如语义可以清晰地界定某个领域，这个领域也就不是开放领域了。但这并不是说语义论据在这个领域毫无作用，至少它可以将某些事物排除出这个领域。例如，"物"是个带有开放领域的概念，语义论据虽然无法告诉我们哪些东西属于"物"，但在现代社会中至少可以将"人"排除于这个概念之外。[1] 当然，这有赖于在一般意义上，语词究竟是否存在界限，这个问题将在下文第五点中再来论述。意图论据认为立法者的意图具有重要意义，法官应当按照立法者在制定它时所意图被理解的方式来解释某个制定法规则。体系论据认为法官应该赋予某个制定法规则与其他法律部分最相容的解释。换言之，只有当某个解释不会与其他规则在逻辑上矛盾、在价值上发生冲突时，它才是可接受的。就此而言，法官应当追求整个法律体系的连贯性和融贯性——所有的规则之间无矛盾、"整体有意义"或"趋向于同一个方向"。[2] 最后，目的论据要求法官以实现其目的的方式来解释规则。它将对某个规则的解释视为实现其背后之目的的手段，将前者看作是后者的必要条件。[3]

　　在理想的情况下，各种解释论据能和谐一致地相互支持，在开放领域中为法律规则确定一个相对清晰和明确的含义。但在法律实践中常常无法实现这一点，各个论据之间往往会发生冲突，它们所支持的解释观点及其裁判结果可能是不一样的。

---

　　[1]　有学者将模糊语词指涉的对象分为三类，即肯定属于该语词的积极选项、肯定不属于该语词的消极选项，以及不能确定是否属于该语词的中立选项（Vgl. Hans-Joachim Koch und Helmut Rüßmann, *Juristische Begründungslehre*, S. 195）。积极选项无疑属于语词的清晰内核或者凯尔森意义上的框架部分，开放领域则包含了消极选项与中立选项。语义论据的作用是将消极选项排除出去。

　　[2]　See Neil MacCormick, Coherence in Legal Justification, in: W. Krawietz et al. (eds.), *Theorie der Normen*, Berlin 1984, p. 41.

　　[3]　Vgl. Robert Alexy, *Theorie der juristichen Argumentation*, S. 297.

如果是这样，"规范上可能的适用范围"就会陷入混乱，而法的安定性当然无法得到确保。这就要求对各种解释论据的使用顺序进行排序。道德相对主义者可能马上会出来说，由于每一种论据背后都隐藏着某种（些）政治－道德价值，而每个人对于这些价值的重视程度不一样，所以不可能有一个大家都一致同意的排序存在。[1] 实情确实如此，各种价值在抽象意义上并没有绝对的优劣关系，这就排除了一种绝对的优先次序存在的可能。但这并不能排除一种相对的或初步的优先次序存在的可能，这意味着，我们可以给这些论据排个通常情形中的顺序，除非出现更强理由来逆转它。而排序的依据恰恰在于这些论据与法的可预测性（安定性）关联的程度。

语义论据的可预测性程度无疑很高，因为一旦我们可以通过清晰的文义来知晓规则的内容，我们就可以很容易来明确自己的权利义务，进而据此来安排自己的生活。即使在开放领域，我们也至少可以知道什么是规则所没有涵盖，因而不为法律所要求（禁止、允许）的。意图论据直接的道德价值在于民主。因为无疑任何法律文本都是有意被创造的产物，而在现代社会中立法意图是一种集体意图，也是通过立法机关所代表的全体国民的意图，法官在解释法律时遵照立法意图也就意味着服从民主的要求，而不是个人的独断。但意图论据同样有安定性的色彩，因为意图论据必须借助于历史资料（会议记录、听证材料、提案说明等）才能实现，而这些资料在民主社会中是公开的。公民事先就可以获得这些材料，进而据此安排自己的生活。体系论据促进的是连贯性和融贯性的价值。假如实现了这两个价值，法律就会成为一部更有"意义"和更"睿智"的作品，而假如法律更有意义和更睿智，人们就会发现它更可预测。至

---

〔1〕 See Torben Spaak, Moral Relativism and the Rechtsstaat, p. 227.

少，那些与同一体系的其他规则明显矛盾和价值上相冲突的解释就肯定不能够被采用。最后，目的论据诉诸理性，至少是一种手段理性。要注意的是，目的解释不能被孤立地看作是某个人们可以任意操控的"崇高目标"，也不完全是一种后果主义导向的论据，它也必须要得到法律体系中所包含的其他要素的支持。[1] 这些确定的要素越充分，它们越是能相互补充或者相互间越少排斥，目的解释就越恰当。这意味着，目的解释要照顾的不仅是单个规则的目的，也是整个体系的最佳目的，这里也蕴含着一定的安定性。综上，从文义论据、意图论据到体系论据，再到目的论据，法的可预测性（安定性）价值呈现出越来越弱的趋势，相反，法官的自由裁量权则呈现出越来越强的势头。[2]

所以，特定的解释方法及其顺序进一步确保了法的安定性：一方面，法官所采取的某种解释观点必须得到这些论据的支持，否则就不具备可选项的地位；另一方面，当这些论据发生冲突时，法官通常要按照从文义到目的的顺序来确定解释，不得任意变更。

复次，开放领域的法律解释要符合宪法秩序的要求。在现代社会，宪法作为根本大法在整个法律体系中具有最高的效力，宪法在整个法律生活中都要发挥作用，这是民主宪政国家的重要特征。法律秩序从根本上说也是一种宪法秩序。尤其是宪法中对于公民的基本权利的保护条款更是要求直接或间接地在各个法律领域中都要实现（此所谓宪法的扩散效力或第三人效

---

〔1〕　例如参见 Friedrich Müller und Ralf Christensen, *Juristische Methodik BdI*, 9. Aufl., Berlin 2001, S. 349.

〔2〕　阿列克西曾提出类似的规则——"那些表达受法律的文义或历史上的立法者意图之约束的论据，比其他论据具有优先地位，除非能够提出合理的理由说明其他论据被赋予了优位"（参见 Robert Alexy, Theorie der juristischen Argumentation, S. 305）。

力）。阿列克西就指出，民主宪政国家的一个必然和根本的要素在于，在其中基本权利的效力会扩散到普通法领域，因此在适用普通法时也要顾及它们。[1] 这意味着，普通制定法规则的开放领域中并不是空白一片。基本权利具有原则的性质，而原则适用的典型方式是权衡。[2] 权衡则是理性论证的一种形式。在开放领域中进行权衡，就是在普通制定法规则的解释框架中对基本权利的内涵进行理性论证。这里其实就指回到了理性论证和商谈，也就是上文第一点的内容。同时从类型上看，合宪性论证其实是一种体系解释和目的解释的混合体。[3] 所以，严格说来，合宪性论证可以被归为商谈和解释的一种。但是，这种论证直接来源于现代法治国家的制度性安排和价值性要求，因而具有独特的地位。同时，它是开放领域中的一种强制性要求，并不受解释顺序的限制。无论是哪种解释性论据所导致的结论，都必须经受合宪性的检验。当然，即使有基本权利的填补和权衡，开放领域依然可能存在不同的观点和裁量的余地（Spieräume）。[4] 但不可否认的是，合宪性的论证进一步大大限定了开放领域的空间，继续缩小了"规范上可能的适用范围"，进一步确保了法的安定性。

最后，开放领域的法律解释以法律规则的文义为限。按照通常理解，法律解释以文义作为最远的边界。但是，文义界限真的存在吗？即使存在，我们能够确定它吗？如果这两个问题得不到肯定的回答，就意味着我们无法将解释与法律续造活动

---

〔1〕　Vgl. Robert Alexy, Die Konstruktion der Grundrechte, in: Laura Clérico und Jan Sieckmann (Hrsg.), *Grundrehcte, Prinzipien und Argumentation*, Baden – Baden 2009, S. 14 – 19.

〔2〕　Vgl. Robert Alexy, *Theorie der Grundrechte*, Frankfurt a. M. 1994, S. 75 – 76.

〔3〕　类似观点参见张翔：《宪法释义学》，法律出版社 2013 年版，第 90 页。

〔4〕　Vgl. Robert Alexy, Verfassungsrecht und einfaches Recht – Verfassunggerichtsbarkeit und Fachgerichtsbarkeit, *VVDStRL* 61 (2002), S. 15 – 30.

区分开来。这样，不仅上文提到的语义论据是个假论据，而且整个法律解释都将不可能，法的安定性也无从谈起。相反，假如它们能得到肯定的回答，那么即使上文所谈的四个方面最终都无法消除复数的解释选择，它们也会被限定在有限的范围即文义之内。所以在这个意义上，确立文义界限是一种"兜底性"的方法。事实上，这两个问题上的确存在很大争议，反对者一方面坚持语言游戏理论，认为语言是一种塑造行为而不是认知行为；另一方面则主张意义是不澄清的。[1] 因此文义本身根本无法提供界限。笔者在其他地方已对这种观点展开过反驳，并对文义界限的存在及其确认进行了复杂的论证。这里显然无法详细展开，只能作如下提示：其一，文义界限是可能存在的，这来自于语词本身的属性，即规范性与客观性。规范性的要义在于，可以对语词的正确与错误使用作出区分。文义在结构上展现为一种规范性推论关系，文义的规范性即在于这种推论关系须符合隐含于规范语用活动中的文义推论规则。文义的客观性包括文义的对象关联性与主体间性两方面。规范性、对象关联性、主体间性合起来确保了文义界限的存在。其二，文义的三个向度构成了确定文义界限的三个框架。在规范性向度中，我们可以分出条件界限与后果界限的确定方式，而前者又可细化为不同层级的文义推论规则中的条件界限。从另一个角度看，又可归纳出正向文义界限与反向文义界限两大类。对象关联性向度与主体间性向度则分别施加了真值条件界限与主体间商谈意愿界限。这种完整的文义界限体系使得对文义界限的精确描

---

　　〔1〕　例如参见 Friedrich Müller und Ralf Christensen, *Juristische Methodik BdI*, S. 144; Ralph Christensen, *Was heißt Gesetzesbindung?*, Berlin 1989, S. 180f.

述成为可能。[1]

综上所述，即使存在开放领域，制定法文本也必然具有解释上的可预测性。[2] 其中，法律规则的文义界限圈定了开放领域的空间大小，而受理性程序性规则导控的商谈、遵循先例与教义学（通说）的法律论证、对特定法律解释方法及其顺序的遵循以及对宪法秩序要求的符合则大大压缩了这个空间中裁量的余地。所以，即使最终并不能保证只留下唯一的解释，得出唯一正确的结论，我们也可以很好地说法的安定性已经在很大程度上得到了确保。尽管此时法律文本的意义不明确，尽管此时法的安定性程度比法律文本明确时要低，但法的安定性依然存在。上述五个方面的条件可以被视为对开放领域之法的安定性的最大化追求，因此我们可将此时的安定性称为"法的最大化安定性"，以与上文所提到的"法的纯粹安定性"相对。而本部分的分析恰恰表明，法的最大化安定性相比于法的纯粹安定性在实践中将获得更多的安定性。

四、法律续造必须放弃法的安定性吗？

（一）司法裁判的双重目标

法官的裁判活动并不限于制定法规则文义之内，有时也会逾越此等文义，此时就已经跨越法律解释而进入到了法律续造活动。这是因为，司法裁判作为说理的活动并不局限于"依法裁判"，也就是举出制定法规则作为裁判的理由，它很多时候也要进行政治、经济、道德等方面的推理，为的是追求"个案正义"。这就涉及了司法裁判中所运用的理由类型的区分。按照性质不同，裁判理由可以分为两类：一类是实质理由（substantive

---

〔1〕　具体参见雷磊：《类比法律论证——以德国学说为出发点》，中国政法大学出版社 2011 年版，第 98 ～ 178 页；也可见这本专著：Matthias Klatt, *Theorie der Wortlautgrenzen*, Baden – Baden 2004.

〔2〕　Marijan Pavčnik, Der Rechtssicherheit als Auslegungsfrage, S. 423.

reasons），另一类是权威理由（authoritative reasons）。实质理由是一种通过其内容来支持某个法律论断的理由，它的支持力完全取决于内容——可以是有关道德的、经济的、政治的。权威理由是因其他条件而非其内容来支持某个法律论断的理由，这些条件中最重要的是理由的"来源"。[1] 无疑，在法律论证中，制定法规则就是最重要的权威理由，它正是凭借其来源——立法者——而不是其内容成为司法裁判的依据的。从某种意义上可以说，司法裁判最大的特点就在于它必须是基于来源的，法律论证具有典型的权威论证的性质。当然，这并不是说司法裁判无需借助于实质理由。只是在通常情况下，运用实质理由的实质推理活动必须在法律渊源的框架内进行。政治的、经济的、道德的因素即使可以进入司法裁判与论证之中，也必须在制定法规则的文义之内进行。它们起到的是填充制定法框架、充实其意义的作用。这就是本章前一部分所涉及的法律解释的情形。此时权威理由与实质理由并无矛盾，它们共同指向一个裁判结论，达成"既合法又合理"的效果。但是在某些疑难案件的情形中，依法裁判与个案正义这两个目标却会发生冲突，产生"合理即不合法"或"合法即不合理"的效果。为了追求个案正义，法官必须逾越制定法规则的文义框架，背弃权威理由而基于实质理由去作出裁判；反之，如果恪守文义框架，则不得不放弃对个案正义的追求。

所以，司法裁判的双重目标——依法裁判（合法性）与个案正义（合理性）——既可能达成合力，也可能存在冲突。如果说依法裁判背后的道德价值是法的安定性的话，那么个案正义所体现的道德价值无疑就是正确性。换言之，这意味着法的

---

[1] See Aleksander Peczenik, *On Law and Reason*, Dordrecht ［u. a.］ 1989, pp. 313 - 315.

安定性与正确性这两种价值之间有时和谐一致，有时则存在紧张关系。法律解释的情形即是两者和谐一致的情形，此时无论是法的安定性还是正确性都能得到最大限度的满足。而法律续造的情形则是两者冲突的情形，此时只是优先满足了正确性的要求。尤其是"反于法律（文义）的裁判"（Contra - legem - Entscheidung）的情形，即制定法规则文义明确涵盖了某个案件类型，但基于特殊考虑将这类案件排除于规则的适用范围之外。此时的效果相当于为原规则创制了一个例外。这种做法无疑损害了法的安定性。但这是否就意味着不得不完全放弃法的安定性呢？

（二）目标冲突时法的安定性的顾及

假如当依法裁判与个案正义的目标发生冲突时，法官有权不去适用任何他认为不正确的制定法规则（无论只是他的主观见解抑或是得到证立了的制定法规则），那么这的确是对法的安定性的一种不能容忍的损害。因为此时法官以"个案正义"为唯一的价值目标，完全没有顾及制定法规则背后的法的安定性价值。这实际上意味着法官将个案正义的目标完全凌驾于依法裁判之上：两者不冲突（法律解释的情形）时，是因为依法裁判恰好能促进个案正义，所以要依法裁判；而当两者冲突（反于法律的裁判）时，因为依法裁判妨碍了个案正义，所以不能依法裁判。本章认为，这种"正确性绝对优于法的安定性"的主张不能反映司法裁判的性质，也无法体现立法与司法之间的关系。司法裁判要达到的是正确性与法的安定性的平衡，即使是在法律续造活动中同样如此。反于法律的裁判尽管不可避免地会损害一些法的安定性，但这并不等于说完全放弃它。相反，法官必须在这一过程中认真对待法的安定性，后者发挥着相当重要的作用。

要准确理解这一点，首先要对上述价值进行规范理论上的转化。从规范理论的角度看，无论是法的安定性还是正确性都具有原则的性质（Charakter der Prinzipien）。原则是最佳化命令（Optimierungsgebote），它要求某事（通常是某种要追求的价值或目的）在相对于法律上与事实上可能的范围内尽最大可能被实现，并能以不同的程度被实现。作为最佳化命令，原则的特征在于具有"分量"的向度，也就是说它能够在不同的情形中以不同的程度被实现，其所要求的实现程度既系诸事实上的可能性，也取决于法律上的可能性。[1] 如果某个原则完全不受任何限制，从而百分之百地实现，这当然是最理想的状态。但原则在法律体系中从来就不是孤立地被适用的，在决定考虑实现某个原则时，不可避免地要考虑到其他相对立之原则的存在和影响。相冲突的原则之间彼此相互牵制，如果要百分之百地实现其中一个，就必然要牺牲对另一个的保护，而如果要保护后者，就不免要对前者作出限制。换个角度来说，两者都不可能获得完全的实现，因此其中一个原则的实现程度越高，另一个原则的实现程度就会随之降低。所以，原则适用的方式就是相互"权衡"（Abwägung），权衡遵守这样一条权衡法则（Abwägungsgesetz）：一个原则的不满足程度或受损害程度越高，另一个原则被满足的重要性就越大。[2] 这实际上就是一种比例原则。[3] 它要求：当确定优先满足两个原则之一时，对不被满足的那个原则的损害程度不得超过对被满足的那个原则的满足程度。目前的德国学说中已经对权衡的具体要素以及步骤发展出比较成熟的观点，

---

〔1〕 Vgl. Robert Alexy, *Theorie der Grundrechte*, S. 71 ff.；〔德〕罗伯特·阿列克西："法律原则的结构"，载氏著：《法：作为理性的制度化》，雷磊编译，中国法制出版社 2012 年版，第 132 页。

〔2〕 Vgl. Robert Alexy, *Theorie der Grundrechte*, S. 136.

〔3〕 贝蒂甚至认为比例原则是法律（法治）用以处理不同利益及价值时的基本原则，参见 David Beatty, *The Ultimate Rule of Law*, Oxford 2004, p. 160.

由于并非本章的重点，我们就此打住。[1] 从性质上，原则可以被分为两类：一类是实质原则，另一类是形式原则。实质原则具有实体内容，如"公序良俗"、"意思自治"、"行动自由"等；形式原则并没有实体内容，它所表达的是诸如"立法者的意志应当得以遵守"、"如无重大理由不得偏离历来的实务见解"这类形式上的要求。[2] 很显然，正确性拥有实质原则的属性，而法的安定性则拥有形式原则的属性。但无论如何，两者都是原则。与此不同，规则是以一种"全有或全无"的方式被适用的。对于某个规则而言，如果案件属于它的调整范围，它的法律后果就百分之百地发生（此时必须接受该规则所提供的解决办法），如果案件不属于它的调整范围，它的法律后果就百分之百地不发生（此时规则对裁判不起任何作用）。也就是说，规则是一种要么被适用要么不被适用的规范。一旦规则被适用到某个案件之上，那么它的法律后果就确定地发生，而没有斟酌的余地。因此，规则的典型适用方式是涵摄。在此意义上，规则被称作"确定性命令"（definitive Gebote）。当然，规则可能存在例外。例外一旦出现，就排除了规则的适用，从而无法推导出规则的法律效果。反过来说，规则的例外本身也是一个确定性的"规则"，同样也具有全有或全无的适用特性。因此规则带有例外并不会影响到规则适用的确定性。所以，规则的典型适用方式是涵摄。但与本章相关的关键问题是，规则的例外如何产生？这就涉及规则与原则的联系。

在理由的层面上，一个规则的背后同时得到两类原则的支

---

〔1〕 有兴趣者可参见 ［德］罗伯特·阿列克西："重力公式"，载氏著：《法：作为理性的制度化》，雷磊编译，中国法制出版社 2012 年版；重力公式的具体运用参见吴元曜：《Robert Alexy 重力公式之理论与运用》，台湾元照出版公司 2013 年版，第 115 页以下。

〔2〕 Robert Alexy, *Theorie der Grundrechte*, S. 120, 267.

持，一类是实质原则，另一类是形式原则，它们合起来构成了规则的证立理由，也就是为什么它"应在司法裁判中被适用"的理由。如前所述，实质原则最终指向的是正确性（或者说正义），具体来说则与规则的内容相关，因规则内容的不同而不同，也可以被认为是规则目的的体现。就此而言，不同规则背后的不同实质原则都可以被看作是对正确性原则的具体化。相反，形式原则指向的是法的安定性，它所要表达的意思是，因为规则是立法者意志的明确表述，为了与司法活动的性质相符，法官应当自觉受到这种明确表述之意志的拘束。因此，形式原则并不因规则内容的变化而变化，它对于所有的法律规则而言都是一样的。换言之，当我们去追问，法官为什么必须要适用某个规则时，他的回答可以是两方面的：一方面他可以说，因为这个规则实现的是某个值得追求的实质价值（如"意思自治"）；另一方面他还可以说，因为这个规则是立法者明文规定的，作为司法者有义务去适用。以哈特所举的那个例子为例：地方立法机关颁布了这样一个规则——"机动车不得驶入公园"。[1] 这个规则的立法目的很明显，机动车之所以不得驶入公园内是为了保障"公园的宁静"（防止尾气和噪声等的污染）和"游人的人身安全"，它们就是规则背后的实质原则，最终指向正确性。同时规则的背后还有一类形式原则，指向法的安定性。

法官进行"反于法律的裁判"的前提是，他认为制定法规则的适用对于个案而言"不正确"。"不正确"无疑主要与内容相关，也即与规则背后的实质原则相关。什么时候这些实质原则的适用会被认为不正确呢？基于原则的属性，只有当个案中出现了制定规则时所未考虑到的其他实质原则，而这种其他实质原则的分量被认为在个案中超过了规则背后的实质原则的分

---

[1] H. L. A. Hart, *The Concept of Law*, p. 128.

量时，规则的适用才会被认为是不正确的。例如，"机动车不得
驶入公园"这个规则在"（载着生命垂危之病人去医院的）救
护车"的个案中就是如此。尽管"救护车"无疑可以被涵摄于
"机动车"这一概念之下，但禁止救护车驶入公园在法官（及大
部分人）看来并不正确——因为此时可能救护车穿过公园开往
医院对于抢救病人来说十分紧要，而本案中所出现的那个原
则——"挽救生命"（作为基本权利的生命权原则），要比"公
园的宁静"以及"游人的人身安全"分量更大，所以必须要对
规则作出限制，为它创设例外。直觉上就是如此。但仅仅如此
就够了吗？这种情形之所以争议不大，是因为大多数人都会认
为"挽救生命"的重要性要比其他两个实质原则大得多，即使
有别的考虑几乎也没法逆转这种优先关系。但换一些情形就未
必如此了。例如，假如现在是一辆"（载着手腕脱臼之人去医院
的）出租车"，还应该让它驶入公园吗？如果是一辆"（载着牙
疼之人去医院的）出租车"呢？如果是一辆用于抗战七十周年
展览用的坦克呢？答案似乎就不那么清楚了。假如，只要法官
认为在这些情形中，相关实质原则（"保护健康"、"增强民族
凝聚力"等）还是要比"公园的宁静"以及"游人的人身安
全"更加重要（哪怕双方分量相差不大），他就可以为规则创制
例外，那么无疑太过随意。以"正义之名"而行背法之事将无
法控制，而依法裁判也就成了一句空言，此时对法的安定性的
损害就是不可容忍的。但正如前文所说，一个规则的背后不仅
有支持它的实质原则，也有支持它的形式原则。形式原则的存
在并不意味着绝对禁止法官为规则创设例外，但它的确要求法
官在进行原则分量的权衡时，必须要考虑到形式原则的分量。
之所以"机动车不得驶入公园"，不仅仅是因为这是保证"公园
的宁静"以及"游人的人身安全"的手段，也是因为它是立法
者意志的明确表述。要作出反于这条规则的裁判，就必须要通

过论证来说明，例如在"（载着手腕脱臼之人去医院的）出租车"的情形中，"保护健康"原则的分量不仅比"公园的宁静"以及"游人的人身安全"大，而且要比它们加上形式原则的分量还要来得大。因此，只有当与规则相对立之一般法律原则在个案中实现的具体分量超过支持规则之实质原则与形式原则被侵害的程度时，才能为规则创制例外。[1]

可见，形式原则或者说法的安定性原则的作用，体现在加大了反于法律的裁判的难度。就此而言，甚至可以说凯尔森的观点——"从法律适用者的角度而言，即使是糟糕的制定法也要被适用"[2]——在同时考虑法的安定性与正确性的背景下也大体是正确的。关键之处在于法的安定性原则与相关实质正确性原则在个案中被侵害的程度。赋予法官普遍而纯粹的正确性审查权无疑会不合比例地侵害法的安定性。而只有当考虑到形式原则的掣肘之后，依然可以通过论证证明，实现"个案正义"的必要性是如此之大，哪怕损及规则背后的实质价值和法的安定性也在所不惜，才可以进行法律续造。此时的制定法不单单是"糟糕的"制定法，而已经是"极端糟糕的"制定法了。此时，虽然由于司法裁判逾越文义而使得法的安定性受损，但却是可以容忍的。法的安定性在被超越的过程中已然被顾及。

但法的安定性在法律续造活动中的作用并不限于权衡过程，即作为要素参与权衡，而且也体现在其他方面。一个重要的方面就是论证负担（Argumentationslast）。法的安定性原则赋予了司法裁判中的权威理由（法律规则）适用上的初步优先性（Prima‐facie‐Vorrang）或者说推定的优先性。它体现在论证的起

---

〔1〕 至于形式原则如何放入权衡，阿列克西最近发展出了一种"认知模式"，参见 Robert Alexy, Formal principles: Some replies to critics, *International Journal of Constitutional Law* 12（2014），pp. 511，520ff.

〔2〕 Hans Kelsen, *Reine Rechtslehre*, 1. Aufl. , S. 101.

点和论证风险的分配两个方面。这意味着，一方面，首先必须由反对在个案中适用规则者承担论证负担，而不是相反。例如，在"（载着手腕脱臼之人去医院的）出租车"的情形中，公园的门卫只要指明"出租车是机动车"，就有（初步的）理由来拒绝出租车驶入公园，无需指出这么做的实质理由；而开车者（以及支持开车者的人）则必须来论证，这么做是有实质理由的，并且这种实质理由在个案中的重要性非常大。如果门卫一方要就重要性进行反驳，则他再来接手论证。由此可得到一个论证起点上的论证负担规则：主张在待决案件中推翻规则适用者，必须首先承担论证负担。另一方面，法的安定性原则还使得论证风险向反对适用规则者倾斜。论证风险的分配指的是，在权衡过程中，无法确凿地判断相权衡之原则中的哪一方具有更大的分量时，由谁来承担不利之法律后果的问题。权衡的结果可能出现所谓的"不分高下的情形"或者说"平手情形"[1]由于一开始的论证负担在反对适用规则者一方，所以当他没办法证明这么做的重要性要高于适用规则时，他就要来承担无法为规则创制例外的后果。由此又可以得到一个有关论证结果之风险分配的论证负担规则：出现平手情形时，由反对适用规则者承担不利后果。[2] 当然要提醒注意的是，法的安定性原则带来的只是初步优先性，而不是绝对的优先性，[3] 从而才有论证负担规则运用的余地。

　　法的安定性还体现在碰撞法则（Kollisionsgesetz）之中。碰撞法则表达的是原则权衡的结果，它可以表述为：假如原则 P_1 在条件 C 下优先于原则 P_2：即（P_1 **P** P_2）C，并且假如 P_1 在条

---

〔1〕　参见［德］罗伯特·阿列克西："重力公式"，第164页。

〔2〕　参见雷磊："形式原则与规则的推定排他性"，第113～115页。

〔3〕　例外是受到罪刑法定准则调整的刑法领域。在这里，法的安定性具有绝对优先性，从而进行任何形式的法律续造。

件 C 下可导出法律后果 R，则会产生一条规则，这条规则由事实 C 和法律后果 R 构成，即 C→R。[1] 其中，"**P**"代表"优先"，P_1 和 P_2 代表相互权衡的两方原则，C 代表个案事实，而 R 代表 P_1 的法律后果。在前面所举的例子中，我们可以用"（通常情形中的）一般机动车"（C_1）和"（载着生命垂危之病人去医院的）救护车"（C_2）两种情形来替代 C。在一般机动车（C_1）的条件下，"机动车禁止驶入公园"背后所有的实质原则与形式原则（为简便起见，我们用 P_1 来统一标示）要比其他实质考量（P_2）分量重，所以形成了这么一条规则：C_1→R。但是在救护车（C_2）的情形中，"挽救生命"原则（P_2）的分量要超过"机动车禁止驶入公园"背后的实质原则与形式原则（P_1）的分量，即（P_2 **P** P_1）C_2，并且 P_2 的法律后果是"允许驶入公园"（￢R），根据碰撞法则可以得出另一条规则：C_2→￢R。这条新规则是原规则的例外，所以可以说，通过权衡，反于法律的裁判实际上形成了这么一条附加"但书"的规则：$C_1 \wedge ￢ C_2$→R。所以，这就相当于借由司法裁判引入了一条新的规则。而规则作为一种确定性命令会在未来重新树立起法的安定性，这就马上又弥补了因逾越文义而造成的安定性损失。[2] 在判例法系国家，因为有遵循先例的制度性保障，这一点尤其明显。而在其他国家，由于司法实践近年来对先例日益重视，这一点也能在许多时候得到确保。所以，即使法律续造会在一定程度上造成安定性的损失，由于权衡机理和判例机制的存在，在制定法文本不变的条件下，反而会使得后来的法官裁量的余地越变越

---

〔1〕 Vgl. Robert Alexy, *Theorie der Grundrechte*, S. 83.

〔2〕 Vgl. Robert Alexy, Rechtssicherheit und Richtigkeit, in: Ales Gerloch, Jan Tryzna, Jan Wintre (Hrsg.), *Methodologie Interpretace Práva A Právní Jistota*, Plzeň 2012, S. 386.

小，而整个法律体系越来越安定。[1]

综上所述，逾越制定法文义的法律续造尽管会带来法的安定性的丧失，但这并不意味着我们就不得不完全放弃对法的安定性的追求。作为一种"商情价值"（konjunktureller Wert）[2]，法的安定性在特定的语境中的确要作相对化处理，尤其是要与司法裁判的另一个价值目标——正确性——实现平衡。但是，作为具有原则属性的价值，法的安定性必须要在权衡过程中被顾及，也要在论证负担和碰撞法则中发挥作用。它们在很大程度上抵销了因制定法安定性的丧失所带来的损害，也已经满足了"法的最大化安定性"的需求。

五、法律方法：一种价值中立的工具？

行文至此，我们大体已经可以树立这样一个整体性判断，法律方法——无论是法律解释还是续造——并不会导致法的安定性过度丧失。法的安定性并不等于制定法的明确性，前者不仅仅是强调法律必须以书面文本的形式、用精确的词句加以表述。[3] 法律方法的要旨在于理性法律论证。即使司法裁判不得不面对制定法文本内涵不明确之弊，法官也可以运用各种理性可预见的论证方法、资源、规则和负担来尽可能清晰地界定制定法"规范上可能的适用范围"，从而最大限度地确保获得法的安定性。所以，法律方法的存在是要尽可能地防止法律的开放

---

〔1〕　当然，这并不意味着建立的规则无法再次被创设例外。但已建立之规则毕竟拥有适用上的初步优先性，这就在很大程度上确保了法的安定性。

〔2〕　Jerzy Stelmach, Kann die juristische Interpretation garant der Rechtsgewissheit sein?, S. 399.

〔3〕　参见［意］布鲁诺·莱奥尼：《自由与法律》（第3版），冯辉译，湖南教育出版社2008年版，第91页。当然，莱奥尼还指出了法的安定性（正确性）的另一层正面的意义，即法律永远不会在谁也无法预料的情况下突然发生改变（同注，第95~96页）。这显然属于"可预测性"这一安定性的核心内涵，但它主要是在法律本身之稳定性的层面上说的。本章的主要讨论语境是司法裁判领域，故而没有顾及这一点。

领域落入裁判者专断的范围，这恰恰是以法的安定性为鹄的的。明白了这一点，法治就终究不是"看上去很美"但却无法实现的幻象。

之所以有学者对于法律方法有一种欲迎还拒、喜忧参半的姿态，是出于一个根本性的误识，即认为法律方法（法学方法论）只是一种价值中立的工具、一种技术或一套操作步骤。在这一立论的基础上，他们的担忧不无道理：作为一种工具，法律方法既可以服务于法治，也可以用于破坏法治。尤其是在中国这样素来没有树立规则至上传统和尊重形式价值的国家，一旦将各种"裁量余地很大的"法律解释和续造方法毫无保留地予以继受，会釜底抽薪式地掏空法治的基础，造成有法律、无法治的结果。这种看法本没有错，但其立论基础并不完全正确。德国著名法学家和纳粹法制史专家魏德士（Rüthers）曾一针见血地指出，方法问题从来都是个宪法问题。[1] 因为法律方法（法学方法论）自始是与法哲学层面的反思紧密联系在一起的，而不是"任人打扮的小姑娘"或"皇帝的新衣"。从某种意义上说，德国传统中的正确法（Richtiges Recht）理论（即正义论）构成了德国法学方法论背后的支撑性理论体系。[2] 法律方法并不是不要价值体系，不追求正义，只是它与纯粹的法哲学之不同之处在于，它是以一种基于实在法平台和个案展开方式，通过精致化和可操作的方式去逐步实现正义。正如拉伦茨（Larenz）所说，"它所关心的不仅是明确性及法的安定性，同时也致意于：在具体的细节上，以逐步进行的工作来实现'更多的

---

〔1〕 ［德］魏德士：《法理学》，丁小春、吴越译，法律出版社 2003 年版，第 317 页。

〔2〕 例如当代德国法学家卡尔·拉伦茨（Karl Larenz）战后在法理学领域的两本代表作，一本是出版于 1960 年、作为集大成之作的《法学方法论》，另一本则是出版于 1979 年的《正确法》（Richtiges Recht, München: Beck, 1979）。

正义'。"〔1〕显然，拉氏在此所说的"正义"是一种实质正义，而"法的安定性"归根到底同样属于正义的内涵，即形式正义。而如果我们依照亚里士多德的传统，将法治视为规则之治与良法之治的结合的话，那么就可以说，形式正义（法的安定性）与实质正义都是法治所要追求的目标，而法律方法正是以"看得见"和"说得出"的方式去实现这二者的努力。从这一意义上来说，法律方法从来都受到特定价值的导控，论证和说理也从来都内在地包含着对自治、共识（平等、民主）等价值的追求。〔2〕这里面当然也包含了对通过正当程序产生之法律本身的安定性的追求。并且，在常态条件下，法的安定性相比而言是更为基础的法治价值，对于中国而言尤其如此，法律方法也需要尽可能地确保这一价值的实现与最大化。纳粹的司法恰恰扭曲了法律方法原本的面目，结果只能是"形似而神不似"的误用和滥用。所以，无论如何不能将法律方法与它背后的价值论根基割裂开来，否则就会使得前者成为无源之水、无本之木，人为地去构设法治的陷阱。

六、结语

在本章的最后，我们还要来考虑另一个未决的问题。前文的分析已经表明，司法裁判追求的是双重目标之间的平衡：法的安定性与正确性、合法性与合理性、依法裁判与个案正义。尚有疑义的是，这种平衡是一种内部平衡还是外部平衡？

假如我们认为，法的安定性作为法治之核心的同时也穷尽了法治的所有内涵，那么法的安定性与正确性的平衡就是法治与法治之外的其他价值之间的平衡。而假如我们认为，法的安定性虽然是法治的核心，但法治尚包括像正确性这样的价值的话，那么法的安定性与正确性的平衡就是法治内部不同价值之

---

〔1〕　［德］卡尔·拉伦茨：《法学方法论》，陈爱娥译，商务印书馆2003年版，第77页。

〔2〕　参见［德］罗伯特·阿列克西："商谈理论与人权"，第121页以下。

间的平衡。前者的后果是导致司法裁判"溢出"法治的范畴，而后者则使得司法裁判仍可能在法治的范畴之内。有学者从内在价值理论出发，认为法律的价值在于树立公共判断（行为）标准，因而法治就相当于"合法性"。[1] 从而，正确性就被排除于法治的概念之外，法的安定性与正确性的关系也就被作为外部关系来处理了。但问题在于，什么是"法的内在价值"同样是有争议的。比如玛蒂尔德·柯恩就认为，给出理由（说理）同样是法治必不可少的特征，只有规则统治而不给出理由的法律体系会具有种种损及法治内在价值的缺陷。[2] 当然，考虑到法律规则本身就是司法裁判中的权威理由，所以她所说的说理涉及的是实质理由，这已经开启了通往正确性的大门。

本章当然没办法来探讨这个复杂的问题，而且笔者并不认为法治概念的内涵能够完全在分析性的层面得到解决。只是要指明的是，出于这样一种很简单的规范性考量，将法的安定性与正确性的平衡作为法治内部的关系来处理更好：如果我们不想让"法治"的概念过于单薄，而是容许它作为一种"调整性理念"来对与法有关的各个领域以及每个领域的各个方面发挥影响的话。而我们的经验实际上也在支持这一点，它典型地反映在"法治社会"、"法治国家"这样的标识之中。换言之，即让"法治"成为现代社会的一种"苍穹式概念"（überwölbender Begriff）。而整个司法裁判活动都应该受这个理念的导控。由此，法治就不仅仅是一种规则之治，而应该是规则之治与理由之治的统一了。[3]

---

〔1〕 参见陈景辉："法的内在价值与法治"，载《法制与社会发展》2012年第1期，第3页以下。

〔2〕 参见［美］玛蒂尔德·柯恩："作为理由之治的法治"，杨贝译，载《中外法学》2010年第3期，第354页以下。

〔3〕 雷磊："法律程序为什么重要？反思现代社会中程序与法治的关系"，载《中外法学》2014年第2期，第338页。

第七章　法律续造、权力分立与法治

在现代法治国家中，造法（Rechtssetzung）本属于立法者的权限，而适法（Rects－anwendung）则是司法者的任务。但是，经典权力分立理论之下打造出的孟德斯鸠式"法官售货机"形象在今天已基本被宣告破灭。无论是当年德国的概念法学（Begriffsjurispru－denz）还是美国的机械法学（mechanical jurispru-dence）都已被后来居其上者证明了其金字塔式的理论与倒金字塔式的现实之间的巨大反差。在19世纪与20世纪之交，德国掀起了一场法学方法大讨论的热潮，这场热潮以对概念法学方法的批评与反思为鹄的，而以自由法运动与利益法学为主角。[1]这两个学派或阵营的主张之间固有差别，但在承认法官之法律发现者或一定意义上的创造者之地位方面却是殊途同归的。而今天在法学方法论领域占据统治地位的，则是在此基础上发展起来的评价法学或曰价值法学（Wertungsjurispru－denz）。评价法学一方面承认司法裁判的创造性，但另一方面则认为这种创造活动（决定对各种利益关系的保护及其程度时）并非完全自

---

〔1〕　关于这场历史性的大讨论，参见［德］莱纳·施罗德："世纪之交的德国方法大讨论——科学理论式的精确化努力抑或对法与司法功能变迁的回应？"，雷磊译，载舒国滢主编：《法学方法论论丛》（第1卷），中国法制出版社2012年版，第43～99页。

由，而毋宁说"依其本质（仍）应适用法律规定的评价准则"[1]。其基本思想在于，"语词"之外尚有"意义"，词穷之处尚待去发现未言明的"立法者意旨"或客观的"法秩序"。由此，法制定与法适用的区分仍旧得以维系。[2] 虽然此时的法适用绝非简单的逻辑涵摄，而是一种价值导向的活动了。对于这样一种活动，评价法学家名之为"法律续造"或"法的续造"（Rechtsfortbildung）。这一称呼道明了法官角色的两重性：一方面在从事创造性的活动，另一方面这种创造性又必须在给定的框架与范围内进行，因而终究具有有别于立法的限度。

当然，如果在不严格的意义上或者说广义上使用法律续造这个概念，那么我们可以说每一个法律解释的活动都可以被视为一种续造活动。因为法律解释同样掺杂着解释者（法官）个人的主观性因素，毕竟解释活动也不完全是理性认知的过程，意志与决断于此在所难免。但依据拉伦茨所奠基的方法论体系，法律续造一般而言更多在狭义上被使用，也即是一种逾越或违反文义的"解释"活动。而此种活动与通常我们所说的法律解释之间的界限则在于法律规定本身的文义或"可能的字义范围"（möglicher Wortsinn）。[3] 进而，拉伦茨又以"立法者计划"为界限，将法律续造分为两个阶段：超越可能的字义范围，而仍在立法者原本的计划、目的范围内的法律续造，即制定法内的

---

〔1〕 Harry Westermann，*Wesen und Grenzen der richterlichen Streitentscheidung im Zivilrecht*，Münster 1955，S. 21.

〔2〕 对这一区分的标准与意义的探讨，参见黄舒芃："宪法解释的'法适用'性格：从德国公法上法学方法论传统对'法适用'与'法制订'的区分探讨联邦宪法法院解释活动的本质"，载《政大法学评论》第 81 期（2004 年），第 51～110 页。

〔3〕 当然，拉伦茨也指出，法律解释与法律续造并非本质截然不同之事，而应该视为同一思考过程的不同阶段（参见［德］卡尔·拉伦茨：《法学方法论》，陈爱娥译，商务印书馆 2013 年版，第 246 页）。于此的一个问题就是，"可能的字义"如何可能成为一个区分两者的可能标准。但这一问题并非本章的重点，故而存而不论。

法律续造（法律漏洞的填补）；以及进一步逾越这一界限所从事的续造活动，即超越制定法的法律续造。只是后一种续造仍得在"整体法秩序的基本原则范围内"进行，超出这个范围就属于法外空间（rechtleerer Raum）了。[1] 假如我们承认这种区分，那么不难发现，超越制定法的法律续造无疑赋予法官更大的决定空间，因而要进行理性控制的难度更大。从德国理论与实务的见解来看，这种续造活动可以依据法律交易上的需要（如商业惯例）、事物的本质、一般法律原则（法伦理原则）等论据来进行。[2] 而从效果来看，这种续造活动既可以是一种创制性的补充，也可以是一种创制性的修正。以基于一般法律原则的法律续造为例。当法律文义与立法者计划皆未言明如何处理待决案件之时，借助于一般法律原则来为其提供裁判标准，即为创制性的补充。例如，德国私法实务中长期以来利用缔约过失原则来创设"前合同义务"就是一例。当某法律规定的文义虽已涵盖某个案件类型，但特殊个案的出现却使得该规定的效果与一般法律原则发生冲突，为实现被评价为更具实现重要性之一般法律原则，而对该规定的文义进行限制，即为创制性的修正。无疑，比起创制性的补充，创制性的修正更需要法官去慎重对待。因为创制性的补充毕竟依旧是一种辅助性的工作，法官在这种活动中并没有直接对立法的权威进行冲击，充其量要证明的只是他所进行的补充与可得而知的立法者计划并不相悖即可。而创制性的修正则是对法律明文的公然挑战，且此时并没有所谓可得而知的立法者计划对这一挑战提供支持（如同法律内的法的续造那般），因而需要法官更直接地去面对法律续造的界限以及对立法的尊重问题。但也恰恰如此，创制性的修正的理论

---

〔1〕 参见［德］卡尔·拉伦茨：《法学方法论》，第246页。

〔2〕 参见［德］卡尔·拉伦茨：《法学方法论》，第287～298页。

与实践意义才更为突出，在方法论的层面上它提出的问题也才更为严峻：什么样的方法才能既满足实现个案正义这一司法裁判的最终目标，又恪守必要的限度而不至于对立法的权威造成过度侵害？而如果我们将权力分立视为法治的一项基本原则的话，那么问题也相应地在于，如何才不会违反法治？本章将以基于一般法律原则的创制性修正为例，来对这一问题进行初步的探讨。

一、从台湾地区的一则案例说起

我们将从台湾地区的一则相关案例说起。这则案例的事实如下：

陈周丰与蔡玉凤于 1973 年 2 月结婚，起初感情融洽，但育有子女后即经常争吵，感情日渐恶劣，蔡遂携子女前往美国，陈于蔡旅居美国期间，以蔡违背同居义务，恶意遗弃为由，提起离婚之诉，经一审辩论而由高雄地方法院于 1988 年 5 月 4 日判准离婚胜诉确定后，陈周丰于 1988 年 7 月与善意信赖其前婚姻关系已因确定判决消灭之许辰月结婚。嗣后蔡玉凤以陈周丰知其住所竟指其所在不明而兴讼，认为陈所取得之离婚确定判决有再审原因，提起再审之诉请求废弃原确定判决，获得胜诉后，再以陈许之婚姻违反（修正前）"民法"第 988 条第 2 款及第 985 条第 1 项规定，提请确认婚姻无效之诉，经"最高法院" 1992 年台上字 1621 号判决确认许与陈之婚姻无效，许辰月遂以该判决适用（修正前）"民法"第 988 条第 2 款之规定侵害其受"宪法"所保障之结婚自由权（"宪法"第 22 条）为由，声请大法官"释宪"。

本案的焦点在于，当前婚姻关系已因确定判决（如本案之离婚判决）而消灭，而善意无过失之第三人因信赖该判决而与前婚姻之一方相婚，嗣后该判决又经法定程序（如再审）而变更，导致后婚姻成为重婚时，是否仍应适用"民法"第 988 条第 2 款之规定，认为该后婚姻为无效？台湾"最高法院"无疑采纳了肯定其无效的观点，但"司法院大法官会议"否认了这一观点。最终公布的大法官释字第 362 号解释理由书的主张（梗概）："民法"第 988 条第 2 款关于重婚无效之规定，乃所以维持一夫一妻婚姻制度之社会秩序，就一般情形而言，与宪法尚无抵触。惟适婚之无配偶者，本有结婚之自由，他人亦有与之相婚之自由。此种自由，依"宪法"第 22 条规定，应受保护。如当事人之前婚姻关系已因法院之确定判决而消灭，自得再行结婚。后婚姻之当事人本于善意且无过失，信赖该判决而与前婚姻之一方相婚者，虽该判决嗣后又经变更，致后婚姻成为重婚，究与一般重婚之情形有异，依信赖保护原则，该后婚姻之效力，仍应予以维持，以免"宪法"所保障之人民（尤其是妇女）结婚自由遭受不测之损害。首开规定未兼顾类此之特殊情况，与"宪法"保障人民结婚自由权利之意旨未尽相符，应予检讨修正。在修正前，上开规定对于前述因信赖确定判决而缔结之婚姻部分，应停止适用。如因而致前后婚姻关系同时存在，则重婚者之他方，自得依法请求离婚，并予指明。[1]

　　释字第 362 号的最终效果在于对台湾"民法"第 988 条第 2 款和第 985 条重婚无效之规定设立了一个新例外："若第三人因善意无过失信赖前婚姻已因确定判决消灭，而与前婚姻之一方相婚，而该判决嗣后又经变更导致后婚姻成为重婚者，不在此限。"而达成这一效果的依据则在于两方理由的比较性考量：一方面是认定陈、许之后婚姻无效（重婚）的主张，以及支持这一主张的台湾"民法"第 988 条第 2 款与第 985 条（这两条合在一起构成了这样一个法律规定，即"**有配偶而重婚者，其后婚姻无效**"）及其背后的正当化目的（"**维持一夫一妻婚姻制度之社会**

---

〔1〕 参见《大法官解释汇编》（增订 10 版），三民书局 2013 年版，第 219～220 页。

秩序"）；另一方面则是认定陈、许之后婚姻有效的主张，以及支持这一主张的台湾"宪法"第22条"凡人民之其他自由与权利，不妨碍社会秩序公共利益者，均受'宪法'之保障"（**作为基本权利的自由权，包含结婚自由在内**）和本案的特殊情形所引发的一个尤为值得保护的法伦理原则（**信赖保护原则**）。比较的结果是，在本案中，后一方面的考量要重于前一方面的考量，因此要对本案给予特殊对待，即不适用重婚无效的规定。由于先例的类型化效果以及"司法院"大法官解释的权威性，这种个案的例外处理最终的效果则是为"民法"第988条第2款和第985条重婚无效之规定设立了一个但书条款。也可以说，大法官依据"（婚姻）自由"与"信赖保护原则"对"民法"关于重婚无效的规定进行了修正，限缩了它的适用范围。按照拉伦茨的分类，这种修正当属于创制性修正（超越法律的法的续造），而不属于目的论限缩（法律之内的法的续造）。因为其所修正或限缩的依据，不在于该规定的目的或者说立法者的计划本身（"维持一夫一妻婚姻制度之社会秩序"），而在于立法者计划之外的其他实质性理由（"结婚自由"与"信赖保护原则"）。这两个实质性理由属于台湾地区法秩序的重要内在价值。因此，本案的问题不在于依据某个法律规定的目的或计划对表述过宽的文义进行修正，而在于利用外在于该目的或计划的实质性理由对该规定的文义进行了限缩。

本案及其解释理由书涉及的问题很多，[1] 但本章只涉及以

---

〔1〕 除了下述两个问题，本案涉及的问题比如还有宪法的"第三人效力"（dritte Wirkung）或"扩散效应"（Austrahlungswirkung）问题，以及重婚的实际解决问题（若蔡、许二女都坚决不离婚，该如何处理？）。前一个是前提性问题，所幸的是从德国吕特案（Lüth Fall）之后，宪法的第三人效力说愈来愈得到各国学说与实务的支持，时至今日已成为通说（关于吕特案及其影响，参见曾尔恕、高仰光："德国吕特案判决五十年来的社会影响"，载《河南省政法管理干部学院学报》2009年第3期）。而后一个问题原本就已超越了大法官"释宪"的范围，同样也不是本章要探讨的对象。

下两方面：

第一，方法论上的问题。大法官对于本案作特殊处理的目的无疑是实现个案公正。由于本案的特殊性，适用关于重婚无效的一般性规定会产生不公正的结果。在此，制定法规定的一般性与个案事实的特殊性之间产生了张力，使得虽然个案事实可以涵摄于制定法的文义之下，却有失偏颇。而作区分对待则是为了贯彻某些被认为更为重要的实质正义的要求（结婚自由、信赖保护）。但是，法官能否仅仅出于追求个案的实质公正本身，就任意偏离立法者所给定的法律规定呢？答案显然是否定的，假设如此，整个法律体系的规定都将失去意义，而司法裁判也将完全流为操于法官之手的决疑术（Kasuistik）。因此问题在于，在什么样的条件下，法官可以为了贯彻某些实质正义的要求，而作出逾越或违背制定法的判决，即违背"制定法拘束"这一现代法治社会被普遍承认的要求？按前文所说，制定法不仅是一个文义的体系，更是一个意义的整体，其中立法目的在对这种意义整体的塑造中起着主导性作用。制定法的拘束不仅指法官受到制定法文义的拘束，也指法官受到立法目的的拘束。因此，制定法内的法的续造原则上当可被允许。因为此时，由于立法存在"言不及义"的情形〔立法者"所言"（gesagt）与"所欲"（gewollt）之间发生了不一致〕，法官之法律续造扮演的是实现立法目的之手段的角色，即通过修正制定法的文义来使之与立法目的相符。这种做法虽然看上去违背了制定法的文义，但却是为了更好地实现那个意义整体和立法目的，它与制定法的拘束并不矛盾，反而可以说是更好地实现了"真正的"制定法拘束。但对于超越制定法的法的续造而言却不然。在这种续造活动中，法官对制定法文义进行修正的依据并不在于制定法的意义（立法目的）本身，而是其他的客观理由，这种客观理由与立法目的并不一致。从这个角度而言，超越制定法的法的续造是一种事后的修正，很可能有违立法的初衷，与制定法内的法的续造有着根本的不同。如果我们承认"制定法的拘束"并非是一个绝对的要求，它也有可能被诸如"个人正义"这样的要求在特殊情形中凌驾的话，那么问题就在于，这样的特殊情形要满足什么样的条件？换言之，法官要进行什么样的说理才能证明他为了实现某些实质正义的要求而偏离制定法的文义是合理的？这涉及超越制定法的法的续造的方法与界限问题。

第二，宪法－政治上的问题。诚如魏德士所言，方法论的问题最终涉及法治国家权力分立的问题。[1] 法官受制定法的拘束这一要求的背后体现的是司法与立法这两权之间的关系，因而是一个现代法治国家得以维系与运作的宪法－政治原则。根据这一原则，立法者对于特定法秩序的形成起着主要的塑造作用，而法官则扮演立法者的助手的角色。他的主要任务在于将立法者预先确立的法律规定涵摄于个案之上，使得前者的法律后果对于后者适用。与此同时，日益增长的复杂现实和社会环境决定了从概念法学之后的 19 世纪末以来，法官"不再无条件地受到制定法的约束；出于某些理由，法院可有意偏离制定法的规定，能够也应当越过它们"[2]。但问题在于，即使当代社会中的法官扮演的是"有思考的服从者"的角色，这种思考也大体维系在制定法的意义与文义之间，也即是去发掘出制定法文本背后的立法目的。然而超越制定法的法的续造却有使法官从"服从者"向"塑造者"嬗变之嫌。要取消公众对于法官角色的这种疑虑，至少要证明两点：其一，续造所依据者并非法官个人纯然主观之理由，而是具备客观价值秩序之属性；其二，

---

〔1〕 ［德］魏德士：《法理学》，丁晓春、吴越译，法律出版社 2005 年版，第 284 页。

〔2〕 Oskar Bülow, über das verhältnis der Rechtsprechung zum Gesetzesrecht, *Das Recht* 1906, S. 773.

立法也并非是一种纯然意志性的活动，其仍需受制于一种更高的客观价值秩序。要言之，法官进行续造所凭借的，正是这种对立法本就具有约束力的客观价值秩序。但如果将这种思想推向极端，同样也会产生不能容忍的后果：如果创设立法活动只能是对客观价值秩序的具体化的话，那么立法就成为一种纯粹的认知活动。这里同样有对立法的尊严进行过度侵害之嫌。这里面的平衡如何把握？

二、规范理论框架中的创制性修正

在个案中进行论证是法律人的主要工作。所谓论证，简单地说就是举出理由支持某种主张或判断。[1] 但法律论证不同于一般论证的一个特殊之处在于它往往必须受到法律规范的拘束。法官必须援引法律规范作为其判决的理由，这是依法裁判的基本要求所决定的。[2] 所以，法律论证是一种运用规范的说理活动，法律规范为证立某个特定的法律主张提供了理由。这决定了规范理论对于法律论证（包括法律续造中的论证）的必要性。规范理论的基础在于区分两种类型的规范，即规则（Regeln/rules）与原则（Prinzipen/principles）。对于这两类规范的区别，国内学界应当说已有相当之了解。[3] 正如本书第一章中所述，从法律论证的角度来说，规则与原则的区分主要在于它们所构

---

〔1〕　颜厥安："法、理性与论证——Robert Alexy 的法论证理论"，载《政大法学评论》第 25 期（1994 年），第 35 页。

〔2〕　这也是我们不采用所谓"个案利益衡量理论"的主要原因，利益理论规范性不足的特征决定了它不适合被视为一种法律论证的理论，而更适合被视为法律发现理论。关于利益衡量理论参见［德］卡尔·拉伦茨：《法学方法论》，第 279、285、286 页；梁上上：《利益衡量论》，法律出版社 2013 年版，尤其是第 71 页以下。

〔3〕　例如可参见张嘉尹："法律原则、法律体系与法概念论——Robert Alexy 法律原则理论初探"，载《辅仁法学》第 24 期（2003 年），第 1～48 页；陈显武："论法学上规则与原则之区分——由非单调逻辑之观点出发"，载《台大法学论丛》第 34 卷第 1 期（2005 年），第 6～24 页；王鹏翔："论基本权的规范结构"，载《台大法学论丛》第 34 卷第 2 期（2005 年），第 1～28 页。

成的理由具有结构性差异，这种结构性差异导致了它们在法律论证活动中所扮演的角色并不相同。[1]

（一）规则：确定性命令/决定性理由

规则是以一种"全有或全无"（all‑or‑nothing）的方式被适用的。对于某个规则而言，如果案件属于它的调整范围，它的法律后果就百分之百地发生（此时必须接受该规则所提供的解决办法），如果案件不属于它的调整范围，它的法律后果就百分之百地不发生（此时规则对裁判不起任何作用）。也就是说，规则是一种要么被适用要么不被适用的规范。一旦规则被适用到某个案件之上，那么它的法律后果就确定地发生，而没有斟酌的余地。因此，规则的典型适用方式是涵摄。在此意义上，规则被称作"确定性命令"（definitive Gebote）[2]。美国法理学家德沃金曾以棒球比赛的三振出局规则作为例子，来说明规则在适用上的特性。按照三振出局规则，如果击球手三次挥棒落空，裁判就应该判击球手出局，裁判不能一方面认为三振出局规则是有效的棒球比赛规则，另一方面却又判定三次挥棒落空的击球手不出局。当然，规则可能存在例外。如果击球手第三次挥棒落空时，捕手却漏接，那么击球者并不出局，还可以跑垒，这构成了三振出局规则的例外。例外一旦出现，就排除了规则的适用，从而无法推导出规则的法律效果。反过来说，规则的例外本身也是一个确定性的"规则"，同样也具有全有或全无的适用特性。因此规则带有例外并不会影响到规则适用的确

---

〔1〕 以下论述参考了 Ronald Dworkin, *Taking Rights Seriously*, Harvard 1977, pp. 14 –45；Robert Alexy, *Theorie der Grundrechte*, Frankfurt a. M. 1994, S. 71 – 91. 参见本书第一章，第 44 –46 页。

〔2〕 此处所谓"命令"当从广义上理解，即包括当为、可为与勿为三种模式，大体相当于"应当"（ought）。下面涉及原则之"最佳化命令"称谓时亦同。

定性。[1]

就规则对于裁判结果的作用而言，规则构成了一种决定性的理由（decisive reason）。在司法裁判中，只要运用决定性理由，就确定地导出其结论。因此，决定性理由是一种无需与其他理由进行比较和权衡就能单独决定结论的理由。当然，也可能存在决定性理由间的冲突的异态情形，此时导致的是事实的不连贯性，因而二者中仅有一个是有决定意义的。作为决定性理由，规则如果可以被适用到某个案件上，也就是规则的构成要件被案件事实所满足，仅凭这一点就可以确定地得出法律后果应该出现的结论。释字第 362 号涉及的"民法"第 988 条第 2 款和第 985 条关于重婚无效之规定就是一个典型的法律规则：只要婚姻行为违反了重婚禁止的规定，就可以确定该婚姻为无效。换句话说，"有配偶而重婚者，其后婚姻无效"是我国台湾地区法律体系中的一条有效规则。如果某甲有配偶却又与某乙结婚，那么甲乙之间的婚姻为重婚的事实，就因满足了上述规则的构成要件，而成为法官应该判决婚姻无效的决定性理由。

同样，当规则存在例外条款时（附有"但书"条款或者"除外"条款），那么例外条款同样构成了一个决定性理由。一旦例外在案件中出现，规则的法律后果就确定地被撤回，或者应出现相反的法律后果。举例来说，我国《物权法》第 106 条规定了动产（和不动产）的善意取得规则，第 107 条是这一规则的例外（遗失物的情形）。因此这两个规则之间就形成了规则－例外的结构。不过，和善意取得规则的不同之处在于，本

---

〔1〕 笔者曾在一篇文章中区分了规范适用的两个层次，即在具体情境中"是否适用"某规范，以及"如何适用"此规范〔参见雷磊："法律规范的同位阶冲突及解决：以法律规则与法律原则的关系为出发点"，载《台大法学论丛》第 38 卷第 4 期（2009 年），第 21 页，脚注 42〕。也可以说，当我们论及"规范的适用是否具有确定性"时，有时指的是"规范适用范围的确定性"，有时指的是"规范适用效果的确定性"。规则存在例外会造成前者不确定，但不会危及后者的确定性。

案涉及的关于重婚无效的规则没有明文规定的例外条款，而大法官在释字第 362 号解释中的做法，相当于对重婚无效的规则创设了一个例外。也就是说，在该解释所涉及的特殊情形下，排除了第 988 条第 2 款和第 985 条的适用。这就涉及了与法律续造相关的两个核心问题：其一，既然"民法"的这两个条款构成了后婚姻无效的决定性理由，那么大法官为何（何时）能够推翻这个决定性理由所确定的结果？其二，大法官如何能够推翻这个决定性理由所确定的结果？前一个问题涉及法律续造的前提，而后一个问题涉及法律续造的方法。不过在此之前，我们先来看看另一种规范类型即原则的性质。

（二）原则：最佳化命令/促成性理由

原则的概念至少有两种理解方式。[1] 第一种方式是以规范在法律体系中的根本地位及重要性来界定原则，可称之为"法律体系的原则概念"。这种理解方式强调法律原则表达了法律体系的内在价值，构成了法律秩序内在统一性与评价一贯性的基础。[2] 在这个意义上它们也可被称为"一般法律原则"。从内在的角度而言，法律体系可以被视为一种"一般法律原则的秩序"。[3] 在一个宪法国家中，一般法律原则往往体现为宪法明文规定的基本法律原则以及可从宪法价值中引申而来的一般法

---

〔1〕 对于这两种原则概念的区分，参见 H. – J. Koch, *Rechtsprinzipien in Bauplanungsrecht*, in: Schlichter, Koller und Funk（Hrsg.）, *Regel, Prinzipien und Elemente im System des Rechts*, Wien 2000, S. 245. 以及王鹏翔："基本权作为最佳化命令与框架秩序"，载《东吴法律学报》第 18 卷第 3 期（2007 年），第 4 页。

〔2〕 Claus – Wilhelm Canaris, *Systemdenken und Systembegriff in der Jurisprudenz*, 2. Aufl., Berlin 1983, S. 46ff.; Franz Bydlinski, *Fundamentale Rechtsgrundsätze*, Wien/ York 1988, S. 301ff.

〔3〕 C. W. Canaris, *Systemdenken und Systembegriff in der Jurisprudenz*, S. 46ff.

伦理与法秩序原则，因而也可以被称为"基本法律原则"[1]。从这个角度而言，释字第 362 号所列明的三个规范，即"维持一夫一妻婚姻制度之社会秩序"、"结婚自由"、"信赖保护原则"都是一般法律原则或基本法律原则。首先，结婚自由是可以直接从一般自由权（"宪法"第 22 条）中引申出来的，后者是台湾"宪法"上的一项基本权利，而基本权利保障被视为宪法基本原则。在拥有宪法法院或类似机制而使相关基本权利发挥其拘束力的国家，基本权利固然拥有根本重要性。即使在欠缺宪法法院或类似机制的国家，经由法律实践基本权利仍然扮演着重要角色，且在法律实践中其重要性借由法律论证的过程得以实现。[2] 其次，信赖保护原则乃法治原则之内在要求，而台湾"宪法"虽然并无明文规定法治原则，但从"宪法"对于基本人权之保障以及关于当局机关之基本分权架构来看，符合现代法治国的所有要求，故而同样属于宪法层次的原则。至于一夫一妻婚姻制度之社会秩序，归根到底仍在于维护社会秩序，而这一点同样可以在台湾"宪法"上找到依据，即第 22、23 条的部分规定，即为维持社会秩序可以法律限制基本权利。

　　第二种理解原则的方式是以规范的结构特征与适用方式来界定原则，可以称之为"规范理论的原则概念"。按照规范理论的原则概念，原则是一种在结构上有别于规则的规范。根据德国法学家阿列克西的见解，原则是最佳化命令（Optimierungsgebote），它要求某事（通常是某种要追求的价值或目的）在相对于法律上与事实上可能的范围内尽最大可能被实现，并能以不

---

〔1〕 吴庚教授从法源理论的角度认为基本法律原则与一般法律原则有别（吴庚：《宪法的解释与适用》，台北作者自版，2004 年第 3 版，第 17 页）。但大部分学者都未作区分，本章亦不例外。

〔2〕 Robert Alexy, Rights, Legal Reasoning and Rational Discourse, *Ratio Juris* 5 (1992), p. 148.

同的程度被实现。作为最佳化命令，原则的特征在于具有"分量"的向度，也就是说它能够在不同的情形中以不同的程度被实现，其所要求的实现程度既系诸事实上的可能性，也取决于法律上的可能性。如果某个原则完全不受任何限制，从而百分之百地实现，这当然是最理想的状态。但原则在法律体系中从来就不是孤立地被适用的，在决定考虑实现某个原则时，不可避免地要考虑到其他相对立之原则的存在和影响。[1] 相冲突的原则之间彼此相互牵制，如果要百分之百地实现其中一个，就必然要牺牲对另一个的保护，而如果要保护后者，就不免要对前者作出限制。换个角度来说，两者都不可能获得完全的实现，因此其中一个原则的实现程度越高，另一个原则的实现程度就会随之降低。

这与规则及其例外的关系不同。对于规则而言，例外一旦出现就确定地排除了规则的适用，也就是说例外条款始终优先于规则适用，没有权衡的可能。相反，由于每一个原则都只要求其在法律上应尽可能地被实现，但并未对它在法律上的实现可能性预先作出设定，因此没有哪一个原则自始就必须让步。我们很难说某个原则绝对地优先于另一个原则，也无法说后一个原则会构成前一个原则的"例外"。[2] 当数个原则同时适用而发生冲突时，我们必须权衡它们在个案中的相对分量，也就是根据个案的情况来比较它们之间孰轻孰重。随着个案的不同，原则彼此之间的比重也会发生变化。换言之，原则之间并没有

---

〔1〕 这种影响不仅在于下文所讲的（狭义）比例原则，也在于对事实可能性的选择方面导向了所谓的"适当性原则"和"必要性原则"。关于后者参见 Robert Alexy, *Theorie der Grundrechte*, S. 102－103.

〔2〕 或许在德国学界，"人性尊严"是个例外。在阿列克西看来，人性尊严原则相对于其他原则总是具有优先性，其权衡结果具有高度确定性，因此其同样具有规则的色彩（Vgl. Robert Alexy, *Theorie der Grundrechte*, S. 94ff.）。这自有德国基本法及历史因素之脉络可循。

绝对、无条件的优先关系，而只有相对、有条件的优先关系。

原则与规则的另一个不同之处在于，当原则被适用于某个个案之上时，并不代表它所支持的法律后果就必须被接受。仍以台湾"宪法"第 22 条规定的"自由"为例，如果某个行为属于"宪法"第 22 条所称之自由的范围，并不能就此确定这个行为必须被允许。如果这种行为侵害到了社会秩序，则该行为就可能被法律所禁止。同样的，以《物权法》的信赖保护为例，并非当事人善意且以合理的价格受让、并已取得某个无需登记的不动产，他的利益就一定会受到保护，相反，在某些情况下（例如第 107 条规定的情形），他的信赖利益并不受法律保护。原则可以作为支持判决的理由，但它并不是像规则那样的决定性理由，而充其量只是一种促成性理由（contributing reasons）。促成性理由并不能必然地决定结论，它只是指明了某个方向，从它出发所得出的结论毋宁说是初步的（prima facie）。个案中可能存在多个促成性理性，它们分别支持或反对某个特定的结论。最终能得出什么法律后果，需要通盘考虑正反双方面的促成性理由来决定。[1] 以释字第 362 号为例，"一夫一妻婚姻制度之社会秩序"可以看作是一个规范理论上的原则，因为它具有实现分量的差异（有实现这个原则程度高的社会，也有实现这个原则程度低的社会），出于最佳化的要求它应尽可能地被维持，这也构成了严格适用"民法"第 988 条第 2 款和第 985 条判决陈许之婚姻无效的实质理由，但它也只是一个具有初步决定法律后果的促成性理由。因为在本号解释之中，还存在指明相反方面的其他两个促成性理由，也就是结婚自由与信赖保护

---

〔1〕 See Jaap Hage and Alexander Peczenik, Law, Morals and Defeasibility, *Ratio Juris* 13 (2000), pp. 306 – 307.

原则。[1] 这后两个原则同样只具有初步决定法律后果的促成性理由地位，它们反过来受制于一夫一妻原则。对这两方原则进行权衡之后，大法官认定，它们的实现优于一夫一妻原则的实现，从而确定了本案的具体法律后果，即陈许婚姻的效力应予维持。

原则作为促成性理由具有两个特征。其一是单方面性，当一个原则可以被适用到个案上时，并不能就此推导出法律后果，我们还必须考虑是否还存在相冲突的其他原则同样可以被适用到个案之上。其二是可权衡性，原则在适用时不仅可以，而且也必须和相冲突的原则相互权衡，这样才能确定个案的法律后果。作个总结的话，我们只有权衡所有相关的正反面促成性理由之后才能确定结论，但这也意味着权衡的结果可以构成一个决定性理由。如果原则 P_1 在个案 C 中支持法律后果 R，而相对立的原则 P_2 在个案 C 中支持相反的法律后果，而权衡的结果是 P_1 优于 P_2，那么我们就可以确定，在个案 C 的条件下应该出现 R 的结果。换言之，我们得到了一个以 C 为构成要件，以 R 为法律后果的规则，这个规则构成了支持 R 的决定性理由。这样，原则权衡的活动导致了规则的出现，以后再遇到类似的案件，就可以直接适用这条规则去决定法律后果了。这就是阿列克西所谓的"碰撞法则"（The Collision Law），它可以更为形式化地表述为：

"假如原则 P_1 在条件 C 下优先于原则 P_2：即（$P_1 P P_2$）C，

---

〔1〕 从内容上看，结婚自由属于个人权利（基本权利），而一夫一妻与信赖保护属于集体利益（笼统的称呼，不区分集体、社会、国家），但它们在规范结构上都是原则。关于个人权利与集体利益皆可为原则的观点，参见［德］罗伯特·阿列克西："个人权利与集体利益"，载氏著：《法 理性 商谈》，朱光、雷磊译，中国政法大学出版社 2011 年版，第 250 页以下。基本权利如何在结构上转化为原则，参见王鹏翔："基本权作为最佳化命令与框架秩序"，第 7 页。至于集体利益如何在结构上转化为原则，当可作类似的推导，兹不赘述。

并且假如 P_1 在条件 C 下可导出法律效果 R，则会产生一条规则，这条规则由事实 C 和法律效果 R 构成：即 C→R。"[1]

在释字第 362 号中，大法官对两方原则进行权衡的结果也构成了一个以本案之特殊重婚情形为构成要件，而以后婚姻有效为法律后果的规则。

（三）规则例外的创制（或规则的创制性修正）

现在让我们回到上文提出的第一个问题上来：法官为何（何时）能够推翻一个规则（决定性理由）所确定的结果？或者说，法官为何（何时）能为规则创制新的例外？因为只有当一个规则存在例外时，它的法律后果才会（确定地）对个案不发生。这需要我们来进一步地了解规则的性质及其证立结构。

前面已述及，规则和原则的一个不同之处在于，原则的适用需要考虑到与之相关的特别是可能冲突的其他原则；但规则在适用时只要确定手头的案件满足了规则的构成要件，就可以直接推导出法律后果，除非出现例外情形。既然规则是一种决定性理由，我们在适用规则的时候通常就不必再去考虑那些隐含在规则背后的促成性理由。当我们在适用《物权法》第 106 条或第 107 条时，通常只会去查看这些条文的构成要件是否满足，而往往不会去考虑和权衡"所有权应受保护"和"交易安全（信赖利益）应受保护"这两个原则，尽管上述规定所形成的"规则－例外"结构其实反映了这两个原则之间的冲突在不同情形下的不同解决办法（不同的优先关系）。同样，在适用本案中重婚无效的规定时，我们不会再去考虑其背后的原则（一夫一妻之社会秩序原则），也不会再去考虑支持与其法律后果相反的其他原则（结婚自由原则）。我们并不是把重婚无效的规定

---

〔1〕　See Robert Alexy, On the Structure of Legal Principles, *Ratio Juris* 13（2000），pp. 281, 297.

（或者其背后的一夫一妻之社会秩序原则）与结婚自由相权衡，在认定前者比后者分量更重之后，才确定地得出重婚无效的结论；而是当我们在适用重婚无效的规定时，就自始排除了对结婚自由的考虑。只要重婚无效的规定能够被适用，我们通常就不会也不必在每个案件里都去对一夫一妻之社会秩序原则和结婚自由原则进行权衡了。所以，规则在扮演确定裁判结论之决定性理由的同时，还扮演着排他性理由的角色，它排除的是相关的促成性理由（特别是与规则相冲突的促成性理由）进入考量过程。也就是说，当排他性理由与促成性理由发生冲突时，它可以直接排除后者而成为行动的决定性理由。前者是依据种类（by kind）而非分量（by weight）来发生这种效果的。[1] 作为排他性理由，规则的作用不在于改变理由的衡量，而在于从根本上排除依据理由衡量来行动的可能本身。[2] 不过，在这里"排他性"的含义仍有待明确。我们可以想象出两种排他性的意义。强的排他性指的是，一旦规则存在，无论如何在其所指涉的情形中就排除了权衡的可能；[3] 而弱的排他性指的是，在通常情况下，适用规则就排除了权衡的必要性，但在某些特殊的案件中，仍不能排除再度进行权衡的可能，而重新权衡的结果有可能得出与规则的法律效果相反的结论。[4] 释字第 362 号说明法律规则的排他性似乎只是一种弱的排他性，因为在该解释

---

〔1〕 See Joseph Raz, *Practical Reason and Norms*, 3rd ed., Oxford 1999, p. 40.

〔2〕 Joseph Raz, *The Authority of Law*, Oxford 1979, p. 23.

〔3〕 需要说明的是，这种强的排他性效果也可以有程度上的差别：它既可以仅要求行动者不要基于规则之外的其他理由来**行动**，而并不要求行动者不去考虑其他理由（评价正反双方的一阶理由的轻重）；也可以要求行动者根本不去**考虑**其他理由。法学家拉兹就持前一种观点（Joseph Raz, *Practical Reason and Norms*, pp. 184–186）。在本章中不作此一细致的划分。因为我们认为，对于实践推理的要旨即行动的依据而言，两者并无太大实际效果上的差别。

〔4〕 王鹏翔："规则、原则与法律说理"，载《月旦法学教室》第 53 期（2007年），第 79 页。

所涉及的情形中，仍有可能通过重新权衡潜藏在规则背后的原则，来对规则创设新的例外。[1]　如果说规则所具有的只是一种弱的排他性，那么在什么样的条件下，原本被排除或应被排除的促成性理由会再次被考虑，使得我们必须重新进行权衡的工作？

这个问题的反面是另一个有趣的、也是必须先予回答的问题：为什么在通常的情形下规则能够排除掉对促成性理由的考虑？

首先，我们需要对规则的实质证立结构作一个重构，这种重构是通过对上面提到的阿列克西的碰撞法则来获得的。碰撞法则指出，原则权衡的结果可以得出一个规则。而如果我们逆转这个冲突法则，就可以得出这么一个关于规则的重构命题（rekonstruction thesis）：

对一条规则 N：C→R 而言，它可以被重构为两个原则 P_1 与 P_2 在条件 C 下的权衡结果：（P_1 **P** P_2）C，而优先的原则 P_1 在条件 C 下支持法律效果 R。[2]

也可以说，正是由于这个权衡的结果，才会得出 N 这个规则。故而，例如《物权法》第 106 条的规定，正反映了在这个规则的构成要件所表述的条件之下，交易安全（信赖利益）保护比起所有权的保护更为重要，而在第 107 条之例外规定的条件下，这两个原则优先关系则逆转过来。同样的道理，台湾

---

〔1〕　强排他性之不能成立不仅在于其与实践中的做法不符，也在于其在理论上无法被证成。关于对规则之强排他性的否定及相关的论证，参见雷磊："形式原则与规则的推定排他性"，载氏著：《规范理论与法律论证》，中国政法大学出版社2012年版，第82页以下。

〔2〕　为了简便起见，同时也为了与碰撞法则保持一致，这里只涉及两条原则 P_1 与 P_2。规则背后所涉及的任何一方的原则当然可以不止一个。重构命题更为一般的形式参见王鹏翔："规则是法律推理的排它性理由吗？"，载王鹏翔编：《2008 法律思想与社会变迁》，"中央研究院"法律学研究所筹备处2008年版，第366页。

"民法"第988条第2款与第985条关于重婚无效的规定，也可以被重构为"在一般的重婚情形中，一夫一妻之社会秩序原则的维持比结婚自由原则来得重要"这个权衡的后果。

其次，在这一命题的基础上，我们会很自然地认为，规则之所以通常情况下能排除掉对促成性理由或者说原则的考虑，是因为立法者在制定规则的过程中不仅对所有相关的原则都进行过考量，而且已经对这些原则作出了正确的权衡。因此，按照立法者所制定的规则行事，通常会比个人根据自己的判断，更能达到正确的结果。[1] 如此一来，在适用规则的时候，就不必再去对其背后的原则重新权衡了，否则不仅费时费力，而且错误权衡的几率可能更大。当然，"正确的权衡"在这里仅仅是一种预设。当这个预设没有被实现时，我们就能够合理地怀疑规则是否仍能够排除权衡的必要性。那么正确的权衡究竟意味着什么？它至少要满足三方面的条件：其一，立法者在权衡时必须将所有相关的原则都考虑进去。其二，立法者对于权衡所处的案件类型即规则的构成要件进行了准确恰当的规定。这是因为原则之间的优先关系会随着个案条件的不同而变化，因此在权衡的时候必须注意具体案件事实中所有相关特征，注意到不同案件类型之间的差异性。其三，在以上两点都没有问题的前提下，立法者在权衡时对各该原则的相对分量都作出了正确的判断。因此，在下面三种情形中，就重新开启了权衡的可能：①在制定规则时遗漏考虑了一个或数个相关的原则，如果将这些原则纳入权衡，则可能会改变原先权衡的结果。用形式一点的术语来说，假设在条件 C 下，忽略了 P_3 这个相关的原则，只考虑了 P_1 与 P_2 这两个原则，则会得出 P_1 优于 P_2 的结论，但如

---

〔1〕 对此可参见拉兹的"依赖命题"与"通常证立命题"，Joseph Raz, *The Morality of Freedom*, Oxford 1986, pp. 41 – 53.

果考虑到 P_3，则可能反而得出 P_2 与 P_3 优于 P_1 的结论。②在制定规则时没有考虑到某个案件特征 M，而当 M 出现时可能会改变权衡的结果。也就是说，在构成要件 C 的条件下 P_1 优于 P_2，但如果考虑到 M，则在"$C \wedge M$"的条件下，反而会得出 P_2 优于 P_1 的结论。③即使立法者无遗漏地考虑到了所有相关原则，并对权衡的案件类型进行了准确恰当的规定，仍有可能是一种错误的权衡，因为立法者可能在特定案件类型中对相关原则的相对分量的判断发生了错误。也就是将原本不那么重要的原则 P_1 判断为很重要，而将原本比较重要的原则 P_2 判断为不那么重要。这种情形在实践中较为罕见，因为这相当于说规则发生了实质错误，而法官将基于这种错误全盘推翻这条规则或者说取消其效力。即使在存在司法审查的制度中大法官有权推翻规则，但基于后文所讲的原因，这种推翻权也并非在一旦发生实质错误的情况下就可以行使，他还必须考虑进别的因素。

暂且不谈这一点，让我们回过头来审视释字第 362 号。我们发现，在该解释中，同时出现了前两种情形。首先，在一般的重婚案件中，通常只涉及一夫一妻之社会秩序与结婚自由这两个原则，但在本案之特殊的重婚情形中，信赖保护原则成为一个相关的促成性理由，但这个理由在当初制定重婚无效的规则时没有被考虑到。其次，大法官指出本解释所涉及的重婚情形——"后婚姻之当事人本于善意且无过失，信赖该判决而与前婚姻之一方相婚者，虽该判决嗣后又经变更，致后婚姻成为重婚，究与一般重婚之情形有异"。在一般的重婚情形中，一夫一妻之社会秩序优先于结婚自由没有问题，但考虑到本案的特殊情形下，结婚自由（和信赖保护原则）反而比维持一夫一妻之社会秩序来得更为重要。进而按照碰撞法则，这个重新权衡的结果可以推导出一个新规则："后婚姻之当事人本于善意且无过失，信赖该判决而与前婚姻之一方相婚者，虽该判决嗣后又经变更，致后婚姻成为重婚，该后婚姻仍有效力。"这个规则即构成了"民法"第988条第2款与第985条之"重婚无效"规定的例外条款。由于立法者预见能力的有限，因案件的特殊性所带来的遗漏考虑相关原则的可能总是存在，因而为规则创制新的例外的可能性也总是存在。

行文至此，我们所要回答的第一个问题的答案就已经很清楚了：假如上述正确权衡的条件未被满足，或者说满足重启权衡的情形出现，为规则创制例外或者说对规则进行创制性修正就成为可能。但要注意的是，这仅仅是一种可能。也就是说，即使开启重新权衡的前提条件出现了，最终能否合理地为规则创制例外，尚取决于法官是否进行了充分的说理和论证。如果暂且以上面所说的来理解的话，那么可以认为，要合理地为规则创制例外就相当于是要证立：在特定案件条件下，与规则相对立之原则的重要性要超过规则背后的原则的重要性。就此而言，权衡只是对相对立之原则的相对重要性进行比较的形式，说明各该原则的相对重要性是一件在具体案件中结合实际材料进行的实质论证工作，只能委诸教义学的类型化总结。但在一般理论上可以做的事，则是对权衡的基本法则及其度量化作更为精确一些的处理。这还需我们回到规范理论的原则概念上来。

在规范结构上，原则是一种最佳化命令。最佳化命令与比例原则（verhältnismäßigkeits‐grundsatz）在逻辑上是等值的或者说是相互蕴含的。[1] 比例原则指明的是，在两方原则 P_1 与 P_2 发生冲突时，一方原则的适用是以消耗（verbrachen）另一方原则为基础的，所以必须在它们之间划定一条合乎比例的分界线。这就导向了所谓的权衡法则（Abwägungsgesetz）：一个原则的不

---

[1] Vgl. Robert Alexy, *Theorie der Grundrechte*, S. 100ff. 此处只涉及狭义比例原则。

满足程度或受损害程度越高，另一个原则被满足的重要性就越大。[1]

　　整个权衡的具体过程可以分为三个步骤:[2] 第一步，确定 P_1 之不满足程度或受侵害程度；第二步，确定与 P_2 相冲突的原则 P_1 之满足的重要性程度；第三步，将第一步确立的受侵害程度与第二步确立的重要性程度相互比较，确定 P_2 的重要性程度是否足以证成对 P_1 之侵害程度。[3] 首先，由于 P_1 的受侵害程度总是与具体情形 C 相关联的，因此可以用"IP_1C"来表示受侵害程度。其次，相冲突之 P_2 的重要性程度同样与具体情形 C 相联系，我们标识为"WP_2C"。但 P_2 的"重要性程度"与"受侵害程度"之间事实上存在着可转换关系，因为权衡法则只涉及两个相冲突的原则，因此在具体情形 C 中，如果不实施侵害 P_1 的措施（即保护 P_1）就相当于侵害了 P_2，而 P_2 被侵害的程度也就相当于 P_2 的重要性程度。因此"WP_2C"可转化为"IP_2C"，这样度量就等同了。最后，为了对两者进行量化比较，可以用"三阶度量衡"来表示"IP_1C"与"IP_2C"，即"轻"

---

〔1〕 Robert Alexy, *Theorie der Grundrechte*, S. 136.

〔2〕 以下所述只是权衡的简单版本，更精致的版本（重力公式）还需加上"抽象重力"、"经验性前提的确定性程度"两个变量。但本章的主旨并不在于为权衡提供一套成熟的方法论工具，因此限于"重要性程度"的比较以凸显出权衡的特点即已足够。关于更精致的版本参见〔德〕罗伯特·阿列克西:"重力公式"，载氏著:《法:作为理性的制度化》，雷磊编译，中国法制出版社 2012 年版，第 150 页以下；重力公式的具体运用参见吴元曜:《Robert Alexy 重力公式之理论与运用》，第 115 页以下。

〔3〕 我们以 P_1 来代表支持规则的原则，以 P_2 来代表与规则相对立之原则。要注意的是，如释字第 362 号所显示的，与规则相对立的原则可能不止一个。如果尚存在另一对原则，那么在权衡的一方就需将两者的具体分量相加。但出于简洁的目的，我们用 P_2 来统一表示所有与规则相对立的原则。

（l）、"中"（m）、"重"（s）三种度量值。[1] 因而 IP_1C 与 IP_2C 之间的关系依据三阶评价总共有下列 9 种可能的组合[2]：

		P_2 的重要性程度：IP_2C					
		l		m		s	
P_1 的重要性程度：IP_1C	l	(7)	?	(5)	√	(4)	√
	m	(3)	×	(8)	?	(6)	√
	s	(1)	×	(2)	×	(9)	?

　　从上述排列组合可以清楚地看出，在（1）、（2）、（3）的情形中，P_2 实现的重要性都低于规则背后的原则 P_1 被侵害的程度，因而 P_1 优先于相对立的原则 P_2，从而法官不得为规则创制例外（所以打 ×）。反之，在（4）、（5）、（6）的情形中，原则 P_2 实现的重要性都超过了规则背后的原则 P_1 被侵害的程度，因而 P_2 优先于 P_1，此时法官可以为规则创制例外（所以打 √）。在以上两类情形中，都可以决定相冲突的原则之间哪一个优先，从而能够确定权衡的结果，其结果都是"合乎比例"的。但值得注意的是（7）、（8）、（9）的情形：假如欲为规则创设例外的原则 P_2，其实现的重要性恰好与 P_1 被侵害的程度持平时，亦即两者程度相当时，即属于所谓的权衡的平手情形（Abwägungspatt）。在平手情形中，无法确定哪一个原则优先（所以打"?"），此时无论

---

　　〔1〕 我们同样还可以将三阶度量值进一步细化，区分为"轻轻"（ll）、"轻中"（lm）、"轻重"（ls）、"中轻"（ml）、"中中"（mm）、"中重"（ms）、"重轻"（sl）、"重中"（sm）、"重重"（ss），并分别用来对这九阶度量进行赋值。Vgl. Robert Alexy, Die Konstruktion der Grundrechte, in: Laura Clérico/ Jan – Reinard Sieckmann (Hrsg.), *Grundrechte, Prinzipien und Argumentation*, Nomos 2009, S. 17. 但为说明本章的目的三阶度量值已经足够，无需再作进一步的处理了，读者当可自明。

　　〔2〕 参见 ［德］罗伯特·阿列克西："重力公式"，第 163 页以下。

选择哪一种权衡结果都不能被认为是错误的。故而问题在于，在此种情形下，谁——立法者抑或法官——享有优先的决定权。如果立法者享有优先决定权，那么此时法官尚不得为规则创制例外。如果法官享有优先决定权，则恰好相反。基于两点原因，本章支持前一种观点：其一，规则乃决定性理由，而原则为促成性理由。要援引促成性理由为决定性理由创制例外，就必须由援引原则以支持自己主张的一方（即法官）来负担权衡的论证责任，亦即由他来考虑其他可能相冲突的原则，并论证他所援引的原则之重要性超过这些对立的原则。其二，法律论证活动中存在一个重要的原则，即"惯性原则"（principle of iner-tia）。[1] 这一原则的意思是，既有的决定会产生一种使得自身继续维持下去的惯性，诉诸既存的决定者，不必再去证立这个决定的正确性。只有想要改变已确定的优先关系者，才需要提出理由证明相反结论的正确性。这说明，对于司法裁判活动的参与者（包括法官）而言，法律规则就是一种既有的决定。由于惯性的力量，只要系争案件落入规则的构成要件之下，一般而言我们可以直接援引规则来作出判断，而无需去论证支持规则的原则胜过相对立的原则。相反，法官如果要改变这个既存的决定，不但要指出系争案件之事实的特殊之处，还要提出理由说明为什么在这样的条件之下必须对规则创设新例外。要达到后面这一点，他就必须要援引反对规则适用的原则来证明存在前面所说的"更强理由"。如果他无法出示"更强理由"，则将由他这一方来承担不利的论证后果，即承受无法为规则创制

---

[1] See Chaim Perelmann and Olbrecht Tyteca, *The New Rehtoric*, California 1969, p. 106.

例外的结果。[1] 由此，针对基于一般法律原则的法律续造（创制性修正），我们可以得出这么一个方法命题：

"只有当与规则相对立之一般法律原则在个案中实现的具体分量超过支持规则之原则被侵害的程度时，才能为规则创制例外；反之，当前者不及后者或者双方持平时，都不能为规则创制例外。"

至此，我们面临的第二个问题似乎也得到了回答：当法官能举出理由证明，由于系争案件的特殊情形导致存在与规则相对立的原则，而且通过权衡可确定这一（这些）原则在系争案件中实现的重要性要超过支持规则的原则时，就可以为规则创制例外或对规则进行创制性修正。从这个角度来看，释字第362号的缺陷很明显。因为大法官只是告诉我们，本案的情形和一般重婚的情形有何不同之后，就直接认定结婚自由与信赖保护原则应该优先获得实现，却没有去论证，为什么在本案这种特殊情形中，结婚自由与信赖保护原则的实现相对于维持一夫一妻之社会秩序来得更为重要。我们只看到了权衡的结果，却没有看到权衡的说理过程。但问题真的画上圆满句号了吗？

三、规则（立法）的权威与法律续造的限度

现在我们需要对以上所说的作一个总结，因为论述已经足够复杂。按照重构命题，每个规则都可以被重构为原则权衡的结果，它们中既包括制定规则时所欲实现的理由或原则，也包括实现这些价值或原则时可能会牺牲的理由或原则，我们可以把前者称为"正面实质理由"，把后者称为"反面实质理由"。当然，立法者确定的权衡后果是前者优于后者，所以才会制定这个规则。但在某些条件下必须重新权衡规则背后的原则（可

---

〔1〕 舒国滢教授将这一原理简洁地表述为："若无更强理由，不得适用法律原则"。参见舒国滢："法律原则适用的困境——方法论视角的四个追问"，载《苏州大学学报》（哲学社会科学版）2005 年第 1 期，第 19 页。

能包括立法时未考虑过的其他原则），其结果可能翻转了原先由立法者所确定的优先关系。而在释字第362号中大法官的做法似乎也印证了这个主张：只要反对规则的反面实质理由（"结婚自由"、"信赖保护"）胜过了支持规则的正面实质理由（"一夫一妻之社会秩序"），就可以对规则进行修正。不过，这个回答仍有进一步商榷的余地。前已述及，释字第362号涉及的是基于一般法律原则的创制性修正，它属于超越制定法的法律续造的范围，与制定法内的法律续造并不相同。后者的实质是用立法者之所欲（立法目的）去修正立法者之所言（立法表述）以实现法律的意义，并不违背制定法拘束的要求。但基于一般法律原则的法律续造却是基于立法者考虑之外的实质理由对于法律规则进行修正，尽管宣称为"实现个案正义所必需"，仍难免有违背制定法拘束以及侵害立法权之嫌。因此，如何在实现个案正义与维系权力分立之间取得平衡，或者说为这种超越制定法的法律续造施加限度，是一个需要被十分认真对待的问题。而要澄清这一问题，就必须继续对规则的性质有更深入的理解。

从理由论的角度来看，建立在实质理由权衡基础上的只是法律规则的一个面向。法律规则的另一个面向在于，它不仅是一种决定性理由，还是一种权威性理由。法律规则的背后具有权威的支持。我们之所以应遵守法律规则，法官之所以负有适用法律规则的义务，往往是因为法律规则是由权威机关（立法者）制定的，而不是（至少不完全是）因为适用规则的结果能实现某个实质价值或目的。也就是说，很多时候法律规则能够阻隔我们对于案件的实质判断，这不是（至少不完全是）因为权威机关作出的一定是正确的判断，而仅仅是因为相关法律规则是被权威机关所发布的事实。此时，权威的效果在于我们用它的判断取代了我们自己的判断。在法律适用过程中，这意味着一般情况下，立法者的判断总是能压倒法官个人的判断而成为案件裁判的理由。为什么立法者会具有这样的权威？至少可以举出三个方面的论据。

第一个是正确几率论据。拉兹曾提出过这么一个通常证立命题（normal jusitification thesis）：证立权威的通常方式是指出，比起自己试图直接依据那些原本可适用的（一阶）理由来行事，一个人接受并遵守权威的指令来行事，反而可能使得他更符合这些理由的要求。[1] 这个命题的潜在思路是，只要一个权威是正当的，那么这个权威所发布的指令，即规则，也就是正当和有拘束力的。而只要在大多数情况下，遵从权威的指令能够提高我们行动符合正确理由的可能性，那么这个权威就是正当的。换言之，即使在少数情况下，权威的指令在内容上是错的——权威作出了错误的权衡——但只要一般而言，比起自己去做实质理由分量轻重的判断，权威指令还是会让我有更高的几率去做符合正确理由的事，那么我就应该依照权威的指令而行事。为什么在大多数情况下，遵循权威指令行事正确的几率会比较高呢？拉兹又借助了另一些论据来加以证明，如权威机关（立法者）具有更专业的知识或更丰富的信息、能够解决协调问题、避免囚徒困境、节省个人决策所可能造成的劳力与实践的花费等。[2] 这里面涉及这样三个要点：其一，理由权衡实际上是一种非常浪费时间与劳力的活动，而司法裁判则是在一种有限的时间、信息、成本等条件下进行的活动，如果每次裁判活动都要求对于个案所涉及的实质理由进行权衡，则对于法官而言是一项不堪重负的工作。既然现在已有规则（已经被作出的决定），那么我们就可以省却权衡，直接诉诸规则从而迅速作出决定。其二，与法官个人相比，现代国家的立法者作为一个群体

---

[1] Joseph Raz, *The Morality of Freedom*, p. 53.

[2] Joseph Raz, *The Morality of Freedom*, p. 75.

更具判断上的优势。立法机关在制定规则时可以利用的资源与信息往往更充分，立法往往要经过比较科学和规范的程序（比如调研、各种形式的听证、专家论证等）。其三，一个特定规则所要求的行为可能不符合正确权衡的结果，因而被认为是错误的，但这并不影响依然依据规则来行动。因为，在许多情况下，为了作出正确权衡所耗费的劳力与时间，往往会抵消它所带来的边际效益。也就是说，每次进行权衡所必须付出的成本，可能会比遵循规则带来的不利益还要高[1]。

第二个是安定性论据。法的安定性是法律的一项重要价值。法律的存在本身代表一种秩序，而建立秩序的一个重要前提是建立社会行动的可预测性。后者是指一旦社会行动者作出特定的行为，他可以预见到自己的行为在法律上大体会有何结果或影响，并反向地调整自己的行为以趋法律之利、避法律之害。而这一点又以法的安定性，即法律规则在相当长一段时间内保持稳定作为前提。现代社会中，立法者公布的法律规则对社会大众发生拘束力，并建立起普遍的社会预期。如果法官不受限制地任意偏离和修正法律规则，就可能损害这种社会预期，造成溯及既往和事后法的恶果。

第三个是民主论据。在法治国家中，共同体的重要决定，应尽可能地由具备民主正当性的立法者为之。我们之所以要服从权威者所发布的指令，是因为权威机关（立法者）本身具备民主代表性，而权威指令（规则）也是经由民主的程序与机制（其中最重要的是多数决原则）产生的，因此代表了大多数公众的意思。个人对于权威指令的服从，也就表示着他对于大多数人意思的服从。因此，在行动时遵从权威命令的指示，就是服从大多数人的意思，是民主的体现。相反，如果在有规则的前

---

[1] See Joseph Raz, *Practical Reason and Norms*, pp. 59 – 62.

提下不首先去尊重规则，反而要绕道规则背后的实质理由，则相当于使得规则降格为一种可有可无的"指示性工具"（indicative instrument），而丧失了自己存在的意义。法官要运用法律规则之外的实质理由对法律规则进行修正，就可能会用个人的判断去取代多数人的判断，从而造成"反多数难题"。

所以，在通常情况下，法律规则之所以能排除对实质理由的考量而直接成为裁判的依据，不仅是因为某个机关（立法者）已经对相关的实质理由进行过权衡，而且也因为这个机关具有足够大的权威来对法官施加这样一道命令，即："无需权衡，径直照我说的去做！"其背后的理由——几率、法的安定性、民主——本身并非涉及个案或特定规则的实质理由，而只是对于决定权的分配（亦即对"实质内容应该由谁决定"这个问题）作出规定。从这个角度而言，法律规则（立法）的权威是一种形式理由。从宪法－政治的角度看，这种形式理由导向的是宪法上"功能法取向"（funktionell－rechtlicher Ansatz）的考量。功能法的考量，简言之，就是认为在涉及并不确定的判断问题时，立法者基于其在组成结构与决策程序方面的特性，比起法官更适宜作出决定。也就是说，相较于法官而言，立法者为"功能最适"的机关。[1] 但就因为如此，基于权威这种形式的理由就能完全排除对实质问题的考量吗？换言之，规则是否会因为其背后形式性的权威理由就从根本上排除掉权衡呢？

作为实践性活动，司法活动必然要提出一种"正确性诉求"（Anspruch auf Richtigkeit），即主张特定法律行动在内容与程序上是正确的。法律实践的本质在于通过正确与错误的区分，即

---

〔1〕 关于功能法取向的详细论述与批评，参见黄舒芃："'功能最适'原则下司法违宪审查权与立法权的区分——德国功能法论述取向之问题与解释"，载《政大法学评论》第 91 期（2006 年），第 116 页以下。

通过规范性来界定与规制人们的行为。[1] 当然，法律推理的独特之处，在于它尚存在一个前提，即"在有效法秩序框架"内被证明为是正确的。规则无疑构成了这个框架的一部分，因而正确性的诉求并不能完全忽视权威指令的作用。但问题在于，首先，我们不能因为权威所发布的指令具有**通常情况**下增进正确行事的几率的特质就在**所有情形**中都放弃对正确性的考量。我们如何能够确知，按照规则或权威指令行事就能够提高正确行事的几率？一种做法是，每当遇到一个适用规则的案件时，还是进行原则权衡，并将权衡的结果与适用规则的后果相比较，以检验规则是否偏离了正确理由的要求。如果在大多数的案件中两者都相符，那么就可以确定按照规则行事的确可以提高我们正确行事的几率。但这么做就从根本上失去了接受权威指令的意义。因为这需在每个案件中都重新去考量相关的一阶理由，相当于完全否定了规则的中介地位。因为这种中介角色的作用，正在于使得我们无需再诉诸一阶理由就能决定如何行动。另一种可能的方式是，基于权威者所发布的指令在以前所有或大多数情形中都符合正确行事的要求这一事实，而推定在当下情形中，权威者所发布的指令同样**可能会**符合正确行事的要求。但很显然，这里存在着一个不完全归纳的问题。因为这一推理事实上所做的，是从复数的命题（"规则在以前所有或大多数情形中都符合正确行事的要求"）中归纳提炼出了一个更一般化的命题（"规则在所有情形中都符合正确行事的要求"），并将这个一般化的命题适用于当下的实践情形。而正因为这个一般化命题是**不完全的**归纳，具有推定的色彩，因而它始终保持着在未来被推翻的可能。一旦法官在个案中提出足够充分的理由来证

---

〔1〕 Robert Alexy, Hauptelemente einer Theorie der Doppelnatur des Rechts, *ARSP* 95（2009）, S. 152.

明，现在的情形不同于以前所有或大多数情形，规则的适用也就遭遇了例外情形。其次，法的安定性和民主的要求并非绝对。若一味固执于法的确定性与稳定性，就会造成忽略随着社会条件与具体情境的不同而使得法律规则僵死、萎缩，从而导致法律从根本上丧失对社会发挥恰当调整功能的结果。拉德布鲁赫公式可以说为克服这种绝对化倾向指明了一个方向。同样，民主也无法主张其绝对化的效力，否则将会导致多数人的暴政。立法者不能主张因为其具有民主正当性，所以在没有任何实质理由的支持下，就对其他重要的价值和原则（尤其是涉及基本权利的原则和其他具有法体系上重要性的一般法律原则）任意加以贬损。形式理由的主要功能在于实体问题难以判断的时候发挥决定权分配的作用。然而，一旦不确定的因素消失，例如知识的进步与观念的转变，导致立法者作决定（制定规则）时所作的考量被认为是错误的，或者能提出新的有力论据来指明立法者所用以为基础的评价不合理或不正确，此时就不能再单纯地援引民主原则作为抵制作出变更的借口。所以，立法者虽是"功能最适"的机关，却不得以此为借口反对对法律规则作一切审视的可能，从而基于实体上确实错误的决定，不当侵害其他重要价值和原则，违背个案正义。

因此，权威作为一种形式理由并没有对法官提出一种绝对的要求，它毋宁说同样具有原则的性质。为了将它与前述实质原则相区分，我们称其为"形式原则"（formelle Prinzipien）[1]形式原则所提出的，是诸如"权威决定应该尽可能被遵守"、"法的安定性与民主的决定应尽量予以维持"这样的要求，它们同样具有促成性理由的性质，在个案中也需要和别的原则进行相互权衡，来最终决定恰当的做法（是适用规则还是修正规则

---

[1] 关于形式原则，参见 Robert Alexy, *Theorie der Grundrechte*, S. 120, 267.

或者说创设例外）。因此法官在决定是否能对一个规则创设新例外时，要衡量的不仅是实质理由的分量，还必须考虑到这类形式理由。但形式原则的加入，的确提高了对于规则创设新例外的难度。它带来了这样两个效果：其一，它使得具备民主正当性的立法者所制定的规则（及其背后的正面实质理由）相对于对立的实质原则具有适用上初步的优先性或者说推定的优先性。换言之，主张在个案中适用规则者，只需说明个案事实落入规则的构成要件之下即可被视为已获得初步的证立。而主张在个案中对规则进行修正者（如法官），则必须要进行实质说理和权衡。这实际上是发挥了分配论证负担的功能。它意味着，一旦法官无法证明反对规则的理由要优先于支持规则的理由，即存在"更强理由"，就要由他来承担不利后果，即无法为规则创设例外。其二，它具有"预设"或"推定"规则代表着正确权衡之结果的功能。当然，这仅仅是一种预设和推定。在立法时被压制的那些理由（反面实质理由）依然存在，它们并没有消失，在某些情形中，我们必须重新去考量这些原则是否具有相当高的重要性，从而反过来胜过原先具有优先性的理由。[1] 更何况尚可能有立法时没有被考虑到且与规则相对立的实质理由（一般法律原则）在这些情形中出现。但形式原则的存在，使得法官"更有理由"去适用规则。也就是说，它加大了支持适用规则的理由这一方的分量，从而使得反对适用规则的理由这一方的分量相对弱化。这说明，如果当反对与支持规则之实质理由的分量彼此不相上下时，形式原则就将发挥关键的作用，它将使得权衡的结果倾向支持规则的这一边；如果要因创设新例外而对规则进行修正，那么反对规则的实质理由的分量不仅要超过支持规则的实质理由，还必须要超过形式原则的分量。当形

---

〔1〕　See Ronald Dworkin, *Justice in Robes*, Cambridge（Mass.）2006, S. 206.

式原则受到影响的程度越高，反对规则的实质理由就必须更为有力。因此，形式原则与支持规则的正面实质理由站在一边，而反对规则的反面实质理由站在另一边，成为权衡的双方。[1] 仿照上文中的表，我们将加入形式原则（以 P_f 来表示）后的权衡的结果同样以下图来表示：

		P_2 的重要性程度：IP_2C		
		l	*m*	*s*
P_1 与 P_f 的重要性	*l*	(7) ？	(5) √	(4) √
程度：	*m*	(3) ×	(8) ？	(6) √
$IP_1C \wedge IP_fC$	*s*	(1) ×	(2) ×	(9) ？

在上表中，只有在（4）、（5）、（6）三种情况下，即当存在有力理由来证立，与规则对立的一般法律原则 P_2 的具体分量超过 P_1 与 P_f 的具体分量时，法官才能为规则创设新例外。反之，在（1）、（2）、（3）的情形中固然由于 P_2 的具体分量小于 P_1 与 P_f 的分量而无法为规则创设例外，在（7）、（8）、（9）即在双方出现平手的情形下（我们可以将它们连成的这条线称为"平手线"），由于形式原则尚具有论证负担分配的功能，法官同样无法为规则创设例外。因此，形式原则提高了规则的稳固性：即使立法者在制定规则时的确对实质理由作出了错误的权衡，我们依然可能在司法裁判中去适用这个规则（只要它停留在平手线及其以左部分）。只是，这种"错误"不能偏离得过远，形式原则只能提高，却无法断绝对实质理由和权衡的运用。就此，

---

〔1〕 至于形式原则如何放入权衡，阿列克西最近发展出了一种"认知模式"，参见 Robert Alexy, Formal principles: Some replies to critics, *International Journal of Constitutional Law* 12（2014），p. 511, 520ff.

我们需要将针对基于一般法律原则的法律续造（创制性修正）的方法命题改述如下：

"只有当与规则相对立之一般法律原则在个案中实现的具体分量超过支持规则之实质原则与形式原则被侵害的程度时，才能为规则创制例外；反之，当前者不及后二者或者双方持平时，都不能为规则创制例外。"

这个命题既是方法命题，也是限度命题，因为形式原则的存在同样为基于一般法律原则的创制性修正设定了论证的限度。只是这种限度并不处于方法之外，相反却位于方法之内。而这种内在于方法的限度也使得制定法内的法律续造与超越制定法的法律续造区分开来。在这里，我们也看到了释字第 362 号的另一个缺陷：大法官在本解释的论证过程中，只考虑到了实质原则的相对分量，却忽略了形式原则的作用。大法官对于实质原则的权衡结果或许是正确的，但在解释理由中却完全没有处理这个结果对于立法者权威可能造成的影响，因而逾越了超越制定法之法律续造的限度。

四、结语

在本章中，笔者试图从规范理论和理由论的角度出发，来阐明基于一般法律原则的法律续造的方法及其限度。虽然论述比较冗长，但最后的结论却是十分简明的：法官需要对支持规则的实质原则、形式原则与反对规则的实质原则（一般法律原则）进行权衡，依据双方在个案中的具体分量来决定能否为规则创设新例外。而这类法律续造的限度也同时蕴含其中：法官不能只考虑实质原则，也必须要考虑规则背后的立法者权威的重要性。在宪法－政治的层面上，本章的结论同样深具意义。一般法律原则为法律内在体系的价值基础，一般法律原则的融贯性整体构成了法律背后的客观价值秩序。基于一般法律原则的法律续造并非法官个人纯然的主观活动，而立法则仍需受制于这种体现更高的客观价值秩序之一般法律原则。但立法也并非是一种纯粹的认知活动，或者说仅仅是对客观价值秩序的具体化。因为一般法律原则本身具有最佳化命令与促成性理由的性质，立法者可以在权衡一般法律原则与其他对立之实质理由之后判定后者优于前者，并基于此制定出法律规则。此时，相当于说通过立法对一般法律原则进行了限制。只是这种限制假如在特殊个案中不合比例，或者同时不当侵害了其他一般法律原则，那么立法必须让步，而司法者可以依据一般法律原则对法律规则进行修正。但如果司法者无法通过论证来说明，这些一般法律原则在个案中相对于法律规则背后的理由具备更强分量，此时基于法律规则背后的权威，立法反过来仍享有优先决定权。可见，立法与司法的关系并非简单的单向制约关系，而是处于一种动态平衡之中。立法在这种关系中更具相对优势，因而法律续造并未对立法的尊严造成过度侵害。

在本章的最后，需要为两个可能会引发质疑的问题作一点简单的辩护。第一个问题是，笼统地说，基于一般法律原则的法律续造需要通过权衡来进行，但权衡究竟是否可能？或者说即使被叫作"权衡"的活动确实存在，它可能是理性的吗？权衡的怀疑论（Abwägung – sskeptizismus）认为，凡是涉及原则冲突的案件，都没有唯一正确的答案可言。因为权衡必然涉及评价，而评价始终带有主观、决断的色彩。[1] 各种不同的权衡结果都是可能的，它们之间没有高下之别。权衡至多只是法官个人的法感、前见或潜在意识的显现。对此质疑的一个整体回应在于，权衡活动的重点并不在于"提出何种权衡决定"，而是"是否就权衡决定提出充分之论据"，以说服他人接受该决定，

---

〔1〕 Vgl. Bernhard Schlink, Der Grundsatz der Verhältnismäßigkeit, in: Peter Badura und Horst Dreier (Hrsg.), *Festschrift 50 Jahre Bundesverfassungsgericht*, Bd. II, Tübingen 2001, S. 460.

或建立关于权衡结果之共识。[1] 具体来说又可以有三点回答：其一，权衡必须依据本章已经涉及的权衡法则与本章并未展开的重力公式（Gewichtsformel）[2] 来进行。在这种意义上，权衡展示出了理性法律商谈的形式。[3] 其二，这也说明，在具体的法律论证活动中，权衡还必须以实质性的内容来填充。对涉及实质论述的法律论证活动进行理性（或合理性）规训，涉及各种以可接受性或理性共识为核心之版本的法律论证理论。[4] 因此，权衡的理性也可以部分通过规范性法律论证理论的各种规则和标准来得到提升。其三，权衡理论的拥护者同样不认为在原则冲突的情形中存在唯一正确的答案，即持一种"权衡的决定论"立场。[5] 他们所支持的，只是对评价性决定进行理性证立的可能，而理性证立并不意味着唯一性，作为理性证立之一种的权衡也不例外。对于立法者而言，即使其决定建立在平手线上，就已经是理性的了。而对于司法者而言，他在经过理性和充分的论证之后作出的选择同样应算作是理性的决断。

　　第二个问题是，从法律体系的观点看，既然一般性法律原则大都涉及宪法层次，那么运用一般性法律原则对法律规则进行修正是否需要以特殊宪法机制为制度支撑？换言之，在不存在宪法法院或类似机构的国家，法官得否基于一般法律原则进行法律续造？本章认为，在并无宪法诉讼和司法审查制度的国家（如中国），法官虽然无权宣告立法者制定的法律规则无效，但基于一般法律原则对法律规则创设新例外并不在禁止之列。

---

〔1〕　吴元曜：《Robert Alexy 重力公式之理论与运用》，第 19 页。

〔2〕　参见［德］罗伯特·阿列克西："重力公式"，第 148 页以下。

〔3〕　Vgl. Robert Alexy, Die Konstruktion der Grundrechte, S. 19.

〔4〕　阿列克西的程序性法律论证理论就是其中影响比较大的一脉。参见 Robert Alexy, *Theorie der juristischen Argumentation*, 2. Aufl., Frankfurt a. M. 1991.

〔5〕　典型代表是德沃金的唯一正解命题。请见 Ronald Dworkin, *Taking Rights Seriously*, pp. 279–290.

这不仅因为无论在什么样的制度中追求个案正义都是司法裁判的最终目标，而且因为即使在这些国家宪法依然具有效力。虽然法官在说理中往往可以通过某种伪饰（如借用合宪性解释之名或者将宪法原则与普通法原则"串联"在一起）来实质上进行基于一般法律原则的法律续造。因此，制度与方法可以相对脱离，对于方法的研究具有相对独立的意义。

第八章　法的效力与法治（拉德布鲁赫公式）

"制定法的不法（不正义）"现象构成了挑战法治的极端情形，也是国家转型时期"疑难案件"产生的根源。对于这种现象尽管大可作政治学上的解读，但对于法哲学来说同样需要有相应的理论准备。从司法裁判的角度来看，它已然超越了既有实在法体系的框架，因为它涉及的是对实在法本身之效力的追问，以及基于此种不正义之实在法所采取之恶行的法律效果问题。在此种情况下如何进行法律论证以克服不法、重建法治的内核？与本书的其余章节不同，本章试图通过剖析人类法律思想史上、也是法治实践历史中的一个著名理论，来为此提供思路。

这个著名理论便是德国学者汉斯－乌尔里希·艾弗斯（Hans－Ulrich Evers）所命名的"拉德布鲁赫公式"（die Radbruchsche Formel）[1]。拉德布鲁赫公式指的是德国 20 世纪最重要的法学家之一、前魏玛时期司法部长古斯塔夫·拉德布鲁赫（Gustav Radbruch，1878～1949）于 1946 年 8 月在《南德意志法

---

[1]　Hans－Ulrich Evers, *Der Richter und das unsittliche Gesetz*, Berlin 1956, S. 78f.

学家报》上发表的一篇名为"制定法的不法与超制定法的法"[1] 的短文中的核心论点（具体表述见下文）。当时的背景是针对二战战犯的纽伦堡审判已接近尾声，而德国各地对纳粹12年统治期间涌现的诸多"合法恐怖"事件的审判正进行得如火如荼。这篇短文虽然没有对纽伦堡审判产生直接影响，但在后来德国法院追诉纳粹罪行以及两德统一后追诉东柏林边境士兵射杀逃亡者的行为（柏林墙射手案）时，都发挥了不可小觑的作用。这篇文章中的核心论点得到了广泛的流传。

拉德布鲁赫公式不仅在德国宪法法院与联邦最高法院的判决中一再被或明或暗地援引，而且在德语学界引起了广泛的讨论。[2] 它远远超出了司法裁判理论的范畴，被认为是战后自然法复兴的理论代表。在英美学界，对纽伦堡审判和拉德布鲁赫公式的态度同样构成了划分法理论阵营——自然法 vs. 法实证主义——的试金石，并促成了著名的"哈特－富勒之争"（Hart－Fuller Debate）。后者影响之大，直到今天依然在某些方面决定着英美法理学的讨论框架。最近数年仍有为数不少讨论拉德布鲁赫公式以及重新审视这场争论的论文在国际顶级期刊上发表。在日本学界，对于拉德布鲁赫思想及其公式的研究在战后初期就已开始，并积极尝试将拉氏理论与东方哲学相融合，到今天

---

〔1〕 目前国内对于这篇文章的标题有两个译法：舒国滢教授将其译为《法律的不法与超法律的法》，而王朴博士译为《法律的不公正和超越法律的公正》。关键在于对"Gesetz"与"Recht"这两个词的翻译问题。本章主张将它们译为"制定法"与"法"。一方面，"法律"固然包括"制定法"，然而此外尚可包含"判例法"、"习惯法"等实在法形态，而德语的 Gesetz 指的仅仅是"制定法"。另一方面，"公正"或"正义"固然是 Recht 的核心含义之一，但德语 Recht 的含义更丰富，一般直译为"法"。

〔2〕 拉德布鲁赫公式在德国司法实务界的继受及其在学界的继受与批评参见 Björn Schumacher, *Rezeption und Kritik der Radbruchschen Formel*, Göttingen 1985, S. 69f. , 31f.

已经积累了丰富成果。[1] 这说明，拉德布鲁赫公式虽然起源于"特定的历史情境"，但对它的解读具有法理论上的普遍意义。

中国学界对拉氏思想的研究起步很晚，[2] 目前为止对拉德布鲁赫公式的集中研究则相对更少。并且，学者们的兴趣相对比较集中，最为关注的问题有两个：一是公式是否代表拉氏的自然法转向；[3] 二是公式的司法运用及其限度。[4] 尽管这些研究为学界深化对拉德布鲁赫公式的研究提供了很大的助益，但从整体看无论是广度还是深度仍有待加强。尤其是对于这一公式本身的含义进行深入分析的著述迄今仍十分匮乏。[5]

一、拉德布鲁赫公式的三个研究层面

国际学界对拉德布鲁赫公式的既有研究大体在三个层面上

---

〔1〕　代表性著作参见〔日〕铃木敬夫：《相对主义法哲学与东亚法研究》，法律出版社 2012 年版。

〔2〕　其中开此风气之先者当属已故北京大学法理学教授沈宗灵先生。在笔者有限的阅读范围内，其所著"拉德勃（布）鲁赫相对主义法学及其后期转变"（《社会科学战线》1990 年第 4 期）一文，应当是最早对拉氏理论进行阐述的单篇论文。

〔3〕　铃木敬夫教授认为，这是中国的拉德布鲁赫研究的三种类型之一。其余两种类型分别是对拉德布鲁赫法思想在法哲学思想史上的地位进行考察，以及基于确立中国的民主化和对人权的捍卫对拉氏相对主义法哲学的吸收（参见〔日〕铃木敬夫："中国的拉德布鲁赫研究"，宋海斌译，载《太平洋学报》2009 年第 12 期，第 78 页）。

〔4〕　参见林海："哈富论战、拉德布鲁赫公式及纳粹法制迷案——从历史视角透析理论问题"，载《南京大学法律评论》2008 年春秋合卷；柯岚："拉德布鲁赫公式的意义及其在二战后德国司法中的运用"，载《华东政法大学学报》2009 年第 4 期；柯岚："拉德布鲁赫公式与告密者困境——重思拉德布鲁赫 - 哈特之争"，载《政法论坛》2009 年第 5 期；钱锦宇："拉德布鲁赫公式的限度与法官的统治"，载《环球法律评论》2010 年第 3 期。这些论文大多同时涉及上述两方面的问题，只是侧重有所不同。

〔5〕　最近有一篇论文进行了这种努力，参见黄忠正："论 Radbruch 公式"，载《政大法学评论》第 132 期（2013 年），第 125～142 页。但该文以介绍为主，理论分析还略显单薄。

展开，即描述的层面、适用的层面与规范 - 分析的层面。[1]

描述层面的研究涉及对拉德布鲁赫公式产生的因果说明，它属于法社会学的研究。或许与德国战后的精神重建之父雅斯贝尔斯（Jaspers）的观点——德国人实现真理的唯一途径是净化灵魂深处——不谋而合，拉德布鲁赫力图清算在他看来盛行于德国魏玛时期与第三帝国时期的法实证主义思潮的"流毒"。在"制定法的不法与超制定法的法"一文第三部分的开始处，他指出："事实上，实证主义由于相信'法律就是法律（制定法就是制定法）'已使德国法律界毫无自卫能力，来抵抗具有专横的、犯罪内容的制定法。在此方面，实证主义根本不可能依靠自己的力量来证立制定法的效力了。它相信自己已经借此证明了制定法的效力，即后者拥有自我贯彻实施的权力。"[2] 这段话可以被看作是拉德布鲁赫公式提出的背景或者说社会生成原因，它由两个命题组成：一个是"因果命题"，即认为法实证主义理论在纳粹篡权的过程中扮演着重要角色；另一个是"免责命题"，主张从表面看来是法实证主义拘束着纳粹法院的法官，从而可以使得后者免除罪责。[3] 很显然，拉德布鲁赫正是将德国法律人在纳粹统治期间助纣为虐的思想动因归咎于法实证主义，并基于这一论断提出了与之相对抗的拉德布鲁赫公式。但

---

〔1〕 本章关于"描述的层面"与"规范的层面"的区分参考了 Horst Dreier, Die Radbruchsche Formel - Erkenntnis oder Bekenntnis?, in: *Staatsrect in Theorie und Praxis. Festschrift Robert Walter zum 60. Geburtstag*, Wien 1991, S. 119. 但对于"规范的层面"的理解与德莱尔有所不同。关于"分析的层面"与"规范的层面"的区分则参考了 David Dyzenhaus, The Grudge Informer Cased Revisited, *New York University Law Review* 83（2008）, pp. 1009 - 1010. 戴岑豪斯所使用的术语为"根本的层面"与"教义学的层面"。

〔2〕 Gustav Radbruch, Gesetzliches Unrecht und übergesetzliches Recht（1946）, in: ders., *Rechtsphilosophie* III, bearbeitet v. Winfried Hassemer, Heidelberg 1990, S. 88.

〔3〕 Cf. Stanley L. Paulson, Lon Fuller, Gustav Radbruch, and the "Positivist" These, *Law and Philosophy* 13（1994）, pp. 313 - 315.

这一论断极富争议，可以说在许多学者的质疑下它几乎已被推翻。例如，霍斯特·德莱尔（Horst Dreier）的研究表明，法实证主义无论在魏玛时期还是在纳粹时期的理论与实务中都不是支配性的思潮，它的影响力早在20世纪20年代就已消退，纳粹的法律思想和法律实践并不要求法律人严格适用制定法的规定，相反，它要求法官依据纳粹的指导思想和基本价值原则去灵活地解释制定法，因为纳粹时期的大量制定法都继受自魏玛时期而未加变更。[1] 拉尔夫·德莱尔（Ralf Dreier）则指出，法律人在第三帝国期间的行为最好被理解为"对（纳粹）制定法的盲目服从"与"纳粹自由法律思维"的结合。[2] 可见，描述层面争议的核心的是，拉德布鲁赫公式所针对的对象或者说提出的背景，即法实证主义与纳粹统治在思想上的关联，是否成立的问题。

适用层面的研究涉及拉德布鲁赫公式的司法适用，大体属于教义学层面的问题。而讨论得最为频繁、被用作试金石的是这样两个司法案件。一个是"告密者案"。哈特曾基于对班贝格州高等法院判决内容的误解，对法院运用拉德布鲁赫公式来对告密者入罪的方式表示反对，并提出更好的方式是认定"法律就是法律，但它过于邪恶以至于不能被服从"[3]。梅滕斯（Mertens）则认为拉德布鲁赫公式的主要关注点是司法机关适用邪恶制定法时的法律地位，因而哈特因误解所导致的批评是不

---

〔1〕　Vgl. Horst Dreier, Die Radbruchsche Formel – Erkenntnis oder Bekenntnis?, S. 120 – 127.

〔2〕　Vgl. Ralf Dreier, Gustav Radbruch, Hans Kelsen, Carl Schmitt, in: H. Haller et al. （Hrsg.）, *Staat und Recht. Festschrift für Günther Winkler*, Wien 1998, S. 214.

〔3〕　H. L. A. Hart, Positivism and the Separation of Law and Morals, *Harvard Law Review* 71 （1957 – 1958）, p. 620.

能成立的。[1] 戴岑豪斯（Dyzenhaus）持一种中间立场，认为告密者案要求法院不仅采取教义学的观点，而且也采纳涉及司法角色之本质的观点。[2] 另一个案件是"柏林墙射手案"。如德国联邦最高法院在审理案件时认为，开枪射杀平民的柏林墙驻守士兵应该受到惩罚，因为"在当时的情形下通过持久开火杀害一位徒手逃亡者（是）一种恐怖和无法进行任何理性证立的行为……"[3] 已经出现了"不能容忍的不法"。[4] 但阿列克西和西克曼（Sieckmann）等学者认为，虽然拉德布鲁赫公式在该案中的运用是正当的，东柏林的制定法也已经越过了它所设定的界线，但开枪射杀逃亡的平民的年轻士兵并无主观罪责，不应受到惩罚。[5] 因此，这一层面的争议点围绕的是公式能否适用于真实的案件及其在（刑法）教义学的层面上如何适用的问题。

规范－分析层面的研究涉及对拉德布鲁赫公式的内涵及其背后的理论来源的考察，属于法哲学层面的研究。虽然这一公式在描述与规范的层面上存在广泛争议，但这并不影响对这一公式本身进行分析。法哲学层面的研究可以相对独立于法社会学与法教义学层面的研究。相反，在笔者看来，任何研究的第一步都在于厘清研究对象的内涵。如果不去剖析清楚公式的复杂内涵，就无法为相关的规范研究提供坚实基础，也无法理解

---

〔1〕 Cf. Thomas Mertens, Radbruch and Hart on the Grudge Informer: A Reconsideration, *Ratio Juris* 15（2002），p. 188, pp. 198ff.

〔2〕 David Dyzenhaus, The Grudge Informer Cased Revisited, p. 1010.

〔3〕 BGH, *NJW* 1993, 141（149）.

〔4〕 集中的讨论参见 Frank Saliger, *Radbruch'sche Formel und Rechtsstaat*, Heidelberg 1995, S. 43ff.

〔5〕 参见［德］罗伯特·阿列克西："柏林墙射手案：论法、道德与可罚性之关系"，载氏著：《法：作为理性的制度化》，雷磊编译，中国法制出版社 2012 年版，第 404 页以下，第 420 页以下；Jan Sieckmann, Die "Radbruch'sche Formel" und die Mauerschützen, *ARSP* 87（2001），S. 510ff.

公式的跨文化效用及其限度。而要厘清它的内涵，首先要回到文本本身。在《制定法的不法与超制定法的法》一文中，被归纳为"拉德布鲁赫公式"的主要是这样一段话：

"正义与法的安定性之间的冲突应当这样来解决，实在的、受到立法与权力保障的法获有优先地位，即使其在内容上是不正义和不合目的的，除非制定法与正义间的矛盾达到如此不能容忍的地步，以至于作为'非正确法'的制定法必须向正义屈服。在制定法的不法与虽然内容不正确但仍属有效的制定法这两种情形之间划出一条截然分明的界线是不可能的，但最大限度明确地作出另一种划界还是可能的：凡是正义根本不被追求的地方，凡是构成正义之核心的平等在制定实在法时有意被否认的地方，制定法就不再仅仅是'非正确法'，毋宁说它压根就缺乏法的性质。"[1]

很容易发现，这段话是由两部分构成的。在第一部分中，它主张当制定法违背正义达到"不能容忍的"地步时就会丧失法律效力。这一般被称为"不能容忍公式"（Unerträglichkeitsformel）。狭义上的拉德布鲁赫公式指的就是不能容忍公式[2] 在第二部分中，它主张当制定法在制定时有意地否认正义（尤其是作为其核心的平等）就会丧失法的地位或者说法的性质。我们可以称之为"否认公式"（Verleugnungsformel）[3] 广义上的拉德布鲁赫公式既包括不能容忍公式，也包括否认公式。有时它们也被

---

〔1〕　Gustav Radbruch, Gesetzliches Unrecht und übergesetzliches Recht（1946），S. 89.

〔2〕　Albrecht Langer, *Der Gedanke des Naturrechts seit Weimar und in der Rechtssprechung der Bundesrepublik*, Bonn 1959, S. 127.

〔3〕　Arthur Kaufmann, Die Radbruchsche Formel vom gesetzlichen Unrecht und vom übergesetzlichen Recht in der Diskussion um das im Namen der DDR begangene Unrecht, *Neue Juristische Wochenschrift* 48（1995），S. 82.

称为"不能容忍命题"和"否认命题"。[1]

这两个部分是有所不同的。这种不同至少从表面看来在于两个方面：其一，不能容忍公式涉及的是法的效力，而否认公式涉及的是法的概念。前者力图为"有效的法"与"无效的法"提供区分标准，而后者则要回答这样一个问题，即究竟是否存在法（或者说区分"法"与"非法"）。[2] 其二，不能容忍公式具有客观性，它指向非正义的不同层次（能容忍的非正义与不能容忍的非正义）。相反，许多学者认为否认公式在某种意义上具有主观性，因为它指向的是立法者的目的或意图（根本不被"追求"、"有意"否认）。[3] 或许正因为如此，既有的学术文献主要关注的是不能容忍公式，[4] 德国联邦宪法法院与最高法院的相关判决援引的也大多是不能容忍公式。相比而言，否认公式无论是在学界还是在司法实务中都处于"隐退"的状态。[5] 因为对后者的一个常见的批评是，"否弃正义的故意"几乎是难以证明的。[6] 那么，上述两种区分能否成立呢？

这就涉及对不能容忍公式与否认公式之间关系的认定。目前已有的研究成果导向了两种不同的观点：第一种观点可被称

---

〔1〕 Vgl. Björn Schumacher, *Rezeption und Kritik der Radbruchschen Formel*, S. 24.

〔2〕 Vgl. Andreas Funke, Überlegungen zu Gustav Radbruchs "Verleugnungsformel". Ein Beiträg zur Lehre vom Rechtsbegriff, *ARSP* 89 (2003), S. 2.

〔3〕 例如参见 Robert Alexy, A Defence of Radbruch's Formula, in: David Dyzenhaus (ed.), *Recrafting in Rule of Law: The Limits of Legal Order*, Oxford 1999, p. 16.

〔4〕 即使对于那个广受争议的问题，即拉德布鲁赫公式是否已然被包含在拉德布鲁赫前纳粹时期的法哲学观念中，也同样是以不能容忍公式为焦点的 [Vgl. Arthur Kaufmann, Gustav Radbruch – Leben und Werk, in: der. (Hrsg.), Gustav Radbruch, *Gesamtausgabe*, Bd. 1, *Rechtsphilosophie* I, Heidelberg 1987, S. 72, 81ff.].

〔5〕 但也有例外。例如联邦最高法院也曾在一个早期的判例中不点明出处地援引了"否认公式" [BGHSt 2, 234 (238f.)].

〔6〕 Ralf Dreier, Gesetzliches Unrecht im SED – Staat? Am Beispiel des DDR – Grenzgesetzes, in: F. Haft, W. Hassemer, U. Neumann, W. Schild, U. Schroth (Hrsg.), *Strafgerechtigkeit. Festschrift für Arthur Kaufmann*, Heidelberg 1993, p. 58.

为"叠合关系说"（Overlapping Relation Thesis）。[1] 叠合关系说既否认法的概念与法的效力的区分，也否认主观与客观的区分。持这种观点的学者要么认为，在不能容忍的不正义的情形中，立法者的主观目的与不正义的客观结果是重合的，进而，由于主观意图的难以证明性，所以不能容忍公式就自然而然地成为关注的核心。[2] 要么认为，否认公式是对不能容忍公式的具体化。[3] 但无论如何，两个公式是叠合的。第二种观点认为，两个公式之间是相互独立的，它们各自提出了判断非法的独立标准，相互并不包含。[4] 我们可以将这种观点称为"平行关系说"（Parallel Relation Thesis）。持平行关系说的学者同样认为两个公式在性质上并无区别（既是法的概念命题也是法的效力命题），但坚持主观与客观的区分。本章将证明，这两种观点均无法成立。

二、新的讨论框架：三组区分

但在讨论这两个子公式及其关系之前，有必要来确立一套新的讨论框架。拉德布鲁赫公式虽然只有短短几句话，但它并不是凭空产生的。它实际上是对拉德布鲁赫一生之法哲学思想的浓缩和提炼。而拉氏法哲学最大的特征在于其无处不在的二元论。对于拉德布鲁赫公式的理解之所以会产生如此巨大的争议，恰恰与这种二元论相关。正如其弟子阿图尔·考夫曼（Arthur Kaufmann）所言，"只有当掌握了拉德布鲁赫的二律背反的思维方式，掌握了'亦此亦彼'的思维方式，我们才能正确地

---

〔1〕 See Stanley. L. Paulson, Radbruch on Unjust Laws: Competing Earlier and Later Views?, *Oxford Journal of Legal Studies* 15（1995），p. 491.

〔2〕 See Robert Alexy, A Defence of Radbruch's Formula, p. 16.

〔3〕 Vgl. Frank Saliger, *Radbruch'sche Formel und Rechtsstaat*, S. 5, 18.

〔4〕 Vgl. Hidehiko Adachi, *Die Radbruchsche Formel*, Baden – Baden 2006, S. 82 – 83.

评价他。"[1] 当然，这并不意味着拉德布鲁赫是一个骑墙派，拉氏的理论是一种和稀泥的理论。相反，正是因为这种二元论，才使得拉氏的理论保持了能与现实相调和的生命力。而要正确认识拉德布鲁赫公式两个部分的含义及其关系，就必须对拉氏法哲学的一些基本二元框架有整体上的把握。这些二元框架尽管未必为拉氏所明确表述，但它们却隐藏在拉氏整个法哲学体系的方方面面，并构成了对他的公式进行分析的有用工具和出发点。

（一）法的概念与法的效力

拉德布鲁赫的法哲学既涉及法的概念，也涉及法的效力。法的概念主要涉及法的定义，而法的效力则涉及法是否"应当被遵守与适用"[2]。给法下定义要么意味着去追寻法的本体（法是什么），要么指向对法的认知（如何认识法，或在我们看来法是什么）；而效力问题的核心在于某个规范或某部制定法之所以会对我们产生义务的依据或标准（法因什么而有拘束力）。因为说"某个规范有效"通常就意味着我们有义务将这个规范作为行为的标准与裁判的依据。法的概念和法的效力之区分对应着法哲学研究的两个领域，即法理论与法律论证理论的区分。法理论的任务在于澄清"法的性质"或者说"本质特征"，以使得法这种现象从根本上与其他现象区分开来；而法律论证理论围绕法官应当如何作出正确的法律决定展开，它还同时涉及法治／合法性理论与法官的角色理论。[3]

---

〔1〕〔德〕阿图尔·考夫曼：《古斯塔夫·拉德布鲁赫传》，舒国滢译，法律出版社 2004 年版，第 22 页。

〔2〕 Jan Sieckmann, Rechtssystem und praktische Vernunft: Zur Struktur einer normativen Theorie des Rechts, *ARSP* 78（1992），S. 146.

〔3〕 See Giovanni Sartor, Legality Policies and Theorie of Legality: From Bananas to Radbruch's Formula, *Ratio Juris* 22（2009），pp. 236ff.；Frank Haldemann, Gustav Radbruch vs. Hans Kelsen: A Debate on Nazi Law, *Ratio Juris* 18（2005），pp. 172ff.；David Dyzenhaus, The Grudge Informer Cased Revisited, passim, esp. pp. 1013ff.

（二）文化相对主义与伦理学相对主义

拉德布鲁赫法哲学的一个重要方法论基础在于"相对主义"，即主张价值问题没办法由科学来决定，科学至多只能系统化地使得不同的价值视角精致化。但在他的著作中，相对主义具体意味着什么并不清晰。尽管如此，我们依然可以对他的主张进行大体的类型化处理，将其归纳为两种类型，即文化相对主义与伦理学相对主义。[1] 文化相对主义主张一种经验上的观点，即不同个人和群体间所享有的文化观念是不同的。法依赖于法的理念对特定历史或社会学条件的运用，不存在普遍有效的法。伦理学相对主义认为，伦理学上的价值判断或义务判断是无法得到理性证立的，价值之间的冲突不存在先定与根本上客观的解决办法。这两个命题扭结在一起，后者构成了更为核心的部分。我们也可以将文化相对主义称为"描述的相对主义"，将伦理学相对主义称为"规范的或评价的相对主义"。

（三）观察者视角与参与者视角

拉德布鲁赫明确区分了两种行为，即涉及价值的行为与评价行为。这种区分来源于研究视角的不同。与评价行为相关的是一种参与者视角，而与涉及价值的行为相关的至多只是一种观察者的视角。凡是在某个法律体系中参与关于"什么是在这个法律体系中被要求、禁止、允许和授权的"论证者，采取的是参与者的视角。位于参与者视角中心的是法官。当其他的参与者（如法学家、律师或关心法律体系的公民）对于法律体系的特定内容提出支持或反对的论据时，他们最终还是会诉诸一

---

〔1〕　这一区分参考了 Björn Schumacher, *Rezeption und Kritik der Radbruchschen Formel*, S. 8; Jan Sieckmann, Reconstructing Relativism. An Analysis of Radbruch's Philosophy of Law, *ARSP* 95（2009）, S. 18. 舒马赫与西克曼都对拉氏的相对主义进行了三分，尽管在术语和内容上并不完全相同。本章所进行的则是二分法，无论是舒马赫所讲的伦理学与元伦理学命题，还是西克曼所讲的方法论命题与法律冲突命题其实都是伦理学相对主义的体现。

个想要作出正确决定的法官必须如何判决。采取观察者视角的人则不去追问在特定法律体系中什么才是正确的决定，而是追问在特定法律体系中实际上是如何作出决定的。[1] 当然，细究起来，涉及价值的观察者视角更接近于哈特所说的"内在观点"，而不是"外在观点"，尽管在逻辑上两种观点都可以被观察者的视角所包含。[2] 因为涉及价值的观察者视角既要使得观察者以价值的观念去理解法律现象，保持反思性批判的态度，也要保障与之相关的法理论的描述性特征。这两种研究视角的区分蕴含着理论理性与实践理性的区分。理论理性涉及认识和描述，实践理性涉及行动与评价。[3]

以此为基础，我们下面来对拉德布鲁赫公式的两个部分进行分析。为了行文的方便，我们将先处理否认公式，接着分析

---

〔1〕 参见［德］罗伯特·阿列克西：《法概念与法效力》，王鹏翔译，五南图书出版股份有限公司2013年版，第42~43页。引用时术语略有变动。

〔2〕 这一点是有争议的。许多学者包括阿列克西在内，都将内在观点/外在观点的区分与参与者的视角/观察者的视角的区分画等号。但这是对哈特理论的误解，内在观点并不等同于参与者的视角。具体区分参见陈景辉："什么是'内在观点'？"，载《法制与社会发展》2007年第5期。

〔3〕 有的学者承认理论理性却否认实践理性，认为法学（法律科学）的任务只在于认知和描述，不在于评价［Hans Kelsen, *Introduction to the Problems of Legal Theory*, trans. by B. L. Paulson and S. L. Paulson, Oxford 1992 (1st ed. 1934), pp. 7 - 8. 凯尔森将自己的理论命名为"纯粹法学"的原因之一就在于要将价值判断（道德）排除出法学研究的领域〕。而拉德布鲁赫尽管持伦理学上的相对主义立场，却并不否认实践理性的存在。他所强调的只是：其一，是与应当无法相互推导，"法是什么"与"法应当如何"是两个问题，价值判断无法从纯描述性的前提中获得。其二，价值判断只能从其他价值中推演出来。价值判断的链条最后会导致一条或一些不可再回溯的终局性规范。与凯尔森将其设定为一条作为超验逻辑预设的"基础规范"不同，拉德布鲁赫认为这些最高位阶的规范依然是具有实体内容的价值判断。他似乎认为能通过先验的方式得出适用于所有法律体系的主要价值概念［See Gustav Radbruch, Philosophy of Law, in: *The Legal Philosophies of Lask, Radbruch and Dabin*, trans. by Kurt Wilk, Cambridge (Mass.) 1950, pp. 77 -78］，并将法律体系的最高价值限定为三个：法的安定性、正义、合目的性。

不能容忍公式，然后再来探讨二者的关系。

三、"否认公式" 分析

（一）否认公式：法的概念公式

否认公式的表述是："凡是正义根本不被追求的地方，凡是构成正义之核心的平等在制定实在法时有意被否认的地方，制定法就不再仅仅是'非正确法'，毋宁说它压根就缺乏法的性质。"前已述及，这个公式最受人诟病之处在于公式的"主观性"，亦即立法者"否弃正义的故意"几乎是难以证明的。但是，这种主观化的解读与拉德布鲁赫本人的法的概念并不吻合，其根源在于它对拉氏法的概念的理解犯了"范畴性错误"。

为什么否认正义会导致"不是法或缺乏法的性质"的后果？紧接否认公式之后，拉德布鲁赫给出了他在以前的著述中曾多次重复的那个法的概念，"因为我们只能把法，也包括制定法，定义为这样一种秩序和规定，依其本义，它要为正义服务"[1]。对这句话的解读方式可能有两种：一是他给出了一种本体论上的理解，即"法（也包括制定法）在性质上必然与正义相联系"；二是他给出的仅仅是一种认识论上的理解，即"只有借助于正义，法（也包括制定法）才能被我们所认识"，或者说"只有借助于正义，我们才能将某个事物认识为法"。我们可以将前者称为"本体论的法的概念"，将后者称为"认识论的法的概念"。本体论的法的概念要回答的是"法究竟（原本）是什么"，而认识论的法的概念要回答的是"在我们看来法是什么"。那么，拉德布鲁赫会倾向于哪种解读？我们都知道，拉德布鲁赫是位新康德主义者，而新康德主义要处理的根本问题是概念与现象或者说认识与认识对象的关系。在新康德主义者看来，

---

[1]　Gustav Radbruch, Gesetzliches Unrecht und übergesetzliches Recht（1946），S. 89.

认识对于现实具有构成性。因为现实并非预先给定，而是通过认知形成的，是范畴综合的产物。[1] 离开了一定的先验概念，认识就是不可能的。对于法律现象也是如此，新康德主义法学者都认为需要借助于特定的先验概念才能将某些事物认识为"法"。所以新康德主义是一种法律认识论。在这一点上，无论是作为纯粹法学派代表的凯尔森，还是作为西南德意志学派成员的拉德布鲁赫都无异议。差别在于他们所认定的这个概念工具不同。凯尔森认为这个概念是"规范"（乃至最终的基础规范），而拉德布鲁赫则认为这个概念是"法的理念"或"法的价值"[2]（乃至最终包含正义在内的三种价值）。拉氏曾将整个法学知识的领域分为法律科学、法哲学与法律事实的研究三块。[3] 这其实涉及的是三种认识或观察法的方式：法律科学以涉及价值的方式来观察法，它将法视为一种文化事实；法哲学以评价的方式来观察法，它将法视为一种文化作品或文化理念；而法律事实的研究则以价值无涉的姿态去观察自然事实，它与法本身无关。因此，离开了"涉及价值或价值关联"的认识方式，我们就没办法认识到某事物是"法"，也就没法主张"法是什么"。"涉及价值"是法律科学认识法的一种手段和方法，是作为文化科学之一部分的法律科学得以可能的前提。在性质上，价值关联原则是先验的，因为它是文化科学领域的认识得以发

---

〔1〕 Vgl. Heinrich Rickert, *Der Gegenstand der Erkenntnis*, 4/5. Aufl., Tübingen 1921, S. 314 ff.

〔2〕 此外，拉德布鲁赫还在等义上使用"法的目的"（Rechtszweck）和"目的理念"（Zweckidee）等概念。参见 Gustav Radbruch, Der Zwek des Rechts, in: ders., *Der Mensch im Recht. Ausgewälte Vorträge und Aufsätze über Grundfragen des Rechts*, 2. Aufl., hrsg. v. Fritz von Hippel u. a., Göttingen 1961, S. 88 – 104.

〔3〕 其实拉氏还提到了另一个领域即法的宗教哲学（Religionsphilosophie des Rechts），它涉及的是对法的超越价值的观察。但这与本章的关联不大，故而不论。

生的条件，但这种条件又并非是科学认识的经验前提。[1] 认识得以发生的关键不在于对象，而在于主体。因此，拉德布鲁赫给法下定义时并不是要将法理解为一种"纯客观"的存在者，它只具有先验认识论的性格。他所关注的核心问题是，将某事物认识为法之所以可能的条件是什么。他的回答则是，作为法律认识行为之基础的价值关联。因此，"我们只能把法，也包括制定法，定义为……"这句短语给出的并不是一个本体论上的概念，而是揭示出了一种定义法的方法。所以，否认公式是一种认识论的法的概念公式。

作为认识论公式，否认公式是不能在本体论意义的法的概念层面上，当然也不能在法律论证的层面上被"打破"的，它毋宁说位于法律科学的概念构造方法的层面。它并不能被置于立法主体以及从其身上来追溯的目的这个层面，而是位于作为观察者的法律科学家这一方，后者被构想为认识的主体。立法者及其目的同样是法律科学观察的对象，即法律现象的一个部分。"价值关联"这个认识工具来自于认识的主体而非对象。假如我们将价值与道德大体等同的话，那么日本学者足立英彦（Hidehiko Adachi）的观点无疑是正确的：拉德布鲁赫公式并不涉及立法的道德性，而是涉及法的道德性，即被称为制定法的那部分现实的道德性。立法是否合乎道德的问题根据拉氏本人的理论是无法被证明的。[2] 否认公式因而具有了一种"客观化"的趋势。只要从客观的法律科学的视角出发，发现无法从正义或道德的价值来定义某个制定法，或者说如果某个制定法在外在方面能被证明显现出了否定正义的情形，这部制定法就不能被认为是法，此时无需对立法者的主观状态（"追求"、

---

〔1〕　Andreas Funke, Uberlegungen zu Gustav Radbruchs "Verleugnungsformel". Ein Beiträg zur Lehre vom Rechtsbegriff, S. 10.

〔2〕　Vgl. Hidehiko Adachi, *Die Radbruchsche Formel*, S. 90.

"有意")进行认定。事实上,拉德布鲁赫本人就是这么来运用否定公式的。在提出这一公式的同一自然段中,拉氏就对"希特勒人格中的突出个性"及其统治期间的许多行为进行了阐述,最后总结认为"纳粹主义的法……根本就缺乏法的性质,它……根本就不是什么法"[1]。这是从法律科学的角度运用正义这一价值或者说认识法的先验概念对"纳粹法"进行鉴定之后的结论。所以可以认为,立法者不追求正义或有意违背平等在拉氏理论中并不是一种纯粹的主观状态,而是需要外在的客观认识与证明的。

同时,拉德布鲁赫的法的概念是先验的,因为这个概念并不从对法律现象的归纳而来,而是从法的理念中演绎地推导而来,因而不是"日常的、偶然的,而是必要的一般性概念"[2]。拉氏曾于1932年版的《法哲学》中提到三个不同版本的法的概念。第一个版本最为著名——"法是具有这种意义的现实,即它注定要为法的价值即法的理念服务"[3]。在第二个版本中,拉德布鲁赫将"法的理念"明确替换为"正义",而对其余的两个法的理念要素,即合目的性与法的安定性,都未加探讨[4]这个版本的内容前文已论及,即"法是具有这种意义的现实,即它注定要为正义服务"[5]。第三个版本的法的概念与前两个

---

〔1〕 Gustav Radbruch, Gesetzliches Unrecht und übergesetzliches Recht (1946), S. 89 – 90.

〔2〕 Gustav Radbruch, *Rechtsphilosophie* (*1932*), 8. Aufl., hrsg. von Erik Wolf und Hans – Peter Schneider, Stuttgart 1973, S. 124.

〔3〕 Gustav Radbruch, *Rechtsphilosophie* (*1932*), S. 119.

〔4〕 笔者尚缺乏足够的材料来充分说明拉氏这样做的原因。但至少有两个线索:其一,正义在拉氏早期理论中是一种形式理念,它需要与合目的性合在一起才具有实质效果。所以在很多时候拉氏往往将合目的性也拉进(广义的)正义概念之中。其二,法的存在本身就代表着法的安定性这一价值,也可以说法(法的安定性)是拉氏相对主义理论(其他价值无法排定次序)的必然结果。

〔5〕 Gustav Radbruch, *Rechtsphilosophie* (*1932*), S. 123.

有很大的不同。它放弃了"意义"这个要素，转而从正义理念的形式性中推导出分析性结论。拉氏援引"一般性"来定义法的概念。法被认为是"对人类共同生活的一般性规定"[1]。有趣的是在这第三个版本中，正义并没有作为定义要素出现，甚至可以说压根没提对正义的价值关联，反而用了"一般性规定"这样的表述，这是为什么？这与拉氏早期的正义观念是相关的。

（二）否认公式中的文化相对主义

早期拉德布鲁赫的正义观念是一种形式性的理念。他借助亚里士多德（Aristotle）的理论，将正义分为分配的正义与矫正的正义。前者的目标在于"多数人行为中的比例平等"，后者的目标在于"义务与对向义务的绝对平等"。在拉氏看来，分配正义是正义的"原型"[2]。他并没有对分配正义的理论详加阐述，而只是将其进行形式上的理解，即"同样的事物同样对待，不同的事物不同对待"。这种理解并没有从内容上对法条进行界定，也没有回答这样两个重要的问题：一是哪些事物是平等的，哪些事物又是不平等的；二是如何区分平等与不平等。拉德布鲁赫从平等的要求中推导出的只是制定法的形式或结构。要满足这种要求，制定法就要具备"一般性"，即法条对于所有在同一特定之观点下被视为平等之事物的可适用性。[3] 因此，在他的早期观念中，正义就是平等，而法的平等就要求法条具有一般性。形式正义最终导向了法的一般性。也因此，他在否认公式之后指出，"一切以刑罚相威胁、根本不考虑犯罪的不同严重程度而只图眼前威吓需要的法，一切对严重程度极不相同的犯

〔1〕 Gustav Radbruch, *Rechtsphilosophie* (1932), S. 124.
〔2〕 Gustav Radbruch, *Rechtsphilosophie* (1932), S. 122.
〔3〕 Gustav Radbruch, *Rechtsphilosophie* (1932), S. 124.

罪采取同一种刑罚（通常采取死刑）的法，都不具有法的性质。"[1] 这也不难理解为什么他会提出第三个版本的法的概念了。

正因为此时的正义是在形式的意义上来理解的，它可以与所有版本的实质正义和合目的性相联系。所以在他看来，没有什么普遍有效的法，因为法的效力必然涉及实质价值判断。这使得他的法的概念闪现着文化相对主义的色彩。要注意的是，这种相对主义是一种认识论上的相对主义而不是本体论上的相对主义。与本体论上的相对主义从根本上否认价值的存在（根本就没有价值这回事！）不同，认识论上的相对主义只是主张，人们无法认识哪个价值更高，或无法对价值进行证立。[2] 也有学者将前者称为虚无主义的，因为它认为规范性命题没有意义，既非真也非假；而将后者称为怀疑主义的，因为它接受规范领域存在高低的标准，只是对此不能主张确定的办法来认定。[3] 法服务于正义，正义也是各个文化与法律系统的最高价值（之一），但何为正义并没有跨文化的统一标准。要说有，也只有同样的事物同样对待，不同的事物不同对待这一形式化的要求。

1945 年之后，拉德布鲁赫的正义论发生了很大的变化。尽管他依然没有放弃那种形式性的正义理念，但他在使用这个词的时候已经容纳了实质性的评价。而其中最重要的就是人权。这个概念之前是被放在合目的性价值之下的，但现在却被旗帜鲜明地放在了正义价值之中。如果说拉氏在 1945 年发表的名篇

---

[1] Gustav Radbruch, Gesetzliches Unrecht und übergesetzliches Recht (1946), S. 90.

[2] Vgl. Arthur Kaufmann, Gedanken zur überwindung des rechtsphilosophischen Relativismus (1960), in: ders., *Rechtsphilosophie im Wandel. Stationen eines Weges*, Frankfurt a. M. 1972, S. 58f.

[3] Vgl. Martin Kriele, *Kriterien der Gerechtigkeit. Zum Problem des rechtsphiloso-phischen und politischen Relativismus*, Berlin 1963, S. 17.

《五分钟法哲学》——它提到，**任意地**肯认或否认人权的制定法缺乏法的效力，应被剥夺法的性质[1]——中，人权还只是例外地被认可为正义的组成部分的话，那么到了1946年之后它就占据了更重要的地位。在提出否认公式的同一段落的结尾处，我们可以读到这样的话——"所有将人作为劣等人对待、否认人具有人权的制定法，都缺乏法的性质"[2]。这也不难明白，为什么在《制定法的不法与超制定法的法》一文中，拉德布鲁赫又再次转向了第二个版本的法的概念，将"正义"再次纳入，而没有坚持第三个版本的法的概念，即只提"一般性"不提"正义"了。因为"一般性"或许能与平等（形式正义）相替换，但却无法与人权（实质正义）相替换。可见，在拉德布鲁赫公式中正义理念同时包含着平等与人权，否认公式既包括对平等的否认，也包括对人权的否认。[3]

　人权无疑是普遍性的实质标准。那么，这是否意味着晚期的拉德布鲁赫不再持文化相对主义的观点呢？在《五分钟法哲学》的第五部分，拉氏指出，有一些法的基本原则要比"任何法律规定更强有力"，"确实，它们在具体方面还包含若干疑点，但几个世纪的努力已经为它们造就了一个稳固的地位，而且在所谓的人权与公民权利宣言中获得了如此广泛的赞同，以至于

---

〔1〕 Vgl. Gustav Radbruch, Fünf Minuten Rechtsphilosophie (1945), in: ders., *Rechtsphilosophie* III, bearbeitet v. Winfried Hassemer, S. 79.

〔2〕 Gustav Radbruch, Gesetzliches Unrecht und übergesetzliches Recht (1946), S. 90.

〔3〕 就此而言，"平行关系说"就已经是错误的了。因为该说认为否认公式只涉及平等原则，而不能容忍公式只涉及人权原则，两者针对两种不同的情形（Vgl. Hidehiko Adachi, *Die Radbruchsche Formel*, S. 83 - 84. 实际上，足立英彦的论述更加复杂一些。因为他将平等作为人权的组成部分，因而他将否认公式视为适用于人权与平等不冲突的情形，而将不能容忍公式视为人权与平等冲突的情形。但这只是涉及对人权的外延界定而已，实质上还是将平等与狭义的人权分别与两个公式对应）。

尽管某些人依然持怀疑的论调但它们经受住了质疑。"[1] 这些"法的基本原则"无疑是人权原则。而拉氏证明人权获得广泛认同的依据是"几个世纪的努力"和它们进入了"人权与公民权利宣言"之中。几个世纪的努力显然是西方世界的资产阶级人权运动，而人权与公民权利宣言则是这种运动的结果。所以，在他看来，人权之所以被承认并成为正义的组成部分，是人类文化历史（至少是西方文化历史）的成就。这还是一种文化上的证明[2]。它没有从根本上挑战文化相对主义的基础，即文化造就了价值上的差异。它说明的只是，在西方文化中人权越来越成为共性，除了平等之外，它也成了各个文化系统最高价值的一部分。至于西方文化之外的情形，则超出了讨论范围。

（三）否认公式的观察者视角

从法律科学的视角对法的概念进行界定属于观察者视角。它并没有要求认识者置身某个特定的法律体系之中，去追问在这个体系中正确的做法究竟是什么。它不要求站在立法者的角度去正确创制制定法，站在法官的角度去正确适用制定法。相反，拉德布鲁赫是从一种观察者的角度来定义法的。当任何人想要不带评价地描述制定法或法官的裁判时，就持有一种观察者的视角了[3]。拉德布鲁赫的法的概念，正是要求观察者运用法的价值对于特定的对象进行描述和观察。问题是，拉氏为什么要从观察者的角度来界定法的概念？第一个原因仍在于他的价值相对主义立场。基于价值相对主义的立场，每个法律体系中的人都对何谓正确性有自己的理解，同时不存在判定这些理解优劣的标准。如果从参与者的视角出发来定义法的概念，就

---

[1] Gustav Radbruch, Fünf Minuten Rechtsphilosophie (1945), S. 79.

[2] Vgl. Robert Alexy, Menschenrechte ohne Metaphysik?, *Deutsche Zeitschrift für Philosophie* 52 (2004), S. 19.

[3] Vgl. Hidehiko Adachi, *Die Radbruchsche Formel*, S. 32 – 33.

会基于这些各不相同的正确性产生大相径庭的法的概念。如果要构造出一个为所有人都接受的法的概念，就必须将法的概念与具体的价值判断相脱离。第二个原因是，即使不持价值相对主义的立场，观察者的视角也还是必要的。当法官想将制定法与习惯、道德和其他社会规范区分开来时，首先就要持观察者的立场。因为站在最低限度的非相对主义立场上，人们可以找到一些大家都认可的基本价值，对于这些价值的违背在所有人看来都是不正义的，而违背这些价值的制定法从每个参与者角度的法的概念出发都不在法的范围之内。[1]　就这些价值而言，一个人是从特定体系内的参与者视角出发还是从这个体系外的观察者视角出发都无区别，此时观察者的立场就意味着所有参与者的立场。这些基本价值在拉氏后期的法哲学和拉德布鲁赫公式中就是平等原则与人权。[2]

在 1932 年版的《法哲学》中拉德布鲁赫指出，"相对主义属于理论理性而非实践理性"。[3]　就当时拉氏的整个哲学背景或者说其法的概念而言，这个论断并无问题。在拉氏看来，法律科学恰恰是持观察者的立场的，其任务在于恰当描述其对象——被称为"法"的那部分现实，而不是用某个叫作法的制度来解决实践问题。法律科学与自然科学的任务都在于认识，就这一点而言两者并无差别。差别在于认识所要借助的概念工具及其造成的结果。[4]　法律科学认识对象的概念工具即法的价

〔1〕　Vgl. Hidehiko Adachi, *Die Radbruchsche Formel*, S. 78 - 79.

〔2〕　所以阿列克西认为，拉德布鲁赫公式至少预设了一种初步的非相对主义伦理（Robert Alexy, A Defence of Radbruch's Formula, p. 33）。

〔3〕　Gustav Radbruch, *Rechtsphilosophie*（1932）, S. 101.

〔4〕　拉德布鲁赫的哲学先驱李凯尔特（Rickert）就曾一针见血地指出，认识并非是描摹现象而是改造现实（Vgl. Heinrich Rickert, *Die Grenzen der naturwissenschaftlichen Begriffsbildung. Eine logische Einleitung in die historischen Wissenschaften*, Nabu Press 2011, S. 245）。

值（正义）。当然，由于对法的价值的具体理解不同，认识的结果也可能不同。文化相对主义是法的价值的方法论基础，它涉及对法律现象的认识，而并不涉及对特定法律体系之参与者的行动指引。因此，观察者视角蕴含着理论理性。

（四）小结

综上，否认公式是法的概念命题，它体现了拉氏的文化相对主义立场，属于观察者视角下理论理性的范畴。这说明，否认公式具有描述性法理论的性质。或许马上会有论者指出，拉氏将"注定要为正义服务"作为定义法的概念的要素，也就意味着法在概念上要提出"正义宣称"[1]，而这种宣称必然导向一种规范性的法理论。本章的回答是，提出某种宣称并不意味着与宣称的内容有必然联系。当代最著名的拉德布鲁赫公式的辩护者阿列克西的确提出过一个三位一体的宣称论来证立一种规范性的法的概念，即正确性宣称不仅意味着主张特定制定法的正确性，而且要担保可以证立这种正确性，并且拥有这样一种期待，即每个站在当时的法律体系立场之上并且理性的人，都会将特定制定法接受为正确的。[2] 但是，拉德布鲁赫的"正义宣称"显然不包含后两层意义。就此而言，说拉氏的法的概念是规范性的至少是可疑的。[3] 但它又不具备像凯尔森或哈特

---

〔1〕 我们可以将这种"正义宣称"视为阿列克西的"正确性宣称"（Anschpruch auf Richtigkeit）的一个特定版本（参见［德］罗伯特·阿列克西：《法概念与法效力》，第 57 页）。阿列克西认为参与者视角才会提出正确性宣称，但基于拉德布鲁赫最低限度的非相对主义，观察者的立场就相当于所有参与者的立场，在此意义上观察者视角之下也可能提出正义宣称。

〔2〕 Vgl. Robert Alexy, Recht und Richtigkeit, in: Werner Krawietz, Robert Summers, Ota Weinberger, Georg Henrik von Wright (eds.), *The Reasonable as Rational? On Legal Argumentation and Justification. Festschrift for Aulis Aarnio*, Berlin 2000, pp. 5 – 6.

〔3〕 用作实证主义核心命题之一的"社会事实命题"（social fact thesis）来比照的话，拉氏的法的概念恐怕也是符合实证主义对法的性质的认识的，因为他最终强调的还是，法是一种现实，尽管是一种特殊的现实。

的法的概念那样的典型描述性，因为正义宣称毕竟开启了一扇通往实质正确性的大门，尽管这扇大门本身可能仍旧建在实证主义的地基之上。它是一种不那么典型的描述性法理论。

四、"不能容忍公式"分析

（一）不能容忍公式：法的效力公式

不能容忍公式的内容是："正义与法的安定性之间的冲突应当这样来解决，实在的、受到立法与权力保障的法获有优先地位，即使其在内容上是不正义和不合目的的，除非制定法与正义间的矛盾达到如此不能容忍的地步，以至于作为'非正确法'的制定法必须向正义屈服。"德国学界认为，这一公式可以追溯到自由法运动的干将汉斯·莱歇尔（Hans Reichel）的观点："当某个（制定法）条款与普遍的道德感发生冲突，以至于遵守这个条款比忽略它对于法与制定法之权威的威胁大得多时"，法官就应当"有意偏离这个制定法条款"。[1] "有意偏离"某部制定法即意味着不应当遵守与适用它，这也就意味着在特定情形中对它效力的否认。所以，起源于莱歇尔公式的拉德布鲁赫公式是关于法的效力的公式。当然，与莱歇尔将"与普遍的道德感发生冲突"作为否定制定法之效力的条件不同，拉德布鲁赫对待法的效力问题的态度要严肃得多，他对于偏离制定法之条件的设定同样是建立在他的法哲学根基——法的理念论的基础之上的。

在当代法哲学中，法的效力一般在三种意义上被理解，即社会学的效力概念、伦理学的效力概念与法学的效力概念。[2]

---

〔1〕 Hans Reichel, *Gesetz und Richterspruch. Zur Orientierung über Rechtsquellen - und Rechtsanwendungslehre der Gegenwart*, Zürich 1915, S. 140.

〔2〕 参见〔德〕罗伯特·阿列克西：《法概念与法效力》，第127～131页。舒马赫持相同的观点，只是他以"哲学的效力概念"来替代"伦理学的效力概念"（Björn Schumacher, *Rezeption und Kritik der Radbruchschen Formel*, S. 21）。

如果一个规范或制定法在事实上被遵守，或者不遵守时会被制裁，那么它就具有社会的效力。如果一个规范或制定法在道德上是正当的，它就是道德（伦理）上有效的。如果一个规范或制定法是由权威以规定的方式所制定的（或者说它属于特定法律体系的成员），那么它就是法律上有效的。社会的效力是一种实然的效力，而道德与法律的效力是一种应然的效力。拉德布鲁赫将实然的效力视为"效力的条件"，而将应然的效力视为"效力的依据"。"法并不**因为**实际上能被实施而有效，而是**当它在实际上能被实施时它才有效。**"[1] 也就是说，法具有社会的效力是我们谈论法的效力问题的经验前提。在这个前提之下，我们才能来追问法为何有效或效力的依据问题。而法的理念或价值就是拉氏为法的效力提供的依据。

在拉氏学说中法的理念有三种：正义、合目的性与法的安定性。前面已经阐明了第一个法的理念即正义的内涵及其变迁，现在我们来谈谈另两个理念。第二个理念即合目的性，指的并非达成既定目标之行为方式的优选问题，而是这一目的（规范意义上的）或目的理念本身。拉德布鲁赫认为目的理念的整体会构成三种根本上不同的价值体系，即个人主义的、超个人主义的与超人格的价值体系。[2] 在此我们不赘述这三种体系，要说明的只是，合目的性具有实质内涵。在 1932 年之前，合目的性至少包括两个方面的含义：个人的"人权"与共同体的"公共福祉"。因而在当时，在形式意义上来理解的正义只有与合目的性结合在一起，才能表述出实质性的规范（内容确定的规范）。而在 1945 年之后随着正义概念的实质性扩张，合目的性

---

〔1〕　Gustav Radbruch, *Rechtsphilosophie* (1932), S. 176.

〔2〕　Gustav Radbruch, *Rechtsphilosophie* (1932), S. 142f.

概念的内涵越来越窄，最终被缩小为公共福祉。[1] 所以，在拉氏后期的理论中，正义与合目的性都是有实质性内涵的法的理念，只是在个人主义价值观的主导之下，为了强调人权的重要性，拉氏将它从合目的性转移到了正义之中。[2] 但正义与合目的性往往并行出现，因为它们都是法的道德效力的依据。所以在不能容忍公式中，拉德布鲁赫无意（或有意?）地使用了这样的表述："即使其（指制定法）在内容上是不正义和**不合目的**的"。可见在其真实的意思中，不能容忍公式运用的情境是以法的安定性为一方，而以正义和合目的性为另一方的冲突。因而短语"**正义与法的安定性之间的冲突**"中的"正义"也应被扩张解释为"正义（平等、人权）与合目的性（公共福祉）"。

对于拉氏发展出第三个法的理念，即法的安定性起决定作用的是他的文化相对主义立场。"因为对法律之不同信念的真假判断是不可能的，也因为另一方面一部统一的法对于所有公民而言又是必需的，立法者就面临着挥剑一击斩断戈耳迪之结[3]的任务，这个结是法学无法解开的。既然无法断定什么是正当的，那么就必须来决定什么是合法的。代替一种求真行为（这是不可能的）的是一种权威行为。相对主义导向了实证主义。"[4] 可见，正因为相对主义排除了对各种正义和目的理念

---

〔1〕 拉德布鲁赫第一次将"公共福祉"直接与"正义"和"法的安定性"并立是在《法的目的》（Gustav Radbruch, Der Zwek des Rechts, S. 88ff.）一文中。可能正因为这个原因，英文有时将 Zweckmäßigkeit 译作"expediency"或"utility"，而沈宗灵教授则据此将中文译为"功利"〔沈宗灵："拉德勃（布）鲁赫相对主义法学及其后期转变"，第117页〕。

〔2〕 故而黄忠正认为，不能容忍公式的核心是人权。见氏著："论 Radbruch 公式"，第130页。

〔3〕 "斩断戈耳迪之结"来自于希腊典故，意为"快刀斩乱麻"，"大刀阔斧，果断处置"。

〔4〕 Gustav Radbruch, Der Relativismus in der Rechtsphilosophie, in: ders., Rechtsphilosophie III, bearbeitet v. Winfried Hassemer, Heidelberg 1990, S. 18.

进行理性判断的可能，所以尚需另一种价值来证立法的效力。这种效力是立法行为（权力行为）带来的，而证立它的那种价值就是法的安定性。[1] 法的安定性构成了法的法律效力的依据。可以说，在1932年之前，拉德布鲁赫取向于一种实证主义导向的效力理论，因为他的相对主义要求用实在法来终止不同价值与信念之间的争议，甚至可以说实在法的产生本身就是基于这种理念和需要之上的。因而舒马赫认为，如果说在拉氏的理性法体系中有那么一个基础规范的话，这种基础规范的主导性思想就是法的安定性的要求。[2] 相比而言，正义与合目的性则居于绝对次要的地位。情形到1945年之后发生了变化，不能容忍公式正是在这一背景中提出来的。在这一公式中，正义/合目的性与法的安定性已经成为可以在擂台上较量的对手，两方时常处于"生机勃勃的紧张关系"[3] 之中。从法的效力的视角而言，它们之间的紧张关系正是道德的效力与法律的效力或者说伦理学的效力概念与法学的效力概念之间的紧张关系。

（二）不能容忍公式中的伦理学相对主义

那么，上述紧张关系如何消解？这就涉及拉氏伦理学相对主义的立场。前已述及，拉氏的法的概念折射出一种文化相对主义的态度，但文化相对主义只是描述了多种（冲突的）价值体系并存的可能，并否认存在对它们的高下进行鉴定的唯一标准，但并不否认可以在同一价值体系内部对不同价值进行判断。就此而言，他的相对主义只是一种不可知论（ignorabimus），而

---

〔1〕 事实上，拉德布鲁赫在《法的目的》一文中还提到了需要法的安定性的另一个原因，即"更确定的可执行性"（Gustav Radbruch, Der Zwek des Rechts, S. 45）。因为纯粹的价值判断是无法自我实施的，只有转化为法才具有这种能力。如果我们将它称为"实施问题"的话，那么相对主义产生的就是"认识问题"。这两个问题却是需要实在法（法的安定性）的原因。

〔2〕 Vgl. Björn Schumacher, *Rezeption und Kritik der Radbruchschen Formel*, S. 22.

〔3〕 Gustav Radbruch, Der Zwek des Rechts, S. 50.

不是一种不知论（ignoramus）。不知论认为一切价值都无法证立和认识，而不可知论只是坚持，在一定的价值观和世界观的范围内最高价值是没办法证立的（只能信仰），但在这个范围内，证明一个价值相对于其他价值的正确性及其位阶却是可能的。[1]证明的方式是，如果一个价值最终能从另一个价值中推导出来，那么前者相对于后者就是正确的，并且前者在位阶上要低于后者。这就在逻辑上预设了最高价值的存在。但问题在于，当最高价值不是唯一的该怎么办？在抽象的层面上，像拉德布鲁赫那样，先验地将正义、合目的性与法的安定性并列为法的三个最高价值，这并不存在问题。问题在于这三者之间有可能会发生冲突。按照相对主义的内在理路，此时我们无法作出客观的选择。但至少在特定法律体系之中，我们又必须作出决定，因为从"关于义务本质的一般学说……会产生对法的绝对要求"[2]，否则就会走向激进的怀疑论，导致行动者无所适从。如果在特定法律体系的特定情形（案件）中，关于价值何者优先的规范性判断（效力判断）无法得到客观证立的话，伦理学相对主义就无法区别于激进的怀疑论。而不（至少尝试）对规范性判断进行证立，就压根不能提出这种判断。[3] 所以，拉氏的伦理学相对主义必然要嫁接论证理论，具体来说即权衡理论。

从字义看，拉德布鲁赫将不能容忍公式表述为法的安定性与正义之间的条件式优先关系的命题。[4] 在随后的句子中，他

---

〔1〕 Gustav Radbruch, *Rechtsphilosophie* (*1932*), S. 100. 所以霍斯特·德莱尔干脆称其为"多元化的价值绝对主义"（Horst Dreier, Die Radbruchsche Formel – Erkenntnis oder Bekenntnis?, S. 129）。

〔2〕 Vgl. Gustav Radbruch, *Vorschule der Rechtsphilosophie* (*1947*), 3. Aufl., besorgt von Arthur Kaumann, Göttingen 1965, S. 29.

〔3〕 Vgl. Jan Sieckmann, Reconstructing Relativism. An Analysis of Radbruch's Philosophy of Law, S. 19.

〔4〕 如无特殊说明，在本部分中使用的"正义"一词也包括合目的性。

强调"在**制定法的不法**与**虽然内容不正确但仍属有效的制定法**这两种情形之间划出一条截然分明的界线是不可能的"。这表明，制定法的有效与无效并不是一个全有或全无（Alles oder Nichts）的问题，它更多的是一个"程度的问题"[1]。而程度的问题是个权衡的问题。因此，不能容忍公式在方法论层面上将导向权衡。这需要我们从以下三个方面来加以理解：

首先是法的理念的原则属性。法的安定性与正义可以相互比较，谁轻谁重是个程度问题，这说明这两个理念具有分量的面向，而具有分量面向的东西在规范层面上就是原则。无论是法的安定性还是正义都可以被视为法伦理原则，只不过前者是形式原则，而后者是实质原则。形式原则要求形式正确性，即司法裁判受到权威制定的制定法的拘束；实质原则则要求判决具有实质正确性，即它在道德上是正确的。[2] 法的效力所指向的正确性是个二阶正确性问题，它要求既要考虑法的安定性原则也要考虑正义原则。当两者不能兼顾时，就必须对它们进行比较和取舍，以决定优先实现形式正确性还是实质正确性。如果前者优先，则制定法尚属有效（尽管可能内容上不正确，或者说有效力瑕疵）；如果后者优先，则制定法无效。因为在特定的条件下，满足其中一个原则必然会损及另一个原则，所以权衡的本质在于，要求对后一个原则的损害程度不至于大到与对前一个原则的满足程度相较而言不成比例的地步。法的理念的原则属性最终导向了这么一个比例法则："一个原则的不满足程度或受损害程度越高，另一个原则被满足的重要性就必须

---

〔1〕 Vgl. Gustav Radbruch, *Vorschule der Rechtsphilosophie* (1947), S. 33f.

〔2〕 Vgl. Robert Alexy, Rechtssicherheit und Richtigkeit, in: Ales Gerloch, Jan Tryzna, Jan Wintre (Hrsg.), *Methodologie Interpretace Práva A Právní Jistota*, Plzeň 2012, S. 378, 383. 更详细的"重构"见 Jan Sieckmann, Reconstructing Relativism. An Analysis of Radbruch's Philosophy of Law, S. 21－25.

越大。"[1]

其次，在权衡时，法的安定性具有初步优先性。虽然权衡和比较意味着正义与法的安定性在抽象分量或价值上是等值的，但这并不意味着在适用时没有一个初步的优先顺序（*prima facie Vorrang*）。不能容忍公式本身非常直白地揭明：通常情况下，法的安定性享有初步的优先性。为什么如此？在阐述不能容忍公式的同一段落的开首处，拉德布鲁赫这样写道："任何实在法，若不考虑其内容，自身均拥有一种价值：有制定法总是还好过于没有制定法，因为它至少还产生了法的安定性……法的安定性是任何实在法由于其实在性而拥有的特性，它在合目的性与正义之间占有颇受瞩目的居中地位：它一方面是为公共福祉所要求的，另一方面也为正义所要求。"[2] 这段话表明：其一，只要存在制定法就存在法的安定性，无论制定法的内容在道德上是好的还是坏的；其二，法的安定性是其他两种理念的基础。在1947年的《法哲学入门》中，拉德布鲁赫又指出，法的安定性（可界定为"国家意志表述的可预见性"）对法提出了四个方面的要求：①法的实在性；②尽可能放弃运用一般条款；③为了法适用的便利而进行程式化的调整；④为此作预备，即加大改变法的困难度。[3] 与本章相关的是第一个和第四个方面。前一个方面我们已经说过了，后一个方面的要求实际上指向的是这么一个论证负担：在特定案件中，相比于主张适用制定法，主张偏离制定法需要承担更大的论证负担。主张偏离者不仅需要证明他这么做是为了实现个案正义，还需要证立他这么做的重要性非常之高，以至于不惜损及立法的权威及其背后法的安

---

〔1〕　Robert Alexy, *Theorie der Grundrechte*, 3. Aufl., Frankfurt a. M. 1996, S. 146.

〔2〕　Gustav Radbruch, Gesetzliches Unrecht und übergesetzliches Recht (1946), S. 88.

〔3〕　Vgl. Gustav Radbruch, *Vorschule der Rechtsphilosophie* (1947), S. 30.

定性价值。具体来说这种论证负担会造成两个效果：一是必须由主张偏离制定法的一方而不是主张适用制定法的一方来说明理由或进行分量比较；二是如果主张偏离者不足以说明这样做的重要性则不得进行偏离。

最后，权衡涉及极端不正义的门槛。法的安定性相对于正义之优先地位只是初步的，这也反映在，"（制定法）即使在内容上是不正义和不合目的的（也应被适用），除非制定法与正义间的矛盾达到不能容忍的地步"。"不能容忍"代表着跨越了法有效与无效之间界分的门槛，跨过这个门槛的制定法将丧失效力。那么，什么是"不能容忍"？有时拉德布鲁赫会用别的表述来进行替换。例如，在一篇遗著中，他指出，"制定法之不法的假定以及对超制定法之法的认可必须被限制在这样一些极端的情形（它们会让人产生这种假定和认可的动机）之中：在这些情形中，制定法的形式被滥用于一种**令人惊诧的、任何严肃之人都会质疑的、直截了当的**犯罪活动。"[1] 但在这里应引起我们思考的是，如果这个门槛不想建立在流沙之上，沦落为裁判者的主观决断的话，那么它就不能仅仅是一种道德感上的"直觉"或"明证"[2]，而更应该是一种论证的结果，它应当是一种能通过说理来证明的"极端的不正义"。阿列克西曾将不能容忍公式简洁地表述为"极端的不正义不是法"[3]。当然，他在这里所用的"法"指的是包含效力的法的概念。所以在本章区分概念与效力的语境中，更合适的表述是"极端的不正义不是

---

〔1〕 Gustav Radbruch, Neue Probleme in der Rechtswissenschaft, in: ders., *Eine Feurbach – Gedenkrede sowie drei Aufsätze aus dem wissenschaftlichen nachlaß*, hrsg. v. Eberhard Schmidt, Tübingen 1952, S. 33.

〔2〕 如德国联邦宪法法院在否认"帝国公民身份法"第 11 号法令的效力时所指出的"它如此明显地违背了基本正义原则"[BverfGE 23, 98 (106)]。

〔3〕 [德] 罗伯特·阿列克西："柏林墙射手案：论法、道德与可罚性之关系"，第 384 页。

有效的法"。极端的不正义意味着通过权衡后认定，正义原则比法的安定性原则的重要性来得更大，或者说，如果继续适用制定法、维系法的安定性原则将会对正义原则造成不成比例的损害。[1] 正如拉德布鲁赫所言，当"实在法的不正义达到了这样一个程度，即通过实在法来保障的法的安定性相对于这种不正义已经**不成比例**时"，才能否认它的效力。[2] 这里涉及比例原则，因非重点，在此不赘。

总之，只有通过上述权衡和论证，各种价值才能在动态中彼此协调为融贯的整体。[3] 因而拉氏的伦理学相对主义可以说是一种有限的、定义明确的相对主义。[4]

（三）不能容忍公式的参与者视角

作为法的效力公式，不能容忍公式持一种参与者的视角。位于这个公式中心的是法官，判断"制定法的不法"并偏离之主要是法官的义务。它指明：制定法无效即意味着生活在相关法律体系中的人们不应再去遵守它，而法官也不应再去适用它。但在这一点上，拉德布鲁赫的观点同样有过转变。在 1932 年之前，拉氏基于法官的职业伦理认为："法官的义务在于，让制定法的效力意志生效，并使得自身的法感屈从于权威的法命令，他只要追问什么是合法的就可以了，而无需去追问它是否是正当的……我们会鄙视一个违背其信仰的人，但我们会尊重一位尽管感到制定法与他个人的法感相冲突但仍保持对制定法的忠

---

　　〔1〕　具体的论述和展开参见 Robert Alexy, Rechtssicherheit und Richtigkeit, S. 384 – 387.

　　〔2〕　Vgl. Gustav Radbruch, *Vorschule der Rechtsphilosophie* (1947), S. 33.

　　〔3〕　"这些体系就像一座哥特式的大教堂，在其中各个部分通过彼此压制来相互支持。"（Gustav Radbruch, Philosophy of Law, p. 112.）

　　〔4〕　See Dietmar von der Pfordten, Radbruch as an Affirmative Holist. On the Question of What Ought to Be Preserved of His Philosophy, *Ratio Juris* 21 (2008), p. 399.

诚的法官。"[1] 在这里发生了这样的效果：对于同一部违背道德的制定法，法官应当适用它，而普通人却不应当遵守它。也就是说，这部制定法对于法官是有效的，对于普通人却可能是无效的。司法与守法发生了分离，参与者的视角发生了分裂。为什么法官在适用制定法时与其他人遵守制定法时不受同一套标准的拘束？拉德布鲁赫通过诉诸简单的法官职业伦理掩盖了复杂的法伦理冲突。但在后期的拉德布鲁赫公式中我们没有看到这种区分对待。[2] 似乎可以认为，在不能容忍公式中，参与者的视角又实现了统一，遵守和适用完成了"并轨"。司法与守法无疑指向的都是行动，所以参与者视角下的法的效力公式无疑跨入了实践理性的范畴。

（四）小结

综上，不能容忍公式是法的效力命题，体现了拉氏的伦理学相对主义思想，属于参与者视角下实践理性的范畴。效力指向遵守和适用，所以它属于规范性法律论证理论。波兰法学家泽西·弗罗布列夫斯基（Jezy Wróblewski）曾将法律论证的过程划分为六个阶段，即效力判断、解释判断、证据判断、将案件事实涵摄于可适用的法律规范之下、法律后果选择与最终裁决。[3] 其中对于法律论证的大前提即制定法的效力的判断被作为第一个阶段。可见，法的效力理论构成了法律论证理论的重要组成部分。只有在作出特定"制定法有效"的判断的基础上，

---

〔1〕 Gustav Radbruch, *Rechtsphilosophie* (1932), S. 178.

〔2〕 也有学者通过分析告密者案认为，拉氏晚期理论关注的中心是法院的角色问题。通过将告密者定位为"间接杀人犯"，将法院定位为"犯罪工具"，从而让纳粹时期的法官脱罪（Cf. Thomas Mertens, Radbruch and Hart on the Grudge Informer: A Reconsideration, p. 198f）。这似乎说明，拉氏关于法官忠诚于制定法的义务这一点未曾发生过改变。但本章只关注公式本身，对这一问题保持讨论的空间。

〔3〕 See Jezy Wróblewski, *The Judicial Application of Law*, ed. and trans. by Zenon Bánkowski and Neil MacCormick, Kluwer Academic Publishers 1992, p. 30ff.

才会发生后续的步骤。当然，在日常情形中，这个"第一步"通常是隐匿的，因为一般而言大前提本身的效力不会发生问题，此时的法律论证是一种制定法框架内的推理活动。但是社会转型时期如 1945 年前后的德国社会，面对垮台了的集权统治的制度遗产则首先会发生效力的拷问。此时法官所从事的就不是一般意义上的常规推理活动了，他们所进行的毋宁说是一种超越既定制定法框架的法律论证或论证活动。[1] 不能容忍公式的意图即在于为这种超常规的法律论证提供判准。

五、两个子公式的关系

前文的论述会给人造成这么一种印象：既然否认公式是一个以观察者的视角来界定的法的概念公式，是涉及文化相对主义的描述性法理论，而不能容忍公式是一个以参与者视角来界定的法的效力公式，是涉及伦理学相对主义的规范性法理论，那么两者的性质就显然不同。就此而言，无论是"叠合关系说"还是"平行关系说"都没有充分重视这些区别。进而，这些区别似乎就导向了另一种意义上的"平行关系说"：既然两者的性质完全不同，那么两者就毫无关系，司法适用只涉及其一（通常是不能容忍公式），另一个（通常是否认公式）只具有表征的意义。真的如此吗？

（一）法的概念与法的效力的关系

这主要取决于我们对法的概念和法的效力之间关系的理解。阿列克西曾将法的概念分为"独立于效力的法的概念"与"非独立于效力的法的概念"。[2] 前者是一种不包含效力概念的法的概念。有时我们可以毫不矛盾地说，"这是一个法律规范，但

---

〔1〕 所以有论者认为，不能容忍公式并不是一个普适性的司法方案，而是一个在尽可能维护法律安定性前提下用于解决疑难案件的辅助性司法方案（柯岚："拉德布鲁赫公式的意义及其在二战后德国司法中的运用"，第 63 页）。

〔2〕 ［德］罗伯特·阿列克西：《法概念与法效力》，第 40 ~ 41 页。

它并非有效"。诉诸有效之法的人未必要在谈论法的同时指涉效力，而可以直接说"法要求这样做"。相反，非独立于效力的法的概念则包含着效力概念。这意味着将法的制定、法的适用与执行的制度性脉络都包含进"法是什么"的概念界定之中。在这样一些脉络中，当我们说"这是法"的时候，通常也就意味着"我们有义务按照它的要求去做"。[1] 上述观点实际上指明了法的概念与效力可能存在的两种关系：要么法的概念与效力是（完全）分离的，要么是（完全）重合的。

但拉德布鲁赫对于这两个范畴间关系的认识并不符合这种二分法。在他的理论中，法的概念与效力毋宁说是部分叠合的，而叠合之处实际上已在前文中或多或少地阐明了，那就是拉氏哲学的核心范畴"法的理念"或"法的价值"。这需要放在学科二元方法论的观点下来理解。在拉氏看来，哲学与科学是两门最一般性的研究学科，哲学以"价值"为对象，而科学以"现实"为对象。所以，典型的哲学思维是一种评价性的立场，而科学对其研究对象"现实"则要么采取价值无涉的立场，要么采取涉及价值的立场。[2] 依据这两种不同的立场，科学又可以被再划分为自然科学与文化科学。自然科学是价值无涉的，而文化科学是涉及价值的，它位于自然科学与哲学之间。法哲学是哲学的一部分，以法的价值为对象，采取评价性的立场。法律科学属于文化科学的一种，它的研究对象位于现实的领域（在"国家或实在法秩序"[3]的意义上），同时采取涉及法的价值的立场。法律科学涉及对（实在）法的认识，而法的效力问

---

[1] 或者我们也可以像西克曼那样，称这两种法的概念为"描述性的法的概念"与"规范性的法的概念"（Jan Sieckmann, Die "Radbruch'sche Formel" und die Mauerschützen, S. 503）。

[2] Vgl. Gustav Radbruch, *Rechtsphilosophie* (1932), S. 87, 88.

[3] Vgl. Gustav Radbruch, *Rechtsphilosophie* (1932), S. 205.

题被归为法哲学的领域。[1] 因此在拉德布鲁赫的理论中，概念对子"法的概念/法的效力"正好对应于"法律科学/法哲学"。而我们看到，法律科学与法哲学都与法的理念（法的价值）相关联，因此法的概念与法的效力在概念上的叠合之处恰好在于法的理念（法的价值）。

问题在于，叠合的法的理念具体是什么？法的效力的根据在于正义、合目的性与法的安定性三种理念，而法的概念从其界定"注定要为正义服务"可以提炼出"正义宣称"这个要素。但正义宣称并不等同于正义（虽然它可能打开通往正义之途），所以它并非拉氏理论中的一种理念。这说明法的概念之中依然包含一个别的理念，它至少涉及正义、合目的性与法的安定性这三种理念之一。很容易发现，这个理念就是法的安定性。拉氏之所以在他的法的概念中没有明确点明法的安定性，是因为这根本没有必要：实在法的存在本身就意味着法的安定性。在这个意义上，不管其内容上的善恶，实在法的存在本身就是有价值的。也可以说，正是基于仅具备实质正确性的规范在解决社会合作等问题方面的缺陷，才促生了法的安定性原则的效力。这是道德自身的要求。[2] 所以，在三种法的理念或法的价值中，法的安定性居于更基础的地位。

法的安定性作为一种法的理念或法的价值，它不仅具有描述的意义。作为法的概念之要素的法的安定性与作为法的效力依据的法的安定性重合，就意味着它提出了一种效力上的主张。根据前面所说的，它提出的是一种法律的效力主张（法学的效力概念）。在拉德布鲁赫的理论中，法的效力是法律的效力和道德的效力的结合与平衡，所以这种隐藏在法的概念之中的效力

---

〔1〕　Vgl. Björn Schumacher, *Rezeption und Kritik der Radbruchschen Formel*, S. 7.

〔2〕　Vgl. Robert Alexy, Rechtssicherheit und Richtigkeit, S. 382.

主张是一种初步的效力主张（*prima facie* Anspruch auf Geltung）。相反，平衡了法律效力与道德效力（二阶正确性）的主张则是确定的效力主张（*definitiver* Anspruch auf Geltung）。故而，否认公式隐含着一种初步的效力主张，而不能容忍公式提出的则是一种确定的效力主张。前者指出的是"制定法本身要求我们遵守和适用它"，而后者指出的则是"通盘考量（all things considered）之后，我们应当/不应当遵守和适用它"。前者构成了后者适用上的一个必要条件。适用否认公式是适用不能容忍公式的必要条件，这意味着，在法律论证中：①不是法肯定不具有效力，也不能作为法律论证的大前提；②是法则未必同时具有效力（有效的法），因而也未必一定能作为法律论证的大前提，后者是否可能，还要看制定法是否逾越了极端不正义的门槛。不提出正义宣称的制定法同时没有实现法的安定性的价值。纳粹法律的实践证明，它们不仅没有提出正义宣称，而且也在到处破坏法的安定性。[1] 这样的制定法虽然是一种现实，但却不能被称作"法"。不是法，当然也谈不上"有效的法"。反之，提出了正义宣称、实现了法的安定性则未必同时意味着满足这种宣称、实现正义和合目的性的价值。这里存在三种可能：第一种情形中，制定法提出了关于平等与人权的宣称，但却规定了一系列直接或间接的具体措施，事实上限制甚至取消了平等或人权。此时法官就需要权衡法的安定性原则与正义原则来决定有无逾越极端不正义的门槛。第二种情形中，制定法提出了关于平等与人权的宣称但只满足了其中之一（如平等），而这与另一个原则（如人权）发生了冲突。此时法官需要以法的安定性与平等原则为一方，以人权为另一方进行权衡。第三种情形

---

〔1〕 Gustav Radbruch, Gesetzliches Unrecht und übergesetzliches Recht（1946），S. 91.

中，制定法提出并满足了平等与人权，但它们与公共福祉发生了冲突。当然这种情形以从广义上来理解"正义"，即将合目的性包括进来为前提。此时法官需要以法的安定性、平等、人权原则为一方，以公共福祉原则为另一方进行权衡。[1] 如果在以上三种情形中，对支持适用制定法的原则之分量的满足相较于对支持偏离制定法的原则之分量的损害"不成比例"时，就可以认为制定法已经逾越了极端不正义（不能容忍）的门槛，法官就有义务使得它让位于正义。只是此时，"让位于正义的'非正确法'"依旧是"法"，它只不过没有效力而已。因此，两个公式划出了两条界线：在第一条界线（否认公式）之外，被拷问的制定法既不被认为是"法"，当然也没有效力；在第二条界线（不能容忍公式）之外、第一条界线之内，被拷问的制定法虽然被认为是"法"，但由于极端不正义丧失了效力；在第二条界线之内，被拷问的制定法是有效的法，尽管可能其内容不正确但未逾越极端不正义的门槛。

（二）额外论题：法理论与法律论证理论[2]的关系

法的概念论成为法的效力论的一个必要条件，在一定意义上也就意味着文化相对主义成为伦理学相对主义、观察者的视角成为参与者的视角、理论理性成为实践理性的一个必要条件。在西方的文化经验中，这大体可以成立：平等与人权成为西方

---

〔1〕　当然有人可能会质疑说，拉氏在《制定法的不法与超制定法的法》一文中已经指明：在价值序列中，为公共福祉的法的合目的性处于最后的位置〔Gustav Radbruch, Gesetzliches Unrecht und übergesetzliches Recht (1946), S. 88〕。但如果我们将合目的性也视为具有原则的属性的话，那么这只不过表明法的安定性与正义相对于合目的性具有**初步的**优先性而已。这依然不能免除法官的权衡义务。

〔2〕　本书在同一意义上使用"法律推理"（legal reasoning）与"法律论证"（legal argumentation）这两个概念。实际上，不同文献中对它们的选择很大程度上只是理论传统的结果：英美学界偏于前者，而欧陆学界则倾向于后者。为了保持全书的一贯性，我们在这里选用了"法律论证"的表述，尽管以下部分的引文中可能使用的是 legal reasoning。这一点读者当需注意。

普适性的价值并成为各国法律体系的最高理念之一，立足于这两个价值的外部观察也就相当于每一个法律体系内部参与者的视角，而对法的认识无疑也是根据法采取行动的基础。这些论点前文中已有涉及。可能会引发争议的问题反而是，法的概念论与法的效力论所处的两个法哲学领域，即法理论与法律论证理论的关系如何。因为正是这后一个方面，有可能与"法治"这一主题勾连起来。这是拉德布鲁赫公式可能引发出的一个额外论题，但也是一个重要的论题。对这一问题，目前学界存在三种主要的观点。

第一种观点以哈特为代表。哈特承认法理论，但不承认法律论证理论，在他看来法律论证的领域压根不是法学处理的对象，它涉及法官如何运用裁量权的问题，而这属于规范性政治理论的范围。[1] 或者说不存在什么独特的法律论证，只存在道德推理和政治推理。"法律就是法律，但它过于邪恶以至于不能被服从"[2]，哈特的这句名言预示着法的概念与（拉德布鲁赫意义上的）法的效力的分离。[3] 法的概念保留给了法学（法理论），而法的效力则被驱逐出了法学的领域。在他看来，拉德布鲁赫公式是法理论领域的一种范式，但与我们是否服从某个制定法的行为无关。是否服从某个制定法是各种法律观点相互竞争的法外空间（extralegal space），在其中是法官自己的对错观念而不是法决定了他们的裁判。在这个空间中起决定作用的是

〔1〕 David Dyzenhaus, The Grudge Informer Cased Revisited, p. 1001.

〔2〕 H. L. A. Hart, Positivism and the Separation of Law and Morals, p. 620.

〔3〕 当然，用哈特本人的表述，更准确地说应当是"效力"（validity）与"服从"（obedience）的分离。但要注意，哈特所代表的英美实证主义传统中的"效力"概念与拉德布鲁赫代表的德国传统截然不同，它指的仅仅是某个规范或制定法作为特定法律体系成员的资格（或"存在"），并不具有（哪怕是初步的）规范性拘束力的意味。这是一种"说明的或描述的效力概念"，以区别于德国传统中的"证立的或规定的效力概念"。而拉德布鲁赫从一开始就是在德国传统上来理解效力概念的。

政治考量而非法律考量，所以其中相竞争的是政治理论而非法理论。描述性的法理论对此是无能为力的，应该退出这一领域。这里涉及复杂的理论问题，在此我们只能稍加讨论：如果我们赞同富勒的观点，将法理论的争议视为一种关于"对法的忠诚性"[1]之争的话，那么它背后涉及的就是法治/合法性的理解之争以及法官角色的定位之争。首先，对于法治/合法性的问题，德国与英语国家有个表达差异的问题。德语中的一般术语——"法"（Recht）包含有"正义"的意思，它与描述特定法的道德中立词"制定法"（Gesetz）不同。因而法官对法的忠诚也好，法治与合法性也罢，不仅指对"制定法"的服从，更是对"法"（正义）的服从。现今的德国基本法第 20 条第 3 款"司法受到制定法与**法**的拘束"已明确彰显了这一取向。相应地，在英语中，可与德国的法治相仿的表述是"法的统治"（rule of law），而不是"特定法律的统治"（rule of particular laws）。这种取向于"法的统治"的法治观念，是以包含"效力"（服从）为条件的。就此而言，描述性的法的概念（法理论）由于并不包含"效力"（服从），而无法充分容纳法治理论。如果法学想为法治理论保留一席之地的话，那么必然需要与法律论证理论发生关联。其次，对于法官否定制定法之效力的活动，拉德布鲁赫的理解与哈特显然是不同的。对于哈特来说，拒绝适用极端不正义的制定法是法官的一种道德资格，而对于拉德布鲁赫来说，使之无效是一种法律上的资格。但如果说法官作为法官（judge *qua* judge）必须履行法律义务的话，那么他就不能拒绝适用有效的法。[2] 如果一方面承认某个制定法有效，另一方面又认为法官可以拒绝适用它，这就意味着法官摆脱了作为法律

---

〔1〕　Lon Fuller, Positivism and Fidelity to Law, *Harvard Law Review* 71（1957 – 1958），p. 630.

〔2〕　See David Dyzenhaus, The Grudge Informer Cased Revisited, p. 1023.

体系之机构的角色，他就将不合法地裁判案件。因为法官的角色并非仅在于作为政权的奴仆而行动，而更在于守护合法性。[1]合法性既是法律理想，也是政治理想。法律论证的领域，尤其是需要决定法的效力问题的法律论证领域的确是政治性的，但这并不足以使其成为法外空间。它是政治－法律性的，既属于法哲学的领域，也属于政治哲学的一部分。这一领域中的论证是关于法律之要求的政治论证，是关于合法性要求最根本性的论证。[2]拉德布鲁赫公式是作为法律论证公式起作用的，因为唯有如此它才能被法官所运用。[3]

第二种观点以布莱恩·比克斯（Brian Bix）为代表。比克斯既承认存在法理论，也承认存在法律论证理论，但认为两者完全是两回事。持有相同法的概念的理论家可能会对同一个案件提出不同的解决办法，而持不同法的概念的理论家却有可能对同一个案件提出相同的解决办法，因为同一个法律结论可能以大相径庭的方式被刻画和证立。他认为拉德布鲁赫公式是一

---

〔1〕 See David Dyzenhaus, The Dilemma of Legality and the Moral Limits of Law, in: Austin Sarat, Lawrence Doulglas, Martha Merril Umphrey（eds.），*The Limits of Law*, Stanford 2005, p. 116.

〔2〕 See David Dyzenhaus, The Grudge Informer Cased Revisited, p. 1031. 此外，阿列克西的"整合性命题"（Intergrationsthese）也可以用作一个论据。根据该命题，法律论证的运用在各个层次上与普遍实践论证联结在一起（Vgl. Robert Alexy, *Theorie der juristischen Argumentation*, Frankfurt a. M. 1978, S. 38）。这说明，在法律论证与论证的领域，法律论述与政治－道德论述不可分割地纠缠在一起。

〔3〕 有学者担心拉德布鲁赫公式的模糊性会使得在司法过程中，通过解释权的方式赋予法官更大的权力，从而强化法官在法治结构中的统治（钱锦宇："拉德布鲁赫公式的限度与法官的统治"，第 80 页）。但这种观点以二元模式即"认知模式"（Erkenntnismodell）与"决断模式"（Dezionsmodell）为基础。其认为，法律解释如果不是对"法律规范的可能意义"的认知，那么就是纯粹的"意志行为"（Vgl. Hans Kelsen, *Reine Rechtslehre*, 2Aufl., Wien 1960, S. 351, 353）。但结合前文所说，法律解释同样可能是一种理性的论证活动，即取向于"论证模式"（Argumentationsmodell）。但为这种模式辩护就不是本章的任务了。

种关于司法裁判的规定，而不是关于法的性质的概念性或分析性宣称。[1] 因为他认为这一公式是法律论证领域而非法理论领域的范式。但前面已经说过，拉德布鲁赫公式的两个部分恰恰一个是涉及法理论的法的概念公式，另一个是涉及法律论证理论的法的效力公式，而两者又通过法的理念（初步的效力）联结在一起，所以法理论与法律论证理论同样以这种方式联结在一起。

第三种观点以阿列克西为代表。阿列克西也同样同时承认两种理论，并且在他看来两者完全是重合的。如前所述，他持一种规范性的或者非独立于效力的法的概念，在证立法的概念的时候完全将法律论证活动包含进来，并不去明确区分法理论与法律论证理论。[2] 故而以此推断，在他的观念中，拉德布鲁赫公式（无论哪个部分）既属于法理论，也属于法律论证理论的领域。而本章前一部分的分析结论实际上已经否定了这种观点，因为法的概念只是构成了法的效力适用上的一个先决条件，两者并不重合。所以，如果从司法裁判的观点出发，那么可以说拉氏的法理论构成了其法律论证理论的一个必要部分，从而描述性的法的概念与规范性的法律论证理论也具有了兼容的可能。

综上可知，适用否认公式是适用不能容忍公式的必要而不充分条件。因为在拉德布鲁赫的法哲学体系中，法的概念构成了法的效力的必要条件。当然，要强调的是，这种条件关系只被限定于司法适用和法律论证的领域。为了与两种既有的学说，即"叠合关系说"和"平行关系说"相对应，我们可以称这一

---

〔1〕 See Brian Bix, Radbruch's Formular and Conceptual Analysis, *The American Journal of Jurisprudence* 56 (2011), p. 57. ; his, Robert Alexy, Radbruch's Formula, and The Nature of Legal Theory, *Rechtstheorie* 37 (2006), S. 144, 145 – 146, 149.

〔2〕 这从其运用"不法论据"与"原则论据"来证立其非实证主义法的概念的思路可以窥见（参见〔德〕罗伯特·阿列克西：《法概念与法效力》，第64、108页以下）。

界定为"必要条件说"（Necessary Condition Thesis）。

六、结语

理解拉德布鲁赫公式的困难之处在于他哲学思想中的二元性，以及他所使用的一些未曾明确界定的模糊用语。但反过来说，可能也正是由于这一公式的"不精确性"，反而能容纳灵活多变的现实，而在历史的节点上一次又一次掀起理论探讨与司法运用的高潮。本章要作的努力，是在拉德布鲁赫整体法哲学思想脉络之下来解剖和分析拉德布鲁赫公式。由此得出的结论有两个：其一，拉德布鲁赫公式的两个部分，即否认公式与不能容忍公式的性质不同。否认公式属于法的概念命题，不能容忍公式属于法的效力命题。前者采纳观察者的视角，是体现文化相对主义的描述性法理论；后者采纳参与者的视角，是体现伦理学相对主义的规范性理论。其二，尽管如此，在司法适用中否认公式却可能构成不能容忍公式的"必要条件"。这意味着，不是法肯定不具有效力，是法也未必具有效力。

把握理解拉德布鲁赫公式的关键在还于他的法的理念学说，即正义、合目的性和法的安定性之间历史的辩证关系。正如拉氏的另一位高足艾里克·沃尔夫（Erik Wolf）所言："这个三元整体的某个部分获得在功能上的'优先'，这种方式并没有扬弃三个组成部分在原则上的'等值性'，而只是强调，由于相对主义自身的'正义'容易遭受实际的历史'形势'排压的威胁，它总是要求比其他两个价值更要受到重视。……1945 年最要紧的，是预防将来无司法的强权国家的复辟。"[1] 而理解了这一点，也就为我们理解实在法的效力依据乃至"法治"的概念提供了一种辩证的动态框架。

---

[1] Erik Wolf, *Große Rechtsdenker der deutschen Geistesgeschichte*, 4. Aufl., Tübingen 1963, S. 754.

结　语　永无完结的追问：法治是什么？

法治是一个在实践中可以在不同程度上实现的一般性的规范性原则。[1] 以何种程度实现这个"一般性的规范性原则"属于法治实践的范畴，而确定这个"一般性的规范性原则"是什么则属于法治理论的范畴。在此，理论本身就构成了实践的前提，因为如果不能确定某个概念的理论内涵，就无法明确它在实践中是否被实现、以何种程度被实现。进而，很多时候，实践难题本身就是理论分歧的结果。所以，理论是内在于实践的。[2] 而这也正是关于法治之理论讨论的意义所在。

但本书——无论是在整体上还是在各个部分中——并没有也不试图对"法治"的概念下一个定义。它只是提出了一个理解法治的框架，在这个框架中，法的安定性（权威）与正确性这两个法的理念构成了理解法治的关键。无论是在法律体系还是在法律方法的层面上，追求法的安定性（权威）与正确性的统一都构成了法治要尽可能去满足的"调整性理念"（regulative idee）。但调整性理念的定位也说明了，这是一个无法完全实现的目标。在现实中，法的安定性与正确性往往存在紧张关系，

---

〔1〕　［美］玛蒂尔德·柯恩："作为理由之治的法治"，杨贝译，载《中外法学》2010年第3期，第366页。

〔2〕　参见陈景辉："法理论为什么是重要的：法学的知识框架及法理学在其中的位置"，载《法学》2014年第3期，第58页。

此时就需要通过取舍和权衡来实现"二阶正确性"。在这一过程中要贯彻实践理性最大化的原则。并且，既然法的安定性依附于实在法的存在本身，而法治又首先是一种法的统治而非道德的统治，那么法的安定性作为法治"最低限度的条件"就必然相对于正确性具备初步的优先性。要推翻这一优先关系，就需承担论证负担。这是一个充满艰辛、也几多风险的过程。所以，形象地说，法治不像是一幅一挥而就、泼洒自如的水墨画，而像是一幅思虑再三后描摹细致的工笔画。

但上述框架的局限也在于，它并没有告诉我们可以将什么样的内涵填入"法的理念"，尤其是"正确性"这个概念之中。所以，它无法精确地告诉我们"法治是什么"。但我至少相信，对于这样一个问题的回答，在我们这个时代，在普遍主义与特殊主义之间作非此即彼的选择并不可取。在法治的内涵中，某些特征属于基本共同特征（basic common features），它们并不是有待"发现"之物，而应当是论证和共识的结果。最典型者如人权。[1] 当然，需经由论证也说明，这些基本共同特征是什么可能存在争议。但即便存在争议，这些基本共同特征也值得尊重，因为它们并不依赖于特殊的文化，而是源自人类本身。文化相对主义不能成为抗拒它们的遁词。这不是一种描述性主张，而是一种规范性主张。同时，也不能否认某些特殊文化中的特征因具有足够的重要性而得到尊重。因为就像西班牙学者乌尔比纳（Urbina）所说的，人类的不同文化都是应得到道德上尊重的"相邻文化"（neighbour cultures）。[2]

---

〔1〕 人权的存在取决于其可证立性的观点参见 Robert Alexy, The Existence of Human Rights, in: Ulfrid Neumann, Klaus Günther und Lorenz Schlutz（Hrsg.）, *Law*, *Science*, *Technology*（*ARSP Beiheft 136*）, Stuttgart 2013, p. 11.

〔2〕 See Sebastian Urbina, *Legal Method and the Rule of Law*, The Hague［u. a.］2002, pp. 225 – 226.

我们会太过轻易地获得关于法治的一些一般性表述。例如，早期的人道主义者、启蒙运动的拥护者和波及全球的共和革命都告诉我们，那是"法律的国家而非人的国家"（the empire of laws and not of men）。[1] 但是，法律的国家到底是什么样的国家？法律的国家不需要人的作用么？假如并非如此（就像绝大多数人会断然否认的），那么法治状态下的人与非法治状态下的人又有何不同？归根到底，法的理念是人赋予法的目标与追求，法治是实现这些目标与追求的整体状态。而赋予法什么样的目标与追求，归根到底涉及人对应当如何自我组织、自我治理的认识。就此而言，法治是什么或许是一个永无完结的追问。

---

[1] See Mortimer Sellers, What Is the Rule of Law and Why Is It So Important?, in: James Silkenat, James Hickey and Peter Barenboim (eds.), *The Legal Doctrines of the Rule of Law and the Legal State (Rechtsstaat)*, Heidelberg [u. a.] 2014, pp. 1 – 2.

参考文献 *

一、外文文献

1. Aarnio，Aulis，*The Rational as Reasonable*，Dordrecht［u. a.］1986.

2. ——，*Essays on the Doctrinal Study of Law*，Dordrecht［u. a.］2011.

3. Achterberg，Norbert，Hans Kelsens Bedeutung in der gegenwärtigen deutschen Staatslehre，*Die Öffentliche Verwaltung* 1974.

4. Alchourrón，Carlos E.，Bulygin，Eugenio，*Normative Systems*，Wien/New York 1971.

5. Adachi，Hidehiko，*Die Radbruchsche Formel*，Baden – Baden 2006.

6. Alexy，Robert，*Theorie der Grundrechte*，Frankfurt a. M. 1985/1994.

7. ——，*Theorie der juristischen Argumentation*，2 Aufl.，Frankfurt a. M. 1991.

8. ——，*Begriff und Geltung des Rechts*，4. Aufl.，Freiburg/München 2005.

9. ——，Juristische Begründung，System und Kohärenz，in：Okko Behrends/ Malte Dießelhorst/ Ralf Dreier，（Hrsg.）：*Rechtsdogmatik und praktische Vernunft. Symposium zum 80. Geburtstag von Franz Wieacker*，Göttingen 1990.

10. ——，Peczenik，Aleksander，The Concept of Coherence and Its Significance for Diskursive Rationality，*Ratio Juris* 3（1990）.

11. ——，Rights，Legal Reasoning and Rational Discourse，*Ratio Juris* 5（1992）.

---

* 排序说明：①外文文献均依照作者姓氏字母顺序排列，同一作者之不同著述依照"专著在前论文在后"及年代顺序排列；②中文文献分为译著（文）、专著与论文的序列，依照作者姓氏字母顺序排列，同一作者之不同著述依照"专著在前论文在后"及年代顺序排列；③译著（文）依照作者国籍（古希腊、英、美、德、奥、意、日）顺序排列；④合著依照第一作者之姓氏顺序排列。

12. ——, Die Idee einer prozeduralen Theorie der juristischen Argumentation, in: ders. , *Recht*, *Vernunft*, *Diskurs*, Frankfurt a. M. 1995.

13. ——, Rechtssystem und praktische Vernunft, in: ders. , *Recht*, *Vernunft*, *Diskurs*, Frankfurt a. M. 1995.

14. ——, Zum Begriff des Rechtsprinzips, in: ders. , *Recht*, *Vernunft*, *Diskurs*, Frankfurt a. M. 1995.

15. ——, Diskurstheorie und Menschenrechte, in: ders. , *Recht*, *Vernunft*, *Diskurs*, Frankfurt a. M. 1995.

16. ——, Juristische Interpretation, in: ders. , *Recht*, *Vernuft*, *Diskurs*, Frankfurt a. M. 1995.

17. ——, Jürgen Habermas, Theorie des juristischen Diskurses, in: ders. , *Recht*, *Vernuft*, *Diskurs*, Frankfurt a. M. 1995.

18. ——, Dreier, Ralf, Precedent in the Federal Republic of Germany, in: Neil MacCormick and Robert Summers (eds.), *Interpreting Precedents*: *A Comparative Study*, Dartmouth 1997.

19. ——, Coherence and Argumentation: On the Genuine Twin Criterialess Super Criterion, in: Aulis Aarnio et al. (eds.), *On the Coherence Theory of Law*, Lund 1998.

20. ——, The Special Case Thesis, *Ratio Juris* 12 (1999).

21. ——, A Defence of Radbruch's Formula, in: David Dyzenhaus (ed.), *Recrafting in Rule of Law*: *The Limits of Legal Order*, Oxford 1999.

22. ——, On the Structure of Legal Principles, *Ratio Juris* 13 (2000).

23. ——, Zur Struktur der Rechtsprinzipien, in: Bernd Schilcher/ Peter Koller/ Bernd – Christian Funk (Hrsg.), *Regeln*, *Prinzipien und Elemente im System des Rechts*, Wien 2000.

24. ——, Recht und Richtigkeit, in: Werner Krawietz, Robert Summers, Ota Weinberger, Georg Henrik von Wright (eds.), *The Reasonable as Rational? On Legal Argumentation and Justification. Festschrift for Aulis Aarnio*, Berlin 2000.

25. ——, Verfassungsrecht und einfaches Recht – Verfassunggerichtsbarkeit und Fachgerichtsbarkeit, *VVDStRL* 61 (2002).

26. ——, Die Gewichtsformel, in: Joachim Jickeli/ Peter Kreutz/ Dieter Rezter (Hrsg.), *Gedächtnisschrift für Jürgen Sonnenschein*, Berlin 2003.

27. ——, Menschenrechte ohne Metaphysik?, *Deutsche Zeitschrift für Philosophie* 52 (2004).

28. ——, Abwägung, Verfasungsgerichtbarkeit und Repräsentation, in: M. Becker und R. Zimmerling (Hrsg.), *Politik und Recht – Politische Vierteljahresschrift*, *Sonderheft* 36 (2006).

29. ——, Die Konstruktion der Grundrechte, in: Laura Clérico und Jan Sieckmann (Hrsg.), *Grundrehcte, Prinzipien und Argumentation*, Baden – Baden 2009.

30. ——, Hauptelemente einer Theorie der Doppelnatur des Rechts, *ARSP* 95 (2009).

31. ——, Ideales Sollen, in: Laura Clérico und Jan – Reinard Sieckmann (Hrsg.), *Grundrechte, Prinzipien und Argumantation*, Baden – Baden 2009.

32. ——, The Dual Nature of Law, *Ratio Juris* 23 (2010).

33. ——, Rechtssicherheit und Richtigkeit, in: Ales Gerloch, Jan Tryzna, Jan Wintre (Hrsg.), *Methodologie Interpretace Práva A Právní Jistota*, Plzeň 2012.

34. ——, The Existence of Human Rights, in: Ulfrid Neumann, Klaus Günther und Lorenz Schlutz (Hrsg.), *Law, Science, Technology (ARSP Beiheft 136)*, Stuttgart 2013.

35. ——, Formal principles: Some replies to critics, *International Journal of Constitutional Law* 12 (2014).

36. Beatty, David, *The Ultimate Rule of Law*, Oxford 2004.

37. Behrend, Jürgen, *Untersuchungen zur Stufenbaulehre Adolf Merkls und Hans Kelsens*, Berlin 1977.

38. Bentham, Jeremy, The Principles of Judicial Procedure, in: John Bowring (ed.), *The Works of Jeremy Bentham* (Vol. 2), Edinburg 1843.

39. Bickel, Alexander, *The Least Dangerous Branch: The Supreme Court at the Bar of Politics*, Minnesota 1962.

40. Bingham, Tom, *The Rule of Law*, London 2011.

41. Bix, Brian, Robert Alexy, Radbruch's Formula, and The Nature of Legal Theory, *Rechtstheorie* 37 (2006).

42. ——, Radbruch's Formular and Conceptual Analysis, *The American Journal of Jurisprudence* 56 (2011).

43. Böckenförde, E. – W. , Die Methoden der Verfassungsinterpretation – Bestandsaufnahme und Kritik, in: ders. , *Staat, Verfassung, Demokratie*, Frankfurt a. M. 1991.

44. ——, Grunrechte als Grundzatznorm, in: ders. , *Staat, Verfassung, Demokratie*, Frankfurt a. M. 1991.

45. Bohman, James, Rehg, William (eds.), *Deliberative Democracy: Essays on Reason and Politics*, Cambridge (Mass.) 1997.

46. Borowski, Martin, Die Lehre vom Stufenbau des Rechts nach Adolf Julius Merkl, in: Stanley L. Paulson und Michael Stolleis (Hrsg.), *Hans Kelsen – Staatsrechtslehrer und Rechtstheoretiker des 20. Jahrhunderts*, Tübingen 2005.

47. ——, Concretized Norm and Sanction qua Fact in the Vienna School's Stufenbaulehre, *Ratio Juris* 27 (2014).

48. Botero, Juan C. , Ponce, Alejandro, *Measuring the Rule of Law*, Washington, D. C. : The World Justice Project 2011.

49. Brandom, Robert, *Making it Explicit*, Cambeidge (Mass.) 1984.

50. Bülow, Oska, über das verhältnis der Rechtsprechung zum Gesetzesrecht, *Das Recht* 1906.

51. Bydlinski, Franz, *Fundamentale Rechtsgrundsätze*, Wien/ York 1988.

52. Calvi, James, Coleman, Susan, *American Law and Legal Systems*, Beijing 2002.

53. Canaris, Claus – Wilhelm, *Systemdenken und Systembegriff in der Jurisprudenz*, 2. Aufl. , Berlin 1983.

54. Christensen, Ralph, *Was heißt Gesetzesbindung?*, Berlin 1989.

55. Dicey, A. V. , *Introduction to the Study of the Law of the Constitution* (1885), London 1959.

56. Dickson, Julie, Interpretation and Coherence in Legal Reasoning, in: E.

Zalta （ ed. ）, *The Stanford Encyclopedia of Philosophy*, http：// plato. stanford. edu/entries/legal – reas – interpret/.

57. Dreier, Horst, Die Radbruchsche Formel – Erkenntnis oder Bekenntnis?, in：*Staatsrect in Theorie und Praxis. Festschrift Robert Walter zum 60. Geburtstag*, Wien 1991.

58. Dreier, Ralf, Gesetzliches Unrecht im SED – Staat? Am Beispiel des DDR – Grenzgesetzes, in：F. Haft, W. Hassemer, U. Neumann, W. Schild, U. Schroth （ Hrsg. ）, *Strafgerechtigkeit. Festschrift für Arthur Kaufmann*, Heidelberg 1993.

59. ——, Gustav Radbruch, Hans Kelsen, Carl Schmitt, in：H. Haller et al. （Hrsg. ）, *Staat und Recht. Festschrift für Günther Winkler*, Wien 1998.

60. Dworkin, Ronald, *Taking Rights Seriously*, Harvard 1977.

61. ——, *Law's Empire*, Cambridge （Mass. ） 1986.

62. ——, *Justice in Robes*, Boston 2006.

63. ——, *Justice for Hedgehogs*, Cambridge （Mass. ） 2011.

64. ——, The Model of Rules, *University of Chicago Law Review* 35 （1967）.

65. ——, Political Judges and the Rule of Law, in his *A Matter of Principle*, Cambridge （Mass. ） 1986.

66. ——, Hart's Postscript and the Character of Political Philosophy, *Oxford Journal of Legal Studies*, 24 （2004）.

67. Dyzenhaus, David, The Dilemma of Legality and the Moral Limits of Law, in：Austin Sarat, Lawrence Doulglas, Martha Merril Umphrey （eds. ）, *The Limits of Law*, Stanford 2005.

68. ——, The Grudge Informer Cased Revisited, *New York University Law Review* 83 （2008）.

69. Eckhoff, Torstein, *Rettferdighet og rettssikkerhet – justice and the rule of law*, Oslo 1966.

70. Eisler, Rudolf, *Wörterbuch der philosophischen Begriffe* （ Band. III ）, 4. Aufl. , Berlin 1930.

71. Engisch, Karl, *Logische Studien zur Gesetzesanwendung*, 2. Aufl. , Heidelberg 1960.

72. Esser, Josef, *Grundsatz und Norm in der richterlichen Fortbildung des Privatrechts*, 3. Aufl. , Tübingen 1974.

73. Evers, Hans – Ulrich, *Der Richter und das unsittliche Gesetz*, Berlin 1956.

74. Forsthoff, Ernst, *Der Staat der Industriegesellschaft*, 2. Aufl. , München 1971.

75. Frändberg, Åke, *From Rechtsstaat to Universal Law – State*, Heidelberg [u. a.] 2014.

76. Frankel, Marvin, *Partisan Justice*, New York 1980.

77. Fuller, Lon, *The Morality of Law*, 2th ed. , New Haven 1969.

78. ——, Positivism and Fidelity to Law. A Reply to Professor Hart, *Harvard Law Review* 71 (1957 ~ 1958).

79. ——, Eunomics: The Theory of Good Order and Workable Social Arrangement, in his *The Principles of Social Order*, ed. by Kenneth Winston, Oxford and Portland 2001.

80. Funke, Andreas, Überlegungen zu Gustav Radbruchs "Verleugnungsformel" . Ein Beiträg zur Lehre vom Rechtsbegriff, *ARSP* 89 (2003).

81. Gallie, W. B. , Essentially Contested Concepts, *Proceeding of the Aristotelian Society* 56 (1956).

82. Gény, François, *Methode d' Interprétation et Sources an Droit Privé Positif*, 2d ed. , trans. by Louisiana State Law Institute, Louisiana State Law Institute 1963.

83. Gneist, Rudolf, *Der Rechtsstaat*, Belrin 1872.

84. Goodhart, Arthur L. , Determining the Ratio Decidendi of a Case, *Yale Law Review* 40 (1930).

85. Günther, Klaus, *Der Sinn für Angemessenheit: Anwendungsdikurse in Moral und Recht*, Frankfurt a. M. 1988.

86. Habermas, Jürgen, *Between Facts and Norms*, trans. by W. Rehg, Cambridge 1996.

87. Hage, Jaap, Peczenik, Alexander, Law, Morals and Defeasibility, *Ratio Juris* 13 (2000).

88. Haldemann, Frank, Gustav Radbruch vs. Hans Kelsen: A Debate on Nazi

Law, *Ratio Juris* 18 (2005).

89. Hart, H. L. A. , *The Concept of Law*, 2nd ed. , Oxford 1994.

90. ——, Positivism and the Separation of Law and Morals, *Harvard Law Review* 71 (1957 – 1958).

91. ——, Commands and Authoritative Legal Reasons, in his *Essays on Bentham*: *Jurisprudence and Political Theory*, Oxford 1982.

92. Hayek, Friedrich A. , *The Road to Serfdom*, Chicago 1944.

93. Heck, Philipp, *Begriffsbildung und Interessenjurisprudenz*, Tübingen 1932.

94. Hoecke, Van, The Utility of Legal Theory for the Adjudication of the Law, in: Aulis Aarnio and van Hoecke (eds.), *On the Utility of Legal Theory*, Tampere 1985.

95. Hoffmann, Roland, *Verfahrensgerechtigkeit*, Paderborn 1992.

96. Hsu, Leonard S. , The Chinese Legal System, *American Bar Association Journal* 8 (1922).

97. Hurley, S. L. , *Natural Reasons*, New York [u. a.] 1989.

98. Inoue, Tatsuo, The Rule of Law as the Law of Legislation, in: Luc. J. Wintgens (ed.), *Legislation in Context*: *Essays in Legisprudence*, Ashgate 2007.

99. Jakab, András, Problems of the Stufenbaulehre: Kelsen's Failure to Drive the Validity of a Norm from Another Norm, *Canadian Journal of Law and Jurisprudence* 35 (2007).

100. Kant, Immanuel, *Kritik der reinen Vernunft*, 2. Aufl. , Riga 1787.

101. ——, Immanuel, *Political Writings*, Cambridge 1991.

102. ——, Immanuel, *Vorlesung zur Moralphilosophie*, Berlin 2004.

103. Kantorowicz, Hermann, *Der Kampf um die Rechtswissenschaft* (1906), Baden – Baden 2002.

104. Karaácsony, András, Prozedurale Rationlität und die Möglichkeit der Gesellschaftskritik, *Archiv für Rechts – und Sozialphilosophie* 87 (2001).

105. Kaufmann, Arthur, *Rechtsphilosophie*, München 1997.

106. ——, *Das Verfahren der Rechtsgewinnung*: *Eine ratioanle Analyse*, München 1999.

107. ——, Gedanken zur überwindung des rechtsphilosophischen Relativismus

（1960），in: ders. , *Rechtsphilosophie im Wandel. Stationen eines Weges*, Frankfurt a. M. 1972.

108. ——, Problemgeschichte der Rechtsphilosophie, in: Arthur Kaufmann, Winfred Hassemer (Hrsg.) , *Einführung in Rechtsphilosophie und Rechtstheorie der Gegenwart*, 4. Aufl. , Heidelberg 1985.

109. ——, Gustav Radbruch – Leben und Werk, in: der. (Hrsg.) , Gustav Radbruch, *Gesamtausgabe*, Bd. 1 , *Rechtsphilosophie* I, Heidelberg 1987.

110. ——, Die Radbruchsche Formel vom gesetzlichen Unrecht und vom übergesetzlichen Recht in der Diskussion um das im Namen der DDR begangene Unrecht, *Neue Juristische Wochenschrift* 48 (1995).

111. Kaufmann, Colin, The Nature of Justice: John Rawls and Pure Procedural Justice, *Washburm Law Review* 19 (1980).

112. Kelsen, Hans, *Hauptprobleme der Staatsrechtslehre*, 2. Aufl. , Tübingen 1923.

113. ——, *Reine Rechtslehre*, 1. Aufl. , Leipzig [u. a.] 1934.

114. ——, *Reine Rechtslehre*, 2. Aufl. , Wien 1960.

115. ——, *Introduction to the Problems of Legal Theory*, trans. by B. L. Paulson and S. L. Paulson, Oxford 1992 (1st ed. 1934).

116. ——, *Pure Theory of Law*, trans. by Max Knight, reprinted edition, New Jersey 2005.

117. ——, *Allgemeine Theorie der Normen*, Wien 1979.

118. ——, Der Begriff der Rechtsordnung, *Logique Et Analyse* 3 (1958).

119. ——, Adolf Merkl zu seinem siebzigsten Geburtstag, *Österreichische Zeitschrift für öffentliches Recht* 10 (1960).

120. Klatt, Matthias, *Theorie der Wortlautgrenzen*, Baden – Baden 2004.

121. Klug, Ulrich, *Juristische Logik*, 4. Aufl. , Berlin [u. a.] 1982.

122. Koch, Hans – Joachim, Rüßmann, Helmut, *Juristische Begründungslehre*, München 1982.

123. Koch, Hans – Joachim, Rechtsprinzipien in Bauplanungsrecht, in: Schlichter, Koller und Funk (Hrsg.) , *Regel, Prinzipien und Elemente im System des Rechts*, Wien 2000.

124. Koller, Peter, Zur Theorie der rechtlichen Stufenbaues, in: Stanley L. Paulson und Michael Stolleis (Hrsg.), *Hans Kelsen – Staatsrechtslehrer und Rechtstheoretiker des 20. Jahrhunderts*, Tübingen 2005.

125. Kornhauser, Lewis A., Sager, Lawrence G., Unpacking the Court, *Yale Law Journal* 96 (1986 – 1987).

126. Kriele, Martin, *Kriterien der Gerechtigkeit. Zum Problem des rechtsphilosophischen und politischen Relativismus*, Berlin 1963.

127. ——, *Theorie der Rechtsgewinnung*, 2. Aufl., Berlin 1976.

128. Kruse, Heinrich, *Das Richterrecht als Rechtsquelle des innerstaatlichen Rechts*, Tübingen 1971.

129. Langer, Albrecht, *Der Gedanke des Naturrechts seit Weimar und in der Rechtssprechung der Bundesrepublik*, Bonn 1959.

130. Larenz, Karl, *Methodenlehre der Rechtswissenschaft*, 6. Aufl., Berlin [u. a.] 1991.

131. ——, über die Bindungswirkung von Präjudizien, in: Hans Fasching (Hrsg.), *Festschrift für Hans Schima: Zum 75 Geburtstag*, Wien 1969.

132. Lippold, Rainer, *Recht und Ordnung*, Wien 2000.

133. Luhmann, Niklas, *Soziale Systeme: Grundriß einer allgemeinen Theorie*, Frankfurt a. M. 1984.

134. Lyons, David, *Ethics and the Rule of Law*, Cambridge 1984.

135. MacCormick, Neil, *Legal Reasoning and Legal Theory*, 2nd ed., Oxford 1994.

136. ——, Coherence in Legal Justification, in: Alexsander Peczenik et al. (ed.), *Theory of Legal Science*, Dortrecht 1984.

137. ——, Coherence in Legal Justification, in: W. Krawietz et al. (eds.), *Theorie der Normen*, Berlin 1984.

138. MacIntyre, Alasdair, Relativism, Power and Philosophy, *Proceedings and Addresses of the American Philosophical Association* 59 (1985).

139. Marmor, Andrei, Constitutive Conventions, in his *Positive Law and Objective Values*, Oxford 2001.

140. ——, The Rule of Law and Its Limits, *Law and Philosophy* 23 (2004).

141. Mattsson, Mats, The Rule of Law in Legal Reasoning, in: Alexander Peczenik, Lars Lindahl, Bert Van Roermund (eds.), *Theory of Legal Science*, Dordrecht (u. a.) 1986.

142. Mashaw, Jerry, Administrative Due Process: The Quest for a Dignity Theory, *Boston University Law Review* 61 (1981).

143. Merkl, Adolf, *Die Lehre von der Rechtskraft*, Leipzig/ Wien 1923.

144. ——, *Allgemeines Verwaltungsrecht*, Wien 1927.

145. ——, Das Recht im Spiegel seiner Auslegung, *Deutsche Richterzeitung* 1917.

146. ——, Das doppelte Rechtsantlitz, *Juristischer Bläter* 1918.

147. ——, Gesetzesrecht und Richterrecht, *Prager Juristische Zeitschrift* 2 (1922).

148. ——, Prolegomena einer Theorie des rechtlichen Stufenbaues, in: Alfred Verdross (hrsg.), *Gesellschaft, Staat und Recht – Untersuchungen zur Reinen Rechtslehre*, Wien 1931.

149. ——, Prolegomena einer Theorie des rechtlichen Stufenbaues, in: Hans Klecatsky, René Marcić und Herbert Schambeck (Hrsg.), *Die Wiener Rechtstheoretische Schule*, Wien [u. a.] 1968.

150. ——, Das Recht im Lichte seiner Anwendung, in: Hans Klecatsky, René Marcić und Herbert Schambeck (Hrsg.), *Die Wiener Rechtstheoretische Schule*, Wien [u. a.] 1968.

151. ——, Die Unveränderlichkeit von Gesetzen, in: Hans Klecatsky, René Marcić und Herbert Schambeck (Hrsg.), *Die Wiener Rechtstheoretische Schule*, Wien [u. a.] 1968.

152. Mertens, Thomas, Radbruch and Hart on the Grudge Informer: A Reconsideration, *Ratio Juris* 15 (2002).

153. Moore, G. E., *Ethics*, ed. by William. H. Shaw, Oxford 2005.

154. ——, Is Goodness a Quality?, in his *Philosophical Papers*, New York 1962.

155. Müller, Friedrich, Christensen, Ralf, *Juristische Methodik BdI*, 9. Aufl., Berlin 2001.

156. Neumann, Ulfrid, Wahrheit und Autorität im Recht (unveröffentlichter Vor-

trag），2009.

157. Noll, Peter, *Gesetzgebungslehre*, Reinbeck/ Hamburg 1973.

158. Öhlinger, Theo, *Der Stufenbau der Rechtsordnung*, Wien 1975.

159. Patzig, Günther, "Principium diiudicationis" und "Principium executionis", in: ders. , *Gesammelte Schriften*, Bd. I, Göttingen 1994.

160. Paulson, Stanley L. , Book Review: Untersuchungen zur Adolf Merkls und Hans Kelsens. By Jürgen Behrend, *The American Journal of Jurisprudence* 27 (1982).

161. ——, Fuller, Lon, Gustav Radbruch, and the "Positivist" These, *Law and Philosophy* 13 (1994).

162. ——, Radbruch on Unjust Laws: Competing Earlier and Later Views?, *Oxford Journal of Legal Studies* 15 (1995).

163. ——, How Merkls' Stufenbaulehre Informs Kelsen's Concept of Law, *Revus* 21 (2013).

164. Pavčnik, Marijan, Der Rechtssicherheit als Auslegungsfrage, in: Ales Gerloch, Jan Tryzna, Jan Wintre (Hrsg.), *Methodologie Interpretace Práva A Právní Jistota*, Plzeň 2012.

165. Peczenik, Aleksander, *On Law and Reason*, Dordrecht [u. a.] 1989.

166. ——, Moral and Ontological Justification of Legal Reasoning, *Law and Philosophy* 4 (1985).

167. ——, The Biding Force of Precedent, in: Neil MacCormick and Robert Summers (eds.), *Interpreting Precedents: A Comparative Study*, Dartmouth 1997.

168. Peerenboom, Randall, Varieties of Rule of Law: An introduction and provisional conclusion, in: Peerenboom (ed.), *Asian Discourses of Rule of Law*, London and New York 2004.

169. Perelmann, Chaim, Tyteca, Olbrecht, *The New Rehtoric*, California 1969.

170. Pfordten, Dietmar von der. , *Rechtsphilosophie: Eine Einführung*, München 2013.

171. ——, Radbruch as an Affirmative Holist. On the Question of What Ought to Be Preserved of His Philosophy, *Ratio Juris* 21 (2008).

172. Posner, Richard, An Economic Approach to Legal Procedure and Judicial Administration, *The Journal of Legal Studies* 2 (1973).

173. Postema, Gerald, The Principle of Utility and the Law of Procedure: Bentham's Theory of Adjudication, *Georgia Law Review* 11 (1977).

174. Radbruch, Gustav, *Vorschule der Rechtsphilosophie* (*1947*), 3. Aufl., besorgt von Arthur Kaumann, Göttingen 1965.

175. ——, *Rechtsphilosophie* (*1932*), hrsg. von Erik Wolf und Hans – Peter Schneider, 8. Aufl., Stuttgart 1973.

176. ——, *Rechtsphilosophie*, Hg. v. Ralf Dreier und Stanley L. Paulson, 2. Aufl., Heidelberg 2003.

177. ——, Philosophy of Law, in: *The Legal Philosophies of Lask, Radbruch and Dabin*, trans. by Kurt Wilk, Cambridge (Mass.) 1950.

178. ——, Neue Probleme in der Rechtswissenchaft, in: ders., *Eine Feurbach – Gedenkrede sowie drei Aufsätze aus dem wissenschaftlichen nachlaß*, hrsg. v. Eberhard Schmidt, Tübingen 1952.

179. ——, Der Zwek des Rechts, in: ders., *Der Mensch im Recht. Ausgewälte Vorträge und Aufsätze über Grundfragen des Rechts*, 2. Aufl., hrsg. v. Fritz von Hippel u. a., Göttingen 1961.

180. ——, Der Zweck des Rechts (1937), in: ders., *Rechtsphilosophie* III, bearbeitet v. Winfried Hassemer, Heidelberg 1990.

181. ——, Fünf Minuten Rechtsphilosophie (1945), in: ders., *Rechtsphilosophie* III, bearbeitet v. Winfried Hassemer, Heidelberg 1990.

182. ——, Gesetzliches Unrecht und übergesetzliches Recht (1946), in: ders., *Rechtsphilosophie* III, bearbeitet v. Winfried Hassemer, Heidelberg 1990.

183. ——, Der Relativismus in der Rechtsphilosophie, in: ders., *Rechtsphilosophie* III, bearbeitet v. Winfried Hassemer, Heidelberg 1990.

184. Radin, Max, Case Law and Stare Decisis: Concerning Präjudizienrecht in America, *Columbia Law Review* 58 (1933).

185. Rawls, John, *A Theory of Justice*, Oxford 1971.

186. ——, The Idea of Public Reason revisited, *The University of Chicago Law Review* 64 (1997).

187. Raz, Joseph, *The Concept of a Legal System*, 2nd ed. , Oxford 1980.

188. ——, *The Morality of Freedom*, Oxford 1986.

189. ——, *Practical Reason and Norms*, Princeton 1990.

190. ——, *Practical Reason and Norms*, 3rd ed. , Oxford 1999.

191. ——, The Identity of Legal Systems, *California Law Review* 59 (1971).

192. ——, Legal Principles and The Limits of Law, *Yale Law Journal* 81 (1972).

193. ——, The Rule of Law and Its Virtue, in his *The Authority of Law*, Oxford 1979.

194. ——, The Rule of Law and Its Virtue, in his *The Authority of Law*, 2. Aufl. , Oxford 2009.

195. ——, Reasoning with Rules, in his *Between Authority and Interpretation*, Oxford 2009.

196. Reichel, Hans, *Gesetz und Richterspruch. Zur Orientierung über Rechtsquellen – und Rechtsanwendungslehre der Gegenwart*, Zürich 1915.

197. Reynolds, Noel, Grounding the Rule of Law, *Ratio Juris* 2 (1989).

198. Ricœur, Paul, Zu einer Hermeneutik des Rechts: Argumentation und Interpretation, *Deutsche Zeitschrift für Philosophie* 42 (1994).

199. Rickert, Heinrich, *Der Gegenstand der Erkenntnis*, 4/5 Aufl. , Tübingen 1921.

200. ——, *Die Grenzen der naturwissenschaftlichen Begriffsbildung. Eine logische Einleitung in die historischen Wissenschaften*, Nabu Press 2011.

201. Röhl, Klaus F. , Röhl, Hans Christian, *Allgemeine Rechtslehre*, Heymann 2008.

202. Ross, Alf, *Theorie der Rechtsquellen*, Leipzig und Wien 1929.

203. ——, *On Law and Justice*, Berkeley & Los Angeles 1959.

204. ——, *Directives and Norms*, London 1968.

205. Rüthers, Bernard, *Rechtstheorie*, München 2005.

206. Saliger, Frank, *Radbruch'sche Formel und Rechtsstaat*, Heidelberg 1995.

207. Salmond, John, The Theory of Judicial Precedents, *The Law Quarterly Review* 64 (1900).

208. Sartor, Giovanni, Legality Policies and Theorie of Legality: From Bananas to Radbruch's Formula, *Ratio Juris* 22 (2009).

209. Sauer, Heiko, Vorrang ohne Hierarchie, *Rechtstheorie* 44 (2013).

210. Scalia, Antonin, The Rule of Law as a Law of Rules, *University of Chicago Law Review* 56 (1989).

211. Schauer, Frederick, *Thinking Like a Lawyer*, Cambridge (Mass.) 2009.

212. Scheuerman, Willam E., Globalization and the Fate of Law, in: David Dyzenhaus (ed.), *Recrafting the Rule of Law*, Oxford 1999.

213. Schlink, Bernhard, Der Grundsatz der Verhältnismäßigkeit, in: Peter Badura und Horst Dreier (Hrsg.), *Festschrift 50 Jahre Bundesverfassungsgericht*, Bd. II, Tübingen 2001.

214. Schultze – Fielitz, Helmut, Artikel 20: Rechtsstaat, in: Horst Dreier (Hrsg.), *Grundgesetz: Kommentar*, Band II, 2. Aufl., Tübingen 2006.

215. Schumacher, Björn, *Rezeption und Kritik der Radbruchschen Formel*, Göttingen 1985.

216. Searle, John, *Speech Acts: An Essay in the Philosophy of Language*, Peking 2011.

217. Sellers, Mortimer, What Is the Rule of Law and Why Is It So Important?, in: James Silkenat, James Hickey and Peter Barenboim (eds.), *The Legal Doctrines of the Rule of Law and the Legal State (Rechtsstaat)*, Heidelberg [u. a.] 2014.

218. Sieckmann, Jan, Rechtssystem und praktische Vernunft: Zur Struktur einer normativen Theorie des Rechts, *ARSP* 78 (1992).

219. ——, Die „Radbruch'sche Formel" und die Mauerschützen, *ARSP* 87 (2001).

220. ——, Autonomy and the Rational Justification of Norms, *Ratio Juris* 16 (2003).

221. ——, Reconstructing Relativism. An Analysis of Radbruch's Philosophy of Law, *ARSP* 95 (2009).

222. ——, The Theory of Principles – A Framework for Autonomous Reasoning, in: M. Borowski (ed.), On the Nature of Legal Principles, *ARSP – Beiheft*

119 (2010).

223. Silverstein, Gordon, Globalization and the rule of Law: "A machine that runs of itself?", *International Journal of Constitutional Law* 1 (2003).

224. Simmonds, N. E. , Reflexivity and the Idea of Law, *Jurisprudence* 1 (2010).

225. Slocum, Robin Wellford, *Legal Reasoning, Writing, and Persuasive Argument*, 2d ed. , LexisNexis 2006.

226. Solum, Lawrence, Procedural Justice, *Southern California Law Review* 78 (2004).

227. Soriano, Leonor, The Use of Precedents as Arguments of Authority, Arguments *ab exemplo*, and Arguments of Reason in Civil Law Systems, *Ratio Juris* 11 (1998).

228. ——, A Modest Notion of Coherence in Legal Reasoning: A Model for The European Court of Justice, *Ratio Juris* 16 (2003).

229. Spaak, Torben, Moral Relativism and the Rechtsstaat, in: Åke Frändberg, Stefan Hedlund, Torben Spaak (eds.), *Festschrift for Anders Fogelklou*, Uppsala 2006.

230. Stavropoulos, Nicos, Interpretivist Theories of Law, in: E. Zalta (ed.), *The Stanford Encyclopedia of Philosophy*, http: //plato. stanford. edu/entries/law − interpretivist/.

231. Stelmach, Jerzy, Kann die juristische Interpretation garant der Rechtsgewissheit sein?, in: Ales Gerloch, Jan Tryzna, Jan Wintre (Hrsg.), *Methodologie Interpretace Práva A Právní Jistota*, Plzeň 2012.

232. Stoitzner, Bettina, Die Lehre vom Stufenbau der Rechtsordnung, in: Stanley L. Paulson und Robert Walte (Hrsg.), *Untersuchungen zur Reinen Rechtslehre*, Wien 1986.

233. Su, Chen, The Establishment and Development of The Chinese Economic Legal System in The Past Sixty Years, *Columbia Journal of Asian Law* 23 (2009).

234. Summers, Robert, Precedent in the United States (New York State), in: Neil MacCormick and Robert Summers (eds.), *Interpreting Precedents: A*

Comparative Study, Dartmouth 1997.

235. ——, Evaluating and Improving Legal Process: A Plea for "Process Values", in his *The Jurisprudence of Law's Form and Substance*, Dartmouth 2000.

236. Teubner, Günther, Recht als autopoietisches System, Frankfurt a. M. 1989.

237. Thibaut, John, Walker, Laurens, LaTour, Stephen, Houlden. Pauline, Procedural Justice as Fairness, *Stanford Law Review* 26 (1974).

238. Toulmin, Stephen, *The Uses of Argument*, updated edition, Cambridge 2003.

239. Urbina, Sebastian, *Legal Method and the Rule of Law*, The Hague [u. a.] 2002.

240. ——, On Legal Rationality, in his, *Reason, Democracy, Society: a Study on the Basis of Legal Thinking*, Dordrecht 1996.

241. Vogel, Joachim, *Juristische Methodik*, Berlin/New York 1998.

242. Waldron, Jeremy, Is the Rule of Law an Essentially Contested Concept (in Florida)?, *Law and Philosophy* 21 (2002).

243. Wallkamm, Andreas, Generalklauseln – Normen im Spannungsfeld von Flexibilität und Rechtsstaatswidrigkeit, *Rechtstheorie* 39 (2008).

244. Walte, Robert, *Der Aufbau der Rechtsordnung*, Graz 1964.

245. Weber, Max, *Gesammelte Politische Schriften*, 5. Aufl. , Tübingen 1988.

246. Weinberger, Christiane, Weinberger, Ota, *Logik, Semantik, Hermeneutik*, München 1979.

247. Westermann, Harry, *Wesen und Grenzen der richterlichen Streitentscheidung im Zivilrecht*, Münster 1955.

248. Wiburg, Walter, *Entwicklung eines beweglichen Systems im Bürgerlichen Recht*, Graz 1951.

249. Wiederin, Ewald, Regel – Prinzip – Norm: Zu einer Kontroverse zwischen Hans Kelsen und Josef Esser, in: Stanley L. Paulson und Robert Walte (Hrsg.), *Untersuchungen zur Reinen Rechtslehre*, Wien 1986.

250. Windscheid, Bernard, *Lehrbuch des Pandektenrechts*, 9. Aufl. , Bd. I,

Frankfurt a. M. 1906.

251. Wintgens, Luc J., Coherence of the Law, *ARSP* 79（1993）.

252. Wolf, Erik, *Große Rechtsdenker der deutschen Geistesgeschichte*, 4. Aufl.,
Tübingen 1963.

253. Wright, Georg Henrik von, *Norm And Action*：*A Logical Enquiry*, London
1963.

254. Wróblewski, Jezy, *The Judicial Application of Law*, ed. and trans. by Ze-
non Bánkowski and Neil MacCormick, Kluwer Academic Publishers 1992.

255. ——, Legal Decision and its Justification, in：H. Hubien（Hrsg.）, *Le
Raisonnement Juridique*, *Akten des Weltkongress für Rechts - und Sozialphi-
losophie*, Brüssel 1971.

256. Zimmermann, Ernst, Multideontische Logik, Prozedurale Rechtstheorie,
Diskurs, *Rechtstheorie* 30（1999）.

二、中文文献

（一）译著（文）

1. ［古希腊］亚里士多德：《政治学》，吴寿彭译，商务印书馆1983年版。

2. ［英］边沁：《道德与立法原理导论》，时殷弘译，商务印书馆2000年
版。

3. ［英］霍布斯：《利维坦》，黎思复、黎廷弼译，商务印书馆1985年版。

4. ［英］阿诺德·汤因比：《历史研究》，刘北成、郭小凌译，上海人民出
版集团2005年版。

5. ［美］迈克尔·D. 贝勒斯：《程序正义：向个人的分配》，邓海平译，
高等教育出版社2005年版。

6. ［美］伯尔曼：《法律与宗教》，梁治平译，中国政法大学出版社2003
年版。

7. ［美］罗纳德·德沃金：《原则问题》，张国清译，江苏人民出版社2005
年版。

8. ［美］费正清：《伟大的中国革命（1800～1985）》，刘尊棋译，世界知
识出版社2000年版。

9. ［美］富勒：《法律的道德性》，郑戈译，商务印书馆2005年版。

10. ［美］琳达·格林豪斯：《美国最高法院通识读本》，何帆译，译林出

版社 2013 年版。

11. ［美］玛蒂尔德·柯恩："作为理由之治的法治"，杨贝译，载《中外法学》2010 年第 3 期。

12. ［美］斯坦利·I. 库特勒编著：《最高法院与宪法——美国宪法史上重要判例选读》，朱曾汶、林铮译，商务印书馆 2006 年版。

13. ［美］庞德：《法理学》（第 2 卷），邓正来译，中国政法大学出版社 2007 年版。

14. ［美］约翰·罗尔斯：《正义论》（修订版），何怀宏等译，中国社会科学出版社 2009 年版。

15. ［美］迈克尔·桑德尔：《公正》，朱慧玲译，中信出版社 2012 年版。

16. ［美］布雷恩·塔玛纳哈：《论法治——历史、政治和理论》，李桂林译，武汉大学出版社 2010 年版。

17. ［德］罗伯特·阿列克西：《法律论证理论》，舒国滢译，中国法制出版社 2003 年版。

18. ［德］罗伯特·阿列克西：《法概念与法效力》，王鹏翔译，五南图书出版股份有限公司 2013 年版。

19. ［德］罗伯特·阿列克西："法与正确性"，王晖译，载《比较法研究》2010 年第 4 期。

20. ［德］罗伯特·阿列克西："法律的双重本质"，刘叶深译，载徐显明、郑永流主编：《全球和谐与法治：第 24 届国际法哲学与社会哲学协会世界大会全体会议论文集》，中国法制出版社 2010 年版。

21. ［德］罗伯特·阿列克西："法律的双重性质"，张霁爽、凌斌译，载《中外法学》2010 年第 3 期。

22. ［德］罗伯特·阿列克西：《法 理性 商谈》，朱光、雷磊译，中国政法大学出版社 2011 年版。

23. ［德］罗伯特·阿列克西：《法：作为理性的制度化》，雷磊编译，中国法制出版社 2012 年版。

24. ［德］赫尔穆特·科殷：《法哲学》，林荣远译，华夏出版社 2002 年版。

25. ［德］卡尔·恩吉施：《法律思维导论》，郑永流译，载法律出版社 2004 年版。

26. ［德］哈贝马斯：《合法化危机》，刘北成、曹卫东译，上海人民出版社 2000 年版。

27. ［德］哈贝马斯：《在事实与规范之间：关于法律和民主法治国的商谈理论》，童世骏译，三联书店 2003 年版。

28. ［德］赫尔曼·康特洛维茨：《为法学而斗争 法的定义》，雷磊译，中国法制出版社 2011 年版。

29. ［德］阿图尔·考夫曼：《古斯塔夫·拉德布鲁赫传》，舒国滢译，法律出版社 2004 年版。

30. ［德］卡尔·拉伦茨：《法学方法论》，陈爱娥译，五南图书出版公司 1996 年版。

31. ［德］尼可拉斯·鲁曼：《社会中的法》，李君韬译，五南图书出版股份有限公司 2009 年版。

32. ［德］拉尔夫·波舍："裁判理论的普遍谬误：为法教义学辩护"，隋愿译，载《清华法学》2012 年第 4 期。

33. ［德］马克斯·舍勒：《伦理学中的形式主义与质料的价值伦理学》（上册），倪梁康译，三联书店 2004 年版。

34. ［德］魏德士：《法理学》，丁晓春、吴越译，法律出版社 2003 年版。

35. ［德］莱纳·施罗德："世纪之交的德国方法大讨论——科学理论式的精确化努力抑或对法与司法功能变迁的回应?"，雷磊译，载舒国滢主编：《法学方法论论丛》（第 1 卷），中国法制出版社 2012 年版。

36. ［德］贡塔·托依布纳：《法律：一个自创生系统》，张骐译，北京大学出版社 2004 年版。

37. ［德］马克斯·韦伯：《经济与社会》（上），林荣远译，商务印书馆 1997 年版。

38. ［德］马克斯·韦伯：《法律社会学》，康乐、简惠美译，广西师范大学出版社 2004 年版。

39. ［德］马克斯·韦伯：《经济与历史 支配的类型》，康乐等译，广西师范大学出版社 2010 年版。

40. ［德］莱茵荷德·齐佩利乌斯：《法哲学》，金振豹译，北京大学出版社 2013 年版。

41. ［德］茨威格特、克茨：《比较法总论》，潘汉典等译，法律出版社

2003 年版。

42. ［奥］凯尔森：《法与国家的一般理论》，沈宗灵译，中国大百科全书出版社 1996 年版。

43. ［意］布鲁诺·莱奥尼：《自由与法律》（第 3 版），冯辉译，湖南教育出版社 2008 年版。

44. ［日］谷口安平：《程序的正义与诉讼》（增订本），王亚新、刘荣军译，中国政法大学出版社 2002 年版。

45. ［日］铃木敬夫：《相对主义法哲学与东亚法研究》，法律出版社 2012 年版。

46. ［日］铃木敬夫："中国的拉德布鲁赫研究"，宋海斌译，载《太平洋学报》2009 年第 12 期。

（二）专著

1. 陈景辉：《实践理由与法律推理》，北京大学出版社 2012 年版。

2. 陈瑞华：《程序正义理论》，中国法制出版社 2010 年版。

3. 季卫东：《法律程序的意义》（增订版），中国法制出版社 2012 年版。

4. 雷磊：《类比法律论证——以德国学说为出发点》，中国政法大学出版社 2011 年版。

5. 雷磊：《规范理论与法律论证》，中国政法大学出版社 2012 年版。

6. 梁上上：《利益衡量论》，法律出版社 2013 年版。

7. 泮伟江：《当代中国法治的分析与建构》，中国法制出版社 2012 年版。

8. 舒国滢主编：《法理学》，中国人民大学出版社 2005 年版。

9. 孙笑侠：《程序的法理》，商务印书馆 2005 年版。

10. 吴庚：《宪法的解释与适用》，台北作者自版，2004 年第 3 版。

11. 吴元曜：《Robert Alexy 重力公式之理论与运用》，台湾元照出版公司 2013 年版。

12. 于飞：《公序良俗原则研究——以基本原则的具体化为中心》，北京大学出版社 2006 年版。

13. 张翔：《宪法释义学》，法律出版社 2013 年版。

（三）论　文

1. 陈景辉："什么是'内在观点'？"，载《法制与社会发展》2007 年第 5 期。

2. 陈景辉："法律的内在价值与法治"，载《法制与社会发展》2012 年第 1 期。

3. 陈景辉："同案同判：法律义务还是道德要求"，载《中国法学》2013 年第 3 期。

4. 陈景辉："法理论为什么是重要的：法学的知识框架及法理学在其中的位置"，载《法学》2014 年第 3 期。

5. 陈林林："法律方法与法治：以对纳粹司法的反思为中心"，载《法学家》2010 年第 5 期。

6. 陈甦，"中国法学由体系前研究到体系后研究的范式转型"，载《法学研究》2011 年第 5 期。

7. 陈显武："论法学上规则与原则之区分——由非单调逻辑之观点出发"，载《台大法学论丛》第 34 卷第 1 期（2005 年）。

8. 陈兴良："我国案例指导制度功能之考察"，载《法商研究》2012 年第 2 期。

9. 陈兴良："案例指导制度的法理考察"，载《法制与社会发展》2012 年第 3 期。

10. 陈越峰："公报案例对下级法院同类案件判决的客观影响——以规划行政许可侵犯相邻权争议案件为考察对象"，载《中国法学》2011 年第 5 期。

11. 董皞、贺晓翊："指导性案例在统一法律适用中的技术探讨"，载《法学》2008 年第 11 期。

12. 房文翠："接近正义寻求和谐：案例指导制度的法哲学之维"，载《法制与社会发展》2007 年第 3 期。

13. 冯文生："审判案例指导中的'参照'问题研究"，载《清华法学》2011 年第 3 期。

14. 冯威："法律体系如何可能？——从公理学、价值秩序到原则模式"，载《苏州大学学报（法学版）》2014 年第 1 期。

15. 郜永昌、刘克毅："论案例指导制度的法律定位"，载《法律科学》2008 年第 4 期。

16. 胡云腾、于同志："案例指导制度若干重大疑难争议问题研究"，载《法学研究》2008 年第 6 期。

17. 胡云腾等："《关于案例指导工作的规定》的理解与适用"，载《人民司法》2011 年第 3 期。

18. 胡云腾等："统一裁判尺度 实现司法公正：《关于案例指导工作的规定》的解读"，载《中国审判》2011 年第 1 期。

19. 黄卉："论法学通说"，载《北大法律评论》2011 年第 2 期。

20. 黄舒芃："宪法解释的'法适用'性格：从德国公法上法学方法论传统对'法适用'与'法制订'的区分探讨联邦宪法法院解释活动的本质"，载《政大法学评论》第 81 期（2004 年）。

21. 黄舒芃："'功能最适'原则下司法违宪审查权与立法权的区分——德国功能法论述取向之问题与解释"，载《政大法学评论》第 91 期（2006 年）。

22. 黄忠正："论 Radbruch 公式"，载《政大法学评论》第 132 期（2013 年）。

23. 季卫东："法律程序的意义"，载《中国社会科学》1993 年第 1 期。

24. 季卫东："法典编纂的试行"，载季卫东：《法治秩序的建构》，中国政法大学出版社 1999 年版。

25. 季卫东："论法制的权威"，载《中国法学》2013 年第 1 期。

26. 蒋惠岭："建立案例指导制度的几个具体问题"，载《法律适用》2004 年第 5 期。

27. 康为民："中国特色社会主义司法制度的自我完善——案例指导制度的定位、价值与功能"，载《法律适用》2011 年第 8 期。

28. 柯岚："拉德布鲁赫公式的意义及其在二战后德国司法中的运用"，载《华东政法大学学报》2009 年第 4 期。

29. 柯岚："拉德布鲁赫公式与告密者困境——重思拉德布鲁赫 - 哈特之争"，载《政法论坛》2009 年第 5 期。

30. 郎贵梅："中国案例指导制度的若干基本理论问题研究"，载《上海交通大学学报（哲学社会科学版）》2009 年第 2 期。

31. 雷磊："法律规范的同位阶冲突及解决：以法律规则与法律原则的关系为出发点"，载《台大法学论丛》第 38 卷第 4 期（2009 年）。

32. 雷磊："原则理论与法概念争议"，载《法制与社会发展》2012 年第 2 期。

33. 雷磊："法律原则如何适用?",载舒国滢主编:《法学方法论论丛》(第1卷),中国法制出版社 2012 年版。

34. 雷磊："法律程序为什么重要? 反思现代社会中程序与法治的关系",载《中外法学》2014 年第 2 期。

35. 雷磊："论依据一般法律原则的法律修正",载《华东政法大学学报》2014 年第 6 期。

36. 李仕春："案例指导制度的另一条思路——司法能动主义在中国的有限适用",载《法学》2009 年第 6 期。

37. 林海："哈富论战、拉德布鲁赫公式及纳粹法制迷案——从历史视角透析理论问题",载《南京大学法律评论》2008 年第 Z1 期。

38. 刘作翔、徐景和："案例指导制度的理论基础",载《法学研究》2006 年第 3 期。

39. 刘作翔："案例指导制度的定位及相关问题",载《苏州大学学报》2011 年第 4 期。

40. 马驰："法律原则的效力标准：基于系谱抑或内容?",载《浙江社会科学》2012 年第 3 期。

41. 钱锦宇："拉德布鲁赫公式的限度与法官的统治",载《环球法律评论》2010 年第 3 期。

42. 沈宗灵："拉德布(勃)鲁赫相对主义法学及其后期转变",载《社会科学战线》1990 年第 4 期。

43. 舒国滢："法律原则适用的困境——方法论视角的四个追问",载《苏州大学学报》,2005 年第 1 期。

44. 宋晓："判例生成与中国案例指导制度",载《法学研究》2011 年第 4 期。

45. 苏泽林："充分发挥中国特色案例指导制度作用　积极履行人民法院历史使命",载《法律适用》2011 年第 7 期。

46. 孙海波："告别司法三段论? ——对法律推理中形式逻辑的批判与拯救",载《法制与社会发展》2013 年第 4 期。

47. 孙笑侠、应永宏："程序与法律形式化：兼论现代法律程序的特征与要素",载《现代法学》2002 年第 1 期。

48. 王鹏翔："论基本权的规范结构",载《台大法学论丛》第 34 卷 2 期

（2005 年）。

49. 王鹏翔："基本权作为最佳化命令与框架秩序"，载《东吴法律学报》第 18 卷第 3 期（2007 年）。

50. 王鹏翔："规则、原则与法律说理"，载《月旦法学教事》第 53 期（2007 年）。

51. 王鹏翔："规则是法律推理的排它性理由吗？"，载王鹏翔编：《2008 法律思想与社会变迁》，中央研究院法律学研究所筹备处出版（2008 年）。

52. 王锡锌："论法律程序的内在价值"，载《政治与法律》2000 年第 3 期。

53. 王夏昊："判例在法律适用中的意义与作用"，载《中国政法大学学报》2008 年第 2 期。

54. 王夏昊："法适用视角下的法的渊源"，载《法律适用》2011 年第 10 期。

55. 汪世荣："补强效力与补充规则：中国案例制度的目标定位"，载《华东政法学院学报》2007 年第 2 期。

56. 吴从周："试论判例作为民法第 1 条之习惯法"，载吴从周：《法源理论与诉讼经济》，元照出版公司 2013 年版。

57. 谢晖："'应当参照'否议"，载《现代法学》2014 年第 2 期。

58. 颜厥安："法、理性与论证——Robert Alexy 的法论证理论"，载《政大法学评论》总第 25 期（1995 年）。

59. 袁曙宏、韩春晖："社会转型时期的法治发展规律研究"，载《法学研究》2006 年第 4 期。

60. 张嘉尹："法律原则、法律体系与法概念论——Robert Alexy 法律原则理论初探"，载《辅仁法学》第 24 期（2003 年）。

61. 张鹏飞："简述德国司法制度"，载《中国司法》2004 年第 2 期。

62. 张骐："试论指导性案例的'指导性'"，载《法制与社会发展》2007 年第 6 期。

63. 张骐："指导性案例中具有指导性部分的确定与适用"，载《法学》2008 年第 10 期。

64. 张骐："再论指导性案例效力的性质与保证"，载《法制与社会发展》

2013 年第 1 期。

65. 张骐："论类似案件的判断"，载《中外法学》2014 年第 2 期。

66. 张志铭："中国法院案例指导制度价值功能之认知"，载《学习与探索》2012 年第 3 期。

67. 赵娟："案例指导制度的合法性评析——以《最高人民法院关于案例指导工作的规定》为对象"，载《江苏社会科学》2011 年第 6 期。

68. 曾尔恕、高仰光："德国吕特案判决五十年来的社会影响"，载《河南省政法管理干部学院学报》2009 年第 3 期。

69. 周伟："通过案例解释法律：最高人民法院案例指导制度的发展"，载《当代法学》2009 年第 2 期。

致　谢

　　能看到自己在不同时间思考的成果以集中的方式整理出版，尤其是在整理时发现以往的思考并非没有相互间的联系和大体上贯穿始终的内在脉络，无疑是一件令人欣喜的事。但是，相比于此，在写作它们的过程中遇到过的友善的提点，尤其是真诚的批评更加令人感动。这里，只能以最普通的方式向那些以各种形式为本书写作提供过帮助的师友致以谢意。

　　第一章起源于与冯威博士的讨论。尽管并非没有分歧，但由于理论背景十分接近，我们能够在很多方面拥有共同的"默会知识"，本章正是在这些共识基础上继续推进的思考。删减稿以"适于法治的法律体系模式"为题发表于《法学研究》2015年第5期。第二章原稿题为"融贯性与法律体系的建构——兼论当代中国法律体系的融贯化"，曾于2011年12月在中国人民大学法律与全球化研究中心举办的"通过诠释的法律体系建设"研讨会上宣读，得到张骐、郑永流、冯玉军等教授的评点指正。修改稿发表于《法学家》2012年第2期，责任编辑提出了细致而中肯的修改意见。第三章曾作为2013年11月在对外经济贸易大学法学院主办的"抉择与推进：十字路口的法治中国"研讨会的发言稿，修改稿"法律程序为什么重要？反思现代社会中程序与法治的关系"发表于《中外法学》2014年第2期。与陈景辉副教授的讨论对于本部分助益良多，审稿编辑提出的修改意见开拓了文章的视野。第四章曾提交于 2014 年 8 月于甘肃张掖河西学院举办的"第九届全国法律方法论坛"，文章的部分想法得益于黄卉、陈景辉、毕洪海、王旭、胡昌明等同仁的指教，张继成教授给出了细节方面的完善建议。该文后以"指导性案例法源地位再反思"为题发表于《中国法学》2015 年第 1 期。

第五章曾于中国法理学研究会 2013 年年会（主题"法律权威与法治体系"，大连海事大学法学院承办）上宣读，后发表于《法律科学》2014 年第 2 期。原文本有兼论指导性案例之效力的部分，但由于本书第四章已有更详细和准确的论述，故而这部分收录于本书中时自然删去。第六章"法律方法、法的安定性与法治"先后提交于 2014 年 9 月吉林大学法学院组织的"司法、法治与社会治理：交叉学科的视角"探讨会和同年 11 月在厦门大学法学院举办的第四届《法学研究》青年公法论坛，陈林林教授、谢海定编审及其他与会人员给予启发不少，后发表于《法学家》2015 年第 4 期，外审专家的点拨也让文章增色不少。第七章初稿提交于 2014 年 1 月在苏州大学王健法学院举办的"我国的司法续造机制及其发展"研讨会，苏永钦、胡玉鸿教授赐教良多。其后作了大幅删改后，以"论依据一般法律原则的法律修正——以台湾地区"司法院大法官会议"释字 362号为例"为题发表于《华东政法大学学报》2014 年第 6 期。最后一章原题"再访拉德布鲁赫公式"，初稿提交于 2014 年 1 月在北京大学沈宗灵法学基金组织的"正义与制度建构"学术研讨会，感谢陈景辉副教授与马驰博士的评论。修改稿发表于《法制与社会发展》2015 年第 1 期。以上成果发表时有删减的，本次结集成书时大多保留了原稿的篇幅。

　　对于上述刊物的责编徐爱国、李桂林、李晓明、马治选、谢海定、尤陈俊、陈越峰、朱振与董政等诸位老师的辛苦付出同样深表谢忱。最后，当然不是最不重要的，作为与我已有数度合作的老朋友，中国政法大学出版社彭江副编审一如既往地以其认真和细致，为本书的编辑倾注了大量心血，对此我同样铭记于心。

雷　磊

2015 年 9 月 3 日